DEUTSCHES INSTITUT FÜR WIRTSCHAFTSFORSCHUNG

BEITRÄGE ZUR STRUKTURFORSCHUNG   **HEFT 79 · 1984**

Erhöhter Handlungsbedarf im Strukturwandel

**Analyse der strukturellen Entwicklung
der deutschen Wirtschaft**

Strukturberichterstattung 1983

D1670444

DUNKER & HUMBLOT · BERLIN

Herausgeber: Deutsches Institut für Wirtschaftsforschung, Königin-Luise-Str. 5, D-1000 Berlin 33
Telefon (0 30) 82 99 10 — Telefax (0 30) 82 99 12 00
BTX-Systemnummer • 880 #
Verlag Duncker & Humblot, Dietrich-Schäfer-Weg 9, D-1000 Berlin 41.
Alle Rechte vorbehalten.
Druck: ZIPPEL-DRUCK, Oranienburger Str. 170, D-1000 Berlin 26.
Printed in Germany.
ISBN 3 428 05565 9

A 22127 C

DEUTSCHES INSTITUT FÜR WIRTSCHAFTSFORSCHUNG

WOCHENBERICHT 6/84

Berlin   9. Februar 1984   51. Jahrgang

Schm, Nc, Bi, Mc, En, Sto, Ro, ... 1964

Analyse der strukturellen Entwicklung der deutschen Wirtschaft

Ausgewählte Ergebnisse der Strukturberichterstattung 1983 des DIW

Das Deutsche Institut für Wirtschaftsforschung hat im Auftrag des Bundesministers für Wirtschaft Ende 1983 — neben und in Konkurrenz zu vier anderen Instituten — eine Analyse der strukturellen Entwicklung der deutschen Wirtschaft (Strukturberichterstattung) vorgelegt[1].

Wesentliches Ziel der Strukturberichterstattung ist, Ursachen des Strukturwandels zu ermitteln, die Wechselwirkungen zwischen strukturellen Veränderungen und gesamtwirtschaftlicher Entwicklung darzustellen und Entwicklungslinien des Strukturwandels herauszuarbeiten. Dabei sollen staatliche Interventionen — vor allem Subventionen — vertieft analysiert und Überlegungen für deren Abbau und effizienzsteigernde Umgestaltung angestellt werden. Daneben hat das DIW gesonderte Schwerpunktuntersuchungen zu den Themen Arbeitsmarkt, Energie und Staat vorgelegt. Hierauf kann an dieser Stelle nur verwiesen werden. Auch von den Themen des Hauptbandes der Strukturberichterstattung können nur ausgewählte Ergebnisse angesprochen werden. Dabei wird vor allem der sektorale Aspekt des Strukturwandels hervorgehoben.

Trotz des Strukturwandels und der — gerade im außenwirtschaftlichen Bereich — hohen Flexibilität der Wirtschaft hat sich das globale Beschäftigungsungleichgewicht weiter vergrößert, mit der Folge einer in der Geschichte der Bundesrepublik bisher unbekannten Massenarbeitslosigkeit. Im Gegensatz zu der Entwicklung bis 1980 wurden seither für die gesamte Produktion von Gütern für sämtliche Bereiche der inländischen Endnachfrage immer weniger Beschäftigte benötigt. Allein für die Deckung der Investitionsnachfrage waren binnen zweier Jahre 720 000 Personen weniger erforderlich als 1980. Auch das Verhalten des Staates verschärfte von 1982 an — anders als in den früheren Rezessionsperioden — die Beschäftigungsprobleme. Lediglich für die durch die Exportnachfrage ausgelöste Produktion wurden im selben Zeitraum erheblich mehr Personen benötigt (vgl. Tabelle 1).

Staat, Unternehmen und private Haushalte haben mit ihren Entscheidungen und Verhaltensweisen diese Entwicklung getragen. Dabei mußten sie aber die für die Volkswirtschaft als Ganzes weitgehend unbeeinflußbaren Ausgangsbedingungen berücksichtigen. Der Welthandel und die Bevölkerungsentwicklung sind solche Bedingungen, von denen erhebliche Einflüsse auf den Strukturwandel ausgegangen sind.

Die Entwicklung des *Welthandels* ist in den siebziger Jahren durch die Phase außenwirtschaftlicher Strukturbrüche geprägt worden, die mit den weltweiten Inflationstendenzen, der Freigabe der Wechselkurse und der ersten Energiepreissteigerung eingesetzt hat. Die Strukturanpassungsprozesse in allen Ländern haben insgesamt zu einer Verlangsamung des Anstiegs des internationalen Warenaustausches geführt. Im Durchschnitt der Jahre 1981 und 1982 stagnierte der reale Welthandel mit Industriewaren.

---

[1] Erscheint in Kürze in der Reihe „Beiträge zur Strukturforschung", Heft 79, im Verlag Duncker und Humblot, Berlin.

Tabelle 1
Erwerbstätigkeit nach Bereichen der Endnachfrage 1976 — 1982
1000 Personen

	Privater Verbrauch	Staats-verbrauch	Bruttoinvestitionen Insgesamt	davon Bauten	Ausrüstungen	Inländ. Nachfrage	Ausfuhr	Erwerbs-tätige Insgesamt
	den Nachfragebereichen zugerechnete Beschäftigte							
1976	10 455	5 028	4 526	2 911	1 352	20 009	5 521	25 530
1977	10 451	4 996	4 511	2 880	1 401	19 958	5 532	25 490
1978	10 437	5 078	4 616	2 975	1 436	20 131	5 513	25 644
1979	10 290	5 250	4 911	3 092	1 507	20 451	5 535	25 986
1980	10 267	5 359	4 899	3 192	1 486	20 537	5 726	26 251
1981	10 115	5 371	4 458	3 076	1 382	19 944	6 126	26 070
1982	9 885	5 225	4 175	2 895	1 230	19 285	6 324	25 609
	Beschäftigtenäquivalente der Importe							
1976	3 190	410	810	.	.	4 410	1 290	5 700
1980	3 445	420	1 005	.	.	4 870	1 540	6 410
	Differenzen zum Vorjahr den Nachfragebereichen zugerechnete Beschäftigte							
1977	-4	-32	-15	-31	+49	-51	+11	-40
1978	-14	+82	+105	+95	+35	+173	-19	+154
1979	-147	+172	+295	+117	+71	+320	+22	+342
1980	-23	+109	-12	+100	-21	+86	+191	+265
1980/76	-188	+331	+373	+281	+134	+528	+205	+721
1981	-152	+12	-441	-116	-104	-593	+400	-181
1982	-230	-146	-283	-181	-152	-659	+198	-461
1982/80	-382	-134	-724	-297	-256	-1 252	+598	-642
	Beschäftigtenäquivalente der Importe							
1980/76	+225	+10	+195	.	.	+460	+250	+710

Quellen: Input-Output-Rechnung des DIW; Statistisches Bundesamt, Fachserie 18

Wegen der hohen Verschuldung einiger Länder ist überdies das gesamte internationale Finanzgefüge in eine krisenhafte Situation geraten. Damit sind die internationalen Beziehungen auf wirtschaftlichem Gebiet komplizierter und labiler geworden.

Die Industrieländer waren zunehmend der Konkurrenz der Schwellenländer ausgesetzt, die ihren Anteil am Welthandel mit Industriewaren gegenüber 1972 noch stärker ausdehnen konnten als Japan. Zwar hat die Bundesrepublik im Vergleich zu den übrigen Industrieländern ihren Exportanteil nahezu gehalten; insgesamt aber haben die Impulse vom Welthandel an Dynamik verloren.

Von der *Bevölkerungsentwicklung* gingen in vielerlei Hinsicht Einflüsse auf den Strukturwandel aus. Die Konjunktureinbrüche hatten wegen der demographischen Trends einen stärkeren Anstieg der Arbeitslosigkeit zur Folge als früher. Auch das System der sozialen Sicherung reagierte in Teilen auf die Bevölkerungsentwicklung, besonders bei der Versorgung älterer Menschen. In den Bereichen der sozialen Infra-

struktur (Bildung, Gesundheit, Sozialwesen) besteht ein Zusammenhang mit der demographischen Entwicklung, der in den Planungen explizit — oft aber zu spät — berücksichtigt wird. Dagegen sind die Einflüsse auf den privaten Konsum nur sehr schwer von anderen Determinanten der Nachfrage — insbesondere der Entwicklung des verfügbaren Einkommens — zu trennen.

Der Strukturwandel besteht keinesfalls nur aus der Anpassung an weitgehend unveränderbare Ausgangsbedingungen, sondern ist auch Resultat eines Prozesses, auf den die Handlungen und Entscheidungen aller Beteiligten einwirken.

Für den *Staat* gilt dabei, daß er den Strukturwandel nicht nur durch sein Haushaltsgebaren beeinflußt, sondern auch durch die Veränderung institutioneller und rechtlicher Regelungen. Diese wiederum spielen eine Rolle für die Veränderung der Verhaltensweisen der Unternehmen und privaten Haushalte. Haushaltsgebaren und Verhaltensweisen der am Wirtschaftsgeschehen Beteiligten bestimmen zusammen letztlich

Höhe und Struktur staatlicher Einnahmen und Ausgaben. Aufgrund der beiden schweren Rezessionen seit 1973 und des abgeschwächten Wachstumstempos sind die Finanzierungsprobleme des Staates und damit der Konsolidierungsdruck größer geworden. Umschichtungen und Kürzungen im Sozialbereich waren eine der Folgen; in den Jahren seit 1980 kamen massive Kürzungen im Bereich der staatlichen Anlageinvestitionen hinzu — mit den bekannten Konsequenzen für die konjunkturelle Entwicklung, für die Branchen und die Infrastruktur. Diese Probleme hat das DIW an anderer Stelle behandelt. Dies gilt auch für die Bewertung der Geld-, Einkommens- und Finanzpolitik.

Eine Darstellung der Strukturpolitik, insbesondere der Subventionspolitik[2], würde den Rahmen dieses Berichts sprengen. Die im wesentlichen strukturerhaltenden staatlichen Interventionen hatten einen erheblichen Einfluß auf den sektoralen Strukturwandel. Dominierend waren aber sicherlich die binnen- und außenwirtschaftlichen Strategien des privaten Sektors. Bei den Unternehmen geht es dabei um das Ausmaß, in dem sie neue Technologien, neue Produkte und Prozesse einführen.

Die Entwicklung von Niveau und Struktur der Konsumnachfrage der *privaten Haushalte* hatte ebenfalls erhebliche Auswirkungen auf den sektoralen Strukturwandel. Während die Zuwachsraten der Bruttoerwerbs- und -vermögenseinkommen der privaten Haushalte Anfang der siebziger Jahre noch sehr hoch waren, fielen sie in der Krise von 1974 bis 1975 real auf fast Null. Auch in der Zeit danach konnten nur noch relativ bescheidene Zuwachsraten realisiert werden. Dabei haben sich die einzelnen Komponenten des Einkommens sehr unterschiedlich entwickelt; die Vermögenseinkommen sind wesentlich stärker gestiegen als die Erwerbseinkommen. Da die von den Haushalten an den Staat geleisteten Sozialabgaben und Steuern schneller zugenommen haben als die Geldleistungen des Staates an die privaten Haushalte, ist das verfügbare Einkommen der privaten Haushalte langsamer als das Bruttoerwerbs- und vermögenseinkommen gewachsen. Diese Entwicklung gilt für die meisten sozialen Gruppen.

Spar- und Konsumquote der privaten Haushalte entwickelten sich in starker Abhängigkeit vom Einkommen, jedoch mit periodisch deutlichen Abweichungen. Hier spielten das Zwecksparen für größere Anschaffungen, aber auch die unterschiedlichen Einschätzungen der zu erwartenden wirtschaftlichen Entwicklung eine bedeutsame Rolle. Die Preisentwicklung hatte ebenso wie die Einführung neuer Produkte einen deutlichen Einfluß auf die Struktur des privaten Verbrauchs. Beim Aufbau des Geldvermögens waren die Zinssätze sowohl bei den längerfristigen Anlagen als auch bei den kürzerfristigen Dispositionen von großer Bedeutung.

Betrachtet man die Entwicklung wesentlicher Posten der privaten Budgets, so hatten seit 1973 an der Haushaltsenergie vor allem Gas, aber auch Elektrizität und Fernwärme steigende reale Verbrauchsanteile zu verzeichnen. Deren Preise wurden zwar auch von den beiden Ölpreisschüben nach oben getrieben, jedoch mit Verzögerung und in stark abgeschwächter Intensität. Die Verringerung des spezifischen Heizenergieverbrauchs in der jüngsten Zeit ist sowohl auf Veränderung der Heizgewohnheiten als auch auf energiesparende Investitionen zurückzuführen.

Die Ausgaben für Kraftfahrzeuganschaffung und -haltung haben deutlich an Gewicht gewonnen. Dabei haben sich erhebliche Verschiebungen zwischen den Ausgabenanteilen für Neuanschaffung, Kraftstoffe und Reparaturen ergeben. Besonders stark expandierten die Ausgaben für Kraftstoffe; der Anteil der für die Anschaffung von Pkw verwendeten Mittel sank. Insgesamt hat sich aber der Fahrzeugbestand und damit das Nachfragepotential für Kraftstoffe weiter erhöht. Einsparbemühungen sind zu erkennen, sie waren jedoch erst in den Jahren nach 1978 groß genug, um die vom wachsenden Kraftfahrzeugbestand ausgehenden Einflüsse zu kompensieren.

Der Anteil der im Ausland wirksamen privaten Konsumnachfrage (im Ausland produzierte Waren und Auslandsreisen) hat sich von 1960 bis 1982 fast verdoppelt. Auslandsreisen waren lange Zeit von einer auch in wirtschaftlich schlechteren Perioden kaum gebrochenen Dynamik gekennzeichnet. Nicht ganz so schnell wie die Reiseausgaben im Ausland, aber immer noch weit über dem Durchschnitt der allgemeinen Verbrauchsentwicklung liegend, nahm die Nachfrage nach im Ausland produzierten Waren zu. Diese Verschiebung der Relation zwischen Waren inländischer und ausländischer Herkunft zeigt sich bei nahezu allen Verwendungszwecken. Bei rund der Hälfte der importierten Güter haben sich niedrigere Preise als ein Bestimmungsfaktor nachweisen lassen.

Renditeentwicklung im Unternehmensbereich

Als Kriterium für den Erfolg unternehmerischen Handelns wird zumeist der Gewinn gewählt, der sich als Differenz von Aufwendungen und Erträgen in der Erfolgsrechnung ergibt. Für sich genommen besagt die Höhe des Gewinns allerdings nur wenig über den Erfolg. Erst wenn der Gewinn in Form einer Rendite zum eingesetzten Kapital in Beziehung gesetzt wird, können Aussagen über die Ertragslage der Unternehmen getroffen werden.

Bei der Berechnung von Renditen muß eine ganze Reihe von Bewertungen vorgenommen werden, die so-

---

[2] Die Subventionspolitik wird in einem weiteren Wochenbericht behandelt werden.

Tabelle 2
Die Entwicklung der Sachkapitalrendite

	Unternehmenseinkommen in vH des Nettosachvermögens[1]					
	1962	1973	1979	1980	1981	1982
Landw., Forstw., Fischerei	4,0	9,6	3,9	- 0,4	1,4	3,7
Energie, Wasser, Bergbau	11,1	8,7	10,4	10,7	8,0	9,7
Energie, Wasserversorg.	11,4	8,6	10,1	9,4	8,0	.
Bergbau	9,8	9,8	12,8	21,8	7,8	.
Verarbeitendes Gewerbe	17,6	18,1	18,7	14,6	13,2	13,7
Chemische Industrie	19,5	19,9	20,2	11,0	11,6	.
Mineralölverarbeitung	35,8	29,1	43,8	22,3	16,6	.
Kunststoffwarenherstellung	48,3	36,5	24,2	22,9	18,5	.
Gummiverarbeitung	24,4	8,1	13,7	13,8	14,7	.
Steine und Erden	29,4	25,0	24,3	15,5	11,2	.
Feinkeramik	21,4	17,9	17,8	19,3	12,8	.
Glasgewerbe	28,8	20,8	16,6	19,8	12,3	.
Eisenschaffende Industrie	0,2	3,3	4,0	5,5	- 1,0	.
NE-Metallerzeugung	5,6	2,6	8,4	8,7	9,5	.
Gießereien	10,1	9,0	12,3	10,4	10,5	.
Ziehereien, Kaltw., Stahlv.	30,8	33,0	19,2	12,3	11,4	.
Stahl- und Leichtmetallbau	1,2	17,0	20,2	16,3	20,8	.
Maschinenbau	12,5	14,4	12,6	10,3	9,7	.
Büromaschinen, ADV-Geräte	11,5	14,3	10,3	11,1	11,6	.
Straßenfahrzeugbau	21,1	14,7	20,9	8,8	10,8	.
Schiffbau	- 2,1	11,4	- 1,4	- 11,2	1,0	.
Luft- und Raumfahrzeugbau	10,5	31,5	13,0	7,1	16,6	.
Elektrotechnik	15,0	19,5	17,7	16,5	12,2	.
Feinmechanik, Optik	24,2	41,5	34,8	34,0	34,8	.
EBM-Warenherstellung	29,7	25,7	21,4	19,1	16,6	.
Musikinstr., Spielw. u.a.	52,2	24,6	20,2	9,5	25,1	.
Holzbe- und -verarbeitung	- 8,5	18,9	17,6	17,4	15,6	.
Zellstoff, Papierverarb.	27,3	15,6	17,0	11,8	12,4	.
Druckerei, Vervielfält.	25,8	16,2	24,3	19,7	10,1	.
Ledergewerbe	23,5	14,3	16,5	27,2	22,9	.
Textilgewerbe	20,6	9,4	13,0	13,2	10,1	.
Bekleidungsgewerbe	22,7	20,2	19,1	19,5	23,2	.
Ernährungsgewerbe	24,4	22,4	26,1	29,6	24,5	.
Tabakverarbeitung	14,9	20,0	14,1	2,7	16,9	.
Baugewerbe	78,7	50,0	68,5	82,7	73,3	58,2
Bauhauptgewerbe	62,5	29,1	49,9	62,0	50,3	.
Ausbaugewerbe	152,4	131,7	126,3	145,3	139,5	.
Handel	26,4	17,1	17,7	14,5	14,8	13,9
Großhandel, Handelsver.	32,1	25,2	24,4	22,0	21,4	.
Einzelhandel	19,9	8,7	10,9	6,9	8,1	.
Verkehr, Nachrichtenüb.	7,1	8,1	12,1	10,0	9,5	9,7
Eisenbahnen	4,1	7,2	1,5	- 1,4	- 0,8	.
Schiffahrt, Häfen	6,8	- 0,1	0,1	2,2	4,3	.
Deutsche Bundespost	9,1	9,0	21,8	16,7	14,1	.
Übriger Verkehr	14,5	15,0	22,5	22,9	21,5	.
Kreditinstitute, Versicherungen	.	.	.	.	.	.
Kreditinstitute	.	.	.	.	.	.
Versicherungsunternehmen	.	.	.	.	.	.
Sonstige Dienstleistungen	37,8	40,4	37,2	38,6	35,5	34,2
Unternehmen ohne Wohnungsverm.	.	.	.	.	.	.
dar.: Produktionsunternehmen	18,4	18,6	20,0	18,3	17,1	17,0

1) Nettoanlagevermögen zuzüglich Vorratsvermögen am Jahresende.

Quellen: Statistisches Bundesamt, Fachserie 18; DIW-Vermögensrechnung.

Schaubild 1

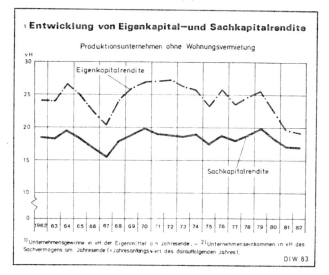

Entwicklung von Eigenkapital–und Sachkapitalrendite

Produktionsunternehmen ohne Wohnungsvermietung

1) Unternehmensgewinne in vH der Eigenmittel a n Jahresende. – 2) Unternehmenseinkommen in vH des Sachvermögens am Jahresende (= Jahresanfangsw.ert des darauffolgenden Jahres).

DIW 83

wohl das eingesetzte Kapital als auch die Kosten- und Erlöskomponenten des Gewinns betreffen. Gewinne sind nicht nur produktionsbedingt, sondern werden auch durch die Vorgänge in der Finanzierungssphäre (Veränderung von Forderungen und Verbindlichkeiten bzw. Zinserträge und -aufwendungen) beeinflußt. Entsprechend werden neben den — produktionsbedingten — *Sachkapitalrenditen* (vgl. Tabelle 2) auch *Eigenkapitalrenditen* betrachtet.

Von 1962 bis 1979 bestanden weitgehend stabile Verhältnisse (vgl. Schaubild 1), sowohl was das Niveau als auch das Verhältnis der beiden Renditen zueinander angeht. Die Eigenkapitalrendite lag immer um 5 bis 6 vH über der Sachkapitalrendite. Von 1980 an sank die Eigenkapitalrendite stärker als die Sachkapitalrendite. In einigen Wirtschaftszweigen des verarbeitenden Gewerbes sank die Eigenkapitalrendite sogar unter die Sachkapitalrendite, weil sich die Nettoaufwendungen der Unternehmen für Fremdmittel wegen der Zinsentwicklung stark erhöht hatten.

Die Renditeentwicklung im gesamten Unternehmensbereich ist allerdings von gravierenden Strukturveränderungen gekennzeichnet. Der Anteil des verarbeitenden Gewerbes an den Unternehmenseinkommen hat sich insbesondere in den siebziger Jahren vermindert. Entsprechend haben vor allem die finanziellen Sektoren und die sonstigen Dienstleistungen ihren Anteil an den Gewinnen des Unternehmenssektors ausweiten können. Die überdurchschnittliche Sachkapitalrendite im Bereich der sonstigen Dienstleistungen und deren zunehmendes Gewicht bei den Unternehmenseinkommen und der Kapitalbildung haben zudem bewirkt, daß die Sachkapitalrendite im gesamten Unternehmensbereich sich im Niveau nicht wesentlich vermindert hat.

Der Anteil der finanziellen Sektoren am Eigenkapital der Unternehmen hat sich in den letzten 20 Jahren

mehr als verdoppelt. Bei zunehmender Zinsbelastung der Produktionsunternehmen in den letzten Jahren sind die Erträge der finanziellen Sektoren sprunghaft gestiegen. Sie wurden fast ausschließlich zur Aufstockung des Eigenkapitals verwendet.

Die sektorale Verschiebung der Unternehmenseinkommen und der Investitionstätigkeit zugunsten der Dienstleistungen ist zum Teil Ausdruck einer veränderten Organisation des Produktionsprozesses im verarbeitenden Gewerbe. Ein Indikator dafür ist die Zunahme der Zahl der zum Dienstleistungsbereich gehörenden Beteiligungs- und Holdinggesellschaften, denen in wachsendem Maß auch die Investitionstätigkeit der produzierenden Unternehmen des gleichen Unternehmensverbundes übertragen wird. Dem entspricht der rapide Anstieg der Mieten und Pachten (Leasing) bei gleichzeitiger Stagnation der Investitionsaufwendungen im verarbeitenden Gewerbe. Die Leasing-Aufwendungen machen in den Branchen des verarbeitenden Gewerbes bereits bis zur Hälfte der verbrauchsbedingten Abschreibungen auf eigene Anlagen aus.

Investitionen, Produktionspotential und Arbeitsplätze

Investitionen hängen von einer Reihe von Bestimmungsfaktoren, in erster Linie von Absatz- und Renditeerwartungen ab. Bedeutsam sind aber auch Veränderungen in den Beziehungen zwischen Investitionsvolumen und dem Wachstum der Produktionskapazitäten: Heute ist ein vergleichsweise geringerer Zuwachs an Investitionen notwendig, um zusätzliche Produktionskapazitäten zu schaffen. Da in stärkerem Maß auf bereits vorhandene Bauten mit ihrer langen Lebensdauer zurückgegriffen werden konnte, wurde der Investitionsbedarf an neuen Bauten verringert. Um neues Produktionspotential zu schaffen, brauchte daher im Verhältnis zum technisch notwendigen Kapitalbedarf insgesamt weniger investiert zu werden.

Verschiebungen in der Relation von Arbeitskosten zu Kapitalkosten haben in vielen Fällen kein so großes Gewicht für die mit Investitionsprozessen verbundene Ersetzung von Arbeit durch Kapital, wie ihnen häufig zugemessen wird. Die Veränderung des Einsatzverhältnisses von Kapital und Arbeit in Reaktion auf Veränderungen ihres Preisverhältnisses ist in der überwiegenden Zahl der Wirtschaftszweige relativ niedrig. Investitionsstrategien zur Einsparung von Arbeitskräften lassen sich somit eher als langfristig angelegte Prozesse interpretieren denn als kurzfristige Reaktionen auf Kostensteigerungen. Besonders bedeutsam für die Substitution von Arbeit durch Kapital waren insbesondere technologische Entwicklungen.

Insgesamt ist der Investitionsbedarf für einen neuen Arbeitsplatz (marginale Kapitalintensität) kräftig gestiegen. 1982 betrug er im Durchschnitt des Unter-

Schaubild 2

PRODUKTIONSPOTENTIAL, ARBEITSPLATZPRODUKTIVITÄT UND ARBEITSPLÄTZE 1973 BIS 1982

Jahresdurchschnittliche Wachstumsrate in vH

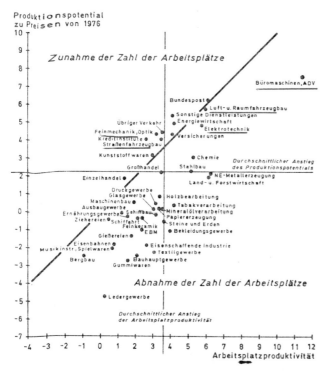

DIW 83

nehmensbereichs 142 000 DM. In den Wirtschaftszweigen streut der Investitionsbedarf für neue Arbeitsplätze erheblich. Weit unterdurchschnittliche Beträge ergeben sich für das Baugewerbe, aber auch für die Mehrzahl der Investitionsgüterproduzenten. Hohe marginale Kapitalintensitäten sind erwartungsgemäß in den kapitalintensiven Bereichen Energie- und Wasserversorgung, Mineralölverarbeitung, eisenschaffende Industrie, Eisenbahnen und Schiffahrt zu beobachten. Aber auch bei den sonstigen Dienstleistungen — zu dem so heterogene Unternehmen wie Holdinggesellschaften, aber auch Zahnärzte, Wirtschaftsberater, selbständige Raumpfleger, Schausteller und Eisdielen gehören — sind gegenwärtig mit 270 000 DM fast ebenso viele Investitionen für einen neuen Arbeitsplatz erforderlich wie in der chemischen Industrie. Auch hierin wird vor allem die gewachsene Bedeutung des Leasing sichtbar.

Obwohl sich der zusätzliche Investitionsbedarf für die Ausweitung der Produktionskapazitäten vermindert hat, war die Abschwächung der Investitionstätigkeit der Unternehmen so stark, daß es zu einer deutlichen Abflachung im Anstieg des Produktionspotentials kam. Bezieht man das gesamte Produktionspotential einer Branche auf die Zahl der Arbeitsplätze,

so erhält man die durchschnittliche Arbeitsplatzproduktivität. Das Schaubild 2 macht den Zusammenhang zwischen dem Anstieg des Produktionspotentials und der Arbeitsplatzproduktivität seit 1973 deutlich. In der Mehrzahl der Wirtschaftszweige ist in dieser Zeit das Produktionspotential schwächer gestiegen als die Arbeitsplatzproduktivität. Dies ist gleichbedeutend mit einem Rückgang der Zahl der Arbeitsplätze. Aus dem Schaubild wird deutlich, daß eine Abnahme der Zahl der Arbeitsplätze überwiegend in den Branchen stattfand, in denen die Steigerung der Arbeitsplatzproduktivität unterdurchschnittlich war.

Zugenommen hat die Zahl der Arbeitsplätze in der zweiten Hälfte der siebziger Jahre nur noch in wenigen Wirtschaftszweigen. Innerhalb des verarbeitenden Gewerbes fällt dabei lediglich der Straßenfahrzeugbau mit einem Anstieg um 55 000 Arbeitsplätze gegenüber 1973 ins Gewicht. Die Zahl der unbesetzten Arbeitsplätze, die in der Rezession 1975 mit 2,2 Mill. noch ausgereicht hätte, alle Arbeitslosen zu integrieren, ist bis 1982 auf eine 3/4 Mill. geschrumpft. Anders als 1975 ist damit eine Lösung des Problems der Arbeitslosigkeit nur möglich, wenn in erheblichem Umfang neue Arbeitsplätze geschaffen werden.

Kostenänderungen und unternehmerische Reaktionen

In der Kostenstruktur der meisten Wirtschaftszweige haben nicht die Lohnkosten das größte Gewicht, sondern die Käufe von Vorleistungen. Im Durchschnitt aller Produktionsbereiche betrug 1981 die auf den Produktionswert bezogene Vorleistungsquote 65 vH. Allerdings verzerrt der Handel dieses Bild. Werden beim Handel nur die in der Handelsspanne enthaltenen Vorleistungen berücksichtigt, so ermäßigt sich diese Quote auf 54 vH.

Während die Vorleistungsquote in den sechziger Jahren in den meisten der Sektoren eine sinkende Tendenz aufwies, zeigte sich in den siebziger Jahren überwiegend ein Anstieg. Nur noch in wenigen Bereichen war ein Rückgang festzustellen. Wegen der Energie- und Rohstoffpreissteigerungen variierten die „realen" Vorleistungsquoten in dieser Zeit allerdings in wesentlich engeren Grenzen als die nominalen Quoten. Gleichzeitig hat sich aber auch die Vorleistungsstruktur zugunsten importierter Güter, die nicht zum Energiebereich gehören, verschoben. Das gilt auch für die Relation der Importe zur gesamten inländischen Nachfrage — bei erheblichen sektoralen Unterschieden (vgl. Tabelle 3).

Bei der Beurteilung des Einflusses der *Lohnentwicklung* auf den Ersatz des Faktors Arbeit durch andere Produktionsfaktoren muß berücksichtigt werden, daß Substitution nicht die einzige Reaktions-

Tabelle 3
Anteile der Importe[1]
der Wirtschaftszweige des verarbeitenden Gewerbes
an der inländischen Nachfrage[2]
in vH

	1970	1973	1980
Verarbeitendes Gewerbe	13,7	14,6	20,5
Chemische Industrie	15,7	17,2	24,3
Mineralölverarbeitung	11,1	14,7	23,2
Kunststoffwarenherstellung	9,6	11,3	15,1
Gummiverarbeitung	13,0	15,5	21,9
Steine und Erden	8,6	7,8	10,1
Feinkeramik	16,4	24,8	39,4
Glasgewerbe	12,8	15,9	18,6
Eisenschaffende Industrie	18,0	19,8	24,7
NE-Metallerzeugung	44,3	40,2	52,3
Gießereien	2,3	3,1	4,0
Ziehereien, Kaltw., Stahlv.	4,7	5,2	8,8
Stahl- und Leichtmetallbau	4,1	4,8	5,2
Maschinenbau	13,7	12,6	19,0
Büromaschinen, ADV-Geräte	34,7	32,2	43,3
Straßenfahrzeugbau	9,7	11,0	14,0
Schiffbau	25,1	22,4	14,2
Luft- und Raumfahrzeugbau	57,6	35,8	61,4
Elektrotechnik	11,5	12,1	20,1
Feinmechanik, Optik	17,2	18,8	26,6
EBM-Warenherstellung	9,0	10,6	17,2
Musikinstr., Spielw. u.a.	31,9	38,0	53,5
Holzbe- und -verarbeitung	9,1	10,2	15,2
Zellstoff, Papierverarb.	20,0	20,0	26,5
Druckerei, Vervielfält.	3,1	3,5	5,2
Ledergewerbe	20,7	28,4	44,0
Textilgewerbe	23,6	30,2	41,8
Bekleidungsgewerbe	13,1	20,0	31,6
Ernährungsgewerbe	10,2	11,6	13,7
Tabakverarbeitung	1,6	2,0	1,4

1) Einfuhr auf cif-Basis.
2) Bruttoproduktion der Wirtschaftszweige abzüglich Ausfuhr
zuzüglich Einfuhr.

Quellen: Importmatrizen des DIW; Statistisches Bundesamt,
Fachserie 18; eigene Berechnungen.

möglichkeit der Unternehmen auf Lohnkostensteigerungen ist. Die Unternehmen haben auch die Möglichkeit, Lohnerhöhungen über die Preise weiterzugeben. Es zeigt sich, daß die Entwicklung der Arbeitsproduktivität in den Wirtschaftszweigen weitaus stärker differiert als die der Nominallöhne; die Lohnstückkosten haben sich in den Wirtschaftszweigen vor allem deshalb unterschiedlich entwickelt. Das Schaubild 3 zeigt für die Periode 1973 bis 1981, daß in der Mehrzahl der Wirtschaftszweige Preisreaktionen insgesamt eine größere Rolle spielten als Produktivitätsreaktionen.

Trotz zweier Ölpreiskrisen und der Energieverteuerung hat sich der Rückgang des spezifischen Energieverbrauchs des verarbeitenden Gewerbes im Vergleich zum Zeitraum von 1960 bis 1973 nur etwas beschleunigt. Die Unterschiede in der Entwicklung des spezifischen Energieverbrauchs der einzelnen Sektoren des verarbeitenden Gewerbes lassen sich nicht vorrangig auf Energiekostenunterschiede zurückführen. Sektoren mit hohen Energiekosten haben nämlich sowohl besonders starke Senkungen (Chemie) als auch Steigerungen des spezifischen Energieverbrauchs (NE-Metalle) zu verzeichnen.

Während Produktionssteuern die Unternehmen belasten, werden sie durch Subventionen entlastet. Bei den Subventionen handelt es sich nicht in jedem Fall um eine tatsächliche Entlastung, da der Subventionsempfänger nicht immer mit dem tatsächlich Begünstigten identisch ist. Wird von den Produktionssteuern (ohne Mehrwertsteuer) und vom eng gefaßten Subventionsbegriff der volkswirtschaftlichen Gesamtrechnung ausgegangen, nach der unter Subventionen Zuschüsse verstanden werden, die der Staat im Rahmen der Wirtschafts- und Sozialpolitik an Unternehmen für laufende Produktionszwecke gewährt, sei es zur Beeinflussung der Marktpreise oder zur Stützung von Produktion und Einkommen, so war die Entlastung durch Subventionen 1982 in zehn Wirtschaftszweigen (Eisenbahnen, Kohlenbergbau, Großhandel, Land- und Forstwirtschaft, Schiffbau, Luftfahrzeugbau, übriger Verkehr, Bundespost, Gesundheits- und Veterinärwesen sowie Büromaschinen, ADV) höher als die Belastung durch Produktionssteuern, während es 1970 nur bei fünf Branchen (Land- und Forstwirtschaft, Eisenbahnen, Großhandel, Kohlenbergbau sowie Bundespost) der Fall war.

Wird der Subventionsbegriff erweitert, wobei insbesondere auch die Steuervergünstigungen und Zuschüsse für Investitionen berücksichtigt werden, und werden neben den Produktionssteuern die Einfuhrabgaben als Kosten erfaßt, ergibt sich ein teilweise abweichendes Bild.

In der Tabelle 4 sind die Be- und Entlastungseffekte in sektoraler Gliederung exemplarisch für 1976 — aufgrund der Verfügbarkeit der notwendigen Informationen gegenwärtig leider das „jüngste" Stichjahr — zusammengestellt worden; dabei ist der hochsubventionierte Wirtschaftszweig Wohnungsvermietung wegen seiner Besonderheiten ausgeklammert worden. Bei den Produktionssteuern haben erwartungsgemäß die Mineralölverarbeitung und die Tabakverarbeitung — mit 90 vH — die weitaus höchsten Steuerquoten, in weitem Abstand gefolgt vom Ernährungsgewerbe, insbesondere Getränkeherstellung. Dies resultiert vor allem aus den von diesen Sektoren zu entrichtenden Verbrauchssteuern. Die Mineralöl- und Tabakverarbeitung werden überdies durch Subventionen weit unterdurchschnittlich entlastet.

Die Wirtschaftszweige Kreditinstitute, Gesundheits- und Veterinärwesen, aber auch der Straßenfahrzeugbau, die Eisenbahnen, die Land- und Forstwirtschaft und der Maschinenbau haben die geringste Kostensteuerbelastung. 1970 war die Entlastung bei den Eisenbahnen und der Land- und Forstwirtschaft so hoch, daß sich negative Netto-Steuerquoten ergaben.

Bis 1976 hat sich die Entlastung bei den Eisenbahnen drastisch und beim Kohlenbergbau erheblich erhöht. Ein Teil der rückläufigen Entlastung bei der

Tabelle 4
Indirekte Steuern und Subventionen[1] in den Wirtschaftszweigen im Jahr 1976

	Produktionssteuern und Subventionen in Mill.DM					Steuerquoten in vH			Entlastung (Subventionen) 1) in vH der Belastung mit indirekten Steuern 5)
	Brutto-wert-schöpf-ung	Einfuhr-ab-gaben	Steuer-vergün-stigun-gen	Produk-tions-steuern	Finanz-hilfen	brutto 2)	tatsäch-lich 3)	netto 4)	
Landw., Forstw., Fischerei	32 770	100	1 210	1 633	3 539	9,0	5,3	- 5,5	161,4
Energie, Wasserversorgung	31 710	462	9	6 672	853	22,2	22,2	19,5	12,1
Elektzizität, Fernw.	23 960	112	5	5 424	777	23,0	23,0	19,8	14,1
Gasversorgung	3 800	349	2	610	76	23,2	23,1	21,3	8,1
Wasserversorgung	3 950	1	2	638	0	16,2	16,2	16,2	0,3
Bergbau	13 150	50	337	2 278	2 272	20,2	17,6	0,4	97,9
Kohlenbergbau	11 430	2	337	2 038	2 232	20,8	17,8	- 1,7	108,1
Erdölgewinnung	1 000	0	0	120	28	12,0	12,0	9,2	23,3
Restlicher Bergbau	720	48	0	120	12	21,8	21,8	20,3	7,1
Verarbeitendes Gewerbe	422 160	14 392	1 373	63 009	5 340	18,0	17,7	16,5	8,5
Chemische Industrie	41 750	1 550	102	3 552	329	12,2	11,8	11,0	8,3
Mineralölverarbeitung	20 650	3 344	78	15 537	176	79,0	78,7	78,0	1,3
Kunststoffwarenherstellung	8 220	251	11	774	36	12,2	12,1	11,7	4,5
Gummiverarbeitung	5 140	108	2	482	16	11,2	11,2	11,0	3,0
Steine und Erden	13 800	70	8	1 667	56	12,6	12,5	12,1	3,7
Feinkeramik	2 140	45	2	171	10	10,0	9,9	9,4	5,5
Glasgewerbe	3 650	28	2	421	12	12,2	12,2	11,9	3,1
Eisenschaffende Industrie	14 980	414	0	1 332	50	11,3	11,3	11,0	2,9
NE-Metallerzeugung	4 040	410	24	435	10	19,5	19,0	18,8	3,9
Gießereien	5 110	57	2	552	17	11,8	11,8	11,5	3,1
Ziehereien,	7 060	72	3	622	21	9,7	9,7	9,4	3,4
Stahlverformung	4 830	83	3	715	25	16,3	16,2	15,7	3,5
Stahl- und Leichtmetallbau	8 110	142	12	832	126	12,0	11,8	10,3	14,0
Maschinenbau	48 740	665	87	2 874	571	7,3	7,1	6,0	18,1
Büromaschinen, ADV-Geräte	6 070	195	17	521	268	11,7	11,4	7,2	38,9
Straßenfahrzeugbau	35 390	508	50	1 631	101	6,1	6,0	5,7	7,0
Kfz.-Reparatur	5 730	120	0	871	38	16,9	16,9	16,3	3,8
Schiffbau	2 650	56	0	- 126	293	- 2,6	- 2,6	-13,4	418,6
Luft- und Raumfahrzeugbau	1 670	125	0	74	306	11,1	11,1	- 6,0	153,8
Elektrotechnik	45 990	1 174	383	4 135	266	12,1	11,3	10,7	11,4
Feinmechanik, Optik	8 730	149	33	873	45	11,9	11,5	11,0	7,4
EBM-Warenherstellung	14 110	253	24	1 347	58	11,3	11,1	10,7	5,1
Musikinstr., Spielw. u.a.	3 020	115	3	281	17	12,7	12,6	12,1	5,0
Holzbearbeitung	2 480	72	2	322	13	15,5	15,4	14,9	3,8
Holzverarbeitung	13 670	191	8	1 637	79	13,3	13,2	12,7	4,7
Zellstoff, Papier, Pappe	3 030	240	0	242	8	14,7	14,7	14,5	1,7
Papier-, Pappeverarb.	5 120	132	18	563	23	13,6	13,2	12,8	5,8
Druckerei, Vervielfält.	10 340	128	21	1 073	55	11,7	11,5	11,0	6,2
Ledergewerbe	3 590	131	2	341	22	12,7	12,7	12,1	5,1
Textilgewerbe	12 620	558	33	1 153	58	13,2	13,0	12,5	5,2
Bekleidungsgewerbe	8 980	458	24	1 102	76	16,8	16,5	15,7	6,3
Ernährungsgewerbe o. G.	26 450	2 011	279	1 160	1 770	12,1	11,1	4,9	59,4
Getränkeherstellung	12 520	375	26	5 399	343	45,0	44,8	42,1	6,4
Tabakverarbeitung	11 780	162	114	10 444	46	89,8	88,8	88,4	1,5
Bauhauptgewerbe	50 400	62	23	5 592	310	11,3	11,2	10,6	5,9
Ausbaugewerbe	23 910	22	18	3 162	83	13,4	13,3	13,0	3,2
Großhandel, Handelsver.	50 600	15 973	21	5 199	1 973	31,8	31,8	28,9	9,4
Einzelhandel	58 000	1 205	63	8 557	351	16,6	16,5	15,9	4,2
Eisenbahnen	10 410	1	0	700	11 409	6,7	6,7	-102,9	1627,5
Sonstiger Verkehr.	30 660	9	620	3 598	1 548	13,8	11,8	6,7	51,3
Schiffahrt, Häfen	4 990	3	456	215	366	13,5	4,4	- 3,0	122,0
Straßenverkehr	13 650	1	145	2 413	988	18,8	17,7	10,5	44,3
Restlicher Verkehr	12 020	5	19	970	194	8,3	8,1	6,5	21,4
Deutsche Bundespost	25 720	0	15	68	1	0,3	0,3	0,3	19,3
Kreditinstitute	2 200	0	110	1 950	70	93,6	88,6	85,5	8,7
Versicherungsunternehmen	11 100	1	22	2 410	1	21,9	21,7	21,7	1,0
Gastgewerbe, Heime	14 990	0	18	2 404	143	16,2	16,1	15,1	6,7
Bildung, Wissenschaft	12 090	0	11	954	19	8,0	7,9	7,7	3,1
Gesundheitswesen, Veterinärw.	25 530	0	15	141	30	0,6	0,6	0,4	28,9
Übrige Dienstleistungen	75 290	42	93	6 011	157	8,2	8,0	7,8	4,1
Unternehmen ohne Wohnungsverm.	890 690	32 319	3 958	114 338	28 099	16,3	15,9	12,8	21,3

1) Steuervergünstigungen + Finanzhilfen.
2) (Einfuhrabgaben + Produktionssteuern + Steuervergünstigungen) in vH von (Bruttowertschöpfung + Einfuhrabgaben).
3) (Einfuhrabgaben + Produktionssteuern) in vH von (Bruttowertschöpfung + Einfuhrabgaben).
4) (Einfuhrabgaben + Produktionssteuern ./. Finanzhilfen) in vH von (Bruttowertschöpfung + Einfuhrabgaben).
5) Einfuhrabgaben + Produktionssteuern + Steuervergünstigungen.

Quellen: Statistisches Bundesamt, Fachserie 18, Reihe S.2; Input-Output-Tabellen des DIW; Eigene Berechnungen.

Land- und Forstwirtschaft stand allerdings im Zusammenhang mit der gegenüber 1970 weitaus höheren Entlastung beim Ernährungsgewerbe aufgrund der Veränderungen des EG-Subventionssystems. 1976 zeigt sich, daß im Bereich des sonst nur unterdurchschnittlich entlasteten verarbeitenden Gewerbes vor allem der Schiffbau und auch der Luftfahrzeugbau so stark entlastet werden, daß sie eine negative Netto-Steuerquote hatten; aber auch die Bereiche Büromaschinen und ADV, der Straßenfahrzeugbau und, wie bereits erwähnt, das Ernährungsgewerbe wurden überdurchschnittlich entlastet. In jenem Jahr wird auch die hohe Entlastung der Schiffahrt im Bereich sonstiger Verkehr deutlich. 1976 wiesen sechs Wirtschaftszweige negative Netto-Steuerquoten auf.

Außenhandel und Wettbewerbsfähigkeit

Auf ausländischen Märkten werden von den Unternehmen der Bundesrepublik hauptsächlich Investitionsgüter angeboten. Der Weltmarkt für Investitionsgüter hat stärker expandiert als der übrige Welthandel. Davon haben auch die Investitionsgüterhersteller der Bundesrepublik profitiert. Der Anteil deutscher Produzenten am gesamten Investitionsgütermarkt ist von 1970 bis 1982 um 5 Prozentpunkte auf 16 vH gestiegen.

Die zunehmende Produktion für den Export hat von 1973 bis 1980 im Durchschnitt des verarbeitenden Gewerbes die Anteilsverluste auf den Inlandsmärkten mehr als kompensieren können. Während von der zusätzlichen inländischen Nachfrage in dieser Zeit knapp 30 vH durch Importe gedeckt wurden, konnten die Unternehmen gleichzeitig fast ein Drittel der zusätzlichen Produktion im Ausland absetzen. Bewirkt wurde diese Entwicklung in erster Linie durch den Maschinenbau und den Straßenfahrzeugbau, bei denen Marktanteilsverluste auf dem Binnenmarkt durch die starke Zunahme der Ausfuhr mehr als kompensiert wurden. Von den großen Wirtschaftszweigen konnten auch die Elektrotechnik und die chemische Industrie ihre Ausfuhranteile zumindest entsprechend dem Durchschnitt des verarbeitenden Gewerbes steigern, doch verloren diese Bereiche überdurchschnittliche Marktanteile im Inland.

Im Vergleich mit den wichtigsten konkurrierenden Ländern sind die Lohnstückkosten in Landeswährung in der Bundesrepublik seit 1972 relativ wenig gestiegen. Durch Wechselkursveränderungen wurden die Kostenvorteile des im Vergleich zum Ausland geringeren Lohnstückkostenanstiegs weitgehend aufgehoben. Dieser Anstieg führte daher von 1973 bis 1979 nicht zu entsprechenden Kostenvorteilen der Bundesrepublik im internationalen Wettbewerb.

Die dennoch günstige Wettbewerbsposition der Bundesrepublik in den siebziger Jahren ist vor allem

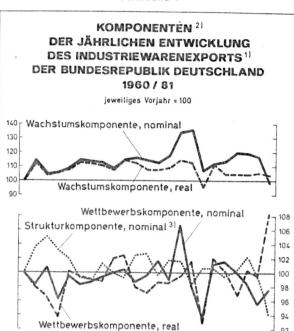

Schaubild 4

KOMPONENTEN [2]
DER JÄHRLICHEN ENTWICKLUNG
DES INDUSTRIEWARENEXPORTS [1]
DER BUNDESREPUBLIK DEUTSCHLAND
1960 / 81
jeweiliges Vorjahr = 100

1) SITC 5 bis 8; Basis US-Dollar.— 2) Berechnet auf der Grundlage des Industriewarenexports von 13 westlichen Industrieländern (EG-Länder ohne Republik Irland (7), Österreich, Schweden, Norwegen, USA, Kanada, Japan), gegliedert nach 15 Warengruppen und 20 Importländern bzw. -regionen und unter Zugrundelegung eines jährlich wechselnden Gewichtungsschemas. — 3) Die Strukturkomponente läßt sich in Ermangelung geeigneter Preisstatistiken nur nominal nachweisen.

DIW 83

dem hohen Spezialisierungsgrad der deutschen Industrie zuzuschreiben. Die Qualität des Angebots erlaubte es, aufwertungsbedingte Verteuerungen zu überwälzen. Die Industrie profitierte dabei vor allem vom Handel mit den Industrieländern. Dies hat auch dazu beigetragen, daß dieselben wenigen wichtigen Warengruppen im Industriewarenexport der Bundesrepublik Ende der siebziger Jahre dominierten wie Anfang der sechziger Jahre.

Wettbewerbsfähigkeit im Außenhandel läßt sich genauer analysieren, indem die Entwicklung von Industriewarenexport und -import in Komponenten zerlegt wird, die Veränderungen von „Marktanteilen" erkennen lassen (vgl. Schaubild 4).

Während die Wettbewerbskomponente des Exports der Bundesrepublik im Durchschnitt der sechziger Jahre negativ war, hat sich die Position der deutschen Exporteure im Verhältnis zu den Exporteuren aus anderen Industrieländern in den siebziger Jahren

tendenziell — zu laufenden Preisen und Wechselkursen gerechnet — trotz der drängenden Konkurrenz Japans kaum verändert. Die Marktanteile wurden also gehalten, und zwar bei überdurchschnittlichen Preissteigerungen. Erkennbar ist aber auch, daß die Schwellenländer in beiden Perioden an Boden gewannen.

Die weltweite Rezession von 1975, von der besonders die Investitionsgüternachfrage betroffen war, wirkte sich allerdings ungünstig auf den deutschen Export aus, der real kräftiger schrumpfte als der Welthandel. Die nominalen Anteilsverluste der deutschen Exporteure in diesem Jahr (Wettbewerbskomponente) entsprachen ziemlich genau den erheblichen Anteilsgewinnen im Jahre 1973.

Erneut negativ war die nominale Wettbewerbskomponente des Industriewarenexports in den Jahren 1980/81, als sich die D-Mark real kräftig abwertete. Obwohl sich die deutschen Exporte im Verhältnis zu denen der anderen Industrieländer verbilligten, haben sie real nicht entsprechend kräftig expandiert, so daß nominal Marktanteile im Welthandel verloren gingen. Eine Rolle spielte hierbei freilich, daß die Preiselastizität der ausländischen Nachfrage nach deutschen Exportgütern, namentlich nach Investitionsgütern, kurzfristig relativ gering ist. Größere Bedeutung im internationalen Wettbewerb kommt hier Spezialisierungsvorteilen zu. So waren denn auch die Marktanteilseinbußen in dieser Zeit bei Erzeugnissen des Maschinenbaus, der Elektrotechnik sowie bei feinmechanischen und optischen Erzeugnissen, aber auch bei chemischen Erzeugnissen besonders ausgeprägt. Schon 1982, als sich die D-Mark wieder aufwertete, konnte indes der nominale Exportanteil der Bundesrepublik am Welthandel erneut vergrößert werden, weil der reale Export trotz der Verteuerung im internationalen Vergleich weiter überdurchschnittlich zunahm. Selbst der besonders auffallende Anteilsrückgang des Exports im Jahr 1981 war überwiegend dadurch bedingt, daß die (regionale) Strukturkomponente des Exports unter dem Einfluß der kräftigen Aufwertung von US-Dollar und Yen vorübergehend deutlich negativ wurde.

Vom Gütersortiment und von der regionalen Ausrichtung auf die verschiedenen Absatzräume ist die sektorale Entwicklung des Exports der Bundesrepublik bisher insgesamt eher positiv beeinflußt worden. Die Exporteure haben auf Wandlungen in der Warenstruktur der Weltnachfrage elastisch reagiert und sich dabei auf solche regionalen Märkte hin orientiert, die besonders gute Absatzchancen boten. Diese Strategie war, wie die Wettbewerbskomponente des Industriewarenexports signalisiert, in den siebziger Jahren erfolgreicher als in den sechziger Jahren. So gab es in den siebziger Jahren deutliche regionale Exporterfolge. Überdurchschnittlich wurde der Industriewarenexport nach der ersten Ölpreiskrise in die OPEC-Länder, aber auch in die Staatshandelsländer ausgeweitet.

Beim Industriewarenimport der Bundesrepublik ist die Konzentration auf dominierende Warengruppen nicht so stark ausgeprägt wie beim Export. Die Umschichtungen in der Warenstruktur waren freilich stärker als beim Export. Entscheidend für den Wandel der Güterstruktur der Importe waren zumeist die sektoralen Unterschiede im Grad der internationalen Arbeitsteilung (Strukturkomponente des Imports). Im internationalen Vergleich hat der Industriewarenimport der Bundesrepublik überdurchschnittlich kräftig zugenommen („Wettbewerbskomponente").

Auffällig für die Bundesrepublik sind das geringe Gewicht der *Dienstleistungen* am Export und die stark defizitäre Dienstleistungsbilanz. Zu einem Teil ist jedoch die relativ geringe Quote der Dienstleistungen am gesamten Außenhandel mit Gütern und Dienstleistungen lediglich der rechnerische Reflex eines im internationalen Vergleich weit überdurchschnittlichen Exports der Bundesrepublik im Warenbereich. Zudem resultiert das chronische Gesamtdefizit der Dienstleistungsbilanz in erster Linie aus der besonders hohen Auslandsreisefreudigkeit der deutschen Bevölkerung.

Mit der Betrachtung der direkten Dienstleistungsausfuhr wird außerdem die außenwirtschaftliche Bedeutung des Dienstleistungssektors bei weitem nicht erfaßt. So entsteht durch die Warenausfuhr auch Beschäftigung im Dienstleistungsbereich. Insgesamt dürften 1981 schätzungsweise 2,5 Mill. Erwerbstätige direkt oder indirekt in den Dienstleistungsberufen für die Ausfuhr gearbeitet haben; davon 1,9 Mill. für die Warenausfuhr und 0,6 Mill. für die Dienstleistungsausfuhr. Die in den deutschen Warenexporten indirekt enthaltenen Dienstleistungen sind für die Beschäftigung in der Bundesrepublik Deutschland also weit gewichtiger als die Dienstleistungsexporte selbst.

Die Bundesrepublik Deutschland hat sich der nach 1973 durch die *Ölverteuerung* ausgelösten internationalen Einkommensumverteilung zunächst durch Steigerung des Außenwertes der D-Mark und der Ausfuhrpreise teilweise entziehen können. Die Entwicklung des Außenhandels nach 1973 bestätigt die These nicht, wonach energieintensive Industriezweige in Ländern mit eigenem Energievorkommen und niedrigen Energiepreisen durch die Energieverteuerung begünstigt werden. So ist der Anteil der Exporte der energieintensiven Grundstoffindustrien — mit Ausnahme der Glaserzeugung — am Gesamtexport der Bundesrepublik in den Jahren 1972 bis 1979 sogar gestiegen. Die Branchen Eisen und Stahl, NE-Metalle und NE-Metallerzeugung, Holzbearbeitung, Papier,

Tabelle 5

Komponenten[2] der nominalen Export- und Importentwicklung[1] der Bundesrepublik Deutschland nach Warengruppen 1962/79

	Exportanteil 3)				Export					Importanteil 3)				Import		
	1962	1972	1979	Veränderung	Veränderung4)	ins-gesamt	Struktur Regionaleinfluß	Wareneinfluß	Wettbewerb	1962	1972	1979	Veränderung	Veränderung4)	Struktur insgesamt	Wettbewerb
					1962 = 100									1962 = 100		
Warengruppen mit steigendem Exportanteil — Strukturkomponente ausschlaggebend																
Elektrotechn. Erz.	9,2	9,7	10,2	110	650	127,3	97,8	130,2	85,1	5,7	8,3	9,6	169	1 302	125,7	171,6
Straßenfahrzeuge	14,3	16,2	16,9	119	695	176,5	124,4	141,9	65,6	5,5	8,3	9,7	175	1 351	141,4	158,1
Chemische Erzeugn.	12,3	13,0	15,0	121	715	127,9	115,0	111,2	93,2	8,4	10,0	13,3	159	1 224	136,0	149,2
Büromaschinen/Datenverarbeitungsgeräte	1,4	2,4	1,9	133	782	184,9	107,3	172,4	70,5	2,8	3,0	3,4	124	951	162,3	97,0
Bekleidung	1,0	1,6	1,7	166	977	171,1	121,3	141,1	95,2	3,9	7,6	7,2	187	1 443	142,5	167,7
Papier u.Pappewaren	0,3	0,4	0,5	172	1 012	164,6	156,8	105,0	102,4	0,4	0,5	0,5	108	834	105,8	130,6
Holzwaren	0,5	1,2	1,5	273	1 608	237,4	127,2	186,7	112,9	1,2	1,7	2,2	185	1 423	181,4	129,9
Insgesamt	39,0	44,5	47,7	122	714	151,2	116,6	129,6	78,8	27,9	39,4	45,9	165	1 270	138,3	152,1
Warengruppen mit sinkendem Exportanteil — Strukturkomponente ausschlaggebend																
Maschinenbau	24,8	23,0	21,0	84	497	79,5	94,4	84,2	104,1	13,8	10,6	9,9	72	553	90,2	101,7
Eisen und Stahl	10,4	7,2	7,2	69	408	80,6	94,3	85,5	84,4	12,2	8,8	7,2	59	456	69,8	108,3
Glas u.Glaswaren	0,8	0,7	0,6	78	456	77,1	109,7	70,3	98,6	0,6	1,0	0,8	127	974	76,8	210,0
Schienenfahrzeuge	0,6	0,3	0,2	41	243	39,9	102,0	39,1	101,6	0,1	0,2	0,1	35	272	47,0	96,1
Insgesamt	36,6	31,2	29,0	79	470	78,8	95,0	82,9	99,4	26,7	20,6	18,0	67	518	80,6	106,5
Warengruppen mit steigendem Exportanteil — Wettbewerbskomponente ausschlaggebend																
Textilien	3,8	4,9	4,0	107	627	69,4	120,9	57,4	150,4	14,0	8,8	7,0	50	387	55,5	115,4
NE-Metalle und NE-Metallerzeugnisse	2,2	2,0	2,5	110	641	71,3	115,0	62,0	149,9	8,9	6,2	4,3	48	373	59,4	104,1
Steine und Erden	1,1	1,1	1,1	102	601	108,8[8]	104,5	104,1	91,9[8]	1,4	1,8	1,5	105	808	118,1	113,4
Kautschukwaren	0,9	0,9	1,0	117	685	118,8[8]	123,5	96,2	96,0[8]	1,0	1,2	1,4	141	1 085	104,2	172,6
Druckereierzeugn.	0,7	0,8	0,9	125	735	102,4	129,1	79,3	119,8	0,7	0,6	0,6	88	672	87,5	127,3
Bearb. Holz, Papier, Pappe	0,8	1,1	1,3	160	940	102,5	157,6	65,0	152,7	5,1	3,7	3,4	66	510	76,8	110,0
Luftfahrzeuge	0,1	0,3	1,2	1 413	8 314	143,3	84,0	170,5	966,7	2,2	1,6	1,7	76	580	113,3	84,8
Insgesamt	9,6	11,1	12,0	125	732	85,2	119,8	71,1	143,3	33,3	23,9	19,9	60	458	68,5	110,8
Warengruppen mit sinkendem Exportanteil — Wettbewerbskomponente ausschlaggebend																
Eisen-, Blech-Metallwaren	3,8	3,0	3,0	80	469	101,2	110,2	91,8	77,3	1,9	2,1	2,7	138	1 055	109,0	160,5
Feinm. u. opt. Erz.	3,5	3,2	2,8	79	463	100,7	101,3	99,4	76,6	2,6	3,0	3,1	120	919	111,8	136,2
Stahl- u.Leichtmetallbauerzeugnisse	1,0	0,7	0,9	98	576	131,8	122,4	107,7	72,8	0,5	0,9	0,6	125	961	147,1	108,2
Leder u. Lederwaren; Schuhe	0,9	0,8	0,8	96	560	159,1	121,8	130,6	58,7	2,8	3,6	3,8	136	1 045	144,5	119,8
Musikinstr.,Spielw., Sportger., Schmuck u.ä.	2,0	1,6	1,4	72	424	157,9	90,4	174,7	44,7	2,3	3,0	3,1	134	1 031	153,4	111,4
Feinkeramische Erz.	0,4	0,3	0,2	60	348	86,5[8]	120,3	71,9	67,2[8]	0,1	0,2	0,3	175	1 344	94,2	236,5
Wasserfahrzeuge	1,8	1,8	0,4	23	136	55,5[8]	76,0	73,0	40,9[8]	0,4	1,4	0,4	92	709	86,0	136,5
Insgesamt	13,4	11,4	9,5	73	426	108,8	97,9	111,2	65,3	10,6	14,2	14,0	132	1 003	128,5	129,2
Industriewaren, insgesamt	100,0	100,0	100,0	100	588	111,4	106,5[7]	104,6[5)6)]	88,0	100,0	100,0	100,0	100	769	99,8	127,6

1) Industriewaren SITC 5-8; jeweilige Preise. - 2) Berechnet auf der Grundlage des Industriewarenexports von 53 Ländern bzw. Regionen, gegliedert nach 43 Warengruppen und 29 Importländern und unter Zugrundelegung konstanter Gewichte des Basisjahres 1962 (für Zeitraum bis 1972) bzw. jährlich wechselnder Gewichte (für Zeitraum 1972 bis 1979). - 3) Gemessen am gesamten Industriewarenexport bzw. -import der Bundesrepublik Deutschland. - 4) DM-Basis. - 5) Summe der warenspezifischen Indizes, zusammengewichtet mit der Exportstruktur 1962 (für Zeitraum 1972) bzw. mit der Exportstruktur des jeweiligen Vorjahres (für Zeitraum 1972 bis 1979). - 6) Wareneinfluß: Quotient aus warenspezifischer Entwicklung des Welthandels und Wachstumskomponente des Exports der Bundesrepublik Deutschland. Wachstumskomponente: Durchschnittliche Entwicklung des Exports aller erfaßten Länder, ohne Importe der Bundesrepublik Deutschland aus diesen Ländern. - 7) Quotient aus Strukturkomponente und Wareneinfluß. - 8) Die Zuordnung wird erkennbar, wenn Wettbewerbs- und Strukturkomponente relativiert werden.

Quellen: UN, Commodity Trade Statistics, Series D, lfd. Jg.; Berechnungen des DIW.

Pappe sowie Glas und Glaswaren konnten sogar ihre Weltmarktanteile steigern.

Insgesamt muß konstatiert werden, daß die Wettbewerbsfähigkeit der deutschen Wirtschaft bisher gut gewesen ist. So war Hauptursache der hohen Leistungsbilanzdefizite der Bundesrepublik in den Jahren 1979 bis 1981 nicht eine generell schlechtere Wettbewerbsposition, sondern die abermalige außergewöhnliche Verteuerung der Erdölimporte. Die künftige Entwicklung bereitet aber Sorge. Neben den Problemen des Protektionismus, der Überschuldung vieler Länder und dem generell sich verschärfenden internationalen Wettbewerbsdruck ist auch die strukturelle Zusammensetzung des deutschen Exports teilweise unbefriedigend (vgl. Tabelle 5). Zu den Warengruppen die vor allem aufgrund der Wettbewerbskomponente sinkende Exportanteile hatten, gehören neben den feinmechanischen und optischen Erzeugnissen auch Eisen-, Blech- und Metallwaren, Stahl- und Leichtmetallbauerzeugnisse, feinkeramische Erzeugnisse. Zu beachten ist auch, daß es einige Warengruppen gibt — darunter solche, die für die Zukunft wichtig sind (elektrotechnische und chemische Erzeugnisse, Büromaschinen und Datenverarbeitungsgeräte) —, in denen sich zwar noch ein steigender Exportanteil beobachten läßt, für den aber nicht die Wettbewerbs-, sondern die Strukturkomponente ausschlaggebend gewesen ist.

Inhaltsverzeichnis

Seite

Hinweis: Die Fußnoten sind Kapitelweise durchnumeriert und den
jeweiligen Kapiteln nachgestellt.

Verzeichnis der Tabellen

Die Ziffern vor dem Schrägstrich beziehen sich auf die Abschnitte im Text.

V. Auswirkungen des Strukturwandels:
Zusammenfassung wichtiger Teilaspekte

Verzeichnis der Schaubilder

Die Ziffern vor dem Schrägstrich beziehen sich auf die Kapitel und Abschnitte im Text.

Erhöhter Handlungsbedarf im Strukturwandel

Zusammenfassung der Strukturberichterstattung 1983 des DIW

1. Seit 1980 befindet sich die Wirtschaft der Bundesrepublik erneut in einer Rezessionsphase. Daher hat sich das Tempo des Strukturwandels seit 1980 wieder erhöht - wie in früheren Rezessionen auch. Dies verdeutlicht den engen Zusammenhang von konjunktureller und struktureller Entwicklung.

2. Sind Rezessionsjahre wie 1981 und 1982 gleichzeitig Endjahre einer Analyse, dann besteht die Gefahr, längerfristige Entwicklungstrends zu negativ einzuschätzen. Dennoch muß festgestellt werden, daß trotz des rascheren Strukturwandels und der darin zum Ausdruck kommenden Flexibilität der Wirtschaft das globale Beschäftigungs-ungleichgewicht sich - wie von vielen Stellen vorhergesagt - rapide vergrößert hat, mit der Folge einer in der Geschichte der Bundesrepublik bisher unbekannten Massenarbeitslosigkeit.

3. Im Gegensatz zu der Entwicklung bis 1980 werden seither für die gesamte Produktion von Gütern für sämtliche Bereiche der inländischen Endnachfrage immer weniger Beschäftigte benötigt. Allein für die Deckung der Investitionsnachfrage waren binnen zweier Jahre 720 000 Personen weniger erforderlich als 1980. Auch die Nachfrage des Staates verstärkte die Beschäftigungsprobleme, anders als in den früheren Rezessionsperioden.

4. Lediglich für die durch die Exportnachfrage ausgelöste Produktion wurden im selben Zeitraum erheblich mehr Personen benötigt. Dies konnte aber den Rückgang der Zahl der im Inland Erwerbstätigen nur zur Hälfte auffangen.

5. Die Analyse dieser Entwicklung erweckt Zweifel an deren Dauerhaftigkeit. Die Lage auf den Weltmärkten ist schwieriger geworden, der Protektionismus nimmt zu, und auch die bedrohliche Überschuldung vieler "Schwellenländer" läßt es fraglich erscheinen, ob der Export

auch künftig diese Rolle für den Wohlstand und den Beschäftigungs-
grad in der Bundesrepublik spielen kann. Es ist zu befürchten, daß
ohne eine Belebung der inländischen Nachfrage die Unterbeschäftigung zementiert wird.

6. Hinzu kommt, daß sich der internationale Wettbewerbsdruck verschärft hat; für einige Branchen kann die Anpassung ohne staatliche
Hilfe kurzfristig offenbar nicht bewältigt werden.

7. Angesichts dieser Situation gibt es erhöhten Handlungsbedarf auf
allen Entscheidungsebenen.

8. Alle Entscheidungsträger (Staat, Unternehmen, private Haushalte)
müssen bei ihren Entscheidungen die für die Volkswirtschaft als
Ganzes unbeeinflußbaren Ausgangsbedingungen berücksichtigen. Neben der Entwicklung des Welthandels ist auch die Bevölkerungsentwicklung zu den weitgehend unbeeinflußbaren Ausgangsbedingungen
zu zählen.

9. Die Entwicklung des Welthandels in den 70er Jahren ist geprägt
worden durch die Phase außenwirtschaftlicher Strukturbrüche, die
eingesetzt hat mit den weltweiten Inflationstendenzen, der Freigabe
der Wechselkurse und der ersten Energiepreissteigerung. Die Industrieländer waren zunehmend der Konkurrenz der Schwellenländer
ausgesetzt, die ihren Anteil am Welthandel gegenüber 1972 noch
stärker ausdehnen konnten als Japan. Zwar hat die Bundesrepublik im
Vergleich zu den übrigen Industrieländern ihren Marktanteil gehalten;
insgesamt aber haben die Impulse vom Welthandel an Dynamik
verloren.

10. Von der Bevölkerungsentwicklung gehen in vielerlei Hinsicht Einflüsse
auf den Strukturwandel aus. Wenn das Verhältnis von Bevölkerung zu
Erwerbspotential sich verändert, so weicht die mögliche Steigerung
der realen Pro-Kopf-Einkommen von den möglichen Zuwächsen der
Produktionsleistung je Erwerbsfähigen ab. Nach 1974 nahm der Anteil
der Erwerbsfähigen bei den Deutschen zu. Die gleichzeitige Änderung

des Altersaufbau der ausländischen Bevölkerung in Richtung auf einen sinkenden Anteil der Erwerbsfähigen hat diesen Trend insgesamt kaum beeinflußt.

11. Die Konjunktureinbrüche haben angesichts der demographischen Trends einen stärkeren Anstieg in der Arbeitslosigkeit zur Folge als früher. Auch das Transfersystem reagiert in Teilen auf die Bevölkerungsentwicklung, besonders bei der Versorgung älterer Menschen. Dagegen sind die Einflüsse auf den privaten Konsum und die Bereitstellung von Infrastruktur nur sehr schwer von anderen Determinanten der Nachfrage zu trennen.

12. Der Strukturwandel besteht keinesfalls nur aus der Anpassung an weitgehend unveränderbare Ausgangsbedingungen, sondern ist auch Resultat eines interdependenten Prozesses, auf den die Handlungen und Entscheidungen aller Beteiligten einwirken. Sie sind eingebettet in den institutionell-rechtlichen Rahmen und seine Veränderungen. In ihm kommen die in Gesetze oder institutionelle Regelungen transformierten Wertvorstellungen aller am Wirtschaftsprozeß Beteiligten zum Ausdruck, deren Wandlungen letztlich zu einer - wenn auch nur langsamen - Veränderung dieses Rahmens führen. Von besonderer Bedeutung sind hier Gesetze und Gesetzesänderungen im Bildungs- und Sozialbereich. Hiervon gingen nicht nur zahlreiche Einflüsse auf das Verhalten der Privaten und der Unternehmen aus; auch Verschiebungen in den staatlichen Ausgabenstrukturen waren die Folge.

13. Die Entscheidungen aller sind im Prinzip zwar interdependent; dennoch sind die vom Staat verfolgten wirtschaftspolitischen Strategien für Unternehmen und private Haushalte oft ein entscheidendes Faktum. Insofern hat die Analyse der staatlichen Entscheidungen ein besonderes Gewicht. Auch der Auftrag zur Strukturberichterstattung akzentuiert diesen Gesichtspunkt. Außerdem richtet sich der erhöhte Handlungsbedarf vor allem an die Adresse des Staates.

14. In der auf Globalsteuerung gerichteten Prozeßpolitik in der Bundesrepublik verfolgt die Bundesbank das Ziel der Preisstabilität unter

Beachtung der Währungspolitik, die Tarifparteien betreiben Einkommenspolitik und die Regierungen Finanzpolitik. Angesichts dieser
institutionellen Zuständigkeiten hat sich die Koordination der Politikbereiche als unzureichend erwiesen, wie sich an der steigenden
Arbeitslosigkeit zeigt.

15. Weder Geld- noch Finanzpolitik haben in den 70er Jahren einen
konsequent wachstums- und stabilitätserhaltenden Kurs durchgehalten. Die Geldpolitik zeigte oft Überreaktionen auf stabilitätspolitische, konjunkturelle und außenwirtschaftliche Fehlentwicklungen.
Auch die Finanzpolitik hat keinen wachstumsverstetigenden Kurs
verfolgt.

16. Die Arbeitsmarktpolitik stieß angesichts der rasch steigenden Arbeitslosigkeit und des zunehmenden Gewichts der Lohnersatzleistungen bald an fiskalische Grenzen, die zu sukzessiven Einschränkungen
der Ausgaben für die "aktive" Arbeitsmarktpolitik führten. Daher
sollten die Finanzierungsmodalitäten der Bundesanstalt für Arbeit
neu überdacht werden.

17. Unter Wachstums- und Kapazitätsgesichtspunkten muß die staatliche
Investitionsentwicklung anders beurteilt werden als unter dem Gesichtspunkt ihrer Einkommens- und Beschäftigungswirkungen. Für die
Bundesrepublik ist die Ausstattung mit Einrichtungen der Infrastruktur durch die abgeschwächte Entwicklung der staatlichen Anlageinvestitionen bisher nicht in Mitleidenschaft gezogen worden. Dies gilt
auch dann, wenn man berücksichtigt, daß im Durchschnitt aller
Aufgabenbereiche der Anteil der Ersatz- an den Bruttoinvestitionen
zugenommen hat. Dabei sind jedoch regionale oder aufgabenspezi-
fische Defizite zu berücksichtigen.

18. Dagegen zeichnen sich besonders auf kommunaler Ebene Engpässe in
der Finanzierung des Personals und der Sachmittel ab, die für die
Nutzung der Infrastruktureinrichtungen erforderlich sind. Die Gebietskörperschaften haben zwar ihre Bemühungen verstärkt, die Be-
triebskosten von Infrastruktureinrichtungen mit Gebühren zu finan-

zieren; die vorhandenen Potentiale dürften aber noch nicht ausge-
schöpft sein, auch im Hinblick auf mögliche Überschüsse bei einzelnen Leistungen zur Deckung von Defiziten an anderen Stellen.

19. Die Subventionen sind mit den steigenden Haushaltsdefiziten des
Staates zunehmend als der Bereich gekennzeichnet worden, in dem
Einsparpotentiale vorhanden seien. Zum Teil sind diese schon genutzt
worden. Dennoch haben die Erhaltungssubventionen noch an Gewicht
gewonnen. Positiv schlägt die Ausweitung der Förderung von Forschung und Entwicklung zu Buche, wenn auch ihr Gewicht relativ
gering ist. Eine vertiefende Analyse der Ziele und Instrumente der
Subventionspolitik hat einen Katalog entbehrlicher Subventionen mit
einem Einsparpotential von über 6 Mrd. DM für das Jahr 1982 er-
bracht; dabei sind die Subventionen für die Bundesbahn noch ausgeklammert worden.

20. Verringert sich der Investitionsbedarf für den Ausbau der Infrastruktur, so ist dies keinesfalls gleichbedeutend mit einem verringerten
Bedarf an staatlicher Einflußnahme auf den Strukturwandel. Mit einer
Umschichtung innerhalb der Subventionshaushalte ist es daher nicht
getan. Eine angemessene Aufstockung der Mittel zur Beeinflussung
des Strukturwandels - Subventionen im weiteren Sinne - ist erforderlich.

21. Die sektoralen Unterschiede in der Besteuerung wurden durch das
Subventionssystem noch verstärkt. Die Land- und Forstwirtschaft und
der Bergbau erhalten mehr Subventionen, als sie Steuern zahlen.

22. Unter den Subventionen erhielten die für die Wohnungsbauförderung
ein zunehmendes Gewicht. Bei der (direkten) Förderung des sozialen
Wohnungsbaus hat sich gezeigt, daß mit der begonnenen Liberalisie-
rung weder die konzeptionellen noch die finanziellen Probleme gelöst
werden konnten. Bei schrumpfendem Bestand an Sozialwohnungen
wird das Ziel, ein ausreichendes Angebot für "breite Schichten" zu
tragbaren Mieten bereitzustellen, verfehlt. Die Intensivierung der
Eigentumsförderung bietet keine hinreichende Alternative.

23. Bei der steuerlichen Wohnungsbauförderung werden Vorschläge zur Neufassung von Normal- und Pauschalbesteuerung gemacht. Es ist sicherzustellen, daß die Normalbesteuerung für eigengenutzten Wohnraum nicht beansprucht werden kann. Auf die Ineffektivität der Bauherrenmodelle für das Angebot von Mietwohnungen wird hingewiesen. Die Begriffe der Bauherrengemeinschaft und der Werbungskosten sollten enger ausgelegt werden. Die Ausweitung des § 7b EStG auf Altbauten wird als problematisch eingestuft. Die steuerlichen Vergünstigungen werden insgesamt zu einer immer stärkeren Belastung des Staatshaushalts, die in ihrer Größenordnung kaum erkannt wird.

24. Die Energiepolitik hat in der Konzentration der Mittel auf den Steinkohlenbergbau dazu geführt, daß der Rückgang der inländischen Steinkohlegewinnung nach 1973 - zumindest vorübergehend - gestoppt werden konnte. Für einen beschleunigten Ausbau der Kernenergie nach 1973 konnte nicht die erforderliche politische Unterstützung gewonnen werden. Den Maßnahmen zur Förderung des Fernwärmeausbaus und der rationellen Energienutzung ist eine spürbare Verminderung des Energieverbrauchs Ende der 70er Jahre zuzuschreiben. Auch für die Energieforschung sind Impulse gegeben worden, selbst wenn man bedenkt, daß hier den Großtechnologien immer noch ein zu großes Gewicht eingeräumt wird.

25. Im Hinblick auf das Erwerbsverhalten der ausländischen und der deutschen Bevölkerung zeigt sich, daß die Differenz zwischen den Erwerbsquoten von Deutschen und denen von Ausländern sich von 1970 bis 1981 wesentlich verringert hat. Diese zunehmende Anpassung der ausländischen Bevölkerung in ihren Verhaltensweisen auf den Arbeitsmärkten zeigt sich auch in ihren Reaktionen auf die verschiedenen konjunkturellen Einbrüche im Zeitablauf.

26. Während die Veränderungsraten der Bruttoerwerbs- und -vermögenseinkommen der privaten Haushalte Anfang der 70er Jahre noch sehr hoch waren, fielen sie in der Krise von 1974 bis 1975 real auf fast Null. Auch in der Zeit danach konnten nur noch relativ bescheidene

Zuwachsraten realisiert werden. Dabei haben sich die einzelnen Komponenten des Einkommens sehr unterschiedlich entwickelt; die Vermögenseinkommen sind wesentlich stärker gestiegen als die Erwerbseinkommen.

27. Für die Entfaltung der privaten Konsumnachfrage ist nicht das Bruttoeinkommen entscheidend, sondern das verfügbare Einkommen. Dazwischen schieben sich das Transfersystem zur sozialen Absicherung und Umverteilung und das Steuersystem, das vor allem der Finanzierung der staatlichen Leistungserstellung, aber auch der Finanzierung von Defiziten im Umverteilungsprozeß dient. Da die von den Haushalten an den Staat geleisteten Sozialabgaben und Steuern schneller zugenommen haben als die Geldleistungen an die privaten Haushalte, ist das verfügbare Einkommen der privaten Haushalte langsamer als das Bruttoerwerbs- und vermögenseinkommen gewachsen. Dementsprechend ist die Netto-Quote, d.h. die Relation des verfügbaren Einkommens zum Bruttoerwerbs- und -vermögenseinkommen, gesunken. Diese Entwicklung gilt - mit Ausnahmen - für die meisten sozialen Gruppen.

28. Für die verschiedenen sozialen Gruppen zeigen sich typische, weitgehend aber bekannte Beziehungen zwischen den durchschnittlichen Einkommen und den einzelnen Verwendungsbereichen des privaten Konsums. Sowohl hinsichtlich der Einkommensabhängigkeit als auch der Zugehörigkeit zu einer bestimmten sozialen Gruppe ergibt sich im Zeitverlauf eine bemerkenswerte Stabilität der festgestellten Beziehungen. Auch von den Veränderungen des Altersaufbaus der Bevölkerung und der Größenstruktur der Haushalte gehen Auswirkungen auf die Zusammensetzung des privaten Konsums aus, die aber, verglichen mit den durch die Zunahme der Realeinkommen ausgelösten Effekten, nicht nennenswert sind.

29. Spar- und Konsumquote der privaten Haushalte entwickeln sich in starker Abhängigkeit vom Realeinkommen, jedoch mit periodisch deutlichen Abweichungen. Hier spielen Phänomene wie z. B. das Zwecksparen für größere Anschaffungen, aber auch die unterschied-

lichen Einschätzungen der zu erwartenden wirtschaftlichen Entwicklung eine bedeutsame Rolle. Preisentwicklungen haben ebenso wie die Einführung neuer Produkte einen deutlichen Einfluß auf die Entwicklung der Struktur des privaten Verbrauchs. Im wesentlichen haben die realen Nachfrageveränderungen die Strukturverschiebungen begründet.

30. An der Haushaltsenergie hatten seit 1973 vor allem Gas, aber auch Elektrizität und Fernwärme steigende reale Verbrauchsanteile zu verzeichnen. Deren Preise wurden zwar auch von den beiden Ölpreisschüben erfaßt, jedoch mit Verzögerung und in stark abgeschwächter Form. Die Verringerung des spezifischen Heizenergieverbrauchs in der jüngsten Zeit ist sowohl auf Veränderung der Heizgewohnheiten bei gegebenem Anlagebestand als auch auf energiesparende Investitionen zurückzuführen.

31. Die Ausgaben für Kraftfahrzeuganschaffung und -haltung haben deutlich an Gewicht gewonnen. Dabei haben sich erhebliche Verschiebungen zwischen den Ausgabenanteilen für Neuanschaffung, Kraftstoffe und Reparaturen ergeben. Besonders stark expandierten die Ausgaben für Kraftstoffe, in erster Linie zu Lasten der für die Anschaffung verwendeten Mittel. Insgesamt hat sich aber der Fahrzeugbestand und damit das Nachfragepotential für Kraftstoffe weiter erhöht. Einsparbemühungen sind zwar zu erkennen, sie reichten bisher aber nicht aus, um die vom Bestand ausgehenden expansiven Einflüsse zu kompensieren.

32. Etwa im gleichen Tempo wie die Kraftfahrzeugausgaben stieg die auslandswirksame Nachfrage, d. h. sowohl die Ausgaben für Auslandsreisen als auch die Ausgaben für importierte Waren. Der Einfluß der niedrigeren Importpreise war nur bei einigen Waren ein wichtiger Kaufgrund.

33. Die Analyse der sektoralen Auswirkungen der Verlagerung in der Verwendungsstruktur des privaten Konsums, gemessen in Beschäftigten, zeigt, daß bei insgesamt abnehmender Zahl der Beschäftigten für

den privaten Verbrauch nur die Verwendungszwecke Verkehr und Nachrichtenübermittlung sowie persönliche Ausstattung (einschl. sonstige Waren und Dienstleistungen) im Zeitvergleich mehr Beschäftigte erforderten. Sektoral sind hiervon der Handel und vor allem private und öffentliche Dienstleistungen positiv beeinflußt worden.

34. Der Erfolg der von den Unternehmen gewählten Verhaltensweisen hängt nicht nur von Vorgängen ab, die sich in der Produktionssphäre abspielen. Von Bedeutung sind auch Finanzierungsvorgänge, die ihren bilanzmäßigen Niederschlag in der Veränderung von Forderungen und Verbindlichkeiten bzw. in der Erfolgsrechnung in Form von Zinserträgen und Zinsaufwendungen finden.

35. Für die Produktionsunternehmen in ihrer Gesamtheit lassen sich auch Bestände an Forderungen und Verbindlichkeiten ermitteln, so daß den Sachkapitalrenditen auch Eigenkapitalrenditen gegenübergestellt werden können. Die Ergebnisse zeigen, daß von 1962 bis 1979 weitgehend stabile Verhältnisse bestanden, sowohl was das Niveau als auch das Verhältnis der beiden Renditen zueinander angeht. Die Eigenkapitalrendite lag immer um 5 bis 6 vH über der Sachkapitalrendite. Von 1980 an verlief die Entwicklung dagegen nicht mehr parallel. In einigen Wirtschaftszweigen des verarbeitenden Gewerbes sank die Eigenkapitalrendite sogar unter die Sachkapitalrendite, weil die Nettoaufwendungen der Unternehmen für Fremdmittel aufgrund der Zinsentwicklung sich stark erhöht hatten.

36. Die Renditeentwicklung für den gesamten Unternehmensbereich ist allerdings von gravierenden Strukturveränderungen gekennzeichnet. Der Anteil des verarbeitenden Gewerbes an den Unternehmenseinkommen hat sich insbesondere in der 70er Jahren vermindert. Entsprechend haben vor allem die finanziellen Sektoren und die sonstigen Dienstleistungen ihren Anteil an den Gewinnen des Unternehmenssektors ausweiten können.

37. Die Verschiebung der Unternehmenseinkommen ist einhergegangen mit nicht minder starken Verschiebungen in der Investitionstätigkeit

zugunsten der Dienstleistungen. Die überdurchschnittliche Sachkapitalrendite und das zunehmende Gewicht der sonstigen Dienstleistungen bei den Unternehmenseinkommen und der Kapitalbildung hat zudem bewirkt, daß die Sachkapitalrendite im gesamten Unternehmensbereich sich im Niveau nicht wesentlich vermindert hat, obwohl sie in der Mehrzahl der Wirtschaftszweige gesunken ist.

38. Während die Gewinne der Produktionsunternehmen zum größten Teil als Entnahmen den privaten Haushalten zufließen, werden die Gewinne der finanziellen Sektoren zur Aufstockung des Eigenkapitals verwendet. Es verwundert daher nicht, daß sich der Anteil finanzieller Sektoren am Eigenkapital der Unternehmen ohne Wohnungsvermietung in den letzten 20 Jahren mehr als verdoppelt hat. Die zunehmende Zinsbelastung der Produktionsunternehmen in den letzten Jahren hat die Erträge der finanziellen Sektoren sprunghaft steigen lassen. Da diese Erträge jedoch kaum durch Entnahmen gemindert wurden, sondern fast vollständig zur Erhöhung des Eigenkapitals verwendet worden sind, konnte das 1974 erreichte Rentabilitätsmaximum nicht gehalten werden.

39. Die sektorale Verschiebung der Unternehmenseinkommen und der Investitionstätigkeit zugunsten der Dienstleistungen darf allerdings nicht gleichgesetzt werden mit einer Veränderung gleichen Ausmaßes in der Produktion. Sie ist vielmehr auch Ausdruck einer veränderten Organisation des Produktionsprozesses im verarbeitenden Gewerbe.

40. Ein Indikator dafür ist das zahlenmäßige Anwachsen der zum Dienstleistungsbereich gehörenden Beteiligungs- und Holdinggesellschaften, denen in zunehmendem Maß auch die Investitionstätigkeit der produzierenden Unternehmen des gleichen Unternehmensverbundes übertragen wird. Dem entspricht auch der rapide Anstieg der Mieten und Pachten (Leasing) bei gleichzeitiger Stagnation der Investitionsaufwendungen. Die Leasing-Aufwendungen machen in einzelnen Branchen des verarbeitenden Gewerbes bereits fast die Hälfte der verbrauchsbedingten Abschreibungen auf eigene Anlagen aus.

41. Auf den Inlandsmärkten hatten in der Bundesrepublik ansässige Unternehmen 1982 einen Marktanteil von knapp 88 vH. Das sind 4 Prozentpunkte weniger als 1973. Der zunehmende Anteil der Importe an der Deckung der inländischen Nachfrage ist zu einem erheblichen Teil auf die Verteuerung der Mineralöleinfuhren zurückzuführen. Da die Nachfrage nach Industriewaren bei vielen Gütern schwächer zugenommen hat als die gesamte inländische Nachfrage, sind die Anteilsgewinne ausländischer Anbieter auf den Märkten für einzelne Industriewaren sehr viel größer als an der inländischen Nachfrage insgesamt gewesen.

42. Auf ausländischen Märkten werden von den Unternehmen der Bundesrepublik hauptsächlich Investitionsgüter angeboten. Der Weltmarkt für Investitionsgüter hat stärker expandiert als der übrige Welthandel. Davon haben auch die Investitionsgüterhersteller der Bundesrepublik profitiert. Der Anteil deutscher Produzenten am gesamten Investitionsgütermarkt ist von 1970 um 5 Prozentpunkte auf 16 vH im Jahr 1982 gestiegen. Die zunehmende Produktion für den Export hatte von 1973 bis 1980 im Durchschnitt des verarbeitenden Gewerbes die Marktanteilsverluste bei der inländischen Nachfrage mehr als kompensieren können.

43. Die nachlassende Investitionstätigkeit der Unternehmen hat zu einer deutlichen Abflachung der Entwicklung des Produktionspotentials geführt. Auch in den Jahren vor 1980 reagierten viele Wirtschaftszweige zum Teil trotz steigender Nachfrage mit einem Abbau von Kapazitäten. Tendenziell hat diese Anpassung der Kapazitäten zu einer Verbesserung der Auslastung geführt.

44. Für die Investitionsentwicklung ist bedeutsam, daß in jedem Jahr immer mehr Ausrüstungen investiert wurden, als dem Einsatzverhältnis von Bauten zu Ausrüstungen im Produktionsprozeß entspricht. Um neues Produktionspotential zu schaffen, brauchte daher im Verhältnis zum technisch notwendigen Kapitalbedarf weniger investiert zu werden, da in stärkerem Maß auf bereits vorhandene Bauten zurückgegriffen werden konnte. Der verlangsamte Anstieg des marginalen

Kapitalkoeffizienten ist auf diesen Sachverhalt zurückzuführen. Es ist zu vermuten, daß innerhalb der Ausrüstungsinvestitionen solche Prozesse ebenfalls eine Rolle spielen.

45. Verschiebungen in der Relation von Arbeitskosten zu Kapitalkosten haben in vielen Fällen nicht das Gewicht für die mit Investitionsprozessen verbundene Substitution, das ihnen häufig zugemessen wird. Dieses Ergebnis besagt nicht, daß die Verschiebung der Faktorpreisrelation überhaupt keinen Einfluß gehabt hätte, sondern nur, daß die Substitutionselastizitäten in der überwiegenden Anzahl der Wirtschaftszweige relativ niedrig sind. Investitionsstrategien zu Einsparung von Arbeitskräften lassen sich unter diesen Umständen eher als langfristig angelegte Prozesse interpretieren denn als kurzfristige Reaktionen auf Kostensteigerungen.

46. Der verlangsamt zunehmende Investitionsbedarf zur Ausweitung des Produktionspotentials hat sich auch auf die Entwicklung des Investitionsbedarfs für neue Arbeitsplätze ausgewirkt. Diese marginale Kapitalintensität ist gegenwärtig in vielen Wirtschaftszweigen geringer als die durchschnittliche Kapitalintensität.

47. Mit der Entscheidung über die Kapitalintensität neuer Anlagen ist auch die Zahl der neu geschaffenen Arbeitsplätze festgelegt. In der Mehrzahl der Wirtschaftszweige ist in der Zeit seit 1973 das Produktionspotential schwächer gestiegen als die Arbeitsplatzproduktivität. Dies ist gleichbedeutend mit einem Rückgang der Zahl der Arbeitsplätze. Zugenommen hat die Zahl der Arbeitsplätze in der zweiten Hälfte der siebziger Jahre nur noch in wenigen Wirtschaftszweigen. Innerhalb des verarbeitenden Gewerbes fällt dabei lediglich der Straßenfahrzeugbau mit einem Anstieg um 55 000 Arbeitsplätzen gegenüber 1973 ins Gewicht.

48. Die Ursache für den Arbeitsplatzrückgang liegt überwiegend in der verlangsamten Investitionstätigkeit; es wurden nur wenig neue Arbeitsplätze geschaffen, während der Abgang von Arbeitsplätzen unvermindert anhielt. Diese Bewegung war so stark, daß die Zahl der

unbesetzten Arbeitsplätze trotz des starken Beschäftigungsrückgangs nicht zugenommen hat.

49. In der Kostenstruktur der meisten Wirtschaftszweige haben nicht die Lohnkosten das größte Gewicht, sondern die Käufe von Vorleistungen - Ausdruck der starken Arbeitsteilung der Volkswirtschaft. Wegen der Energiepreissteigerungen ist in den 70er Jahren die Vorleistungsquote in der Mehrzahl der Wirtschaftszweige gestiegen. Die Vorleistungsstruktur hat sich auch zugunsten importierter Güter, die nicht zum Energiebereich gehören, verschoben, obwohl sich diese Güter in den siebziger Jahren in einer Reihe von Wirtschaftszweigen stärker verteuerten.

50. Die Entwicklung des spezifischen Stromverbrauchs und des spezifischen Brennstoffverbrauchs läßt darauf schließen, daß für den Energieeinsatz im verarbeitenden Gewerbe im wesentlichen die Entwicklung der Produktionstechnik maßgebend gewesen ist, die von Preisschüben höchstens langfristig beeinflußt wird. Nur in wenigen Wirtschaftszweigen hat die reale, d.h. ins Verhältnis zu den Absatzpreisen gesetzte Energieverteuerung zu einem Rückgang der realen Energievorleistungsquote geführt.

51. Gemessen an den Anteilsveränderungen am Produktionswert sind in der Mehrzahl der Wirtschaftszweige die Kostensteigerungen beim Faktor Arbeit durch Substitutionsprozesse besser bewältigt worden als im Vorleistungsbereich.

52. Der Anstieg der gesamten Stückkosten ist in solchen Jahren besonders hoch, in denen mehrere Produktionsfaktoren von Preiserhöhungen betroffen sind, so daß auch durch Substitution Kostensenkungen nicht möglich sind. Dies gilt insbesondere für das Jahr 1974, als Lohn- und Energiekosten zugleich die Stückkosten der Unternehmen in die Höhe trieben. Die deutlich höheren Ölpreissteigerungen 1979/ 80 haben dagegen auf die Stückkostenentwicklung weniger stark durchgeschlagen, weil sich gleichzeitig die Lohnsätze nur moderat erhöht haben.

53. Gleich hohe Preissteigerungen in allen Kostenbereichen bewirken allerdings auch, daß sämtliche Komponenten der nominalen Nachfrage relativ gleichmäßig zunehmen, so daß den Unternehmen eine Überwälzung der Kosten über die Absatzpreise leichtfällt. In der Mehrzahl der Wirtschaftszweige ist der Zusammenhang zwischen dem Anstieg der Stückkosten und dem der Absatzpreise sehr eng. Offensichtlich werden die inländischen Absatzpreise relativ rasch an die gestiegenen Kosten angepaßt.

54. Auch auf den Auslandsmärkten ist den meisten Wirtschaftszweigen die Weitergabe von Kostensteigerungen gelungen. Die kurzfristigen Anpassungsreaktionen bei den Ausfuhrpreisen an veränderte Stückkosten sind nur geringfügig schwächer als bei den inländischen Preisen. Auch langfristig ist nur bei wenigen Wirtschaftszweigen eine nennenswerte Preisdifferenzierung zwischen Inlands- und Auslandsmarkt zu erkennen. Die Aufwertung der D-Mark von 1973 bis 1982 hat in keinem Wirtschaftszweig die Unternehmen veranlaßt, ihre Ausfuhrpreise in D-Mark im gleichen Umfang schwächer steigen zu lassen als die Inlandspreise.

55. Die Entwicklung der Stückgewinne im Inlands- und im Auslandsgeschäft unterscheidet sich weniger aufgrund unterschiedlicher Stückkostenentwicklungen, sondern mehr wegen der unterschiedlichen Preisentwicklung auf beiden Märkten. Entsprechende Berechnungen zeigen, daß die Entwicklung der Stückgewinne im Inlandsgeschäft vergleichsweise stabil ist, während die Stückgewinne im Auslandsgeschäft stärkeren Schwankungen unterliegen. An den gesamten Unternehmenseinkommen sind die im Ausland erzielten Gewinne nur mit 10 vH beteiligt, da der größte Teil der Unternehmensgewinne in den Dienstleistungsbereichen erzielt wird, die verhältnismäßig wenig exportieren.

56. Zu den auffälligsten Auswirkungen des Strukturwandels gehört die günstige Exportentwicklung. Die durch den Export ausgelösten Beschäftigungseffekte sind durchweg positiv gewesen. Andererseits sind aber auch die (hypothetisch) dem Import zugerechneten Beschäfti-

gungsäquivalente gestiegen. Sie sind überdies auch höher als die inländischen Beschäftigteneffekte der Ausfuhr. Dem positiven Außenbeitrag, gemessen in D-Mark, steht somit ein negativer Außenbeitrag, gemessen in Beschäftigtenzahlen, gegenüber.

57. In einem zusammenfassenden Kapitel wird auf die Wettbewerbsfähigkeit der deutschen Wirtschaft eingegangen. Mit der Freigabe der Wechselkurse im Jahre 1973 sind hier neue Rahmenbedingungen gesetzt worden, die sich unterschiedlich auf die Entwicklung der Ausfuhr- und Einfuhrströme ausgewirkt haben. Für die Ausfuhr war bedeutsam, daß die D-Mark nominal nicht nur gegenüber dem Dollar, sondern auch gegenüber den Währungen der wichtigsten Handelspartner aufgewertet wurde. In realer Betrachtung ergab sich allerdings nur für 1973, dem ersten Jahr der Kursfreigabe, ein kräftiger Aufwertungseffekt. Von 1972 bis 1982 hat sich bei einer nominalen Aufwertung von insgesamt 55 vH in realer Betrachtung eine Abwertung gegenüber den Währungen der Handelspartner in Höhe von 9 vH ergeben. Für den Export von Industriewaren, auf den etwa 90 vH des Warenexports entfallen, hat die Entwicklung der Wechselkurse nach deren Freigabe somit per Saldo keine Verschlechterung der internationalen Wettbewerbsfähigkeit gebracht.

58. Auf die Einfuhr hätte sich die hier stärker ins Gewicht fallende DM-Aufwertung gegenüber dem Dollar tendenziell verbilligend auswirken müssen. Die exorbitante Verteuerung der Mineralöleinfuhren hat jedoch bewirkt, daß die preisdämpfenden Effekte bei allen übrigen Einfuhren überkompensiert wurden.

59. Trotz der Preissprünge im Mineralölbereich haben die Ausfuhrerlöse stets zur Finanzierung der Wareneinfuhr ausgereicht; sie übertrafen in der Regel die Wareneinfuhr so stark, daß auch das Defizit der Dienstleistungs- und Übertragungsbilanz finanziert werden konnte. Defizite in der Leistungsbilanz gab es nur in den Jahren 1979 bis 1981. Aufs Ganze gesehen ist die Ausweitung der Ölrechnung von 1973 bis 1981 um 61 Mrd. DM durch die gleichzeitige Ausweitung des Überschusses im Industriewarenhandel um fast die Hälfte übertroffen

worden. Hauptursache der hohen Leistungsbilanzdefizite der Bundesrepublik in den Jahren 1979 bis 1981 war also nicht eine generell
schlechtere Wettbewerbsposition, sondern die abermalige außergewöhnliche Verteuerung der Erdölimporte.

60. Im Vergleich mit den wichtigsten konkurrierenden Ländern sind die
Lohnstückkosten in Landeswährung in der Bundesrepublik seit 1972
relativ gering gestiegen. Durch Wechselkursveränderungen wurden die
Kostenvorteile der zurückhaltenden Lohnpolitik weitgehend aufgehoben. Die Lohnzurückhaltung in der Bundesrepublik führte also seit
1972 nicht zu entsprechenden Kostenvorteilen im internationalen
Wettbewerb.

61. Die von Herbst 1979 und bis Herbst 1981 auch aus währungspolitischen Gründen gefahrene restriktive Geldpolitik hat zwar eine Umschichtung der Produktion von inländischer zu ausländischer Verwendung herbeigeführt, aber nur um den Preis sinkender Produktion,
rückläufiger Investitionen und steigender Arbeitslosigkeit. Die Geldpolitik hätte den Wechselkurs stärker dem Markt überlassen müssen.

62. Die trotz der kräftigen DM-Aufwertung günstige Wettbewerbsposition der Bundesrepublik in den siebziger Jahren ist vor allem dem
Spezialisierungsgrad der deutschen Industrie zuzuschreiben. Die hohe
Qualität des Angebots erlaubte es, aufwertungsbedingte Verteuerungen zu überwälzen. Die Industrie profitierte dabei vor allem vom
Handel zwischen den Industrieländern. Dies hat auch dazu beigetragen, daß dieselben wenigen wichtigen Warengruppen im Industriewarenexport der Bundesrepublik Ende der siebziger Jahre dominierten
wie Anfang der sechziger Jahre.

63. Die Verflechtung der Bundesrepublik mit den übrigen EG-Ländern ist
nach einer Unterbrechung durch den ersten Ölpreisschock weiter
gestiegen. Die sektorale Entwicklung des Exports in die EG deutet
darauf hin, daß die "Integrationsimpulse" für den deutschen Export in
den sechziger Jahren, nach Gründung der EG, größer waren als nach
ihrer Ausweitung Anfang der siebziger Jahre.

64. Beim Industriewarenimport der Bundesrepublik ist die Konzentration auf dominierende Warengruppen nicht so stark ausgeprägt wie beim Export. Die Umschichtungen in der Warenstruktur waren stärker als beim Export. Entscheidend für den Wandel der Güterstruktur der Importe waren zumeist die güterspezifischen Struktureffekte, in denen sich die sektoralen Unterschiede im Grad der internationalen Arbeitsteilung widerspiegeln.

65. Auffällig für die Bundesrepublik sind das geringe Gewicht der Dienstleistungen am Export und die stark defizitäre Dienstleistungsbilanz. Zu einem Teil ist jedoch die relativ geringe Quote der Dienstleistungen am gesamten Außenhandel mit Gütern und Dienstleistungen lediglich der rechnerische Reflex einer im internationalen Vergleich weit überdurchschnittlichen Exportleistung der Bundesrepublik im Warenbereich. Zudem resultiert das chronische Gesamtdefizit der Dienstleistungsbilanz in erster Linie und in zunehmendem Ausmaß aus der besonders hohen Auslandsreisefreudigkeit der deutschen Bevölkerung.

66. Mit der Betrachtung der direkten Dienstleistungsausfuhr wird außerdem die außenwirtschaftliche Bedeutung des Dienstleistungssektors bei weitem nicht erfaßt. So entsteht durch die Warenausfuhr auch Beschäftigung im Dienstleistungsbereich. Insgesamt dürften 1981 schätzungsweise 2,5 Mill. Erwerbstätige direkt oder indirekt in den Dienstleistungsberufen für die Ausfuhr gearbeitet haben; davon 1,9 Mill. für die Warenausfuhr und 0,6 Mill. für die Dienstleistungsausfuhr. Die in den deutschen Warenexporten indirekt enthaltenen Dienstleistungen sind für die Beschäftigung in der Bundesrepublik Deutschland also weit gewichtiger als die Dienstleistungsexporte selbst.

67. Der Strukturbericht enthält auch eine Kurzfassung des Schwerpunktthemas "Energieverteuerung und internationale Energiepreisdifferenzen". Große Energiepreisdifferenzen, wie sie zwischen den meisten Ländern Westeuropas und Japans einerseits, den USA, Kanada und Norwegen andererseits festzustellen sind, dürften dazu beigetragen

haben, daß Verbrauchs- und Produktionsstrukturen mit unterschiedlicher Energieintensität aufgebaut worden sind. Von 1971 an ist der spezifische Energieverbrauch des verarbeitenden Gewerbes in den meisten OECD-Ländern gesunken. Am stärksten sank er in Japan.

68. Trotz zweier Ölpreiskrisen und der Energieverteuerung seit 1973 ist der spezifische Energieverbrauch des verarbeitenden Gewerbes der Bundesrepublik in den siebziger Jahren langsamer gesunken als in der vorangegangenen Dekade. Seit 1973 hat sich aber immerhin der Rückgang im Vergleich zum Zeitraum von 1960 bis 1973 etwas beschleunigt. Die Unterschiede in der Entwicklung des spezifischen Energieverbrauchs der einzelnen Sektoren des verarbeitenden Gewerbes lassen sich nicht vorrangig auf Energiekostenunterschiede zurückführen. Sektoren mit hohen Energiekosten haben nämlich sowohl besonder starke Senkungen (Chemie) als auch Steigerungen des spezifischen Energieverbrauchs (NE-Metalle) zu verzeichnen.

69. Von entscheidender Bedeutung für die Entwicklung des spezifischen Energieverbrauchs ist der technologische Fortschritt, der im Rahmen der Investitionstätigkeit der Unternehmen in den Produktionsapparat inkorporiert wird. Außerdem werden in energieintensiven Industriezweigen Energieeinsparungen ausgelöst, wenn über einen längeren Zeitraum hinweg die Preise für die Produkte dieser Sektoren schwächer angehoben werden können, als die Preise für die eingesetzten Energieträger steigen.

70. Die Entwicklung des Außenhandels nach 1973 bestätigt die These nicht, wonach energieintensive Industriezweige in Ländern mit eigenem Energievorkommen und niedrigen Energiepreisen durch die Energieverteuerung begünstigt werden.

71. Der Strukturwandel hatte nicht nur Auswirkungen auf die globale Beschäftigungsentwicklung, sondern auch auf die Stellung einzelner Berufsgruppen in einzelnen Branchen. Diesen Fragen ist vertieft in dem Schwerpunktthema "Arbeitsmarkt" nachgegangen worden, dessen Kurzfassung im Strukturbericht integriert ist. Es hat sich gezeigt,

daß die beobachtete Konzentration der Fachkräfte auf einzelne Branchen für diese mit Risiken verbunden sind. Bei schrumpfenden Kapazitäten gibt es für solche Fachkräfte häufig keine Kompensationsmöglichkeit in anderen Branchen. Beispiele für solche Entwicklungen sind im Textilbereich, im Schiffbau, in der Stahlerzeugung und im Baugewerbe zu finden.

72. Nicht nur die Veränderung der Branchenstrukturen, sondern auch der Einsatz neuer Arbeitstechniken und -mittel hat die Beschäftigungsaussichten für bestimmte Berufe wesentlich beeinflußt. Eine Analyse der Arbeitsmarktpositionen von Berufen hat ergeben, daß auch aufgrund der Bildungsexpansion das Angebot höherer Qualifikation zugenommen hat.

73. Aus der Analyse der Arbeitsmarktpositionen wird deutlich, daß Engpässe im Beschäftigungssystem sich im Verlauf der siebziger Jahre fast ausschließlich aus dem Mangel an Arbeitsplätzen entwickelt haben. Selbst in der konjunkturell günstigen Beschäftigungsphase bis 1980 kann nur für wenige Berufe von Vollbeschäftigung gesprochen werden.

74. Die lang anhaltende Arbeitslosigkeit hat bisher nicht zu einer Verdrängung von Ausländern aus den für sie spezifischen Tätigkeiten geführt. Der Rückgang der Ausländerbeschäftigung ist mehr auf die strukturelle Komponente des Branchenstrukturwandels als auf eine Substitution zurückzuführen. Allerdings sind Ausländer in der Randbelegschaft "überrepräsentiert" und damit auch von konjunkturellen Beschäftigungsschwankungen überdurchschnittlich betroffen.

75. In der Analyse der Lohnstruktur ist der Nivellierungsthese nachgegangen worden. Es hat sich gezeigt, daß man eher von einer geschlechtsspezifischen Nivellierung sprechen kann; dagegen ist eine sozialgruppenbezogene Differenzierung zu erkennen. Die intersektorale Lohnstruktur hat sich in den siebziger Jahren als relativ konstant erwiesen.

I.   Zielsetzung des Strukturberichts

Nach den ersten Strukturberichten, die Ende 1980 vorgelegt wurden, sind die fünf großen Wirtschaftsforschungsinstitute vom Bundesminister für Wirtschaft beauftragt worden, nach drei Jahren erneut über die strukturelle Entwicklung der deutschen Wirtschaft zu berichten. Die mit der Strukturberichterstattung 1980 gewonnenen Erfahrungen haben allerdings zu deutlichen Akzentverschiebungen in der Zielsetzung geführt.

Ein größeres Gewicht sollen Analysen der gesamtwirtschaftlichen und strukturellen Auswirkungen staatlicher Interventionen, insbesondere von Subventionen, sowie die Entwicklung konkreter Überlegungen für deren Abbau und effizienzsteigernde Umgestaltung erhalten. In dem hier vorgelegten Kernbericht sollen vor allem - auf der Grundlage einer aktualisierten und vertieften Datenbasis - die Ursachen des Strukturwandels ermittelt, die Wechselwirkungen zwischen strukturellen Veränderungen und gesamtwirtschaftlicher Entwicklung dargestellt und Entwicklungslinien des Strukturwandels herausgearbeitet werden. Darüber hinaus ist vom DIW im Vertiefungsthema staatliche Interventionen, in das u.a. "die Entwicklung eines operationalen Bewertungssystems, methodische Verbesserungen von Wirkungsanalysen und die Überprüfung von Subventionstechniken" einbezogen werden sollen, die Wohnungsbaupolitik besonders behandelt worden. Beides ist in den Kernbericht der Strukturberichterstattung zu integrieren.

Zusätzlich zum Kernbericht sind mit einzelnen Instituten Schwerpunktthemen vereinbart worden, über die im hier vorgelegten Kernbericht in Kurzform berichtet wird. Die ausführliche Präsentation erfolgt in gesonderten Bänden. Das DIW hat drei von fünf Schwerpunktthemen bearbeitet:

- Auswirkungen des Strukturwandels auf dem Arbeitsmarkt, Anforderungen des Strukturwandels an das Beschäftigungssystem (insbesondere Arbeitsmarktpolitik und Verhalten der Marktteilnehmer);
- Gesamtwirtschaftliche und strukturelle Auswirkungen der Energieverteuerung und internationaler Energiepreisdifferenzen;
- Gesamtwirtschaftliche und strukturelle Auswirkungen von Veränderungen der Struktur des öffentlichen Sektors.

Darüber hinaus ist dem DIW im Rahmen der Strukturberichterstattung der Spezialauftrag "Die internationale Verflechtung des Dienstleistungssektors" erteilt worden; das Gutachten hierzu liegt seit Mitte 1983 vor.

Der Vielfalt und Tiefe dieser verschiedenen Ziele in einem solchen Bericht gerecht zu werden, macht es erforderlich, an vielen Stellen sehr knapp zu formulieren. Dabei wird den politikrelevanten Gesichtspunkten Vorrang eingeräumt. Ausführungen zu methodischen Problemen, ausführliche Präsentationen von Daten und inhaltliche Vertiefungen müssen daher oft unterbleiben. Auf sie wird an anderer Stelle näher einzugehen sein. Die Einbindung der Strukturberichte in die wirtschaftspolitische Diskussion führt zwangsläufig dazu, daß tendenziell diejenigen Probleme und Ergebnisse größeres Interesse finden, die nahe am heutigen aktuellen Rand liegen.

II. Probleme und Modellierungsmöglichkeiten einer Erklärung des Strukturwandels

Die Zielsetzung des Strukturberichts wirft eine Fülle von Methoden- und Datenproblemen auf, ohne deren Reflektion ein Einstieg in die Sachprobleme kaum möglich ist.

Die Analyse der Ursachen und Interdependenzen des Strukturwandels der deutschen Wirtschaft wäre leichter, wenn sie sich auf eine ausgebaute und nur in Teilen zu modifizierende Theorie des Strukturwandels stützen könnte. Zwar gibt es einige Ansätze zu einer plausiblen Interpretation mittel- bis längerfristiger Entwicklungen. Deren Ausarbeitung ist aber nicht soweit fortgeschritten, daß sie zu einer geschlossenen Präsentation von gesamtwirtschaftlichen, geschweige denn disaggregierten Verlaufsmustern geführt hätten. Aufbauend auf Arbeiten von Fourastié sind von Clark und Kuznets die Folgen einer durch das Einkommenswachstum der Haushalte induzierten Änderung der Ausgabenstruktur analysiert und deren Konsequenzen für die Entwicklung der Produktionsstruktur diskutiert worden. Von W.A. Lewis und später von Kaldor wurde der Bedeutung des Arbeitskräfteangebots für die Entwicklung der Wirtschaftsstruktur Rechnung getragen. Mit einem weiteren Aspekt beschäftigte sich R. Vernon, der die Hierarchisierung von Branchen und deren regionale und zeitliche Veränderung anhand der Produktzyklus-Hypothese zu erfassen versuchte. Allen diesen Ansätzen ist gemeinsam, daß sie einzelne Aspekte des wirtschaftlichen Strukturwandels aufgreifen und Ausgangshypothesen formulieren; von einer integrierten, empirisch gut abgesicherten oder gar modellmäßig ausgebauten Theorie sind diese Ansätze jedoch weit entfernt.

Es gibt gute Gründe zu vermuten, daß die Suche nach einer "allgemeinen" Theorie des Strukturwandels ein zu anspruchsvolles Unterfangen ist. Erstens werden für jede Volkswirtschaft Besonderheiten bestehen -z.B. in den Wertvorstellungen der Bevölkerung oder in den Institutionen der Volkswirtschaft und ihren Änderungen im Zeitablauf. Zweitens treten immer wieder historisch einmalige Ereignisse auf, die sich als wichtige Determinanten des Strukturwandels erweisen.

Eine "allgemeine" Theorie würde außerdem den Zwecken einer Strukturberichterstattung vermutlich gar nicht dienlich sein. Die Komplexität von Sachverhalten könnte aller Wahrscheinlichkeit nach nur in einer Vielzahl von Teilmodellen abgebildet werden. Es würden sich so verwickelte Interdependenzen ergeben, die die Herausschälung von "Ursachen" des Strukturwandels verhindern würden. Auf keinen Fall sind Wunschvorstellungen von Politikern, die an relativ einfachen kausalen Erklärungsmustern des Strukturwandels interessiert sind, zu erfüllen.

Schon dann, wenn eine Kausalbeziehung zwischen zwei ökonomischen Variablen zur Diskussion steht, ist die Antwort nicht mit ausreichender Sicherheit zu geben. Zwar existieren theoretische Konzepte, um Kausalitätsbeziehungen empirisch zu ermitteln, jedoch ist ein Test auf der Grundlage ökonomischer Zeitreihen für bestimmte Kausalbeziehungen wegen unzureichend verfügbarer Beobachtungen häufig nicht befriedigend durchführbar. Für komplexe Zusammenhänge ist das Problem noch nicht einmal theoretisch gelöst.

Auch in bezug auf Wirkungsanalysen muß die Schwierigkeit gesehen werden, daß eine eindeutige Formulierung einer funktionalen Beziehung zwischen sog. erklärenden und abhängigen Variablen nicht immer gefunden werden kann. Darüber hinaus kann die Abhängigkeit des Resultats von den gewählten Meßkonzepten so groß sein, daß im Extremfall - je nach Meßkonzept - sich widersprüchliche Aussagen über den gleichen Grundsachverhalt ergeben.

Obwohl es also als sehr unwahrscheinlich zu gelten hat, daß eine Theorie des Strukturwandels überhaupt gefunden werden kann, ist dennoch zu prüfen, ob es nicht in der ökonomischen Theorie einen Ansatz gibt, der sich als Referenzmodell eignet, um z.B. tatsächliche Entwicklungen als Abweichungen von einem "normalen" Verlauf zu charakterisieren und Vorschläge für wirtschaftspolitische Maßnahmen zu unterbreiten. In der Diskussion der Strukturberichte 1980 ist das Modell des mehrsektoralen gleichschrittigen Wachstums vorgeschlagen worden. Aber auch bei diesem Ansatz überwiegen die Nachteile. Die Einführung mehrerer Sektoren erlaubt es zwar, die Verschiebungen zwischen ihnen zu studieren. Die

Ziele der Strukturberichterstattung erfordern eine Disaggregation nicht nur nach Wirtschaftszweigen, sondern auch in anderen Dimensionen der Gesamtwirtschaft, z.B. beim privaten Verbrauch, bei der staatlichen Aufgabenerfüllung oder im Bereich der außenwirtschaftlichen Verflechtungen. Diese Differenzierungen treten im "Referenzmodell" überhaupt nicht auf. Schließlich ist die Einbeziehung historisch einmaliger Bedingungen und institutioneller Besonderheiten nicht vorgesehen.

Auch wenn in Teilen der Analyse des Strukturwandels auf Ansätze der ökonomischen Theorie - implizit oder explizit - zurückgegriffen wird, ist ein Rückgriff auf ein Referenzmodell in bezug auf den Zusammenhang von gesamtwirtschaftlicher und sektoraler Entwicklung derzeit nicht möglich, so wünschenswert er auch sein mag. Für einige Zwecke der Strukturberichterstattung können freilich die Erfahrungen mit dem disaggregierten Bonner Modell nutzbar gemacht werden. Sie betreffen vor allem die steigende Komplexität, die Probleme der Integration von Teilmodellen, aber auch die unlösbar damit verbundenen Datenprobleme und ihrer methodischen Aufbereitung.

1. Fortführung der Arbeiten mit dem disaggregierten Modell

Das disaggregierte Bonner Prognosemodell 1 wurde vom DIW für Analysezwecke in Berlin implementiert. Das Bonner Modell umfaßt 14 Sektoren; durch die Aufgliederung des Staatssektors ist es auf 18 Sektoren erweitert worden. Für die Strukturberichterstattung ist jedoch eine Analyse auf der Grundlage von etwa 60 Sektoren gefordert.

Nach der Aktualisierung der Datenbasis hätte auch eine komplette Neuschätzung des Modells durchgeführt werden müssen. Darüber hinaus zeigt die Analyse des disaggregierten Bonner Prognosemodells aber, daß die ökonometrische Erklärung der gesamten intersektoralen Vorleistungs- und Investitionsverflechtung für die Zwecke der Strukturberichterstattung zu unscharf ist. Aufgrund dieser Probleme ist entschieden worden, eine Aktualisierung des disaggregierten Bonner Modells in der vorliegenden Version nicht anzustreben, sondern stattdessen eine konzeptionelle Revision vorzunehmen, die das Modell stärker an die Erfordernisse der

Strukturberichterstattung anpaßt. Eine stärkere sektorale Untergliederung wurde vorgenommen, die derjenigen der Strukturberichterstattung möglichst nahekommt. Redundanzen, die im alten Modell durch den Versuch einer ökonometrischen Erklärung der Verflechtungsstrukturen entstanden, sind beseitigt worden.

Von den Arbeiten an der Erstellung der Datenbasis und der theoretischen Konzeption für das Modell wurden bisher folgende Schritte realisiert:

-   Die Bereitstellung der erforderlichen Datenbasis nach 51 Sektoren für den Zeitraum 1960-1980;

-   die Entwicklung eines Modellteils für die Exporte und die Exportpreise;

-   die Datenanalyse der für die Phase I verfügbaren Daten;

-   die Implementierung und das Austesten der Softwarepakete TROLL V 11 und IAS, die für die Modellentwicklung und die Zusammenarbeit mit dem SFB 21 der Universität Bonn erforderlich sind.

2. Zur Beeinflußbarkeit von Bestimmungsfaktoren

Strukturwandel ist zu einem Teil als Anpassungsprozeß an veränderte Datenkonstellationen aufzufassen. Daher ist es methodisch und inhaltlich wichtig, die Sachverhalte zu bestimmen, die als weitgehend unbeeinflußbare Vorgaben für die gesamte Volkswirtschaft zu gelten haben.

Es gibt streng genommen nur wenige für eine Volkswirtschaft unbeeinflußbare Bestimmungsfaktoren des strukturellen Wandels. Als Beispiele hierfür können die Entwicklung des Welthandels und der Öl- und Rohstoffpreise genannt werden. Beim Welthandel ist der 'eigene' Außenhandel eine wichtige Teilgröße. Hinzu kommt, daß die Öl- und Rohstoffpreisentwicklung häufig internationalen Abmachungen unterliegt, so daß man allenfalls von weitgehend unbeeinflußbaren Ausgangsbedingungen reden kann.

Neben den veränderten weitgehend unbeeinflußbaren Ausgangsbedingungen sind die eigenen Ziele der Entscheidungsträger von großer

Bedeutung. Zwar sind sie nicht unabhängig von eingetretenen Veränderungen; dennoch besteht für sie zu jedem Zeitpunkt ein Gestaltungsspielraum.

Es versteht sich von selbst, daß der Grad der Beeinflußbarkeit von Bestimmungsfaktoren des Strukturwandels sich ganz wesentlich danach unterscheidet, welche Entscheidungsebene man betrachtet. Für die privaten Haushalte, aber auch die einzelnen Unternehmen sind viel mehr Sachverhalte unbeeinflußbar als z. B. für die Bundesregierung. So werden im folgenden vor allem die gesetzlich fixierten wirtschaftspolitischen Ziele und die institutionell-rechtlichen Regelungen als beeinflußbare Rahmenbedingungen aufgefaßt. Dabei ist der Gestaltungsspielraum eines Entscheidungsträgers (Staat, Unternehmen, private Haushalte) häufig durch die Aktionen anderer Entscheidungsträger geprägt. Gerade diese Interdependenzen von Aktionen und Reaktionen machen die Analyse des Strukturwandels schwierig. Strukturwandel ist also nicht nur ein Anpassungsprozeß an unveränderbare Ausgangsbedingungen, sondern vor allem auch das Ergebnis eines Prozesses mit erheblichen Freiheitsgraden.

3. Zur Fristigkeit von Bestimmungsfaktoren und zum Verhältnis von Prozeß- und Strukturpolitik

Die Abgrenzung von beeinflußbaren und unbeeinflußbaren Bestimmungsfaktoren ist überdies zeitabhängig. Sachverhalte sind auf kurze Sicht häufig unbeeinflußbar, auf mittlere oder längere Sicht jedoch durchaus beeinflußbar. Umgekehrt ist es häufig so, daß Sachverhalte, die zu einem Zeitpunkt beeinflußbar waren, später nur noch schwer revidierbar sind.

Ähnliche Zusammenhänge gelten auch für das Verhältnis von Bestandsgrößen zu Stromgrößen. Bestände (z.B. Kapitalstock, Bevölkerungszahl), die zu einem bestimmten Zeitpunkt weitgehend festliegen, sind in einer kurzen Periode nur marginal veränderbar. Anders ausgedrückt: der unbeeinflußbare Bestand zu einem bestimmten Zeitpunkt baut sich aus der Summe beeinflußbarer "Ströme" (Investitionen, Geburten u.a.) in den vorangegangenen Jahren auf.

Auf die Fristigkeit der Ziele und der Wirkung von Maßnahmen bezieht sich auch die Abgrenzung von <u>Prozeßpolitik</u> und <u>Strukturpolitik</u>. Geht man von einem wirtschaftspolitischen Zielsystem aus, so richtet sich die Prozeßpolitik auf die Erreichung kurzfristiger Ziele, Strukturpolitik auf mittel- und längerfristige Ziele. Zwischen Einzelzielen können sowohl zeitliche als auch inhaltliche Konflikte bestehen. Zumeist ist die Gewichtung kurzfristiger wirtschaftspolitischer Ziele größer als die der mittel- oder längerfristigen Ziele. Denkt man aber an die Probleme der Bildungs- oder Rentenreform, erkennt man das Gewicht, das längerfristige Ziele haben sollten.

Für Wirkungsanalysen der wirtschaftspolitischen Interventionen ist diese Abgrenzung zwar wünschenswert, häufig aber nicht durchführbar. Einmal sind die eingesetzten Instrumente häufig nicht aufeinander abgestimmt, zum anderen überlagern sich die Folgen der Maßnahmen in unüberschaubarer Weise. Dies gilt insbesondere für kurzfristig angelegte Maßnahmen der Prozeßsteuerung, die in Widerspruch zur mittel- bzw. längerfristig ausgerichteten Strukturpolitik geraten können. So hatten in der Vergangenheit oft kurzfristige Maßnahmen der Geld- und Fiskalpolitik stärkere (häufig nicht intendierte) strukturelle Wirkungen als die Strukturpolitik selbst. Deshalb ist nicht nur eine Klärung der strukturbildenden Einflüsse der Prozeßsteuerung erforderlich, sondern auch eine Einbeziehung prozeßpolitischer Maßnahmen in die Bewertung der Strukturpolitik.

Prozeß- und Strukturpolitik verändern die vom Markt ausgehenden Signale. Dadurch wird die Richtung und/oder die Zeitstruktur der Anpassungsreaktionen verändert. Für beides ist entscheidend, für wie dauerhaft die vom Staat ausgehenden bzw. die durch den Staat modifizierten Signale oder andere Signale eingeschätzt werden. Fehleinschätzungen der Dauer und Stärke der Signale sind unvermeidbar allein schon deswegen, weil zwischen geäußerten und tatsächlichen Einschätzungen eine Diskrepanz bestehen kann. Viel wichtiger ist jedoch, daß bei der Einschätzung auch die verschiedenen Erwartungen der Entscheidungsträger eine große Rolle spielen.

Ein Grund der in den vergangenen Jahren unbefriedigenden wirtschaftlichen Entwicklung wird darin vermutet, daß die Marktsignale in den 70er Jahren stärker von wirtschaftspolitischen Signalen überlagert und dadurch Fehlanpassungen häufiger hervorgerufen worden sind. Diese Sichtweise verkennt aber, daß auch die Anforderungen an die Wirtschaftspolitik seit der ersten Ölpreiskrise gestiegen sind. Andererseits haben die Eingriffe in der Folgezeit auch deshalb zugenommen, um die wirtschaftspolitischen Fehler, die zu der ersten Krise von 1974/75 beigetragen haben, zu korrigieren.

Eine Auseinandersetzung mit diesen Fragen dürfte aber allein schon deswegen Schwierigkeiten bereiten, weil sich Anpassungsreaktionen oft über mehrere Jahre erstrecken, so daß die eigentlichen Bestimmungsfaktoren nicht rechtzeitig erkannt werden. Hinzu kommt das Problem, daß sich Anpassungsgeschwindigkeiten verändern können. Offenbar sind die Signale zahlreicher und widersprüchlicher geworden; damit hat sich die Unsicherheit für die Entscheidungsträger erhöht.

III. **Ausgangs - und Rahmenbedingungen des Strukturwandels**

1. **Weitgehend unbeeinflußbare Ausgangsbedingungen**

Es liegt nahe, sich bei der Erörterung weitgehend unbeeinflußbarer Ausgangsbedingungen für den Strukturwandel auf diejenigen Sachverhalte zu beschränken, von denen unmittelbare Einflüsse auf die strukturelle Entwicklung der Wirtschaft ausgehen.

Zuerst sollen die für die Bundesrepublik als stark in die weltwirtschaftliche Arbeitsteilung eingebundenes Land besonders wichtigen, vom Welthandel gesetzten Ausgangsbedingungen diskutiert werden. Sie sind aufs Ganze gesehen für ein einzelnes Land weitgehend unbeeinflußbar, obwohl es ständig Bemühungen gegeben hat, den Grad der Einflußnahme auf die Entwicklung der Weltwirtschaft im Rahmen internationaler Vereinbarungen und konzertierter Aktionen zu verstärken. Dennoch ist es weder gelungen, nationale Globalpolitiken zu harmonisieren, noch konnten Strukturpolitiken aufeinander abgestimmt werden. Hinzu kommt, daß sich in denjenigen Bereichen, in denen solche Kooperationen feste Formen angenommen haben - die EG-Agrarpolitik als Beispiel -gezeigt hat, daß die Bundesrepublik ihre Positionen im Rahmen solcher Vereinbarungen nur dann durchsetzen kann, wenn sie sich nicht mit mehrheitlich vertretenen Auffassungen konfrontiert sieht, denen andere Zielvorstellungen zugrunde liegen.

Die Entwicklung des Welthandels in den 70er Jahren ist geprägt worden durch außenwirtschaftliche Strukturbrüche, die verbunden waren mit weltweiten Inflationstendenzen, der Freigabe der Wechselkurse und den ersten massiven Energiepreissteigerungen.

Die Strukturanpassungsprozesse aller Länder haben insgesamt zu einem langsameren Anstieg des internationalen Warenaustausches geführt. Während der Welthandel mit Industriewaren in der Periode von 1960 bis 1973 real mit 10vH im Jahresdurchschnitt expandiert hatte, halbierte sich die Zuwachsrate in der Periode von 1974 bis 1980. Im Durchschnitt der Jahre 1981 und 1982 stagnierte der Welthandel mit Industriewaren, auch infolge des zunehmenden Protektionismus. Durch die hohe Verschuldung einiger Län-

Tabelle III. 1/1

Die Stellung der Bundesrepublik

im Handel der Industrieländer[2]

mit Industriewaren[1]

	Nominale Exporte in US-$		Nominale Entwickl.	Reale Entwickl.
	Industrie- länder	Bundes- republik Deutschland	Anteil der Bundesrepublik Deutschland	
	jährliche Veränderung in vH		1959=100	
1960	15,6	16,7	101,0	100,7
1965	13,9	10,5	100,0	96,3
1970	15,5	16,9	102,9	99,2
1971	12,6	14,1	104,2	97,5
1972	18,2	18,7	104,6	97,4
1973	33,2	45,3	114,1	99,1
1974	34,1	30,9	111,4	100,2
1975	7,5	0,8	104,6	93,4
1976	12,1	14,0	106,4	95,7
1977	14,0	15,0	107,3	95,3
1978	20,3	20,2	107,2	92,2
1979	19,8	20,0	107,5	94,0
1980	16,5	10,9	102,3	93,2
1981	-2,9	-9,6	95,2	96,2[3]
1982[3]	-5,8	1,2	102,3	101,3

1) SITC 5-8.- 2) Berechnet auf der Grundlage des Industriewarenexports von 13 Westlichen Industrieländern: EG-Länder (Bundesrepublik Deutschland, Großbritannien, Frankreich, Niederlande,
Belgien-Luxemburg, Italien, Dänemark) (7), Österreich, Schweden, Norwegen, USA, Kanada, Japan.- 3) Geschätzt.

Quellen: Eigene Berechnungen aufgrund von Angaben in den
Außenhandelsstatistiken von UN und OECD.

der ist überdies das gesamte internationale Finanzgefüge in eine krisenhafte Situation geraten. Damit sind die - militärpolitisch ohnehin gespannteren - internationalen Beziehungen auf wirtschaftlichem Gebiet
komplizierter und labiler geworden.

Seit 1960 hat die Bundesrepublik ihren Exportanteil am Handel der Industrieländer mit Industriegütern - nominal wie real - gehalten. Sicherlich
waren in manchen Jahren auch Rückschläge zu verzeichnen; sie wurden in
den folgenden Jahren jedoch immer wieder ausgeglichen. Erweitert man
die Betrachtung auf den gesamten Industriewarenhandel, so zeigt sich, daß
die Industrieländer sich einer ständig zunehmenden Konkurrenz aus der
Dritten Welt gegenübersehen. Sie geht allerdings ausschließlich auf die
Entwicklung in den Schwellenländern zurück, deren Anteil am Industriewarenhandel ständig zunimmt und 1982 mit etwa 9 vH mehr als dreimal so
hoch war wie 1962. Gegenüber 1972 machen die Anteilsgewinne der
Schwellenländer etwa dreieinhalb Prozentpunkte aus. Damit wird sogar
noch der Fortschritt Japans übertroffen, des Industrielandes mit der
stärksten Dynamik im Export von Industriewaren, das seinen Anteil in
diesem Zeitraum um 2,7 Prozentpunkte vergrößern konnte.

Ebenso wie die Industrieländer insgesamt mußte auch die Bundesrepublik
ständige, wenn auch geringfügige Anteilsverluste hinnehmen, bezogen auf
den nominalen Welthandel mit Industriewaren. Sie fallen in den 60er
Jahren kaum ins Gewicht und wurden erst in den 70er Jahren bis in die
Gegenwart etwas ausgeprägter. Anders als in den 60er Jahren gewinnen
die USA wieder Marktanteile und engen damit den Spielraum für die
europäischen Industrieländer ein.

Aus allem folgt, daß bei nachlassender Dynamik des Welthandels mit
Industriewaren und bei zunehmenden Anteilen der Schwellenländer und
Japans sich die vom Welthandel ausgehenden realen Impulse für die
Bundesrepublik abgeschwächt haben.

Neben der außenwirtschaftlichen Entwicklung ist die demographische
Entwicklung eine weitgehend unbeeinflußbare Ausgangsbedingung für den
Strukturwandel. Zwar wird man Rückwirkungen der realen Einkommens-

Tabelle III.1/2

Anteile der Länder am nominalen Weltexport[2] mit Industriewaren[1]

	1962	1972	1979	1980	1981	1982
BRD	17,4	16,9	16,7	16,1	14,7	15,6
Frankreich	8,0	7,7	8,4	8,1	7,3	7,3
Italien	5,2	6,4	6,6	6,3	6,2	6,3
Benelux-Länder	8,7	9,6	8,5	7,7	7,3	7,3
Großbritannien	13,1	8,3	7,8	8,3	6,9	6,6
Übrige europäische Industrieländer 3)	9,1	8,7	8,3	8,1	7,6	7,5
Europäische Industrieländer	61,5	57,6	56,3	54,6	50,0	50,6
USA	17,7	13,5	12,8	13,7	14,9	14,3
Kanada	3,9	4,8	3,4	3,3	3,7	3,9
Japan	6,5	11,0	11,0	12,0	14,3	13,7
Außereurop. Industrieländer	28,1	29,3	27,2	29,0	32,9	31,9
Industrieländer, insgesamt	89,6	86,9	83,5	83,6	82,9	82,5
Schwellenländer	2,8	5,4	7,9	8,3	8,7	9,0
Übrige Entwicklungsländer	4,1	3,3	3,8	3,6	3,5	3,5
Entwicklungsländer, insgesamt	6,9	8,7	11,7	11,9	12,2	12,5*
Staatshandelsländer	1,8	2,1	2,2	2,2	2,0	2,0*
Übrige Länder 4)	1,7	2,3	2,6	2,3	2,9	3,0*
Welt, insgesamt	100	100	100	100	100	100

*Für 1982 sind die Daten für die Entwicklungsländer, Staatshandels-
länder und übrige Länder geschätzt.
1) SITC 5-8.   -   2) Berechnet auf der Grundlage von 53 Ländern bzw.
-regionen. - 3) Schweden, Dänemark, Österreich, Norwegen, Schweiz. -
4) Australien, Neuseeland, Südafrika, Irland, Island, Finnland, Portugal.
Quellen: UN, Commodity Trade Statistics, Series D; UN, Monthly
Bulletin of Statistics.

entwicklung auch in diesem Bereich nicht ausschließen können. So beeinflußt sicherlich die Größenstruktur der Wohnungen die Bereitschaft, Kinder zu haben und großzuziehen. Dennoch erscheint es gerechtfertigt, die Bevölkerungsentwicklung aus dem Kreis der beeinflußbaren Faktoren herauszuheben und nicht - wie dies manchmal in Bezug auf die Entscheidung, Kinder zu haben, geschieht - nach Parallelen zum Investitionsprozeß oder gar zum Erwerb eines dauerhaften Konsumgutes zu suchen und die Nutzen der "Kinderaufzucht" ihren Kosten gegenüberzustellen.

Die Einflüsse, die von der Bevölkerungsentwicklung auf den Strukturwandel ausgehen, sind vielfältig: an dieser Stelle können nur einige Grundtatbestände skizziert werden, die allerdings fundamental für die Entwicklung der Wirtschaft und ihrer Struktur gewesen sind.

Einmal geht es hier um das Verhältnis von Bevölkerung zu Erwerbspotential, hier verstanden als Bevölkerung im erwerbsfähigen Alter. Während die Bevölkerung in ihrer Gesamtheit Güter konsumiert, die von der privaten Wirtschaft und den öffentlichen Haushalten angeboten werden, umfaßt das Erwerbspotential denjenigen Personenkreis, der zur Verfügung steht, um diese Güter zu produzieren. Immer dann, wenn sich in der Relation dieser beiden Personengruppen zueinander Verschiebungen ergeben, weicht die mögliche Steigerung der realen Pro-Kopf-Einkommen von den möglichen Zuwächsen der Produktionsleistung je Erwerbsperson ab. Ein steigender Anteil des Erwerbspotentials eröffnet Chancen, das Pro-Kopf-Einkommen über den Produktivitätszuwachs auszuweiten. Umgekehrt zwingt ein sinkender Anteil des Erwerbspotentials zu einer Abkoppelung der Pro-Kopf-Einkommenszuwächse von den Produktivitätszuwächsen nach unten. Damit sind natürlich nur die Entwicklungspfade bei Vollbeschäftigung des in einem Lande ansässigen Erwerbspotentials beschrieben. Mit Zuwanderungen aus dem Ausland lassen sich Lücken im Erwerbspotential schliessen; umgekehrt können mögliche Realeinkommenszuwächse pro Kopf durch eine Unterauslastung des Erwerbspotential verschenkt werden.

Ein Blick auf die Entwicklung der demographischen Bestimmungsfaktoren des Erwerbspotentials in der Bundesrepublik zeigt, daß in den Jahren

Tabelle III.1/3

Die Entwicklung wichtiger Altersgruppen der deutschen und ausländischen
Bevölkerung von 1970 bis 1982

| | Kinder und Personen im Ausbildungsalter | | | Erwerbs-fähige 1) | Personen im Renten-alter 2) | häufiger kranke Personen | Bevöl-kerung |
	0 - 5	6 - 18	19 - 25	15-59/64	60/65 u.ä.	40 u. älter	insgesamt
	Personen in 1 000						
	Deutsche						
Bestand 31.12.1970	5 343	11 331	4 836	34 483	10 194	25 295	58 263
1971-73	-1 085	591	457	17	540	104	-153
1974-76	- 939	20	181	607	129	532	- 520
1977	- 184	- 168	112	367	- 43	241	- 129
1978	- 100	- 293	143	412	- 66	273	- 145
Veränderungen 1979	- 24	- 387	171	327	37	334	- 127
1980	27	- 440	178	291	78	334	- 97
1981	45	- 455	183	280	16	250	- 100
1982	34	- 483	181	299	- 19	75	- 118
Bestand 31.12.1982	3 117	9 716	6 442	37 083	10 866	27 438	56 874
	Ausländer						
Bestand 31.12.1970	275	373	524	2 165	65	510	2 738
1971-73	189	245	202	866	21	208	1 253
1974-76	68	76	- 223	- 317	17	62	- 139
1977	- 14	45	- 13	14	5	38	40
1978	- 9	74	- 2	60	6	50	114
Veränderungen 1979	- 3	107	41	170	9	70	244
1980	- 1	135	50	200	10	86	316
1981	- 8	60	15	149	9	67	155
1982	- 28	- 10	- 22	- 29	9	51	- 49
Bestand 31.12.1982	469	1 105	572	3 269	151	1 142	4 672
	Wohnbevölkerung insgesamt						
Bestand 31.12.1970	5 618	11 704	5 360	36 639	10 259	25 805	61 001
1971-73	- 896	836	659	883	561	312	1 100
1974-76	- 871	96	- 42	290	146	594	- 659
1977	- 198	- 123	99	381	- 38	279	- 89
1978	- 110	- 219	141	472	- 60	323	- 31
Veränderungen 1979	- 27	- 280	212	497	46	404	117
1980	26	- 305	228	491	88	420	219
1981	38	-395	198	429	25	317	55
1982	6	- 493	159	270	- 10	126	- 167
Bestand 31.12.1982	3 586	10 821	7 014	40 352	11 017	28 580	61 546
	Anteile an der Wohnbevölkerung insgesamt						
	Deutsche						
31.12.70	9,0	28,6	8,3	59,2	17,5	43,4	100
31.12.82	5,5	22,6	11,3	65,2	19,1	48,2	100
	Ausländer						
31.12.70	10,0	23,7	19,1	78,7	2,4	18,6	100
31.12.82	10,0	33,7	12,2	70,0	3,2	24,4	100
	Wohnbevölkerung insgesamt						
31.12.70	9,2	28,4	8,8	60,1	16,8	42,3	100
31.12.82	5,8	23,4	11,4	65,6	17,9	46,4	100

1) Frauen von 15 bis 59, Männer von 15 bis 64 Jahren. - 2) Frauen von 60 Jahren an, Männer von 65 Jahren an.
Quelle: Statistisches Bundesamt; Berechnungen des DIW.

1973/74 nicht nur gravierende Veränderungen in den wirtschaftlichen Rahmenbedingungen zu registrieren waren. In die gleiche Periode fallen auch Veränderungen in den längerfristigen demographischen Trends, die per Saldo die Arbeitsmarktprobleme verschärft haben.

Die Zeit davor war gekennzeichnet durch deutlich sinkende Anteile der Erwerbsfähigen an der deutschen Bevölkerung. Ein der kräftigen Expansion der Nachfrage entsprechendes Produktionswachstum konnte daher nur realisiert werden, indem das ausländische Erwerbspotential rasch ausgeweitet wurde. Da in dieser Zeit kaum Familienangehörige mit in die Bundesrepublik übergesiedelt sind, waren die Wirkungen der Zuwanderungen aus dem Ausland auf die Quote des gesamten Erwerbspotentials beträchtlich. Zwar konnte der Rückgang bei den Deutschen nicht kompensiert werden; immerhin gab es einen nennenswerten Ausgleich. Der Anteil der Ausländer an der erwerbsfähigen Bevölkerung stieg von 1960 bis 1973 von weniger als 2 vH auf 6 vH.

Nach 1974 kehrte sich die Entwicklung um. Der Anteil der Erwerbsfähigen bei den Deutschen nahm kräftig zu. Gleichzeitig veränderte sich der Altersaufbau der ausländischen Bevölkerung in Richtung auf einen sinkenden Anteil der Erwerbsfähigen, bedingt durch die überproportional zunehmende Kinderzahl in dieser Periode. Die Differenz in den Quoten der Erwerbsfähigen zwischen Deutschen und Ausländern liegt heute unter fünf Prozentpunkten, während sie Anfang der siebziger Jahre fast 20 Prozentpunkte betrug.

Angesichts dieser Umkehr demographischer Trends nimmt es nicht Wunder, daß die Konjunktureinbrüche in der Folgezeit mit stärkeren Ausschlägen in der Entwicklung der Arbeitslosigkeit verbunden waren als in der Zeit zuvor. Zwar wurde in der Periode zwischen 1975 und 1980 die Zahl der Arbeitslosen um ebensoviele Personen abgebaut wie zwischen 1967 und 1973. Das Ausgangsniveau lag jedoch 1975 mit über 1 Mill. um mehr als das Doppelte über dem Niveau von 1967 (0,46 Mill.), so daß länger anhaltende wachstumspolitische Anstrengungen notwendig gewesen wären, um eine Fortsetzung der sich bis 1980 abzeichnenden wirtschaftlichen Entwicklung sicherzustellen und damit die Zahl der Arbeitslosen weiter abzubauen. Auf dieses Erfordernis ist damals auch vom DIW wiederholt hingewiesen worden.

Demographisch bedingte Einflüsse auf den Strukturwandel gehen nicht nur von der Entwicklung des Anteils der Erwerbsfähigen an der Bevölkerung aus. In die Betrachtung einbezogen werden muß ebenso die Entwicklung von Bevölkerungsgruppen, deren Nachfrage nach privaten und öffentlichen Gütern vom Durchschnitt abweicht.

In der Struktur des privaten Konsums werden die Änderungen im Altersaufbau der Bevölkerung kaum sichtbar. Hier war die Entwicklung des verfügbaren Einkommens der privaten Haushalte zweifellos der dominierende Einflußfaktor. Die Einflüsse von Wandlungen in der Zusammensetzung und Entwicklung der Bevölkerung werden auch im Bereich des Angebots öffentlicher Leistungen von Einkommenseffekten überlagert. Zwar besteht keine unmittelbare Beziehung zwischen der Nachfrage nach öffentlichen Leistungen und den Dispositionen der privaten Haushalte über ihre Budgets, da die Präferenzen der Bevölkerung hier nicht unmittelbar erkennbar werden an der Bereitschaft, Teile ihres Einkommens für öffentliche Leistungen aufzuwenden. Sie äußern sich vielmehr darin, daß ein bestimmtes System von Abgaben akzeptiert wird, das erforderlich ist, um die Versorgung mit öffentlichen Gütern in ihrer Gesamtheit sicherzustellen. Die Akzeptanz eines Systems von Abgaben bzw. die Fähigkeit, einen Teil des Einkommens zur Finanzierung öffentlicher Leistungen zur Verfügung zu stellen, ist jedoch ebenfalls abhängig von dem erreichten Einkommensniveau und der Entwicklung der Realeinkommen, wobei die Veränderungen der Realeinkommen in diesem Zusammenhang von größerer Bedeutung sind. Hinzu kommt, daß das Niveau und die Entwicklung des Realeinkommens wesentliche Einflußfaktoren für die inhaltlichen (normativen) Vorstellungen über die Notwendigkeit sind, bestimmte Leistungen in öffentlicher Verantwortung anzubieten.

Von der zahlenmäßigen Entwicklung bestimmter Bevölkerungsgruppen sind auch nur Teile des Bedarfs an Infrastruktureinrichtungen abhängig. Auf Nachholbedarfe (bedingt durch Änderungen normativer Versorgungsgrade) ebenso wie auf den Ersatzbedarf in den jeweiligen Infrastrukturbereichen haben Änderungen im Altersaufbau der Bevölkerung kaum einen Einfluß. Dennoch besteht in den haushaltsorientierten Bereichen (Bildung, Gesundheit, Sozialwesen) ein Zusammenhang mit der demographischen Entwicklung, der in den Planungen der Infrastruktur explizit - oft aber zu spät - berücksichtigt wird.

Wie prägnant die Änderungen in der Zusammensetzung der Bevölkerung, was die Inanspruchnahme bestimmter Bereiche der haushaltsorientierten Infrastruktur anbelangt, in dem vergleichsweise kurzen Zeitraum der letzten 12 Jahre gewesen sind, wird aus der Tabelle deutlich. So signalisiert der Anstieg einer im Gesundheitswesen gebräuchlichen Kennziffer, der Anteil der über 40jährigen, in der Regel häufiger kranken Personen an der Bevölkerung, sicherlich Mehrbedarf an Leistungen des Gesundheitsdienstes. Umgekehrt ist die Entwicklung der Ausgaben für Bildungseinrichtungen ganz wesentlich auf die im Anteil rückläufige Kinderzahl zurückzuführen.

Von Einfluß ist der Bevölkerungsaufbau nicht nur für das Erwerbspotential und die Konsumstruktur im privaten und öffentlichen Bereich, sondern auch für das Transfersystem. Es muß nicht nur die Versorgung älterer Menschen, die nicht mehr im Erwerbsleben stehen, sicherstellen, sondern auch die Versorgung von Kindern und Jugendlichen, die noch nicht berufstätig sind. Zwar vollzieht sich der Umverteilungsprozeß zugunsten von Kindern und Jugendlichen zum überwiegenden Teil innerhalb der Familie. Für die Belastung mit Abgaben zur Finanzierung des Lebensunterhaltes älterer Menschen spielt es jedoch eine Rolle, ob aus dem Haushaltseinkommen mehr oder weniger Kinder versorgt werden müssen. Unter diesem Gesichtspunkt hat die beträchtliche Verminderung der Kinderzahl den Spielraum für Transferzahlungen zugunsten älterer Menschen sicherlich erhöht.

2. Beeinflußbare Rahmenbedingungen

Zu den beeinflußbaren Rahmenbedingungen sind vor allem die institutionell-rechtlichen Regelungen sowie ihre Veränderungen zu zählen. Zwar kann es auch Entscheidungen der privaten Haushalte oder der Unternehmen geben, die für die übrigen Entscheidungsträger ein Datum darstellen. Vor allem sind es aber die gesetzlich fixierten wirtschaftspolitischen Zielvorstellungen des Staates, die für alle Entscheidungsträger und den Wirtschaftsablauf erst einmal eine Ausgangsbedingung darstellen, auch wenn sie im Prinzip zumindest auf mittlere Sicht revidierbar sind. Dieser Gestaltungspielraum des Staates wird nicht nur von den weitgehend unbeeinflußbaren Ausgangsbedingungen des vorigen Abschnitts, sondern auch von den durch die Zielvorstellungen aller anderen am Wirtschaftsprozeß Beteiligten beeinflußt. Hier spielen die Wertvorstellungen der Bürger und ihre Veränderungen eine entscheidende Rolle.

Der Wandel der Wertvorstellungen wirkt sich nicht nur auf das Verhältnis von Staat zu privatem Sektor aus, sondern überlagert im Grunde sämtliche Einflußfaktoren, die als Determinanten des Strukturwandels anzusehen sind.

Man kann Zweifel haben, ob die Veränderungen in der gesellschaftspolitischen Werteskala Ursache oder Begleiterscheinung der wirtschaftlichen Entwicklung gewesen sind. Ohne Zweifel haben sie die Einstellung zum Wirtschaftswachstum verändert. An die Stelle einer kaum infragegestellten Wachstumseuphorie bis Anfang der 70er Jahre trat eine skeptischere Beurteilung des Wachstums, insbesondere der Verfügbarkeit von Rohstoffen und der Beanspruchung der natürlichen Umwelt.

Von der veränderten Einschätzung ökologischer Rahmenbedingungen ist das Spektrum technologischer Möglichkeiten im Energiebereich, im Bereich stark umweltbeeinträchtigender Technologien bei den Grundstoffen und in anderen Bereichen betroffen.

Die Folge dieses veränderten Bewußtseins waren verstärkte Maßnahmen zum Schutze der Umwelt.Die Finanzierung dieser Maßnahmen - Investitionen wie auch laufende Kosten - betraf direkt die öffentlichen Haushalte und die Unternehmen, indirekt die privaten Haushalte dann, wenn es den Unternehmen gelang, die Kosten im Preis weiterzuwälzen. Von Unternehmensseite werden häufig Klagen über diese zusätzlichen Belastungen erhoben, die ihre Gewinnsituation und ihre internationale Wettbewerbsfähigkeit verschlechtert haben sollen. Für die Volkswirtschaft als Ganzes muß man jedoch auch die positiven Effekte sehen, die nicht nur aus den die Umwelt erhaltenden Erfolgen dieser Maßnahmen, sondern auch darin bestehen, daß vermehrter Umweltschutz zusätzliche Nachfrage und zusätzliche Produktion hervorruft. Die Entwicklung geeigneter Umweltschutztechniken hat für die Bundesrepublik neue Felder für den Export erschlossen und damit zu diesem Teil einen positiven Beitrag zur Stärkung der Wettbewerbsfähigkeit gebracht.

Zu den veränderten Rahmenbedingungen gehört das stärkere Bürgerengagement im Umwelt- und Energiebereich. Einsprüche und Widerstände in den umstrittenen Investitionsbereichen verzögerten die Realisierung der vorher für problemlos gehaltenen Planungen. Die Politik, aber auch die Gerichte und die Bürokratie werden mit der Ausschöpfung der rechtlichen Mittel bei den immer komplizierter werdenden Genehmigungsverfahren konfrontiert. So ist nach Angaben des Deutschen Städtetages die Zahl der im Baugenehmigungsverfahren zu prüfenden Vorschriften und Richtlinien von 68 im Jahre 1970 auf über 200 im Jahre 1977 gestiegen. Verfahren im Rahmen der Bauleitplanung dauern im Durchschnitt mindestens drei Jahre. Die verschiedenen Schritte (Aufstellungsbeschluß, Bürgerbeteiligung, Auslegungsbeschluß, Satzungsbeschluß) lassen sich kaum parallel schalten, so daß allein der parlamentarisch notwendige Beratungsvorgang bis zu einem Jahr dauert.

Die erste Energiepreiskrise (1973/74) trug nicht nur durch ihre Entzugseffekte bei den Realeinkommen zur Verschärfung der längerfristigen Wachstumsschwäche bei; die Antwort der Regierung auf die mittelfristig drohende Energieverknappung war der Plan, die Kernkraft beschleunigt auszubauen. Dies fiel in eine Phase, in der sich auch die Einstellung der

Öffentlichkeit zur Kernkraft selbst änderte; die Diskussion über die Sicherheit der Kraftwerke und ihre Wünschbarkeit überhaupt wurde zu einem Schwerpunktthema im Bereich der Wirtschaftspolitik.

Mit Blick auf die heute dennoch unproblematische Versorgungslage bei Elektrizität werden die Verzögerungen und auch Stornierungen teilweise sogar begrüßt. Die ursprünglichen Planungen seien von viel zu hohen Bedarfsprojektionen ausgegangen, ihre Realisierung hätte zu unwirtschaftlicher Überkapazität geführt. Dieses Argument läßt aber außer acht, daß Verzögerungen von Investitionsprojekten und ihre zahlenmäßige Reduzierung auch dazu beigetragen haben, den gesamtwirtschaftlichen Wachstumspfad und damit z. B. den Stromverbrauch zu senken.

Insgesamt ist zu sagen, daß sich in diesen Auseinandersetzungen erstmals eine erwünschte Bürgerbeteiligung stärker manifestiert hat. Dadurch sind Vorschriften und Gesetze geschaffen und in Anspruch genommen worden, die sich weitgehend als Instrumente des Interessenschutzes bewährt haben, indem sie die Auseinandersetzung, aber auch die Kooperation zwischen Beteiligten und Betroffenen zu einem notwendigen Bestandteil bei der Durchführung langfristig bindender Großprojekte gemacht haben.

Aber auch bei Entscheidungen über den Einsatz öffentlicher Mittel im Arbeits- und Wohnumfeld ist eine größere Bürgerbeteiligung zu beobachten. Einher geht häufig ein stärkeres Engagement im sozialen und kommunikativen Bereich. Nachbarschaftshilfe und freiwillige Sozialarbeit sind mittlerweile bekannte Stichworte in diesem Zusammenhang.

Im Wandel begriffen sind nicht nur die Vorstellungen über die Verteilung von Arbeit und Freizeit, sondern auch die Vorstellungen über die Ausgestaltung der Arbeitsprozesse. Vordergründig findet dieser Wandel seinen Ausdruck z.B. in Abwehrreaktionen gegenüber Rationalisierungsbestrebungen, obwohl hier sicherlich nicht nur veränderte Vorstellungen über die Ausgestaltung von Arbeitsprozessen, sondern - in konjunkturellen Schwächeperioden vor allem - auch die Angst um den Verlust des Arbeitsplatzes eine Rolle spielen. Dahinter verbirgt sich häufiger als bisher auch der Wunsch nach mehr "Selbstverwirklichung im Arbeitsleben".

Zu den gestaltbaren Rahmenbedingungen ist das Europäische Währungs-
system zu zählen, das entgegen vielen Befürchtungen stabilisierende
Einflüsse auf die wirtschaftliche Entwicklung der Bundesrepublik ausgeübt
hat, auch wenn es zeitweilig, aufgrund von Unterschieden in den nationalen Wirtschafts- und Geldpolitiken, zu Störungen gekommen ist. Die
Abkehr vom System der festen Wechselkurse (Bretton Woods) hat dazu
geführt, daß die vorher unterbewertete D-Mark gegenüber dem Dollar
aufgewertet wurde; im Vergleich zu den Währungen der EG-Handelspart-
ner sind Preisdisparitäten weitgehend durch Wechselkursanpassungen ausgeglichen worden.

Überwiegend positiv dürften die Einflüsse gewesen sein, die von der
Ausweitung der Märkte innerhalb der Europäischen Gemeinschaft ausgegangen sind. Zu bedauern ist allerdings, daß die Bundesregierung der
einseitigen Ausweitung der Ausgaben der EG zugunsten der Landwirtschaft nicht größeren Widerstand entgegengesetzt hat.

Für die Expansion des Außenhandels waren die vertraglichen Regelungen
mit den Ländern des RGW von erheblicher Bedeutung. Gerade weil die
Verträge die Möglichkeit zu erhöhter Kreditgewährung einräumten, hat
die Ausfuhr zeitweilig erhebliche Impulse von dort empfangen.

Zu einer für die Bewertung der Prozeßpolitik wichtigen institutionellen
Voraussetzung gehört die Stellung der Deutschen Bundesbank. Ihre grund-
sätzlich gerechtfertigte Autonomie hat in der Vergangenheit manchmal
die Geldpolitik in einen Gegensatz zur Finanzpolitik geraten lassen; im
"policy mix" hat sich zuweilen die Geldpolitik als dominant erwiesen.
Dabei haben sich binnenwirtschaftliche Prioritäten in den wirtschaftspolitischen Zielen wegen der starken Beachtung des internationalen, vor allem
des US-amerikanischen Zinsniveaus und der Wechselkurse schwieriger
verfolgen lassen.

Das 1967 vom Deutschen Bundestag verabschiedete Gesetz "zur Förderung
der Stabilität und des Wachstums der Wirtschaft" ist noch Ausdruck eines
entschlossenen Bekenntnisses zum Wirtschaftswachstum gewesen. Genutzt
worden ist es nur teilweise, und dies auch nur in den ersten Jahren nach

seiner Verabschiedung. Beruhte das Programm für Zukunftsinvestitionen (ZIP) noch auf den Grundgedanken des Stabilitätsgesetzes, so ist nach Auslaufen dieses Programms - jedenfalls soweit es das Wachstums- und Beschäftigungsziel betrifft - keine Anwendung mehr gemacht worden.

Sicherlich haben auch andere institutionelle Veränderungen eine Rolle gespielt. So hat z. B. die Finanzreform von 1969 zu veränderten Beziehungen der Gebietskörperschaften untereinander geführt (Gemeinschaftsaufgaben, Hochschulbau, Verbesserung der regionalen Wirtschaftsstruktur u. a.).

Der Gesetzgeber hat den veränderten Anforderungen im Arbeitsleben wie im Bildungsbereich und Sozialwesen durch grundlegende Gesetze oder Gesetzesänderungen entsprochen. Als Beispiele dafür können gelten:

- das Gesetz über die Fortzahlung des Arbeitsentgelts im Krankheitsfalle und über Änderungen des Rechts der gesetzlichen Krankenversicherung (Lohnfortzahlungsgesetz, 1969)
- das Arbeitsförderungsgesetz (AFG, 1969)
- das Bundesausbildungsförderungsgesetz (Bafög, 1971)
- das Rentenreformgesetz von 1972 mit der Einführung der flexiblen Altersgrenze, der Öffnung der Rentenversicherung für Selbständige und Hausfrauen und der Schaffung der Rente nach Mindesteinkommen
- die Ausweitung und Umgestaltung des Kindergeldes (Einkommensteuerreformgesetz, 1974).

Das Lohnfortzahlungsgesetz hat die Arbeiter mit den Angestellten im Krankheitsfall rechtlich gleichgestellt. Es entfiel einerseits der sogenannte Karenztag, andererseits hat das Lohnfortzahlungsgesetz die Unternehmen zur Lohnfortzahlung im Krankheitsfalle verpflichtet und damit zu einer Entlastung der Krankenversicherung geführt. Die Geldleistungen der Krankenversicherungen haben 1970 abgenommen; erst 1973 wurde wieder das Niveau von 1969 übertroffen. Von seiten der Unternehmen wird seither versucht, die Belastungen durch das Lohnfortzahlungsgesetz wieder zu verringern. Einige Vorschläge laufen darauf hinaus, die Arbeiter an den Kosten zu beteiligen. Dies sei - aus Unternehmenssicht - auch deshalb notwendig, weil die Arbeiter das Lohnfortzahlungsgesetz durch ungerechtfertigt häufige Krankmeldungen ausgenutzt hätten. Empirisch läßt sich dieser Zusammenhang nicht untermauern, da mit Inkrafttreten des Lohnfortzahlungsgesetzes die statistische Erfassung der Arbeitsunfähigkeit geändert wurde. Auch der zu beobachtende Zusammenhang zwischen der Höhe der Arbeitslosigkeit und der Höhe der Krankmeldungen beweist nicht, daß Krankmeldungen unberechtigt erfolgen. Denn der Zusammenhang kann genauso gut umgekehrt interpretiert werden: Bei hoher Arbeitslosigkeit unterbleiben die Krankmeldungen deshalb, weil ein Arbeitsplatzverlust befürchtet wird.

Auch bei anderen sozialen Schutzgesetzen (Kündigungsschutzgesetz, Arbeitslosenversicherung u. a.) wird vermutet, daß sie Verhaltensänderungen ausgelöst haben. Die Ergebnisse von Untersuchungen dieser Zusammenhänge im angelsächsischen Raum haben die Kontroversen nicht beenden können. Weder die Ergebnisse ökonometrischer Modelluntersuchungen noch großangelegte Feldstudien lassen ein eindeutiges Urteil zu. Überdies ist die Übertragung von Ergebnissen aus den USA auf die Gegebenheiten der Bundesrepublik Deutschland problematisch, da individuelle Verhaltensweisen stark vom gesellschaftspolitischen Umfeld und von sozialen, ideologischen und institutionellen Momenten geprägt werden.

Für die Bundesrepublik Deutschland sind statistisch gesicherte Ergebnisse über eventuelle Verhaltensänderungen bzw. deren Ursachen und Abläufe erst zu erwarten, wenn Längsschnittdaten vorliegen. Angesichts der Bedeutung von Verhaltensänderungen im Zeitablauf ist im DIW damit begonnen worden, eine Panelerhebung aufzubauen, die es erlaubt, durch wiederholte Befragungen derselben Personen und Haushalte Informationen über den Wandel der Verhaltensweisen in Abhängigkeit von demographischen, institutionellen, soziologischen und ökonomischen Merkmalen zu gewinnen. Diese Arbeiten stehen jedoch erst am Anfang.

Die Zahl der Erwerbspersonen ist im unteren Altersbereich durch das Ausbildungsförderungsgesetz, im oberen Altersbereich durch das Rentenreformgesetz vermindert worden. Die Öffnung der Rentenversicherung für Selbständige hat dazu beigetragen, daß 1981 die Erwerbsbeteiligung der Selbständigen im Alter von 65 Jahren und mehr relativ am stärksten unter allen Berufsgruppen zurückgegangen ist. Die Reduzierung der Erwerbsbeteiligung der 50 bis unter 65-jährigen Männer läßt sich ebenfalls durch die Möglichkeit eines früheren Rentenbezuges erklären. Einmal hat die Inanspruchnahme der Berufs- und Erwerbsunfähigkeitsrenten zugenommen, zum anderen wurde die mit dem Rentenreformgesetz eingeführte Möglichkeit, Altersruhegeld flexibel zwischen dem dreiundsechzigsten und dem fünfundsechzigsten Lebensjahr zu beantragen, verstärkt gewählt. Auch die sogenannte 59er Regelung, die es 59jährigen Arbeitslosen ermöglichte, schon mit 60 Jahren Rente zu beziehen, hat hierzu beigetragen. Insgesamt haben 1981 ca. 1 Mill. - d.h. ein Sechstel der Erwerbspersonen der Altersgruppe 50 Jahre und älter - nicht am Erwerbsleben teilgenommen, die bei Konstanz des Erwerbsverhaltens seit dem Jahre 1970 zu den Erwerbspersonen gezählt hätten.

Im Einkommensteuerreformgesetz von 1974 ist die Änderung des Kindergeldes zum 1.1.1975 beschlossen worden. Die Kinderfreibeträge des Einkommensteuerrechts wurden durch direkte Zahlungen des Staates ersetzt. Die Kindergeldzahlungen übertrafen anfangs die Steuermehreinnahmen um etwa 5 Mrd. DM. Bis 1980 ist jedoch der Anteil des Kindergeldes trotz mehrfacher Anhebungen in Relation zu den gesamten sozialen Leistungen gesunken. Vor allem liegt dies an der sinkenden Zahl der Berechtigten.

Die Umstrukturierung der staatlichen Transferzahlungen ist neben der demographischen Entwicklung vorwiegend durch die erwähnten Gesetzesänderungen bewirkt worden. Die von der Sozialversicherung geleisteten Transfers haben etwas stärker expandiert als die der Gebietskörperschaften. Bei den Transfers, die von den Gebietskörperschaften geleistet werden, ist der Anteil der Kriegsfolgeleistungen kontinuierlich gesunken. 1981 wurden nur noch gut 16 vH der Leistungen dafür aufgewendet. Stark zugenommen haben die Kindergeldzahlungen, die Ausbildungsbeihilfen und die Wohngeldzahlungen. Ihr Anteil stieg auf knapp ein Drittel im Jahre 1981.

Innerhalb der Geldleistungen der Sozialversicherung sind die Rentenzahlungen und die Zahlungen an Arbeitslose von besonderer Bedeutung. Die Arbeitslosenzahlungen (Arbeitslosengeld und Arbeitslosenhilfe) verändern

Schaubild III.2/1

STRUKTUR DER SOZIALEN LEISTUNGEN
DER GEBIETSKÖRPERSCHAFTEN

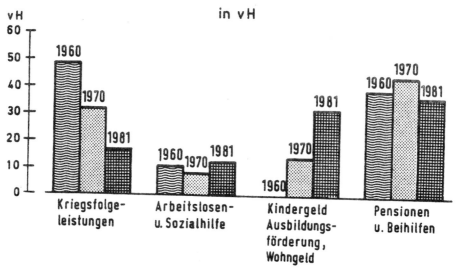

in vH

DIW 83

sich mit dem Ausmaß der Arbeitslosigkeit. 1975 und 1981 machten diese Zahlungen etwa 12 vH der Transfers der Sozialversicherung aus. In diesen Jahren erhöhten sich aufgrund der Defizitdeckungspflicht die Übertragungen des Bundes an die Sozialversicherung entsprechend.

Der größte Anteil des Bundeszuschusses entfällt aber auf Zahlungen an die Rentenversicherung. Für den Bereich Alters-, Invaliden- und Hinterbliebenenrenten wurden 1981 - ebenso wie 1960 - drei Viertel aller Geldleistungen der Sozialversicherung aufgewendet.

Die Expansion der Rentenzahlungen ist in erster Linie auf die gestiegene Zahl der Rentenbezieher, nicht so sehr auf den Anstieg der Pro-Kopf-Leistungen zurückzuführen. Die Zahl der Renten hat sich von 7,3 Mill. Fälle auf 12,5 Mill. Fälle erhöht. Die Zunahme der Rentenfälle geht erheblich über die demographisch bedingte Veränderung hinaus. Die zunehmende Erwerbstätigkeit der Frauen führt dazu, daß der Anteil der Frauen, die eine auf eigenen Ansprüchen beruhende Rente beziehen, steigt. Aber auch bei den Versichertenrenten der Männer ist der Anstieg stärker, als es der demographischen Entwicklung entspricht. Hier hat insbesondere die Öffnung der Rentenversicherung für Selbständige eine Rolle gespielt. Unter Finanzierungs- und Verteilungsgesichtspunkten ist diese Maßnahme sicherlich angreifbar gewesen.

Die sozialen Leistungen sind stärker gestiegen als das Bruttosozialprodukt und als das Bruttoeinkommen aus unselbständiger Arbeit. Dazu haben vor allem der Anstieg der Unterstützungszahlungen für Arbeitslose, 1975 aber auch die Effekte der Kindergeldreform beigetragen.

Die vor allem durch die Arbeitslosigkeit bedingten Defizite und die häufig notwendigen Anhebungen der Beiträge zur Sozialversicherung haben die öffentliche Meinung geprägt, das System der Sozialversicherung sei überdimensioniert und im übrigen viel zu verschwenderisch. Im einzelnen lassen sich dafür auch Belege erbringen, wie schon in bezug auf die Öffnung der Rentenversicherung für Selbständige gesagt worden ist. Insgesamt ist aber darauf hinzuweisen, daß trotz aller berechtigten Detailkritik in der Sozialgesetzgebung eine wichtige Voraussetzung für den sozialen und wirtschaftlichen Konsens in der Bundesrepublik zu sehen ist.

IV. **Verhalten der verschiedenen Entscheidungsträger**

1. **Verhalten des Staates**

Mit den im vorigen Abschnitt aufgeführten beeinflußbaren Rahmenbedingungen ist nur ein geringer Ausschnitt der vom Staat ausgehenden Impulse für den Strukturwandel eingefangen. Entscheidend sind weiterhin die eigene Leistungserstellung des Staates zur Wahrnehmung der ihm übertragenen Aufgaben und seine prozeß- und strukturpolitischen Eingriffe in das Marktgeschehen. Die Ziele, die der Staat hiermit verfolgt, sind ihrerseits abhängig von den sich verändernden globalen Rahmenbedingungen, der wirtschaftlichen Entwicklung und den als notwendig erachteten Maßnahmen innerhalb der dem Staat zur Verfügung stehenden Menge von Eingriffsmöglichkeiten.

1.1 **Prozeßpolitik**

1.1.1 **Probleme der Koordinierung von Geld-, Finanz- und Einkommenspolitik**

Mit der Institutionalisierung der Globalsteuerung wurde der Regierung ein Instrument in die Hand gegeben, bei dessen konsequentem Einsatz konjunkturelle Einbrüche und Beschäftigungsrückgänge wirkungsvoller hätten bekämpft werden können, als das tatsächlich der Fall war. Der Globalsteuerung stand vor allem das Instrumentarium der Geld- und Finanzpolitik zur Verfügung. Dagegen ist das einkommenspolitische Instrumentarium in der Bundesrepublik Deutschland weniger entwickelt als in einigen anderen Ländern. Die im Stabilitäts- und Wachstumsgesetz vorgesehene konzertierte Aktion erschöpfte sich in einer unverbindlichen Diskussion von Staat und Tarifparteien über gesamtwirtschaftliche Fragen der Einkommensentwicklung und -verteilung und konnte nicht einmal als Diskussionsplattform auf Dauer etabliert werden. Einkommenspolitik wurde deshalb fast ausschließlich von den Tarifparteien betrieben, die bei voller Tarifautonomie die Entwicklung der Tariflohnsätze bestimmten.

Damit entfiel aber für die Globalsteuerung ein wichtiges Instrument, dessen Einsatz in einigen anderen Ländern zur Entschärfung von Einkommensverteilungskonflikten und zur Inflationsbekämpfung diente. Einer

Aufgabenteilung, bei der die Einkommenspolitik diesen Part spielt, während die Finanz- und Geldpolitik vornehmlich auf Wachstumsförderung und -verstetigung gerichtet sind, fehlte aber in der Bundesrepublik Deutschland nicht nur die Basis. Auch das Selbstverständnis sowie die gesetzlich fixierten Aufgaben der wirtschaftspolitischen Instanzen standen einer solchen Aufgabenteilung entgegen.

So sah die Bundesbank ihr wichtigstes Ziel - in Übereinstimmung mit ihrem gesetzlichen Auftrag - in der Preisstabilisierung. Stand dieses Ziel im Konflikt mit den Zielen der Wachstumsförderung und der Bekämpfung von Arbeitslosigkeit, so hatte es stets Priorität. Eine Erhöhung der Arbeitslosigkeit wurde bei der Inflationsbekämpfung hingenommen, um die Lohnsteigerungen zu dämpfen. Die Verantwortung für die Höhe der Arbeitslosigkeit wurde dann sogar den Arbeitnehmern selbst zugesprochen: Paßten sie sich in ihren Lohnforderungen nicht dem geldpolitisch vorgegebenen Rahmen an, so wurde die bei restriktiver Geldpolitik entstandene Arbeitslosigkeit dem Verhalten der Lohnempfänger zugeschrieben, die zu starke Lohnerhöhungen durchgesetzt hätten.

Einkommenspolitik, die in anderen Ländern zur Inflationsbekämpfung eingesetzt wird, erhielt somit in der Bundesrepublik Deutschland eine andere Funktion. Sie wurde für die Beschäftigungsentwicklung verantwortlich gemacht, während die Geldpolitik vornehmlich das Preisstabilisierungsziel verfolgen sollte. Diese Rollenverteilung hatte zwar zur Folge, daß die Lohnentwicklung in der Bundesrepublik Deutschland im internationalen Vergleich sehr verhalten war. Trotzdem wurde die Arbeitslosigkeit, nachdem sie nach der ersten Ölkrise stark angestiegen war, in der zweiten Hälfte der siebziger Jahre nur wenig abgebaut. Im bisherigen Verlauf der achtziger Jahre nahm sie sogar wieder erheblich zu.

Hierin zeigt sich, daß die Rollenverteilung zwischen Geld- und Einkommenspolitik keineswegs den wirtschaftspolitischen Erfordernissen entsprach. Die Geld-, aber auch die Finanzpolitik hätten intensiver das Wachstumsziel verfolgen müssen, nachdem die Arbeitnehmer Lohnzurückhaltung übten. Dabei wäre es notwendig gewesen, beide Politikbereiche aufeinander abzustimmen. Tatsächlich operierten sie jedoch zeitweilig auch gegeneinander, wobei expansive Impulse eines Politikbereichs durch kontraktive Effekte des anderen konterkariert wurden.

An der Verfolgung des für den Abbau der Arbeitslosigkeit notwendigen expansiveren Kurses sah sich die Bundesbank durch außenwirtschaftliche und währungspolitische Gesichtspunkte gehindert. Sie räumte außenwirtschaftlichen und währungspolitischen Zielen ein zu hohes Gewicht ein. Das entscheidende Hindernis für eine ausreichend wachstumsorientierte Finanzpolitik lag einerseits in den Fehleinschätzungen staatlicher Haushaltsdefizite, andererseits in dem Unvermögen, mit den zunehmenden fiskalischen Belastungen fertig zu werden, die sich aus diesen ergaben. Seit Mitte der 70er Jahre war es zu Haushaltsdefiziten gekommen, die selbst in Expansionsphasen nur verringert, nicht aber beseitigt werden konnten. Der übertriebene Glaube an Crowding-out-Effekte staatlicher Defizite auch in Perioden schwacher Konjunktur, bei der die private Kreditnachfrage verdrängt, der Zins hoch gehalten und damit die privaten Investitionen behindert wurden[1], ließ das Vertrauen in den Erfolg einer nachfrageexpansiven, wachstumsfördernden und -verstetigenden Finanzpolitik schwinden. Sie wurde mehr und mehr als kontraproduktiv angesehen. Die Haushaltskonsolidierung wurde deshalb zu einem immer wichtigeren Ziel. Die Finanzpolitik verfolgt infolgedessen bis in die Gegenwart hinein einen restriktiven Kurs. Sie hielt daran auch fest, als die Bundesbank - angesichts der Verbesserung der Leistungsbilanz, aber auch unter dem Eindruck der Rezession - im Gefolge der geldpolitischen Lockerung in den USA auf eine expansivere Linie umschwenkte.

1.1.2   Meßprobleme der Geldpolitik

Änderungen der von der Notenbank festgesetzten Zinssätze und des Angebots an Zentralbankgeld lösen (expansive oder kontraktive) Impulse auf den finanziellen und damit auch auf den realen Sektor der Volkswirtschaft aus (vgl. Abb. Monetäre und reale Indikatoren). Die wichtigsten Notenbankzinsen sind der Diskontsatz und der Lombardsatz (Leitzinsen). Allerdings wurde der "normale" Lombard vom 1.6.1973 bis zum 3.7.1974 und vom 20.2.1981 bis zum 6.5.1982 ausgesetzt. In der ersten Periode

Schaubild IV. 1.1/1

MONETÄRE UND REALE INDIKATOREN
FÜR DIE GELDPOLITIK

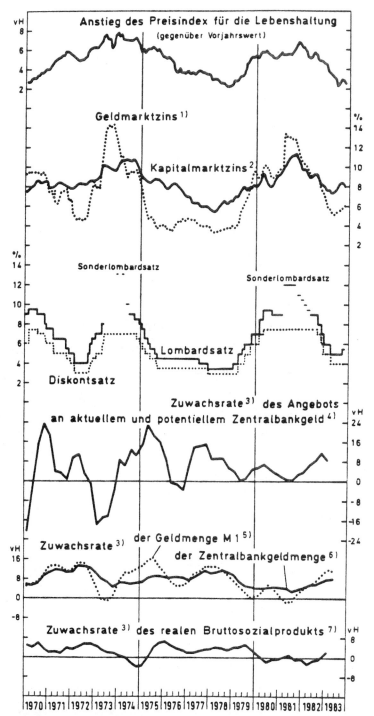

1) *Dreimonatsgeld in Frankfurt/M. —* 2)*Rendite festverzinslicher Wertpa-*
piere im Umlauf.— 3)*Der saisonbereinigten Werte gegenüber Vorquartal,*
gleitende 3-Quartalsdurchschnitte, auf Jahresbasis.— 4)*Bargeldumlauf*
außerhalb der Bundesbank sowie Ist-Reserve der Kreditinstitute (bereinigt
um den Effekt von Mindestreservesatzänderungen), liquide Geldanlagen,
unausgenutzte Rediskontkontingente sowie —bis Mai 1973— freier Lombard-
spielraum — 5)*Bargeld und Sichteinlagen von inländischen Nichtbanken.—*
6)*Bargeldumlauf bei Nichtbanken sowie Reserve-Soll auf Inlandsver-*
bindlichkeiten, zu Reservesätzen vom Januar 1974.— 7)*Zu Preisen von*
1976.

DIW 83

wurden zeitweilig, in der zweiten Periode durchweg Sonderlombardkredite zu sehr viel höheren Sätzen gewährt.

Das Angebot an Zentralbankgeld besteht aus dem aktuellen Zentralbankgeld (Bargeldumlauf außerhalb der Bundesbank sowie Ist-Reserve der Kreditinstitute, bereinigt um die Effekte reservepolitischer Maßnahmen) sowie aus dem potentiellen Zentralbankgeld (Liquiditätsreserven der Banken). Eine Zunahme (Abnahme) der Zuwachsrate dieser Größe wird im folgenden als ein expansiver (kontraktiver) geldpolitischer Impuls aufgefaßt.

Eine Addition der zins- und mengenpolitisch hervorgerufenen Impulse ist nicht möglich. Deshalb ist es zweckmäßig, einen Indikator zu wählen, der beide Impulsarten zusammenfassend repräsentiert. Hierfür sind Änderungen des Geldmarktsatzes (Dreimonatsgeld) relativ gut geeignet, weil sie vor allem von geldpolitischen Maßnahmen abhängen - im Gegensatz zu Änderungen des Kapitalmarktzinses, die zum großen Teil auch von anderen Faktoren, vor allem den Änderungen der Inflationserwartungen, der inländischen Kreditnachfrage und der Auslandszinsen, bestimmt werden. Aber auch die Änderungen der Zuwachsrate der Geldmenge M1 und der von der Bundesbank als Zielgröße benutzten Zentralbankgeldmenge können - wenn auch mit gewissen Vorbehalten - als Indikatoren für geldpolitische Impulse verwendet werden.

1.1.3 Meßprobleme der Finanzpolitik

Probleme wirft die Messung der Wirkungen staatlicher Aktivitäten vor allem dann auf, wenn nicht nur die kurzfristigen, konjunkturellen Einflüsse, sondern auch allokative Effekte erfaßt werden sollen. Im Mittelpunkt der hier angestellten Überlegungen steht die konjunkturelle Betrachtung; die Analyse bedient sich des Vorperiodenvergleichs. Die "konjunkturneutrale" Bezugsbasis ist das Wachstum des gesamtwirtschaftlichen Produktionspotentials, inflationiert mit einem gleitenden Durchschnitt des BSP-Deflators. Aus der Definition der Neutralitätslinie kann keine Zielvorgabe für das gesamte Spektrum staatlicher Aktivitäten abgeleitet werden. Als konjunkturrelevant werden die Abweichungen der wichtigsten Einnahme-

und Ausgabekategorien angesehen, die sich gegenüber dem jeweils realisierten Volumen der Vorperiode, fortgeschrieben mit dem nominalen Anstieg des Produktionspotentials ergeben. Die jeweiligen Abweichungen sind Primärimpulse; sie umfassen den unmittelbaren Staatseinfluß auf die gesamtwirtschaftlichen Kreislaufströme. Je nach Auslastungsgrad des Produktionspotentials können schon von einem "neutralen" Verhalten stabilisierende bzw. destabilisierende Effekte ausgehen. Die Beurteilung knüpft nicht nur am Gesamtsaldo an, sondern berücksichtigt auch die Einnahmen- und Ausgabenstruktur.

Die Primärimpulse geben einen groben Aufschluß über Wirkungsrichtung und -umfang der Staatsaktivitäten im Zeitablauf. Nicht berücksichtigt werden erstens die (verzögerten) multiplikativen Wirkungen einschließlich deren Rückwirkungen auf die öffentlichen Haushalte; zweitens solche Effekte, die allein schon durch die Ankündigung von Maßnahmen entstehen, deren finanzielle Auswirkungen sich aber erst sehr viel später in den öffentlichen Kassen niederschlagen; drittens Wirkungen, die aus einer veränderten Erwartungshaltung der Wirtschaftssubjekte resultieren; und schließlich auch nicht "technische" Einflüsse, wie die systembedingte Veranlagungs-Verzögerung der Einkommen- und Körperschaftsteuer.

Je nach Fragestellung und Zielsetzung ist eine andere Definition der Bezugsbasis sinnvoll. Angesichts der zunehmenden Arbeitslosigkeit erscheint es angebracht, das Erwerbspersonenpotential bei der Definition der Neutralitätslinie stärker zu berücksichtigen.

1.1.4 Impulse der Geld- und der Finanzpolitik

Im vergangenen Jahrzehnt haben sowohl die Geldpolitik als auch die Finanzpolitik, teilweise am gleichen Strang ziehend, häufig prozyklisch gewirkt.

In den frühen 70er Jahren hatte sich unter dem Einfluß masiver Liquiditätszuflüsse aus dem Ausland, außenwirtschaftlich motivierter Leitzinssenkungen und einer beträchtlichen Geldmengenexpansion die Inflation erheblich verstärkt. Mit einer energischen Bekämpfung des Preisauftriebs

Schaubild IV.1.1/2

NACHFRAGEIMPULSE DES STAATES
UND AUSLASTUNGSGRAD DES PRODUKTIONSPOTENTIALS

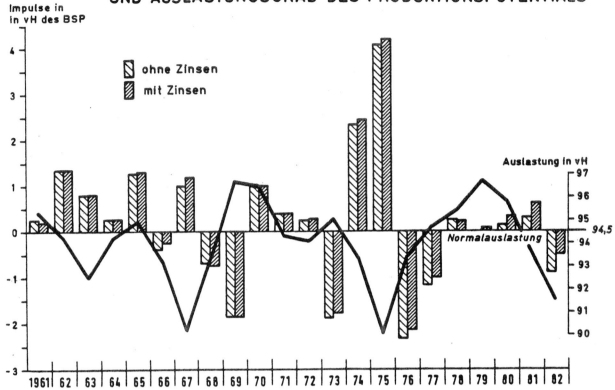

wurde sehr spät begonnen. Erst im Frühjahr 1973, nachdem das Bretton-Woods-System relativ fester Wechselkurse zusammengebrochen war, gewann die Bundesbank einen größeren geldpolitischen Spielraum. Sie nutzte ihn zu einer überzogenen Restriktionspolitik. Die Zinssätze, insbesondere die auf dem Geldmarkt, zogen exzessiv an, und die monetäre Expansion wurde scharf gedrosselt. Etwas früher als die Geldpolitik, nämlich Ende 1972, schlug auch die Finanzpolitik einen Restriktionskurs ein, der Anfang 1973 noch verschärft wurde ("Stabilitätsprogramme").

Da nachfragedämpfende Maßnahmen mit einer erheblichen - bei der Geldpolitik mehrere Quartale betragenden - Verzögerung die Entwicklung von Produktion und Beschäftigung drücken und einen schon längere Zeit anhaltenden Preisauftrieb noch später eindämmen, hat die Geld- und Finanzpolitik 1973 zunächst die konjunkturelle Entwicklung beeinträchtigt und damit zu der wirtschaftlichen Rezession entscheidend beigetragen. Aufgrund der 1973 von der OPEC beschlossenen Vervielfachung der Ölpreise wurde die Inflation erst im Frühjahr 1974 gebremst.

Immerhin hat die Bundesbank schon Ende 1973 begonnen, ihre geldpolitischen Zügel zu lockern; 1974 schwenkte sie mehr und mehr auf eine
expansive Linie ein, die sie 1975, unter dem Eindruck der Rezession,
durchhielt. Auch die Finanzpolitik schaltete Ende 1973 auf Expansions-
kurs: Die Stabilitätsprogramme wurden suspendiert, die unmittelbar wirk-
same Staatsnachfrage verstärkt und eine befristete Investitionszulage
gewährt. Hinzu kam die unabhängig vom Konjunkturverlauf geplante Steu-
er- und Kindergeldreform. Gemessen an der "Neutralitätslinie" haben
allein die Primärimpulse das nominale Sozialprodukt 1974/75 um über
zwei bzw. vier Prozentpunkte angehoben.

Dieser Kurswechsel von Geld- und Finanzpolitik konnte jedoch die Rezession 1974/75 nicht mehr aufhalten. Er kam zu spät, und zu groß waren die
Belastungen der Wirtschaft durch die Ölpreissteigerungen, die in Erwar-
tung noch höherer Inflationsraten für 1974 vereinbarten Lohnsteigerungen
und die weltweite Rezession.

Als 1976 die monetäre Expansion zu rasch zu werden drohte, drosselte die
Bundesbank das Expansionstempo. Noch stärker war Ende 1975 der Rich
tungswechsel bei der Finanzpolitik ("Haushaltsstrukturgesetz"). Für sich
genommen hatten allein die kontraktiven Primärimpulse in den Haushalts-
jahren 1976 und 1977, als das Wachstum vorübergehend stockte, gesamtwirtschaftliche Wachstumsverluste von zwei bzw. einem Prozentpunkt zur
Folge. Doch Mitte 1977 wurde der finanzpolitische Kurs erneut revidiert.
Anstelle der ursprünglich geplanten Restriktion wurde das Volumen der
öffentlichen Haushalte über den Pfad des gesamtwirtschaftlichen Produktionspotentials angehoben; aber auch die Geldpolitik wurde wieder
expansiver gestaltet. Ungeachtet der vorangegangenen Schäden, die der
forcierte Abbau des Staatsdefizits verursacht hatte, haben die Ankurbe-
lungsmaßnahmen (Steuererleichterungen, Zukunftsinvestitionsprogramm)
die konjunkturelle Expansion - in einigen Bereichen, z.B. der Bauwirtschaft, sogar mehr als erwünscht - gefördert. Unter Aufrechnung der
beiden Mehrwertsteuererhöhungen sind die öffentlichen Kassen durch die
diversen Programme allein in den Jahren 1978 und 1979 mit nahezu 40
Mrd. DM belastet worden.

Anfang 1979 zog die Bundesbank ihre geldpolitischen Zügel wieder an, um die monetäre Expansion, die 1978 relativ stark gewesen war, wieder auf ein stabilitätsgerechtes Maß zurückzuführen. Vom Herbst 1979 bis zum Herbst 1981 verfolgte dann aber die Bundesbank einen Restriktionskurs, der wachstumspolitisch nicht mehr vertretbar war und erheblich zur Verschärfung der Rezession und der Arbeitslosigkeit beigetragen hat. Nach einer Lockerungsphase betrieb die Bundesbank vom Sommer 1982 an wieder eine expansivere Politik.

Die Restriktionspolitik 1980/1981 wurde vor allem mit der Schwäche der außenwirtschaftlichen Position der Bundesrepublik nach der zweiten drastischen Ölverteuerung 1978/79 begründet: Die Leistungsbilanz passivierte sich ungewöhnlich rasch und stark, und der Außenwert der D-Mark geriet erheblich unter Druck. Mit der geldpolitischen Restriktion sollten Tendenzen zur Verbesserung der Leistungsbilanz hervorgerufen und ein durch die Abwertung der D-Mark induzierter kumulativer Inflationsprozeß verhindert werden. Vieles spricht jedoch dafür, daß ein mehr am Wachstumsspielraum der Volkswirtschaft ausgerichteter und zugleich stabilitätsgerechter "offensiver" geldpolitischer Kurs eine befriedigende Lösung sowohl der binnen- als auch der außenwirtschaftlichen Probleme ermöglicht hätte: Die zur Stärkung der internationalen Wettbewerbsfähigkeit der Wirtschaft notwendigen Investitionen wären weniger behindert worden, und die Abwertung der D-Mark hätte noch früher einsetzen und zur Aktivierung der Leistungsbilanz beitragen können. Ein inflatorischer Prozeß hätte sich nur entfalten können, wenn die Bundesbank Überwälzungsvorgänge monetär alimentiert hätte; gerade dies hätte aber bei einer konsequent am Wachstumsspielraum orientierten Geldpolitik ausgeschlossen werden können.

Im Gegensatz zur Geldpolitik befand sich die Finanzpolitik nach der zweiten Ölpreiskrise zunächst noch auf einem gemäßigt expansiven Kurs. Zu stärkeren finanzpolitischen Aktivitäten schien kein Anlaß zu sein, da auch die finanzpolitischen Instanzen hofften, die ölpreisinduzierte Wachstumsabschwächung im Jahre 1980 werde nur vorübergehender Natur sein. Tatsächlich erwies sich die Abschwächung der Wirtschaftstätigkeit als sehr viel hartnäckiger, so daß auch die Lage der öffentlichen Haushalte immer prekärer wurde (Steuermindereinnahmen, hohe Arbeitslosenzahlungen). Der finanzpolitische Kurs war 1981/82 völlig anders als 1974/75; er unterschied sich zuletzt, 1982, auch von der Geldpolitik, die schon wieder auf einen expansiveren Kurs eingeschwenkt war: Er führte sogar dazu, daß die Wirkung der "built-in-stabilizers" - vor allem im Sozialbereich - beschnitten wurde. Die Maßnahmen im Rahmen der Gemeinschaftsinitiative für Arbeitsplätze, Wachstum und Stabilität waren nur schwach dosiert und wurden durch die zum Teil drastischen Kürzungen der Haushaltsansätze, insbesondere bei den öffentlichen Investitionen, überkompensiert.

1.1.5 Beurteilung der Geld- und Finanzpolitik

Weit größer als in den 60er Jahren war der wirtschaftspolitische Steuerungsbedarf in der letzten Dekade. Trotzdem hat in ihr die Geldpolitik keinen konsequent wachstums- und zugleich stabilitätsgerechten Kurs durchgehalten, sondern oft Überreaktionen auf stabilitätspolitische, konjunkturelle und außenwirtschaftliche Fehlentwicklungen an den Tag gelegt. In den frühen 70er Jahren waren ihr durch das Bretton-Woods-System noch weitgehend die Hände gebunden. Als sie jedoch im Frühjahr 1973 wieder mehr geldpolitischen Spielraum erhielt, restringierte sie ihr Geldangebot zu scharf, anstatt - wie auch von Monetaristen empfohlen - die Geldmengenexpansion in mehreren Schritten herunterzufahren. Auf die Rezession 1974/75 reagierte sie mit einer eher zu starken Expansion, so daß sie sich im Laufe von 1976 zu einer gewissen Dämpfung der monetären Expansion veranlaßt sah. Bis weit in das Jahr 1978 hinein ließ sie wieder eine monetäre Übersteigerung zu, die 1979 eine Korrektur in restriktiver Richtung herausforderte. Überzogen war die restriktive Reaktion auf die außenwirtschaftlichen Herausforderungen in den Jahren 1980 und 1981.

Auch die Finanzpolitik hat keinen wachstumsverstetigenden Kurs verfolgt. Für die immer populärer werdende These, finanzpolitische Stimuli hätten - zumindest längerfristig - eher einen negativen Einfluß auf Wachstum und Beschäftigung, findet sich kein empirischer Beleg. Tatsächlich gehen von der Finanzpolitik fühlbare Wirkungen auf die gesamtwirtschaftliche Entwicklung aus. Positive Beispiele sind die Phasen 1974/75 und 1978/79, negative die Jahre 1976/77 und 1982. Auch die gewollte Restriktion 1973 hatte Wirkung, allerdings wurde davon weniger die Preis- als vielmehr die Mengenentwicklung getroffen. Nachfrage und Produktion reagieren viel sensibler auf Dämpfungsmaßnahmen als die Preise. Die Erfahrungen der Jahre 1974/75 wiederum zeigen, daß erhebliche Impulse erforderlich sind, will die Finanzpolitik eine Talfahrt zum Stillstand bringen. In der jüngsten Krise fehlte die Bereitschaft dazu.

Die Reaktionen der Gesamtwirtschaft auf die verschiedenen seit 1974 aufgelegten Programme sind kein Beleg für die Wirkungslosigkeit der Finanzpolitik. Mit Ausnahme des Zukunftsinvestitionsprogramms waren sie viel zu gering dosiert und zu kurz befristet. Ihr Umfang reichte nicht aus, die Kürzungen - vor allem der Investitionen - in den Kernhaushalten auszugleichen; die Programme hatten eher "window-dressing"-Charakter. Das Zukunftsinvestitionsprogramm indes wurde viel zu spät aufgelegt. Wäre das Programm schon früher verabschiedet und, wie es einem mittelfristigen Programm entsprochen hätte, fortgesetzt worden, so wären die Wachstums- und Beschäftigungsgewinne erheblich größer gewesen.

Auf der Einnahmenseite hat es Steuerentlastungen gegeben, die allerdings nur zu einem geringen Teil prozeßpolitisch begründbar waren. Unbestreitbar haben die steuerpolitischen Impulse das gesamtwirtschaftliche Wachstum und die Beschäftigung gefördert. Eine Politik, die sich primär des Instruments der Steuerentlastungen bedient, birgt aber wegen der vielfältigen Sickerverluste größere Risiken in sich als etwa eine expansive Investitionspolitik der öffentlichen Hand. Produktions- und Beschäftigungseffekte ebenso wie die "Selbstfinanzierungsquote" öffentlicher Investitionen sind höher zu veranschlagen als die entsprechenden Effekte steuerpolitischer Maßnahmen.

Allerdings treten instrumentelle Probleme beim staatlichen Nachfragemanagement auf, soweit es bei den Ausgaben ansetzt, weil es häufig direkt und zugleich selektiv (Bauwirtschaft) wirkt; die Struktur der staatlichen Nachfrage unterscheidet sich erheblich von der der Privaten. Das Instrumentarium der Steuerpolitik kann zwar auf wesentlich breiter angelegte Effekte hoffen. Generell ist aber die Wirkung steuerpolitischer Maßnahmen auf die gesamtwirtschaftliche Entwicklung wegen der vielfältigen Reaktionsmöglichkeiten der Wirtschaftssubjekte unsicherer.

Politisch-institutionelle Probleme treten in einem föderativen System eher auf als im Falle einer zentralistisch organisierten Administration. Dies gilt vor allem dann, wenn ein Mißverhältnis zwischen Aufgaben- und Kompetenzverteilung einerseits und Finanzmittelverteilung andererseits besteht. So scheitert eine antizyklische Investitionspolitik der Gemeinden - sie sind Hauptinvestor der öffentlichen Hand - in der Regel daran, daß prozyklische Schwankungen des Steueraufkommens und der Finanzzuweisungen von Bund und Ländern nur sehr bedingt durch vermehrte Schulden aufgefangen werden können. Probleme schafft auch das kameralistische Haushaltsrecht; da die entscheidende Bezugsperiode das jeweilige Haushaltsjahr ist, wird ein gestaltender Einfluß auf den Wirtschaftsprozeß erschwert.

Fußnoten

1) Empirische Untersuchungen haben gezeigt, daß die Zinshöhe nur in relativ geringem Umfang vom staatlichen Kreditbedarf abhängt. Siehe hierzu: Reinhard Pohl, Staatsdefizit, Kreditmärkte und Investitionen. In: Vierteljahrshefte zur Wirtschaftsforschung, Heft 4/1981; und: Konjunkturelle Effekte der Finanzpolitik 1974 bis 1981. In: Wochenbericht 19/1982, bearbeitet von Dieter Vesper und Rudolf Zwiener.

1.2.   Arbeitsmarktpolitik

Die Beschäftigungspolitik hat den Anstieg der Arbeitslosigkeit nicht verhindern können. Um so größere Bedeutung könnte daher der Arbeitsmarktpolitik zukommen. Es ist allerdings zu fragen, welche Funktion unter diesen Umständen eine ergänzende Arbeitsmarktpolitik bei langanhaltender Unterbeschäftigung haben kann. Ihre 'aktive' Komponente soll vorausschauend Arbeitslosigkeit verhindern, indem sie strukturelle Diskrepanzen in den Qualifikationsprofilen von Arbeitsangebot und -nachfrage ausgleicht. Bei langanhaltender massiver Unterbeschäftigung ändern sich die Aufgaben aktiver Arbeitsmarktpolitik. Einmal kann sie versuchen, Qualifikationsdefizite zu beheben, die den Abbau der Arbeitslosigkeit z. T. heute, vor allem aber bei einem Wirtschaftsaufschwung behindern könnten. Zum anderen ist sie von großer Bedeutung für die Förderung einzelner, von der Arbeitslosigkeit besonders betroffener (Problem-)Gruppen. Die Arbeitsmarktpolitik ist in der Bundesrepublik im Arbeitsförderungsgesetz (AFG) geregelt, das der Bundesanstalt für Arbeit Maßnahmen überträgt, die an der Sozial- und Wirtschaftspolitik der Bundesregierung auszurichten sind (§ 1 AFG).

1.2.1   Finanzierungsprobleme

Die Ausgaben der Bundesanstalt für Arbeit lassen sich in drei Gruppen zusammenfasssen: Lohnersatzleistungen, vor allem verursacht durch Arbeitslosigkeit, saisonale Ausgleichszahlungen und Ausgaben für die aktive Arbeitsmarktpolitik. Der Haushalt der Bundesanstalt für Arbeit speist sich aus zwei Quellen; neben den Zuweisungen aus dem steuerfinanzierten Bundeshaushalt fließen vor allem Beträge aus der Arbeitslosenversicherung an die Bundesanstalt. Für den Haushalt der Bundesanstalt besteht aber eine Defizitdeckungspflicht des Bundes. Aufgrund der in den letzten Jahren erfolgten Inanspruchnahme hat der Bund versucht - 1975 mithilfe des Haushaltsstrukturgesetzes und 1981 mithilfe des Arbeitsförderungskonsolidierungsgesetzes -, die übrigen Ausgaben soweit wie möglich zurückzuschrauben.

Tabelle IV. 1.2/1

AUSGABEN DER BUNDESANSTALT FUER ARBEITSMARKTPOLITISCHE MASSNAHMEN

IN MILLIONEN DM

	1970	1971	1972	1973	1974	1975	1976	1977	1978	1979	1980	1981	1982
BERUFL. AUSBILDUNG	192	300	281	238	211	277	260	303	332	326	442	518	428
BERUFL. FORTBILDUNG	125	342	298	233	265	374	298	217	291	375	484	614	627
BERUFL. UMSCHULUNG,EINARBEITG.	77	104	81	67	97	159	140	189	234	320	454	536	510
UNTERHALTSGELD	371	769	1110	1233	1494	1991	1427	771	744	1190	1498	2121	2186
INSTIT. FOERDERUNG	18	30	40	48	71	64	43	31	22	29	46	35	29
FOERD. DER ARBEITSAUFNAHME	127	125	114	142	123	186	273	382	600	763	726	586	298
ARBEITSBESCHAFFUNGSMASSNAHMEN	14	16	17	20	32	127	170	581	796	1032	1025	1054	965
FOERDERUNG BEHINDERTER	67	140	199	315	393	434	453	479	554	1049	1650	1964	1913
"AKTIVE" ARBEITSMARKTPOLITIK	989	1825	2140	2297	2676	3612	3073	2933	3574	5074	6327	7427	6956
SCHLECHTWETTERGELD	1222	836	626	511	532	396	678	576	744	1597	983	1736	1342
SONST. BAUFOERDERUNG	38	15	15	825	854	707	564	770	714	567	948	752	838
SONST. LEIST.AM BAUGEWERBE	44	65	75	84	22	17	20	22	29	41	43	39	38
SAISONAUSGLEICH	1303	916	715	1420	1409	1120	1262	1367	1487	2205	1974	2528	2218
KURZARBEITERGELD	12	106	279	74	677	2207	990	594	596	334	471	1285	2216
ARBEITSLOSENGELD	651	868	1284	1395	3552	7765	6906	6283	6270	7468	8110	13294	18027
ARBEITSLOSENHILFE 1)	71	75	114	144	302	979	1542	1595	1657	1974	1903	2850	5015
KONKURSAUSFALLGELD					71	262	268	276	223	213	206	388	555
LOHNERSATZLEISTUNGEN	734	1049	1677	1612	4602	11214	9705	8749	8747	9989	10691	17797	25813

1) EINSCHL. LEISTUNGEN AUS DEM BUNDESHAUSHALT.

QUELLEN : BUNDESANSTALT FUER ARBEIT, BERECHNUNGEN DES D I W.

Vor dem Hintergrund dieser Entwicklung, die sachlich nicht zu rechtfertigen ist - mit der Zunahme der Arbeitslosigkeit wächst auch der Bedarf an "aktiver" Arbeitsmarktpolitik -, erscheint es sinnvoll, die Finanzierungsmodalitäten der Bundesanstalt für Arbeit neu zu überdenken. Es spricht viel dafür, die Aufgaben der "aktiven" Arbeitsmarktpolitik als unabhängige staatliche Aufgaben zu betrachten, die aus dem allgemeinen Steueraufkommen zu finanzieren sind und bei denen die Bundesanstalt für Arbeit im Auftrag des Bundes handelt. Dem würde eine Finanzierung dieser Aufgaben aus dem Bundeshaushalt entsprechen. Die Bemessung der hierfür bereitzustellenden Finanzmittel sollte sich an objektiven Kriterien wie der Höhe der Arbeitslosigkeit orientieren. Die Aufgaben der Arbeitslosen-"Versicherung", d.h. die Bereitstellung von Lohnersatzleistungen für Arbeitslose, sollte hiervon getrennt werden. Sie wäre wie bisher aus dem Beitragsaufkommen der Versicherten bei Defizit-Deckungsgarantie des Bundes zu finanzieren. Der von steigenden Defiziten an dieser Stelle ausgehende Konsolidierungsdruck würde dann nicht einseitig auf die "aktive" Arbeitsmarktpolitik ausgeübt werden, sondern sich über den gesamten Bundeshaushalt verteilen.

Im folgenden werden die arbeitsmarktpolitischen Maßnahmen, die auf die Struktur von Arbeitskräfteangebot und -einsatz wirken, beurteilt. Dies sind in erster Linie Maßnahmen der beruflichen Weiterbildung (Fortbildung und Umschulung). Außerdem sollen Arbeitsbeschaffungsmaßnahmen (ABM) diskutiert werden, die einerseits als Übergangsbeschäftigung für Arbeitslose eher Bestandteile einer passiven Arbeitsmarktpolitik sind, andererseits durch die Verbesserung der Wiedereingliederungschancen eine Verbindung zur "aktiven" Arbeitsmarktpolitik herstellen können.

1.2.2 Berufliche Weiterbildung

Die Maßnahmen zur Förderung der beruflichen Bildung erreichten nach 1971 (288 000 Eintritte) erst wieder im Jahre 1981 annähernd den alten Stand. Ursächlich für den starken Rückgang der Teilnehmerzahlen war das Haushaltsstrukturgesetz 1975. Neben einschneidenden Kürzungen des Unterhaltsgeldes für "notwendige" und für "zweckmäßige" Weiterbildung wurden zunehmend Förderungsanträge abgelehnt. Der Rückgang der Teilnehmerzahlen hat sich vor allem bei Fortbildungsmaßnahmen ausgeprägt. Differenziert man nach den Schulungszielen der Fortbildung, so stellt man fest, daß in den technischen Berufen überwiegend Aufstiegsfortbildung betrieben wurde, an der nur wenige Arbeitslose teilnahmen. Daher war gerade bei den unterschiedlichen Technikerausbildungen der Rückgang der Teilnehmerzahlen - um zwei Drittel - besonders stark. Für Fertigungsberufe wurden durch die Steigerung der Teilnehmerzahlen 1981 gegenüber dem Vorjahr sogar mehr Personen fortgebildet als vor dem Haushaltsstrukturgesetz. Die Teilnehmerzahl ging zwar auch in den Dienstleistungsberufen, für die insgesamt überproportional viele Arbeitslose fortgebildet werden, wegen der Kürzung der Unterhaltsgelder stark zurück, stieg dann aber rasch wieder an und übertraf 1981 mit 106 000 Neueintritten den vorigen Höchststand von 89 000 (1975) erheblich.

Umschulung ist vorrangig ein Instrument zur Förderung der beruflichen Mobilität gewesen, deren grundsätzliches Ziel darin bestand, aus einem Überschußberuf heraus in einen Mangelberuf umzuschulen, um so zu einem Ausgleich struktureller Diskrepanzen beizutragen. In der heutigen Arbeitsmarktsituation gibt es aber kaum noch 'Mangelberufe'. Somit können Umschulungsmaßnahmen vor allem individuelle Fertigkeiten erhöhen, aber kaum noch zum Abbau der Arbeitslosigkeit beitragen. Allerdings darf diese Einschätzung nicht zu dem Fehlschluß verleiten, Umschulungsmaßnahmen seien wegen mangelnder Effizienz bei der heutigen Arbeitsmarktlage abzulehnen. Die zielgruppenorientierte, d.h. auf gering qualifizierte Arbeitslose bezogene Durchführung der Umschulung ist weiter notwendig und arbeitsmarktpolitisch gerechtfertigt. Auch bei gesamtwirtschaftlichem Überangebot an Arbeitskräften und Fachkräften kann durchaus in Regionen, Branchen oder Einzelunternehmen ein Mangel an Fachkräften bestehen. Dies galt jedenfalls für die Jahre 1979 und 1980, in denen durch Umschulung ein Beitrag zur besseren Abstimmung von Arbeitskräfteangebot und -bedarf geleistet wurde.

Auch wenn die Operationalisierung eines Erfolgskriteriums mit erheblichen Schwierigkeiten verbunden ist, bleibt festzustellen, daß insgesamt die berufliche Weiterbildung Erfolg hatte. Sie hat zu verbesserten Wiedereingliederungschancen der geförderten Teilnehmer beigetragen. Auch war die Gefahr beruflichen Abstiegs bei den Arbeitslosen, die an einer Weiterbildungsmaßnahme teilgenommen hatten, erheblich geringer als bei den Nicht-Teilnehmern. Diese Vermeidung beruflicher Verschlechterung bei der Reintegration von Arbeitslosen in den Erwerbsprozeß erhöht die Chancen zum Aufbau eines stabilen Erwerbsverlaufes.

1.2.3   Maßnahmen zu Arbeitsbeschaffung (ABM)

Im AFG (§§ 91-96) sind "allgemeine Maßnahmen zur Arbeitsbeschaffung" vorgesehen, die zur vorübergehenden Beschäftigung von Arbeitslosen einzurichten sind. Auch hier hat eine Konzentration der Mittel auf Angehörige der Problemgruppen des Arbeitsmarktes sowie auf Regionen mit überdurchschnittlicher Arbeitslosenquote stattgefunden.

Die Zahl der geförderten Arbeitnehmer in ABM war bis 1974 unbedeutend. Unter dem Eindruck der stark steigenden Arbeitslosigkeit erhöhte sich nicht nur ihre absolute Zahl stark, sondern auch ihr Gewicht im Haushalt der Bundesanstalt. Im Jahre 1979 wurden über 50 000 Arbeitnehmer und damit 58 von 1000 Arbeitslosen durch ABM gefördert. Allerdings wurden bei weiter steigender Arbeitslosigkeit immer weniger Arbeitnehmer gefördert. 1982 waren es nur noch knapp 30 000 Personen bzw. 16 von 1 000 Arbeitslosen. 1983 scheint sich dieser Trend jedoch wieder umgekehrt zu haben.

Während bis 1976 noch die Schwerpunkte in den Bereichen Landwirtschaft und Gartenbau, Forstwirtschaft sowie Bau- und Verkehrswesen lagen, wurden bis 1979 zunehmend vor allem Büro- und Verwaltungstätigkeiten und danach soziale Dienste gefördert. Da mehr Tätigkeiten mit höherer Qualifikationsanforderung gefördert wurden, stieg auch - wegen der tarifgerechten Bezahlung der geförderten Arbeitnehmer - der Aufwand pro Kopf stark an. Das erforderliche Finanzvolumen ist also nicht im gleichen Umfang wie die Zahl der Teilnehmer in den letzten Jahren zurückgegangen. Vor allem bei den öffentlich-rechtlichen Trägern wurde kritisiert, daß eine Umfinanzierung regulärer Aufgaben zulasten der Bundesanstalt und eine Verlagerung von Planstellen zu weniger gesicherten Zeitverträgen stattgefunden habe.

Verdrängungseffekte werden vor allem innerhalb des öffentlichen Bereichs vermutet, da mit dem Stellenabbau gleichzeitg die Zahl der ABM-finanzierten Stellen anstieg. Der vorrangige Beweggrund zum prozyklischen Stellenabbau war die Finanzsituation bei den öffentlichen Haushalten; der Stellenabbau wäre vermutlich auch ohne ABM erfolgt. Bedenklich bleibt allerdings, wenn die Reduktion des staatlichen Leistungsangebots nur durch ABM aufgefangen wird. Die Überführung von ABM-Teilnehmern auf Dauerarbeitsplätze ist als Erfolgskriterium der Maßnahmen kaum geeignet. Zwar wurden im Rahmen des Sonderprogramms der Bundesregierung ABM auch als Einstiegsfinanzierung in längerfristige Projekte vorgesehen, generell aber ergibt sich ein Widerspruch zwischen dem prozyklischen Bedarf an temporärer Entlastung und den gleichzeitig auftretenden Finanzierungsengpässen. So wurde zwar von den Maßnahmeträgern 1979 beabsichtigt, etwa 8 vH der ABM-Stellen in feste Stellen umzuwandeln; bei der gegenüber 1980 weiterhin verschlechterten Finanzlage konnte diese Quote jedoch nicht verwirklicht werden.

Durch ABM werden vor allem schwer vermittelbare Arbeitnehmer, die Arbeitslosengeld erhalten und aus Regionen mit überdurchschnittlich hoher Arbeitslosigkeit stammen, gezielt gefördert. Prinzipiell ist dieser Zielgruppenbezug von ABM zu begrüßen. Die Kehrseite ist aber, daß Arbeitslose ausgeklammert werden, die vorher kein Arbeitslosengeld erhalten haben. Damit wird deutlich, daß vor allem aus fiskalischen Erwägungen ABM durch die restriktive Fassung des AFG nur eine begrenzte Problemlösungskompetenz zugewiesen wird.

Eine andere, mit der "aktiven" Komponente von ABM verbundene Hoffnung hat sich nur eingeschränkt erfüllt. Im wesentlichen haben ABM die Arbeitsmarktpositionen der Geförderten nicht verändert. Auch wenn die Wiedereingliederungschancen gegenüber den nicht durch ABM geförderten Arbeitslosen stiegen, blieben sie - besonders bei den Arbeitslosen mit niedriger Qualifikation - gering, da ihnen ABM in der Regel keine Höherqualifizierung bieten konnte.

1.3. Infrastrukturpolitik

Die Instrumente der Prozeßpolitik sind so geartet, daß von ihnen aufgrund inhaltlicher und institutioneller Gegebenheiten erhebliche Wirkungen auf die Infrastruktur ausgehen. Eine Verbindung von Prozeßsteuerung und Wachstumspolitik ist an sich erwünscht; sie hat in dem Stabilitäts- und Wachstumsgesetz von 1967 ihre programmatische Formulierung gefunden. De facto hat sich aber gezeigt, daß die Prozeßsteuerung weder ihre eigentliche Aufgabe erfüllt hat noch in eine Richtung lief, die immer mit Bedarfsgesichtspunkten bzw. einer rationalen Planung für den Infrastrukturbereich in Übereinstimmung zu bringen war. Dabei muß allerdings berücksichtigt werden, daß es keine verbindliche Norm für den Bedarf an Infrastruktureinrichtungen gibt. Insofern ist der Bedarf keine unmittelbar handlungsverpflichtende Größe. Erst aufgrund von z.B. aus regionalen oder internationalen Vergleichen sichtbar gewordenen Mangelsituationen oder aus allgemeinpolitischen Gesichtspunkten gewonnenen und konsensfähig gemachten Zielen können Veränderungen des Infrastrukturbestandes geplant und dann auch langfristig verwirklicht werden.

Beispiele hierfür sind sowohl der Ausbau des Straßennetzes in den 50er und 60er Jahren als auch des Unterrichts- und des Gesundheitswesens in den 60er und 70er Jahren. Infolge dieser langfristig angelegten Infrastrukturplanungen hat sich die gesamte Struktur verändert; in den übrigen Infrastrukturbereichen ist seit Mitte der 70er Jahre eine koordinierte Planung nicht immer erkennbar geworden.

Die Auswirkungen der Wirtschaftskrise von 1974 waren für den Infrastrukturbereich zweifach: Einmal wurden aufgrund fehlender Haushaltsmittel vor allem von den Gemeinden Kürzungen bei den Infrastrukturinvestitionen vorgenommen. Zum anderen wurde auch die Höhe des als notwendig Erachteten nach unten korrigiert. Beides ging Hand in Hand: Während bis Mitte der 70er Jahre Bedarfsschätzungen für Infrastrukturinvestitionen insgesamt noch Zuwachsraten für erforderlich hielten, die über dem gesamtwirtschaftlichen Wachstumspfad liegen sollten, erfolgte unter dem Vorzeichen sich andeutender wirtschaftlicher Schwierigkeiten und aufgrund einer demographiebezogenen Argumentation in den haus-

haltsorientierten Infrastrukturbereichen allmählich eine andere Einschätzung.

Die jährlichen Ausgaben für die Infrastruktur werden durch den Kapital-,
Personal- und Vorleistungseinsatz bestimmt, der für die jeweiligen Infrastrukturleistungen notwendig ist. So ist mit einem Rückgang des Anteils
der Gesamtausgaben, den der Staat in die materielle Infrastruktur investiert, nicht unmittelbar ein Rückgang im staatlichen Angebot von Infrastrukturleistungen verbunden. Ein Einfrieren z.B. der Straßenbauinvesti-
tionen auf dem erreichten hohen Niveau hat unmittelbare Konsequenzen
für die staatliche Investitionstätigkeit, aber nicht für die Personalent-
wicklung, da das Angebot von Straßenleistungen so gut wie keinen
Personaleinsatz erfordert. In den meisten Aufgabenbereichen ist aber
nicht nur der Einsatz von Anlagevermögen, sondern es sind auch Vorleistungen und Arbeitskräfte erforderlich.

Die geänderten wirtschaftspolitischen Zielvorstellungen z.B. in der Energieversorgung, in der Umweltschutzpolitik und in der Wohnungs- und
Städtebaupolitik haben zu Änderungen im Einsatz der fiskalischen Mittel
sowohl in den Aufgabenbereichen als auch in dem Verhältnis der Ausgabearten des Staates geführt. Während der Anteil der Personalausgaben von
1960 bis 1974 von 25,5vH auf 31,6vH zugenommen und sich danach nur
leicht verringert hat, ist der Anteil der Bruttoinvestitionen von 12,6vH
(1960) auf 15,8vH (1970) gestiegen, bis 1980 aber auf 10,5vH zurückgegangen. Der Anteil der Investitionszuschüsse hat sich von 1960 bis 1980
kontinuierlich erhöht (von 1vH auf 3,5vH). Auch die laufenden Übertragungen des Staates an Unternehmen haben bis Ende der 60er Jahre stark
zugenommen. 1980 war ihr Anteil fast doppelt so hoch wie 1960.

1.3.1 Anlageinvestitionen des Staates und Infrastrukturkapital

Die neuen Anlagen des Staates (in Preisen von 1976) haben sich im
Verhältnis zu denen der Gesamtwirtschaft (ohne Wohnungsvermietung) von
1960 bis 1965 von 18vH auf 23vH erhöht; zwischen 1975 und 1980 ist
dieser Anteil dann aber wieder auf gut 19vH gesunken: Die staatlichen
Anlageinvestitionen haben in der zweiten Hälfte der 70er Jahre erheblich

- 48 -

Schaubild IV.1.3/1

ANLAGEINVESTITIONEN UND BRUTTOANLAGEVERMÖGEN
DES STAATES 1960 BIS 1982
in vH der Gesamtwirtschaft (ohne Wohnungsvermietung)
−zu Preisen von 1976−

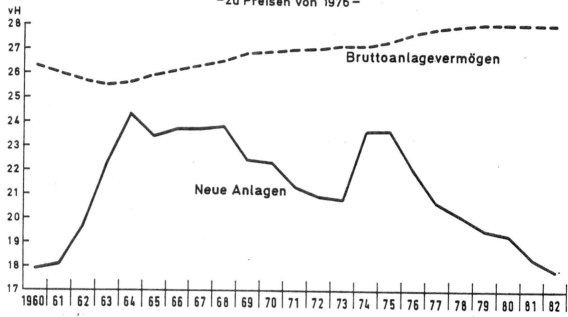

Quellen: Statistisches Bundesamt, Fachserie 18; eigene Berechnungen.

DIW 83

an Gewicht verloren, auch wenn zwischen 1978 und 1980 die realen
Brutto-Anlageinvestitionen absolut - auch infolge des Zukunftsinvesti-
tionsprogramms - noch gestiegen sind. 1981 und 1982 war dann aber der
Rückgang umso ausgeprägter.

Der Rückgang der staatlichen Investitionen hat deutlich zu dem erneuten
konjunkturellen Abschwung nach 1980 beigetragen. Ob er auch ein entscheidender Faktor für die Abflachung des längerfristigen Wirtschaftswachstum gewesen ist, kann beurteilt werden, indem man die Entwicklung
des staatlichen in Relation zum gesamtwirtschaftlichen Bruttoanlagevermögen (ohne Wohnungsvermietung) betrachtet. Es zeigt sich, daß dieser
Anteil seit 1960 leicht zugenommen hat und 1980 um 2 Prozentpunkte
höher war als 1960. Dieses Resultat wird plausibel, wenn man erstens die
Konventionen der Volkswirtschaftlichen Gesamtrechnung bedenkt, zweitens daran denkt, daß im Bestand die massive Investitionstätigkeit des
Staates in den 60er Jahren immer noch positiv zu Buche schlägt.

Mit aller Vorsicht ist also zu sagen, daß die Ausstattung der Volkswirtschaft mit Einrichtungen der Infrastruktur bisher nicht durch die Entwicklung der staatlichen Investitionen in Mitleidenschaft gezogen worden ist. Unter Wachstums- und Kapazitätsgesichtspunkten muß die Investitionsentwicklung somit anders beurteilt werden als unter dem Gesichtspunkt ihrer Einkommens-und Beschäftigungswirkungen. Eine Messung des Wachstumsbeitrags des Infrastrukturkapitals ist allerdings schwierig. Häufig geht man von der Hypothese aus, daß zwischen dem Infrastrukturkapital und den Aktivitäten der Privaten Komplementaritäten in dem Sinn bestehen, daß durch das Infrastrukturkapital oft erst die Voraussetzungen für die Entfaltung der Konsumnachfrage und für die Produktion der privaten Wirtschaft geschaffen werden. Jede wachstumspolitische Beurteilung der Wirkungen des Infrastrukturkapitals sieht sich aber mit der bisher nicht gelösten Frage konfrontiert, welche externen Effekte für die gewerbliche Wirtschaft oder die privaten Haushalte von Infrastruktureinrichtungen ausgelöst werden. Hier kann eine tiefergehende Betrachtung der einzelnen Aufgabenbereiche weiterführen.

Insgesamt kann man sagen, daß der Anteil der haushaltsorientierten Infrastrukturbereiche (Unterrichtswesen, Gesundheit, soziale Sicherung, Erholung, Kultur, Wohnungswesen, Stadt- und Landesplanung) am gesamten Infrastrukturkapital, der etwa ein Drittel beträgt, nur geringfügig - um einen Prozentpunkt - gestiegen ist, obwohl der Anteil an den Investitionen - aufgrund des scharfen Rückgangs im Unterrichtswesen - sich um vier Prozentpunkte verringert hat. Eine Umorientierung der Infrastruktur zugunsten der haushaltsorientierten Infrastruktur hat sich in den Beständen kaum bemerkbar gemacht. Stärker ist der Anstieg in den Bereichen mit gemischter Nutzung (Straßen, Entsorgung, Umweltschutz).

Für die Beurteilung des im Anlagevermögen noch verkörperten Leistungspotentials kommt es nicht nur auf das Bruttoanlagevermögen, sondern auch auf den Modernitätsgrad an, der durch das Verhältnis von Bruttoanlagevermögen zu Nettoanlagevermögen gemessen wird.

Es zeigt sich, daß der Anteil der Ersatz- an den Bruttoinvestitionen in den 70er Jahren kontinuierlich zugenommen hat. Am stärksten ist der Anteil

Tabelle IV. 1.3/1

Indikatoren der Infrastruktur in den staatlichen Aufgabenbereichen

	Brutto-Anlagevermögen in Mill. DM			Beschäftigte in 1 000 Pers.			Kapitalintensität in 1 000 DM			Entgelte je Beschäftigt. in 1 000 DM		
	1960	1970	1980	1960	1970	1980	1960	1970	1980	1960	1970	1980
Allgemein.staatl. Verwaltung	17 873	25 738	35 349	352,9	407,1	488,3	50,65	63,22	72,39	10,43	21,86	42,66
Verteidigung, ziv.Verwaltung	10 157	13 235	14 949	82,9	165,6	179,5	122,52	79,92	83,28	5,72	13,54	27,92
Öffentl.Sicherheit u.Ordnung	13 833	19 906	30 286	275,1	333,5	441,0	50,28	59,69	68,68	10,25	21,98	44,13
Unterrichtswesen	57 369	119 782	202 075	341,3	579,6	948,2	168,09	206,66	213,11	13,54	25,90	50,43
Gesundheitswesen	30 514	48 840	73 923	240,6	365,2	531,1	126,82	133,73	139,19	9,10	17,77	39,88
Soziale Sicherung	11 094	16 241	23 567	197,4	220,9	279,8	56,20	73,52	84,23	9,73	19,47	43,32
Wohnungswesen, Stadtplanung	3 872	5 595	9 400	61,3	85,1	129,2	63,16	65,75	72,76	12,89	22,33	37,31
Gemeinschafts-dienst, Umwelt	44 334	83 327	138 268	59,7	71,3	103,9	742,61	1 168,68	1 330,78	10,05	19,78	37,92
Erholung, Kultur	10 718	21 594	41 969	63,0	82,8	113,4	170,13	260,80	370,10	6,19	15,58	37,65
Vekehrswesen	99 119	202 693	331 238	91,1	119,6	107,1	1 088,02	1 694,76	3 092,79	8,67	19,31	53,31
Übrige Bereiche	8 117	16 949	27 376	39,7	48,3	53,5	204,46	350,91	511,70	12,34	26,09	48,41
Insgesamt	307 000	573 900	928 400	1 805,0	2 479,0	3 375,0	170,08	231,50	275,08	9,74	19,88	41,62

Quellen: Statistisches Bundesamt, Fachserie 18; Anlagevermögensrechnung des DIW; eigene Berechnungen.

des Ersatzbedarfs in den Aufgabenbereichen mit großem Hochbauanteil und mit rückläufigen Investitionen gestiegen. Im Unterrichtswesen hat sich dieser Anteil in den 70er Jahren verdreifacht. Auch im Gesundheitswesen hat der Ersatzbedarf zugenommen. In einigen Bereichen hat er aber auch abgenommen (z.B. öffentliche Sicherheit und Ordnung; Rechtsschutz).

1.3.2 Beschäftigte und Kapitalintensität

Zur Produktion von Infrastrukturleistungen setzt der Staat Anlagevermögen, Vorleistungen und Arbeitskräfte ein. Insgesamt hat sich der Personaleinsatz im staatlichen Bereich von 1960 bis 1970 um ca. 900 000 Beschäftigte, im Zeitraum von 1970 bis 1980 um etwa 1 Million Beschäftigte erhöht. Dabei muß allerdings beachtet werden, daß der Arbeitseinsatz sich nicht in gleichem Umfang erhöht hat, da der Anteil der Teilzeitbeschäftigten gestiegen ist.

Die Expansion des Personalbestandes vollzog sich für die einzelnen Gebietskörperschaften unterschiedlich. Am expansivsten war die Entwicklung bei den Ländern, besonders im zweiten Jahrzehnt. Dies betraf vor allem das Unterrichtswesen, aber auch die öffentliche Sicherheit. Auch bei den Gemeinden war trotz der Bemühungen um die Haushaltskonosolidierung die Expansion in den 70er Jahren stärker als in den 60er Jahren, aber geringer als bei den Ländern. Sie betraf vor allem die Aufgabenbereiche kommunale Gemeinschaftsdienste, Gesundheitswesen, Sport und Erholung. Dagegen weitete der Bund in den 70er Jahren die Zahl seiner Beschäftigten vergleichsweise geringfügig aus, in den letzten Jahren vor 1980 hat bei den Vollbeschäftigten sogar ein Personalabbau stattgefunden.

Die Kapitalintensität - d.h. das Anlagevermögen in Relation zu den Beschäftigten - zeigt für die Aufgabenbereiche typische Unterschiede. Am niedrigsten ist das Niveau in den Aufgabenbereichen mit einem hohen Verwaltungsanteil; eine Mittelgruppe bilden das Gesundheits- und Unterrichtswesen. In diesen Bereichen fiel auch der Anstieg der Kapitalintensität relativ gering aus. Am kapitalintensivsten sind die Bereiche mit einem hohen Tiefbauanteil. Wegen des hohen Anteils der Straßen, die einen geringen Personaleinsatz erfordern, ist das Niveau der Kapitalintensität im staatlichen Bereich höher als in der Privatwirtschaft, wo sich aber der Anstieg rascher vollzieht.

Der Anstieg der Kapitalintensität hat sich in den 70er Jahren im Vergleich zu den 60er Jahren verringert. In den Aufgabenbereichen mit hohem Tiefbauanteil ist sie allerdings schneller gestiegen, mit Ausnahme des Bereichs der Gemeinschaftsdienste (Entsorgung). Im Unterrichtswesen hat sich der Anstieg der Kapitalintensität am stärksten verringert.

1.3.3 Kosten staatlicher Leistungserstellung und ihre Finanzierung

Die Last der für den Betrieb einer Infrastruktureinrichtung notwendigen Personalkosten steht im umgekehrten Verhältnis zu der Kapitalintensität der Aufgabenbereiche. Ein Teil der Folgekostenproblematik bezieht sich vor allem auf die Angemessenheit der Zahl der Beschäftigten und ihrer Entlohnung.

Die Niveauunterschiede der Entgelte je Beschäftigten in den Aufgabenbereichen sind erheblich. Am höchsten sind die Entgelte im Unterrichtswesen aufgrund des hohen Akademikeranteils, am niedrigsten im Bereich Verteidigung aufgrund der niedrigen Bezüge der wehrpflichtigen Soldaten. Im Laufe der Jahre hat sich kaum etwas an der Hierarchie der Entlohnungsniveaus gändert, wohl aber sind die Unterschiede im Laufe der Jahre geringer geworden. Ohne den Verteidigungsbereich variierten die Entgelte je Beschäftigten im Jahre 1960 zwischen 6 000 und 13 500 DM, 1980 dagegen zwischen 37 000 und 50 000 DM. Der Abstand hat sich von mehr als der Hälfte auf weniger als ein Drittel verringert.

Unter Sachkosten werden im folgenden die im Produktionswert der Aufgabenbereiche enthaltenen Ausgaben für Käufe von Gütern für die laufende Produktion, die Abschreibungen und die Produktionssteuern verstanden. Der Staatsverbrauch ist eine mit den Verkäufen von Verwaltungsleistungen (Gebühren) saldierte Größe. Daher war es erforderlich, die Verkäufe der einzelnen Aufgabenbereiche anhand von Unterlagen der Finanzstati-

Tabelle IV. 1.3/2

KOSTEN STAATLICHER LEISTUNGSERSTELLUNG UND IHRE FINANZIERUNG

	1970 MRD. DM							1980 MRD. DM							1980/70 JAHRESDURCHSCHNITTLICHE VERAENDERUNGSRATEN IN VH				
	PERSO-NALKO.	SACH-KOSTEN	PROD.WERT	STAATS-VERBR.	VERK.V.VERW.L.	VERK.IN VH DES PROD.W.	SACH.-INTEN-SITAET 1)	PERSO-NALKO.	SACH-KOSTEN	PROD.WERT	STAATS-VERBR.	VERK.V.VERW.L.	VERK.IN VH DES PROD.W.	SACH.-INTEN-SITAET 1)	PERSO-NALKO.	SACH-KOSTEN	PROD.WERT	STAATS-VERBR.	VERK.V.VERW.L.
ALLG.STAATL.VERW.	8.90	4.45	13.35	12.63	0.72	5.39	50.00	20.83	13.20	34.03	31.39	2.64	7.76	63.37	8.88	11.49	9.81	9.53	13.87
VERTEIDIGUNG	9.00	10.76	19.76	19.76	0.00	0.00	119.56	19.84	20.54	40.38	40.38	0.00	0.00	103.53	8.23	6.68	7.41	7.41	0.00
OEFF.SICHH.U.ORD.	7.33	1.56	8.89	8.60	0.29	3.26	21.28	19.46	4.49	23.95	23.05	0.90	3.76	23.07	10.26	11.15	10.42	10.36	11.99
UNTERRICHTSWESEN	15.01	4.66	19.67	19.39	0.28	1.42	31.05	47.82	13.40	61.22	60.26	0.96	1.57	28.02	12.29	11.14	12.02	12.01	13.11
GESUNDHEITSWESEN	6.49	25.36	31.85	26.43	5.42	17.02	390.76	21.18	89.78	110.96	90.08	20.88	18.82	423.89	12.56	13.48	13.29	13.05	14.44
SOZIALE SICHERUNG	4.30	4.83	9.13	8.12	1.01	11.06	112.33	12.12	16.47	28.59	25.24	3.35	11.72	135.89	10.92	13.05	12.09	12.01	12.74
WOHNUNGSW.,STADTPL	1.90	0.46	2.36	2.20	0.16	6.78	24.21	4.82	1.50	6.32	5.74	0.58	9.18	31.12	9.76	12.55	10.35	10.06	13.74
GEM.DIENST,UMWELT	1.41	1.74	3.15	0.18	2.97	94.29	123.40	3.94	4.94	8.88	-0.01	8.89	100.11	125.38	10.82	11.00	10.92		11.59
ERHOLUNG U.KULTUR	1.29	0.99	2.28	1.94	0.34	14.91	76.74	4.27	3.41	7.68	6.65	1.03	13.41	79.86	12.72	13.16	12.91	13.11	11.72
VERKEHRSWESEN	2.31	3.07	5.38	5.07	0.31	5.76	132.90	5.71	5.80	11.51	10.22	1.29	11.21	101.58	9.47	6.57	7.90	7.26	15.32
UEBRIGE BEREICHE	1.26	1.09	2.35	2.15	0.20	8.51	86.51	2.59	2.65	5.24	4.90	0.34	6.49	102.32	7.47	9.29	8.35	8.59	5.45
ALLE BEREICHE	59.20	58.97	118.17	106.47	11.70	9.90	99.61	162.58	176.18	338.76	297.90	40.85	12.06	108.37	10.63	11.57	11.11	10.84	13.32

1)SACHKOSTEN IN VH DER PERSONALKOSTEN

QUELLE: STATISTISCHES BUNDESAMT, FACHSERIE 14 UND 18; EIGENE BERECHNUNGEN

stik zu schätzen. Die Resultate werden im folgenden für 1970 und 1980 dargestellt.

Die Verkäufe haben sich zwischen 1970 und 1980 fast vervierfacht. Ihr Anteil am Produktionswert hat sich um gut 20vH erhöht. Die höchsten Gebühreneinnahmen sind im Gesundheitswesen, im Bereich der kommunalen Gemeinschaftsdienste und der sozialen Sicherung zu verzeichnen. Im Gesundheitswesen handelt es sich hauptsächlich um Verkäufe von Leistungen der Krankenhäuser der Länder bzw. der Kommunen. Die Sachkosten dieses Aufgabenbereichs sind in beiden Vergleichsjahren die weitaus höchsten. Dies ist bedingt durch die Einbeziehung eines Teils der Sozialversicherung in diesen Aufgabenbereich. Denn dessen Sachkosten bestehen zum überwiegenden Teil aus den Käufen von Arzt- und Krankenhausleistungen von den Wirtschaftszweigen sonstige Dienstleistungen (Ärzte, private Krankenhäuser), von den Organisationen ohne Erwerbscharakter (z.B. konfessionelle Krankenhäuser) und von den Gebietskörperschaften (öffentliche Krankenhäuser), die sogar Überschüsse in der laufenden Rechnung aus dem Verkauf von Gesundheitsleistungen erzielen. In der Gesamtbilanz stehen diesen Überschüssen jedoch die hohen, nicht durch Einnahmen gedeckten Kosten der Kapitalrechnung gegenüber. In Relation zum Produktionswert sind die Gebühreneinnahmen im Bereich kommunale Gemeinschaftsdienste am höchsten.

Auch die Sachkostenintensität, d.h. die Relation von Sachkosten zu Personalkosten, ist in den beiden letztgenannten Aufgabenbereichen am höchsten. Am stärksten erhöht hat sich die Sachkostenintensität zwischen 1970 und 1980 in der allg. staatlichen Verwaltung, im Gesundheitswesen und in der sozialen Sicherung, aber auch im Wohnungswesen und der Stadtplanung. Rückläufig war sie im Verkehrswesen, im Unterrichtswesen und im Verteidigungsbereich.

Erst anhand detaillierterer Untersuchungen könnte gezeigt werden, ob sich die Entwicklung dieser Kostenstrukturen bei den staatlichen Aufgabenbereichen durch sparsameren Einsatz von Kapital und Arbeit bzw. durch deren effizientere Kombination hätte günstiger gestalten lassen. Die Maßnahmen zur Dämpfung des Kostenanstiegs im Gesundheitswesen dürften sich nach 1980 z.T. schon bemerkbar machen. Daß hier und in der sozialen Sicherung die Niveaus und Steigerungsraten so hoch sind, hängt mit dem System der Sozialversicherung zusammen. Einerseits haben sich überzogene Entwicklungen ergeben - sowohl überdurchschnittliche Einkommenssteigerungen als auch nicht immer zu rechtfertigende Leistungsausweitungen wurden simultan durchgesetzt -; andererseits dürfen die positiven Auswirkungen für die gesundheitliche Versorgung der Bevölkerung und die soziale Stabilität der Gesellschaft nicht gering veranschlagt werden.

1.4   Subventionspolitik

Während sich die Subventionen[1] von 1970 bis 1978 mehr als verdoppelt haben, sind sie danach bis 1982 absolut und auch in Relation zur Bruttowertschöpfung nur noch geringfügig gestiegen. Dabei hat sich der Anteil der Steuervergünstigungen wieder leicht erhöht; er ist 1982 allerdings immer noch deutlich geringer als 1970. Auf die Hauptsubventionsempfänger - in der Rangfolge ihres Gewichts von 1982: Eisenbahnen, Wohnungsvermietung, Landwirtschaft einschließlich Ernährungsgewerbe, Großhandel, Kohlenbergbau - entfielen 1982 knapp 70 vH aller Subventionen und damit etwas mehr als 1970.

Aus dieser Entwicklung wird deutlich, daß die seit Jahren von vielen Seiten geforderte Begrenzung der Subventionsausgaben sich in jüngster Zeit durchgesetzt hat, obwohl eine Verständigung auf eine zielgerichtete Umstrukturierung oder auch generelle Kürzung des Subventionshaushaltes fehlte. Die defizitäre Haushaltslage der öffentlichen Hand hat diese Entwicklung faktisch erzwungen. Unter diesen Vorzeichen werden sich auch in Zukunft die Subventionswünsche von Branchen wie Stahl und Schiffbau kaum verwirklichen lassen. Abgesehen von der defizitären Haushaltslage muß überlegt werden, wie auf Dauer die Stellung dieser Branchen in der internationalen Arbeitsteilung zu beurteilen ist und ob Subventionen nicht die Fortsetzung des protektionistischen Subventionswettlaufs im internationalen Rahmen bedeuten.

Subventionen[1] ausgewählter Wirtschaftsbereiche
Vergleich 1970, 1978, 1982

| | Subventionen in Mrd.DM | | | | | Subventionen in vH aller Subventionen | | | | | Subventionen pro 1000 DM BWS | | | | | |
| | | | | ø jährl. Veränd.Rate | | vH | | | Rang | | | | ø jährl. Veränd.Rate | | Rang | |
	1970	1978	1982	78/70	82/78	1970	1978	1982	1970	1982	1970	1982	78/70	82/78	1970	1982
Land- und Forstwirtschaft	4,49	3,87	2,65	- 2	- 9	21,2	8,4	5,7	1	6	206	71	- 6	-12	2/3	6
Ernährungsgewerbe	0,74	4,11	3,09	24	- 7	3,5	9,0	6,7	6	5	44	113	14	- 3		
zusammen	5,23	7,98	5,74	5	- 8	24,7	17,4	12,4			136	89	- 1	- 8		
Elektrizitätsversorgung	0,18	1,13	1,56	26	8	0,8	2,5	3,4		7	15	60	13	11		
Kohlenbergbau, Kokereien	0,92	4,10	4,20	21	1	4,3	8,9	9,1	5	4	131	402	16	- 2	5	2
Elektrotechnik	0,55	1,05	1,24	8	4	2,6	2,3	2,7	8	8	21	26	0	5		
Eisenbahnen	3,61	10,42	9,36	14	- 3	17,1	22,7	20,3	2	1	393	790	11	- 3	1	1
Schiffahrt und Häfen	0,67	1,13	0,88	7	- 6	3,2	2,5	1,9	7		206	196	3	- 6	2/3	3
Obriger Verkehr	0,32	0,61	0,81	8	7	1,5	1,3	1,7			23	28	- 1	6		
Großhandel	2,15	3,91	4,73	8	5	10,2	8,5	10,3	4	3	63	88	1	7	8	8
Wohnungsvermietung	2,38	6,03	7,90	12	7	11,3	13,1	17,1	3	2	70	104	2	6	6	7
Luft- u. Raumfahrzeugbau	0,16	0,29	0,48	8	13	0,7	0,6	1,0			184	138	- 4	2	4	5
Schiffbau	0,09	0,13	0,35	5	28	0,4	0,3	0,8			68	143	- 2	26	7	4
Summe aller Subventionen	21,12	45,88	46,13	10	0	100,0	100,0	100,0			37	44	2	1		

1) Steuervergünstigungen und Finanzhilfen der Gebietskörperschaften, einschl. EG, Bundesanstalt für Arbeit, ERP-Sondervermögen und Parafisci, ohne Finanz-hilfen der Länder und Gemeinden.

Quellen: Haushaltspläne des Bundes, Subventionsberichte, Statistisches Bundesamt, Fachserie 18, eigene Berechnungen.

Im folgenden werden zwei Aspekte herausgegriffen, die für eine Bewertung der Subventionspolitik wichtig sind. Erstens sollten Subventionen nicht isoliert betrachtet werden, sondern nur im Rahmen der Gesamtheit der finanziellen Transaktionen zwischen Staat und Unternehmen. Zweitens ist es erforderlich, die mit den Subventionen verfolgten wirtschaftspolitischen Ziele darzustellen und zu analysieren. Erst auf dieser Grundlage läßt sich über den Abbau bzw. die Umstrukturierung der Subventionen sinnvoll diskutieren.

1.4.1 Besteuerung und Subventionierung der Unternehmen

Das bestehende Steuer- und Subventionssystem sowie seine Veränderungen haben einen nicht zu unterschätzenden Einfluß auf unternehmerisches Verhalten: Dimension und Richtung der vom Steuer- und Subventionssystem ausgelösten Be- und Entlastungseffekte werden jedoch erst deutlich, wenn das Zusammenwirken von Besteuerung (direkte und indirekte Steuern) auf der einen sowie von Subventionen auf der anderen Seite in die Betrachtung einbezogen werden.

In der folgenden Tabelle sind für zwei Stichjahre[2] die Zahlungen von direkten und indirekten Steuern der Branchen zuzüglich der Steuervergünstigungen (Bruttosteuer) den Subventionen, ebenfalls einschließlich der Steuervergünstigungen gegenübergestellt worden. Die sich ergebenden Brutto- und Nettobelastungen (Steuern minus Subventionen) wurden auf die Beiträge der Sektoren zum Bruttoinlandsprodukt bezogen; damit erhält man entsprechend Brutto- und Nettosteuerquoten. Dabei wird der Bereich Wohnungsvermietung ausgeklammert; hier ist die Verquickung von privaten Haushalten und Unternehmen derart, daß die Abgrenzung der Subventionen und die Ermittlung der Steuern besonders schwierig sind. Auf die Subventionierung dieses Bereichs wird an anderer Stelle ausführlich eingegangen. Auch Bundesbahn und Bundespost werden aufgrund ihrer Besonderheiten nicht in die Betrachtung einbezogen. Beide Bereiche sind faktisch von der Verpflichtung zur Steuerzahlung befreit. Die Subventionierung der Bundesbahn und die damit verbundenen Probleme sind im Strukturbericht 1980 des DIW angesprochen worden. Ihre Einbeziehung würde die Entlastungsquote erhöhen, aber die Analyse nur verzerren.

Für die betrachteten Wirtschaftszweige beliefen sich 1977 die Steuerzahlungen vor Abzug der Steuervergünstigungen auf insgesamt 227 Mrd. DM. Dem standen Finanzhilfen plus Steuervergünstigungen in Höhe von 33 Mrd. DM gegenüber. Diese Subventionen entsprechen damit 15 vH der möglichen Steuereinnahmen. 1971 waren es zwei Prozentpunkte weniger.

In der Gegenüberstellung von Besteuerung und Subventionierung zeigt sich, daß die Landwirtschaft zu über 100 vH durch Subventionen entlastet wird. 1971 machten die diesem Sektor gewährten Subventionen fast das 1,5fache der geleisteten Steuern aus. Allerdings hat sich diese Relation im Zeitverlauf zugunsten des Großhandels und des Ernährungsgewerbes verschoben. Dies ist eine Folge der EG-Subventionspraxis, die diesen Wirtschaftszweigen Subventionen gewährt, um letztlich die Landwirtschaft zu begünstigen. Ob dadurch aber diese Sektoren oder die Landwirtschaft tatsächlich begünstigt werden, ist ohne eine weiterführenden Inzidenzanalyse, die hier aber generell unterbleibt, nicht möglich.

Der Bergbau, der 1971 Subventionen in Höhe von etwa der Hälfte seiner Steuerzahlungen empfing, hatte 1977 eine negative Nettobelastung, d.h. der Gesamtbetrag der Subventionen überstieg die Steuerzahlungen. Der übrige Verkehr (ohne Bundesbahn) und die Energiewirtschaft - insbesondere die Kernenergie - werden ebenfalls hoch subventioniert. Im Jahr 1971 erhielt das Kreditgewerbe 23 vH seiner Steuerzahlungen als Subventionen; aufgrund des Abbaus der Sparkassenprivilegien sank diese Quote bis 1977 auf 8 vH - nur noch knapp die Hälfte der durchschnittlichen relativen Entlastung der hier betrachteten Wirtschaftszweige. Das verarbeitende Gewerbe wird mit Ausnahme des in dieser Abgrenzung relativ hochaggregierten Bereichs "Stahl", der neben der eisenschaffenden Industrie und dem Stahlbau auch den Maschinenbau einschließlich ADV sowie den Straßenfahrzeug-, Luftfahrzeug- und Schiffbau umfaßt, unterdurchschnittlich entlastet.

Zusammenfassend läßt sich feststellen, daß das Steuer- und Subventionssystem erhebliche Vor- und Nachteile für die einzelnen Wirtschaftszweige bringt. Im Durchschnitt aller Wirtschaftszweige sind Brutto- und Nettobelastung zwischen 1971 und 1977 nahezu unverändert geblieben.

Tabelle IV. 1.4/2

BESTEUERUNG UND SUBVENTIONIERUNG NACH WIRTSCHAFTSBEREICHEN

- OHNE WOHNUNGSVERMIETUNG, BUNDESBAHN UND BUNDESPOST -

	1971						1977					
				STEUERQUOTEN						STEUERQUOTEN		
	BIP 1)	STEUERN 2)	SUBV. 3)	BRUTTO 4)	NETTO 5)	ENTLAST. 6)	BIP 1)	STEUERN 2)	SUBV. 3)	BRUTTO 4)	NETTO 5)	ENTLAST. 6)
	IN MILL. DM			IN VH			IN MILL. DM			IN VH		
LAND-U.FO	24530	4184	6183	17.06	-8.15	147.78	33587	5355	6355	15.94	-2.98	118.67
ENERGIE	17490	3565	558	20.38	17.19	15.65	33393	9587	1484	28.71	24.27	15.48
BERGBAU	9539	2030	1150	21.28	9.23	56.65	11233	3227	3487	28.73	-2.31	108.06
VERARB.GE	309647	72442	5537	23.40	21.61	7.64	468085	108838	10867	23.25	20.93	9.98
OHNE N+G	269438	53378	3987	19.81	18.33	7.47	411718	84895	7185	20.62	18.87	8.46
CHEMIE	42672	16766	603	39.29	37.88	3.60	67818	28507	981	42.03	40.59	3.44
KUNSTSTOF	9624	1466	115	15.23	14.04	7.84	14843	2429	195	16.36	15.05	8.03
STEINE ER	16597	3098	186	18.67	17.55	6.00	20112	3677	305	18.28	16.77	8.29
EISEN	26361	4744	387	18.00	16.53	8.16	39155	6651	455	16.99	15.82	6.84
STAHL	73310	8600	1198	11.73	10.10	13.93	119901	16990	2502	14.17	12.08	14.73
E-TECHNIK	50210	8920	794	17.77	16.18	8.90	83323	13956	1478	16.75	14.98	10.59
HOLZ,PAPI	26090	5099	361	19.54	18.16	7.08	39193	7168	676	18.29	16.56	9.43
LEDER,TEX	24574	4654	312	18.94	17.67	6.70	27373	5517	593	20.15	17.99	10.75
NAHRUNG U	40209	19065	1551	47.41	43.56	8.14	56367	23943	3682	42.48	35.94	15.38
BAUHAUPTG	47803	6374	357	13.33	12.59	5.60	52836	8226	958	15.57	13.76	11.65
AUSBAU-U.	17515	3061	136	17.48	16.70	4.44	26623	4624	349	17.37	16.06	7.55
GROSSHAND	48454	19076	1358	39.37	36.57	7.12	69622	28644	3645	41.14	35.91	12.73
EINZELHAN	40830	9860	496	24.15	22.93	5.03	64715	15825	1323	24.45	22.41	8.36
VERKEHR	19709	3695	1407	18.75	11.61	38.08	33220	5961	2600	17.94	10.12	43.62
KREDITINS	19380	2693	613	13.90	10.73	22.76	39750	6498	530	16.35	15.01	8.16
VERSICHER	5900	1427	26	24.19	23.75	1.82	12721	3892	33	30.60	30.34	0.85
DIENSTLEI	73413	13611	628	18.54	17.68	4.61	142395	25837	1822	18.14	16.87	7.05
INSGESAMT	634210	141987	18418	22.39	19.48	12.97	988180	226514	33453	22.92	19.54	14.77

1) BRUTTOWERTSCHOEPFUNG DER UNTERNEHMEN (ALTE VGR-SYSTEMATIK EINSCHL. UMSATZSTEUER) PLUS EINFUHRABGABEN, 2) DIREKTE STEUERN (EINK.-UND KOERPERSCHAFTSTEUERN) UND INDIREKTE STEUERN, EINSCHL. STEUERVERGUENSTIGUNGEN, 3) SUBVENTIONEN EIN-SCHL. STEUERVERGUENSTIGUNGEN, 4) STEUERN/BIP, 5) (STEUERN-SUBVENTIONEN)/BIP, 6) SUBVENTIONEN/STEUERN.

QUELLEN: STATISTISCHES BUNDESAMT, HAUSHALTSPLAENE, SUBVENTIONSBERICHTE, EIGENE BERECHNUNGEN.

Während durch das Steuersystem schon erhebliche Unterschiede in den sektoralen Brutto-Steuerquoten erzeugt werden - 1977 streuten sie zwischen 16 vH und 43 vH -, vergrößert das Subventionssystem diese Streuung erheblich. Die Nettobelastung variierte 1977 zwischen minus 3 vH und plus 42 vH. Die ausgewiesenen Entlastungsgrößen haben eine Spannweite zwischen 1 vH und 119 vH.

1.4.2 Zielanalyse der Subventionspolitik

Maßstab für die Notwendigkeit und die Erfolgsbewertung sind die Ziele, die mit den verschiedenen Subventionsmaßnahmen verfolgt werden. Dabei ist zu berücksichtigen, daß die in den Subventionsbegründungen angegebenen Ziele nicht immer die eigentlichen Ziele sind. In der hier vorgelegten Zielanalyse konnte diesem Gesichtspunkt nicht hinreichend Rechnung getragen werden, da es hierfür keine Informationen und eindeutigen Maßstäbe gibt. Bei der Einordnung der Maßnahmen hat sich darüber hinaus gezeigt, wie schwierig eine konkrete Zielstruktur zu ermitteln ist, da mit einer Maßnahme oft verschiedene Ziele verfolgt werden. Andererseits ist zu bedenken, daß bei der Analyse nur die historisch vorgegebenen Ziele berücksichtigt werden können. Eine an sich erforderliche Prüfung der Konsistenz der Ziele ist aufgrund dieser Probleme ein ziemlich aussichtloses Unterfangen.

Die Zielanalyse - unter Einschluß der Wohnungsvermietung, der Bundesbahn und Bundespost - macht deutlich, daß die Subventionen auf nur wenige Schwerpunkte konzentriert sind. Die Ausgaben für die Verkehrsinfrastruktur, für das Wohnungswesen, für die Regionalförderung und für überwiegend strukturkonservierende Maßnahmen machen 1982 gut 85 vH aller Hilfen aus.

Die wichtigsten Resultate sind:

-       Unter den Subventionen dominieren eindeutig die Erhaltungssubventionen, die überwiegend in die Bereiche Landwirtschaft, Bergbau und Schiffbau fließen. Seit 1970 ist ihre Bedeutung noch gestiegen. Auf der anderen Seite haben im selben Zeitraum die Subventionen für Forschung und Entwicklung stärker zugenom-

Tabelle IV. 1.4/3

SUBVENTIONEN [1] DES BUNDES NACH ZIELEN
IN VH

	1970	1973	1976	1979	1982
0 VERKEHRSINFRASTRUKTUR	15.20	22.00	22.10	20.30	19.50
1 UMWELTSCHUTZ	0.60	0.60	0.40	0.50	1.00
2 FORSCHUNG UND ENTWICKLUNG	1.50	2.50	2.40	4.50	5.30
2.1 FOERDERUNG NEUER TECHNOLOGIEN	1.20	1.20	0.70	1.10	1.40
2.2 ERSTINNOVATION	0.00	0.00	0.10	0.20	0.20
2.3 MARKTEINFUEHRUNG	0.00	0.00	0.00	0.20	0.00
2.4 HUMANISIERUNG	0.00	0.00	0.10	0.20	0.20
2.5 TECHNISCHE SICHERHEIT	0.00	0.20	0.10	0.20	0.30
2.6 INFORMATIONSSYSTEME	0.10	1.00	0.80	0.60	0.50
2.7 BIOTECHNOLOGIE	0.00	0.00	0.00	0.30	0.20
2.8 ENERGIETECHNOLOGIEN	0.00	0.00	0.50	1.00	1.40
2.9 F.U.E. KLEINER UND MITTLERER UNTERNEHMEN	0.00	0.10	0.10	0.80	1.10
3 MODERNISIERUNG, RATIONALISIERUNG, UMSTRUKTURIERUNG	5.90	2.60	2.10	2.60	1.50
4 UEBERWIEGEND ERHALTUNGSUBVENTIONEN	34.80	32.70	29.60	36.80	36.00
4.1 DIREKTE PREISSUBVENTIONIERUNG	2.20	3.80	5.00	5.80	6.70
4.2 ALLGEMEINE STUETZUNGSMASSNAHMEN	8.10	10.20	9.40	7.10	4.60
4.3 ABSATZFOERDERUNG, BEVORRATUNG	7.40	4.90	5.10	10.70	12.20
4.4 MARKTORDNUNG	4.50	5.00	5.30	7.90	7.80
4.5 PRODUKTIONSDROSSELUNG + STILLEGUNG	2.90	1.40	0.50	0.80	0.90
4.6 SOZIALPOL. ZUSCHUESSE FUER STRUKTURSCHWACHE BRANCHEN	9.70	7.40	4.30	4.50	3.80
5 WOHNUNGSWESEN	10.10	10.40	9.80	12.10	15.30
5.1 WOHNRAUMBESCHAFFUNG	1.30	1.50	0.40	0.10	0.10
5.2 SIEDLUNG	0.40	0.20	0.10	0.00	0.10
5.3 EIGENTUMSBILDUNG	7.20	7.60	8.40	10.70	13.20
5.4 MODERNISIERUNG	0.10	0.20	0.40	0.70	1.40
5.5 SONSTIGES	1.10	0.90	0.50	0.50	0.50
6 MASSNAHMEN IM ENERGIEBEREICH	0.50	4.00	3.60	3.50	3.40
6.1 ALLG. ZUSCHUESSE ZUR ERZEUGUNG,VERSORGUNG,VERTEILUNG	0.40	0.30	0.30	0.20	0.20
6.2 VERSORGUNG MIT ROHSTOFFEN, EXPLORATION	0.10	0.50	0.60	0.40	0.50
6.3 FERNWAERME	0.00	0.00	0.00	0.00	0.00
6.4 KERNENERGIE	0.00	3.20	2.60	3.00	2.70
7 ALLGEMEINE REGIONALFOERDERUNG	4.40	2.80	0.80	0.90	1.10
8 SPEZIELLE REGIONALFOERDERUNG	15.20	13.20	11.30	10.70	13.50
8.1 BERLIN	12.50	9.50	9.00	8.10	9.40
8.2 ZONENRAND	2.70	3.70	2.30	2.60	4.10
9 ORDNUNGSPOLITIK	9.40	7.90	7.40	6.40	2.90
9.1 INFORMATION, EXISTENZGRUENDUNG	1.50	0.70	1.70	3.20	0.10
9.2 ANTI-KONZENTRATION	4.80	4.40	3.50	0.80	0.20
9.3 SICHERUNG DER INTERNAT. WETTBEWERBSFAEHIGKEIT	2.30	2.10	1.80	1.80	1.90
9.4 RISIKOUEBERNAHME	0.70	0.70	0.50	0.60	0.70
10 SONSTIGES; ALLGEMEINE ZUSCHUESSE	2.40	1.30	10.50	1.70	0.50
INSGESAMT	100.00	100.00	100.00	100.00	100.00
NACHRICHTLICH MILL. DM	21120.90	29695.00	42957.90	49412.30	46132.70

1) FINANZHILFEN UND STEUERVERGUENSTIGUNGEN DES STAATES (EINSCHL. EG, BUNDESANSTALT FUER ARBEIT, ERP-SONDERVERMOEGEN UND PARAFISCI), OHNE FINANZHILFEN DER LAENDER UND GEMEINDEN

QUELLEN: HAUSHALTSPLAENE DES BUNDES; SUBVENTIONSBERICHTE; STATISTISCHES BUNDESAMT, FACHSERIE 18; EIGENE BERECHNUNGEN

men; ihr Gewicht ist aber im Vergleich zu den Erhaltungssubventionen gering. Hier haben insbesondere solche Ziele an Bedeutung gewonnen, die 1970 noch keine oder nur eine sehr geringe Priorität besaßen, z.B. Energietechnologien, Informationssysteme. Unter dem Gesichtspunkt der Förderung der Anpassung und des Wachstums wären an dieser Stelle prinzipiell die der Modernisierung, Rationalisierung und Umstrukturierung dienenden Subventionen einzubeziehen. Es ist jedoch zu vermuten, daß hierbei auch Subventionen berücksichtigt werden, dievorwiegend Erhaltungscharakter haben. Wie auch immer: ihr Anteil ist seit 1971 erheblich gesunken und war 1982 nahezu bedeutungslos.

- Die finanziellen Hilfen für die Verkehrsinfrastruktur (hauptsächlich Hilfen für die Deutsche Bundesbahn) haben in den letzten Jahren spürbar an Bedeutung gewonnen. Allerdings wird aus der Entwicklung erkennbar, daß der Staat seit 1979 durch zahlreiche Maßnahmen versucht hat, den Anstieg des Aufwands zu dämpfen.

- Die Förderung des Wohnungsbaus steigt nach wie vor.

- Unter den Subventionen mit regionalpolitischen Zielen hat die politisch bedingte Regionalförderung - Berlin (ohne Zuwendungen an den Berliner Landeshaushalt) und Zonenrandgebiete - den höchsten Anteil. Insgesamt zeigt sich von 1970 bis 1982 ein abnehmendes Gewicht der speziellen Regionalförderung, bedingt durch den relativen Rückgang der Subventionierung der Berliner Unternehmen. Dies gilt auch für die allgemeine Regionalförderung.

- Abgenommen hat auch das Gewicht der Maßnahmen im Rahmen der Ordnungspolitik.

- Die Verlagerung der Schwerpunkte in der Zielstruktur wird deutlich in den Zielbereichen Forschung und Entwicklung sowie bei den Maßnahmen im Energiebereich.

- Die staatlichen Hilfen für den Umweltschutz haben sich zwar erhöht, sie hatten aber auch 1982 nur eine geringe Bedeutung. Die Energieförderung kam im wesentlichen der Kernenergie zugute.

1.4.3 Instrumente der Subventionspolitik

Als Instrumente der Subventionspolitik stehen dem Staat Steuervergünstigungen, laufende Zuweisungen, Darlehen und Investitionszuschüsse zur Verfügung. Die Aufgliederung nach diesen Instrumenten zeigt, daß die öffentliche Hand insgesamt hauptsächlich auf das Instrument der Steuervergünstigungen und der laufenden Zuschüsse zurückgegriffen hat. Darlehen[3] und Investitionszuschüsse wurden zur Erreichung der Ziele in nur sehr bescheidenem Maße eingesetzt. Im Zeitvergleich 1970 zu 1982 haben Steuervergünstigungen im Anteil deutlich zugunsten der laufenden Zuschüsse und der Investitionszuschüsse verloren.

In den einzelnen Zielkategorien haben die eingesetzten Instrumente ein unterschiedliches Gewicht. Auch hat sich der Einsatz der Instrumente verändert.

- In der Zielkategorie Verkehrsinfrastruktur dominierten 1970 die laufenden Zuschüsse mit über 90 vH. 1982 entfielen nur noch knapp zwei Drittel auf die laufenden Zuschüsse, dagegen gut ein Drittel auf Investitionszuschüsse.

- Forschung und Entwicklung wurden 1970 - allerdings bei niedrigem Niveau - fast ausschließlich durch die Gewährung von Steuervergünstigungen gefördert, 1982 dagegen nur noch zu rund einem Zehntel. Nunmehr erfolgt die Förderung hauptsächlich über laufende Zuschüsse (64 vH) und Investitionszuschüsse (25 vH).

- Bei den Erhaltungssubventionen zeigt sich ebenfalls die Tendenz, das Gewicht der Steuervergünstigungen zugunsten der ausgabeorientierten Instrumente zu verringern, die heute fast 90 vH aller strukturpolitischen Maßnahmen bestimmen.

- Steuervergünstigungen spielen im Bereich Wohnungswesen nach wie vor die dominierende Rolle. Insbesondere die Ziele Eigentumsbildung und Modernisierung werden ausnahmslos über steuerliche Maßnahmen gefördert. Lediglich bei der Wohnraumbeschaffung und der Siedlung werden Darlehen und laufende Zuschüsse gewährt.

- Bei Maßnahmen im Energiebereich wird die Kernenergie zu drei Vierteln über laufende Zuschüsse und zu einem Viertel über

Tabelle IV. 1.4/4

SUBVENTIONEN [1] DES BUNDES NACH ZIELEN UND INSTRUMENTEN

		1970					1982				
		STEUERV.	LFD.ZUW.	DARLEHEN	INVEST.Z	INSGES.	STEUERV.	LFD.ZUW.	DARLEHEN	INVEST.Z	INSGES.
		IN VH DER ZEILENSUMME				MILL.DM	IN VH DER ZEILENSUMME				MILL.DM
0	VERKEHRSINFRASTRUKTUR	0	91	2	7	3210	0	61	0	38	8993
1	UMWELTSCHUTZ	100	0	0	0	120	77	11	0	12	450
2	FORSCHUNG UND ENTWICKLUNG	81	10	0	9	310	11	64	1	25	2466
2.1	FOERDERUNG NEUER TECHNOLOGIEN	100	0	0	0	250	41	30	2	27	634
2.2	ERSTINNOVATION	0	0	0	0	0	0	70	0	30	106
2.3	MARKTEINFUEHRUNG	0	0	0	0	0	0	0	100	0	5
2.4	HUMANISIERUNG	0	0	0	0	0	0	100	0	0	114
2.5	TECHNISCHE SICHERHEIT	0	0	0	0	0	0	100	0	0	148
2.6	INFORMATIONSSYSTEME	0	100	0	0	3	0	100	0	0	228
2.7	BIOTECHNOLOGIE	0	0	0	100	29	0	74	0	26	95
2.8	ENERGIETECHNOLOGIEN	0	100	0	0	1	0	42	0	58	652
2.9	F.U.E. KLEINER U.MITTL.UNTERN.	0	100	0	0	27	0	100	0	0	485
3	MODERNISG.,RATIONALSG.,UMSTRUKT	14	36	13	37	1253	35	25	0	40	711
4	UEBERWIEGEND ERHALTUNGSSUBVENT.	36	59	2	3	7350	11	79	1	9	16596
4.1	DIREKTE PREISSUBVENTIONIERUNG	17	64	19	0	462	7	93	0	0	3090
4.2	ALLGEMEINE STUETZUNGSMASSNAHMEN	86	11	3	0	1709	59	31	4	5	2139
4.3	ABSATZFOERDERUNG, BEVORRATUNG	20	78	0	1	1559	6	87	0	7	5623
4.4	MARKTORDNUNG	0	94	0	6	952	0	100	0	0	3596
4.5	PRODUKTIONSDROSSELG.+STILLEGUNG	0	90	0	10	617	0	100	0	0	394
4.6	SOZ.POL.ZUSCH.F.STRUKTURSCHW.BR	39	58	0	3	2051	2	36	5	57	1755
5	WOHNUNGSWESEN	83	2	14	1	2139	99	1	1	0	7020
5.1	WOHNRAUMBESCHAFFUNG	0	6	94	0	279	0	25	75	0	65
5.2	SIEDLUNG	0	37	48	15	81	0	100	0	0	23
5.3	EIGENTUMSBILDUNG	100	0	0	0	1520	100	0	0	0	6030
5.4	MODERNISIERUNG	100	0	0	0	30	100	0	0	0	650
5.5	SONSTIGES	100	0	0	0	229	100	0	0	0	251
6	MASSNAHMEN IM ENERGIEBEREICH	83	0	15	2	108	6	60	9	25	1589
6.1	ALLG.ZUSCH.Z.ERZEUG.,VERS.,VERT	100	0	0	0	90	100	0	0	0	100
6.2	VERSORG.MIT ROHSTOFFEN,EXPLORAT	0	2	98	0	16	0	10	67	24	226
6.3	FERNWAERME	0	0	0	100	2	0	0	0	100	14
6.4	KERNENERGIE	0	0	0	0	0	0	74	0	26	1249
7	ALLGEMEINE REGIONALFOERDERUNG	72	1	18	9	907	74	0	0	26	521
8	SPEZIELLE REGIONALFOERDERUNG	84	4	12	0	3224	98	0	0	1	6198
8.1	BERLIN	81	4	15	0	2647	100	0	0	0	4284
8.2	ZONENRAND	98	2	0	0	576	96	0	0	4	1915
9	ORDNUNGSPOLITIK	76	0	21	2	1986	65	8	3	24	1351
9.1	INFORMATION, EXISTENZGRUENDUNG	3	0	97	0	323	44	56	0	0	36
9.2	ANTI-KONZENTRATION	100	0	0	0	1018	77	23	0	0	92
9.3	SICH.DER INTERNAT.WETTBEWERBSF.	70	0	21	10	495	55	8	0	37	883
9.4	RISIKOUEBERNAHME	100	0	0	0	150	88	0	12	0	340
10	SONSTIGES; ALLGEM.ZUSCHUESSE	69	30	0	1	516	71	29	0	0	239
	I N S G E S A M T	49	38	8	5	100	37	47	1	15	100
	NACHRICHTLICH MILL. DM	10305	8058	1681	1078	21121	17258	21576	462	6837	46133

1)FINANZHILFEN UND STEUERVERGUENSTIGUNGEN DES STAATES (EINSCHL.EG.BUNDESANSTALT FUER ARBEIT,ERP-SONDERVERMOEGEN UND PARAFISCI),
    OHNE FINANZHILFEN DER LAENDER UND GEMEINDEN
ABWEICHUNGEN DURCH RUNDUNG
QUELLEN: HAUSHALTSPLAENE DES BUNDES; STATISTISCHES BUNDESAMT, FACHSERIE 18; EIGENE BERECHNUNGEN

Investitionszuschüsse subventioniert. An den Risiken der Erforschung neuer Rohstoffquellen beteiligt sich der Staat fast ausschließlich durch die Bereitstellung zinsgünstiger Darlehen, während zur Förderung der Erzeugung und Verteilung der Energie ausnahmslos Steuervergünstigungen gewährt werden.

- Die spezielle Regionalförderung erfolgte 1982 fast ausschließlich über Steuervergünstigungen - dies gilt sowohl für die Berlin- als auch für die Zonenrandförderung. Dagegen wurde die allgemeine Regionalförderung auch zu einem Viertel über Investitionszuschüsse alimentiert.

1.4.4 Bewertung der Subventionspolitik und Vorschläge zum Abbau

Vor dem Hintergrund der wachsenden Finanzierungsschwierigkeiten des Staates werden die Durchforstung und der rigorose Abbau der Subventionen gefordert. Eine solche Forderung geht jedoch an den eigentlichen Problemen vorbei. Eine pauschale Kürzung der staatlichen Hilfen um einen einheitlichen Prozentsatz schreibt eher die unbefriedigende Zielstruktur der Subventionen fest. Im einzelnen wird es darauf ankommen, jede Subvention auf ihre Notwendigkeit und auf ihre Effizienz im Hinblick auf die Erreichung der Ziele zu prüfen. Die Auswahl von Zielen wird immer auch von den zur Verfügung stehenden Finanzmitteln beeinflußt. Welche Ziele tatsächlich verfolgt werden, hängt von den politischen Prioritäten ab. So gibt es eine Reihe von staatlichen Maßnahmen, die aus übergeordneten Gründen, z.B. Sicherung der Versorgung oder Arbeitsplatzsicherung, politisch gewollt sind und die allein unter dem Gesichtspunkt der Höhe der aufzuwendenden Mittel nicht durchgeführt würden. In diese Kategorie gehören Maßnahmen zur Erhaltung der Landwirtschaft und des Bergbaus. Daneben gibt es Subventionen für Wirtschaftszweige, die aufgrund ihres Infrastrukturcharakters eher den allgemeinen Staatsaufgaben zuzurechnen sind. Dies gilt z. B. für Hilfen an die Deutsche Bundesbahn. Die Analyse der Subventionen nach dem Kriterium der Infrastrukturnähe - Energieversorgung, Fernwärme, Umweltschutz, Forschung und Entwicklung, Verkehr - hat ergeben, daß sich dieser Teil der Subventionen des Bundes von 1970 bis 1982 erhöht hat, trotz eines relativen Rückgangs der Subventionen für die Eisenbahn.

Bei einer Bewertung darf der Subventionshaushalt nicht isoliert gesehen werden. Wenn sich der Bedarf für staatliche Anlageninvestitionen im Infrastrukturbereich verringert, weil hier bestimmte zufriedenstelle Niveaus erreicht sind (Straßen, Bildung), so ist dies keinesfalls gleichbedeutend mit einem verringerten Bedarf an wirtschaftspolitischer Gestaltung des Strukturwandels. In diesem Sinne kann nicht nur eine zielgerechte Umschichtung, sondern durchaus auch eine angemessene Aufstockung der Mittel zur Beeinflussung des Strukturwandels - durch Subventionen im weiteren Sinne - erforderlich sein.

Auf der anderen Seite sind staatliche Hilfen nicht schon deswegen zu begrüßen, weil sie das Wachstum von bestimmten Industriezweigen anregen oder unterstützen. Gerade in solchen Fällen ist immer wieder zu fragen, ob diese Mittel nicht vor allem von Unternehmen in Anspruch genommen werden, die die geförderten Maßnahmen auch ohne Staatshilfe durchgeführt hätten. In diesem Zusammenhang sind die umfangreichen Subventionen des Staates zur Entwicklung von DV-Systemen anzuführen, die im wesentlichen wenigen Unternehmen der Elektrotechnik zugute gekommen sind, ohne dort immer die erwünschten Wirkungen erzielt zu haben.

Die hier angestellten Überlegungen sollen im wesentlichen Schwerpunkte offenlegen und erste Anhaltspunkte für eine Bewertung der Subventionspolitik geben. Aus der Zielstruktur wird deutlich, daß die Erhaltungssubventionen immer noch die Masse aller staatlichen Hilfen ausmachen. Anzeichen einer Umorientierung sind indes in dem zunehmenden Anteil der Hilfen für Forschung und Entwicklung sowie für Maßnahmen im Energiebereich zu sehen.

Unter dem Gesichtspunkt der Allokationseffizienz wäre es wünschenswert gewesen, wenn der Anteil der wachstumswirksamen Subventionen stärker ausgedehnt worden wäre. Die Probleme, die es umgekehrt bereitet, strukturerhaltende Subventionen abzubauen, zeigen sich in jüngster Zeit an den Beispielen der Stahlindustrie. Die staatlichen Hilfen an diesen Bereich verdeutlichen die Schwierigkeiten, allgemeingültige Grundsätze einer rationalen Subventionspolitik auch für denjenigen Teil der Subventionen zu finden, der als "Hilfe zur Selbsthilfe" in einer vorübergehend durch Störung der Marktkräfte beeinflußten Wirtschaft zu verstehen ist. Vor dem Hintergrund der drohenden Arbeitsplatzverluste erscheinen diese Maßnahmen jedoch kurzfristig als gerechtfertigt, so lange es um den Ausgleich von Nachteilen geht, die aus gesamtwirtschaftlichen und sozialpolitischen Gründen nicht hingenommen werden können. Allerdings sollte auch hier dem Grundsatz Rechnung getragen werden, daß Subventionen zeitlich befristet vergeben werden sollen. Die Gewährung von Finanzhilfen sollte daher mit Auflagen verbunden sein, die sicherstellen, daß Strukturkonzepte erarbeitet werden. Zumeist heißt dies auch, daß die betroffenen Branchen ihre Kapazitäten zurückführen müssen. In diesem Zusammenhang ist daran zu erinnern, daß andere Branchen - z. B. die Textil- und Bekleidungsindustrie - strukturelle Anpassungen durch erhebliche Drosselung ihrer Kapazitäten und gleichzeitige Spezialisierung weitgehend ohne staatliche Hilfen - allerdings bei Außenprotektion - vollzogen haben.

In der Vergangenheit ist besonders im Bereich der Erhaltungssubventionen häufig gegen den Grundsatz der Befristung von Subventionen verstoßen worden. Dies dürfte einer der Gründe sein, warum - trotz ständig betonter Absicht - die Umstrukturierung und die Begrenzung der Subventionen nicht gelungen sind.

In den Jahren 1970 bis 1976 konnte die Bundesregierung den Anteil dieser Subventionen - Bevorratung, Marktordnung, allgemeine Stützungsmaßnahmen - zwar von fast 35 vH aller Subventionen auf rund 30 vH zurückschrauben; bis 1982 hat sich ihr Anteil indes wieder auf 36 vH erhöht. Gerade bei diesen Subventionen hat die Regierung erheblichen Spielraum für Umstrukturierungen verschenkt. Hätte sie z.B. die Mittel hierfür auch nach 1976 weiter kurzgehalten und für das Jahr 1982 einen Anteil von etwa 30 vH angestrebt, dann hätte ein Volumen von knapp 3 Mrd. DM für infrastruktur- oder wachstumsorientierte Ziele zur Verfügung gestanden. Bei Berücksichtigung der Ländersubventionen wäre dieser Betrag noch größer.

Aus der Analyse wird weiterhin erkennbar, daß der Anteil der Steuervergünstigungen an den gesamten Subventionen im Vergleich 1982 zu 1970 deutlich zurückgegangen, seit 1978 aber wieder leicht angestiegen ist. Ein hoher Anteil der Steuervergünstigungen steht im Widerspruch zu Grundsätzen einer rationalen und damit auch kontrollierbaren Subventionspolitik. Folgende Argumente sprechen im Vergleich zu den (indirekten) Steuervergünstigungen für den Einsatz des direkten Instruments der Finanzhilfen:

- Größere Transparenz,
- bessere Möglichkeiten der gezielten Förderung,
- bessere Möglichkeiten der jährlichen Überprüfung in den Haushaltsberatungen,
- einfachere Abschätzung der Belastung öffentlicher Haushalte,
- keine zusätzliche Komplizierung des Steuerrechts.

Diese direkte Subventionierung ist allerdings häufig politisch schwerer als die indirekte Förderung zu handhaben. Das Problem besteht darin, daß Parlament und politische Administration den Einzelfall nicht hinreichend detailliert kennen, um zielgerichtete Entscheidungen treffen zu können. Deswegen haben die Interessenvertreter - insbesondere die der großen Unternehmen - häufig einen großen Einfluß auf den Entscheidungsprozeß. Dies dürfte bei der Konzeption von Steuervergünstigungen ähnlich sein. Nach einer Abwägung der komparativen Vor- und Nachteile erscheint es sinnvoll, die Subventionspolitik prinzipiell auf das Instrument der Finanzhilfen umzustellen.

Die angeblich größere "Marktkonformität" von indirekter Förderung kann in diesem Zusammenhang nicht überzeugen. Denn in erster Linie geht es in beiden Fällen darum, wichtige strukturpolitische Ziele so billig, reibungslos und schnell wie möglich zu erreichen. Falls die indirekte Förderung nachweisbar in bestimmten Fällen hierin überlegen ist, sollte man auf sie zurückgreifen. In der Vergangenheit gibt es sicherlich Beispiele, daß auch Finanzhilfen sich als wenig effizient erwiesen haben - z.B. bei der Förderung der Datenverarbeitung. Bei der Wohnungsbauförderung hat sich dagegen die direkte Förderung als effizienter erwiesen.

Die Vorteile der direkten Förderung sind allerdings - mehr noch als in der Vergangenheit - zu nutzen, indem klare und eindeutige Ziele vorgegeben, die Gewährung an strengere Auflagen gekoppelt, die Maßnahmen befristet und andere Gesichtspunkte - z. B. die Größenstruktur der begünstigten Unternehmen - berücksichtigt werden.

1.4.5   Ein Katalog entbehrlicher Subventionen

Eine Bewertung der einzelnen Subventionsmaßnahmen des Bundes nach den Kriterien der gesamtwirtschaftlichen Notwendigkeit und Effizienz zeigt, daß es eine Reihe von Subventionen gibt, die überdacht und eventuell abgebaut werden sollten. Dies betrifft vor allem den Bereich der Erhaltungssubventionen zugunsten der Landwirtschaft einschließlich des Ernährungsgewerbes und des Großhandels und zugunsten des Kohlenbergbaus.

Beim Kohlebergbau sind die Richtung und zum Teil auch die Erfolge des Umstrukturierungs- und Anpassungsprozesses erkennbar; dennoch sind auch in diesem Bereich eine Reihe von Einzelmaßnahmen fragwürdig. Dabei ist an grundsätzlichen Entscheidungen, z. B. der nicht ausreichenden Einbeziehung der Grundstücksvermögen der Bergwerksgesellschaften in die Finanzierung der Umstrukturierungsmaßnahmen, ebenso Kritik zu üben wie an Einzelmaßnahmen der jüngsten Zeit, z. B. der Übernahme der Kosten von "Feierschichten" durch die öffentliche Hand.

Im Agrarbereich sind die Probleme der Durchsetzung einer rationalen Wirtschaftspolitik schon allein deshalb noch verwickelter, da hier eine Mischung aus EG-Regelungen und nationalen Beihilfen vorliegt. Eine Einschränkung oder der Abbau von Maßnahmen im Agrarbereich, die hauptsächlich aus EG-Mitteln geleistet werden, sollte versucht werden. Die Vielzahl von Agrarmaßnahmen für gleiche oder ähnliche Ziele legt die Vermutung nahe, daß gerade hier der Tatbestand von Mehrfachförderungen vorliegt. Dies wird am Beispiel des Marktes für Milch und Milchprodukte besonders deutlich. Unabhängig von der angelieferten Menge erhalten die Bauern für Milch einen garantierten Preis. Verwenden sie die von ihnen auf hohem Preisniveau erzeugte Milch in Form von Magermilch oder

Tabelle IV. 1.4/5

Vorschläge zur Streichung von Subventionen

- Einsparpotential 1982 -

Ziel / Maßnahmen	Mill. DM	Begründung
Modernisierung, Umstrukturierung (Ziel 3)[1]		
Neubauhilfen für Handelsschiffe	180	Versteckte und unkoordinierte Erhaltungssubventionen für die Werftindustrie
Direkte Preissubventionierung (Ziel 4.1)		
Steuerfreie Rücklagen für Preissteigerungen	100 *	Nicht marktkonform
Bewertungsabschlag für Importwaren	200 *	Subventionsgrund längst entfallen
Zuschüsse an die Monopolverwaltung für Branntwein	220	Verzerrung der internationalen Arbeitsteilung
Allgemeine Stützungsmaßnahmen (Ziel 4.2)		
Ermittlung des Reingewinns nach Durchschnittssteuersätzen in der Land- und Forstwirtschaft	600	Verstoß gegen die steuerliche Gleichbehandlung
Befreiung der Zugmaschinen oder Sonderfahrzeuge u. a. von der Kfz-Steuer	160	Subventionsziel größtenteils entfallen
Steuerbefreiung von Schwerölen als Betriebsstoff bei Schiffen	475	Verstoß gegen die steuerliche Gleichbehandlung; Behinderung von Einspar- und Anpassungsprozessen an veränderte Energiebedingungen
Ermäßigung der ESt u. KSt aus dem Betrieb von Handelsschiffen	120 *	Behindert den wirtschaftlichen Anpassungsprozeß
Verbilligung von Gasöl für schienengebundene Fahrzeuge	185	Behinderung von Einspar- und Anpassungsprozessen an veränderte Energiebedingungen
Verbilligung von Gasöl im ÖPNV	205	Behinderung von Einspar- und Anpassungsprozessen an veränderte Energiebedingungen
Verbilligung von Gasöl in der Landwirtschaft	460 x	Behinderung von Einspar- und Anpassungsprozessen an veränderte Energiebedingungen
Absatzförderung, Bevorratung (Ziel 4.3)		
Steuerbefreiung land- und forstwirtschaftl. Erwerbs- und Wirtschaftsgenossenschaften	47	Undurchschaubare Mehrfachförderung
Sozialpolitische Zuschüsse (Ziel 4.7)		
Zuschüsse zur landwirtschaftlichen Unfallversicherung	340 *	Ungleichbehandlung bei den Sozialabgaben
Wohnraumbeschaffung (Ziel 5.1)		
Schaffung von Wohnraum für Bundesbedienstete	52	Ungerechtfertigte Privilegien
Eigentumsbildung (Ziel 5.3)		
Erhöhte Absetzung (§7b EStG) bei Altbauten	1 000	Negative wohnungspolitische Wirkungen überwiegen
Steuervergünstigung für eigengenutzten Wohnraum in Zwei u. Mehrfamilienhäusern	1 000 +	Verstoß gegen die steuerliche Gleichbehandlung
Sonstiges Wohnungswesen (Ziel 5.5)		
Steuerbefreiung der gemeinnützigen Wohnungs und Siedlungsunternehmen	220 *	Überprüfung der Privilegien im Hinblick auf wohnungspolitische Verpflichtungen; Abbau im Bauträgergeschäft
Sicherung der internationalen Wettbewerbsfähigkeit (Ziel 9.3)		
Steuerbefreiung für Luftfahrtbetriebsstoffe	300	Verstoß gegen die steuerliche Gleichbehandlung; Behinderung von Einspar- und Anpassungsprozessen an veränderte Energiebedingungen
Risikoübernahme (Ziel 9.4)		
Steuerliche Erleichterung von Unternehmensinvestitionen im Ausland	270	Vermutlich hohe Mitnahmeeffekte
Sonstiges (Ziel 10)		
Steuerbefreiung der bei der Mineralölherstellung verwendeten Mineralöle	70	Verstoß gegen die steuerliche Gleichbehandlung
Summe	**6 204**	

[1] Zum Katalog der Ziele vgl. die vorangehenden Tabellen.
* Nach 9. Subventionsbericht, September 1983.
x Von Ländern ausgezahlt.
+ Wird im Subventionsbericht nicht erfaßt (vgl. Ausführungen zur Wohnungsbaupolitik).

-pulver zu Futterzwecken, dann erhalten sie - über die Molkereien - eine weitere Subvention. Zusätzlich werden Hilfen für die Verbesserung der Milchqualität und zur Entwicklung des Marktes von Milch und Milcherzeugnissen gewährt. Die Subventionierung wird dann auf der Verarbeitungsstufe fortgesetzt, indem die Herstellung und Lagerhaltung von Milchprodukten nochmals bezuschußt wird. Bei der Ausfuhr werden abermals Subventionen gezahlt, um Absatzmöglichkeiten auf Drittlandsmärkten zu schaffen. Für die Stützung im Rahmen der Milchmarktordnung sind aus EG-Mitteln im Jahre 1982 brutto - ohne die "Mitverantwortungsabgabe" - 1,8 Mrd. DM an die Land- und Ernährungswirtschaft geflossen.

Die Kompliziertheit und Unüberschaubarkeit der Subventionspraxis im gesamten Agrarbereich, die aus den kaum auszubalancierenden Interessenunterschieden im Rahmen der EG resultieren, dürften auch in Zukunft den Abbau in diesem Bereich sehr schwer machen. Falls aber die Bundesregierung entschlossener darauf dringen würde, Änderungen und Kürzungen im Bereich der Marktordnungen herbeizuführen, so bestünden dort sicherlich Spielräume, besonders dann, wenn die Bundesregierung in anderen Fragen - z. B. beim sogenannten Währungsausgleich, der der deutschen Landwirtschaft aus EG-Mitteln 1982 etwa 1,3 Mrd. DM zugeführt hat - kompromißbereiter wäre. Es hängt freilich nicht allein von der Bundesregierung ab, ob die Spielräume, die durch eine Reform der EG-Agrarpolitik entstehen, auch zu Einsparungen bei den nationalen Haushalten führen.

Auf nationaler Ebene stehen eine Reihe von Hilfen zur Disposition, die in den nachfolgenden Katalog integriert sind. Dazu gehört vor allem eine realistischere Anpassung der Wertansätze bei der Ermittlung des Reingewinns in der Land- und Forstwirtschaft. Sie würde den Subventionsetat um 600 Mill. DM entlasten, wobei dieser im Subventionsbericht der Bundesregierung ausgewiesene Beitrag sicherlich eine Untergrenze darstellt. Die Kürzung der Befreiung der Zugmaschinen u. a. von der Kfz-Steuer würde die Landwirtschaft ebenso betreffen wie die Abschaffung der von den Ländern ausgezahlten unzeitgemäßen Subvention zur Verbilligung von Gasöl, immerhin ein Betrag von 460 Mill. DM im Jahre 1982. Weiterhin sollten die sozialpolitischen Zuschüsse an die Landwirtschaft daraufhin überprüft werden, wie eine Gleichbehandlung mit den anderen Wirtschaftsbereichen erreicht werden kann. Hier bieten sich als Einstieg die Zuschüsse zur landwirtschaftlichen Unfallversicherung in Höhe von 340 Mill. DM an.

In den Katalog entbehrlicher Subventionen gehören die Steuerbefreiungen für Luftfahrtbetriebsstoffe (300 Mill. DM), die Steuerbefreiung von Schwerölen als Betriebsstoff bei Schiffen (475 Mill. DM) und die Verbilligung von Gasöl im öffentlichen Nahverkehr und für schienengebundene Fahrzeuge. Alle diese Maßnahmen beeinträchtigen den Anpassungsprozeß an die sich fortlaufend ändernde Energiesituation. Diese Subventionen sollten auch unter dem Gesichtspunkt der steuerlichen Gleichbehandlung gestrichen werden. Einsparungen in erheblicher Größenordnung könnten sich auch im Bereich der Wohnungsbauförderung ergeben. Zu nennen ist hier einmal die erhöhte Absetzung bei Altbauten (§ 7b), die überdacht und gestrichen werden sollte, da die negativen wohnungspolitischen Wirkungen überwiegen: Das Hauptziel einer Begünstigung der Erwerber wird kaum erreicht, da die Veräußerer subventionsbedingt höhere Preissteigerungen erzielen können. Auch wären die Steuervergünstigungen für eigengenutzten Wohnraum in Zwei- und Mehrfamilienhäusern abzubauen. Es ist unter dem Gesichtspunkt der steuerlichen Gleichbehandlung nicht einzusehen, warum Eigentümer einer selbstgenutzten Wohnung im eigenen Mehrfamilienhaus besser gestellt werden als Eigentümer eines selbstbewohnten Einfamilienhauses oder einer Eigentumswohnung. Aus der Streichung dieser beiden Steuervorteile ergäbe sich ein Einsparpotential von rund 2 Mrd. DM (vgl. den folgenden Exkurs zur Wohnungsbaupolitik). Weiterhin sollten die Steuerbegünstigungen für Unternehmensinvestitionen im Ausland (270 Mill. DM) gestrichen werden. Es ist zu vermuten, daß Unternehmen bei der Verlagerung ihrer Aktivitäten ins Ausland diese Vergünstigungen in Anspruch nehmen, auch wenn für sie andere Ziele als die der Subventionsvergabe ausschlaggebend sind.

In dem Katalog ist die Subventionierung der Bundesbahn ausgespart worden; sie stellt aufgrund des Infrastrukturcharakters dieses Bereiches - erinnert sei an die Problematik der Wegekosten - eine Besonderheit dar, die ausführlich nur im Zusammenhang mit den verkehrspolitischen Gesamtvorstellungen diskutiert werden kann. An dieser Stelle ist auf den Strukturbericht 1980 des DIW zu verweisen. Auch hier gilt wie bei den anderen großen Subventionsbereichen, daß ohne klare politische Entscheidungen ein Abbau oder eine Umstrukturierung von Subventionen kaum verwirklicht werden können.

Fußnoten

1) Steuererleichterungen plus Finanzhilfen des Bundes einschließlich EG, Bundesanstalt für Arbeit, ERP-Sondervermögen und Parafisci. Die Beschränkung auf die Finanzhilfen des Bundes hat zeitliche, aber auch inhaltliche Gründe. Angesichts der inhaltlichen Gründe (Analyse der von der Bundesregierung beeinflußbaren Subventionen; u. a.) erschien der Arbeitsaufwand, der für die Aktualisierung der Daten der Finanzhilfen der Länder erforderlich ist, als zu hoch. Die Finanzhilfen der Länder betrugen etwa 18 Mrd. DM im Jahre 1982. Davon floß der überwiegende Teil in den Wohnungsbau, ein großer Teil in die Landwirtschaft, wobei sich in der Vergangenheit die Gewichte deutlich zugunsten des Wohnungsbaus verschoben haben.

2) 1977 ist das bislang letzte Jahr, für das eine Einkommensteuerstatistik nach Wirtschaftszweigen vorliegt.

3) Die Höhe der Darlehen wird den Haushaltsplänen des Bundes entnommen. Dort wird ihre haushaltsmäßige Belastung angesetzt. Diese entspricht etwa den Zinsvergünstigungen des Darlehenbestandes.

1.5 Exkurs: Wohnungsbaupolitik

Im Rahmen des Vertiefungsthemas (Interventionen des Staates) hat das DIW die Wohnungsbauförderung exemplarisch untersucht. Eine breitere Darstellung findet sich im Schwerpunktthema 'Öffentliche Haushalte'. Hier werden nur auszugsweise Ergebnisse vorgelegt, mit denen die laufende Belastung des öffentlichen Haushalts durch die Förderung des sozialen Wohnungsbaus - direkte Förderung - und durch die allgemeinen Entlastungswirkungen im Rahmen des Einkommensteuerrechts belegt wird.

1.5.1 Entwicklung von Förderungsvolumen und Finanzaufwand der direkten Förderung

Sowohl der Mietwohnungsbau als auch die Eigentumsbildung werden seit Bestehen der Bundesrepublik mit öffentlichen Mitteln gefördert. Die Finanzhilfen werden dabei einerseits als langfristige zinsverbilligte Darlehen gewährt (Kapitalsubvention), andererseits als Beihilfen zu Zins- und Tilgungszahlungen für Fremdmittel (Lastensubvention). Im Laufe der Zeit sind zwei Förderungswege entstanden: der erste Förderungsweg mit hoher Subventionsintensität wird überwiegend für den Mietwohnungsbau in Regionen mit hohen Bau- und Grundstückskosten beansprucht; im zweiten Förderungsweg wird mit geringerer Subventionsintensität überwiegend der Eigentumserwerb unterstützt.

Von Mitte der 60er bis Mitte der 70er Jahre ist der Versuch unternommen worden, Subventionsintensität und Haushaltsbelastungen dadurch zu vermindern, daß auch im Mietwohnungsbau anstelle öffentlicher Baudarlehen vermehrt Lastenbeihilfen gewährt wurden. Tatsächlich konnte auf diese Weise die Haushaltsbelastung von Bund und Ländern -gemessen an den kassenmäßigen Auszahlungen - zunächst stark gesenkt werden. Diese verstärkte Lastensubvention bedeutete aber zugleich eine kumulative Verlagerung von Zahlungen in die Zukunft. Schon im Jahre 1973 stieg die Haushaltsbelastung wieder an, obgleich die Zahl der geförderten Wohnungen damals stark zurückgenommen worden war. In den Folgejahren mußte also diese "Altlast" abgetragen werden, und zugleich wurde die Förderung der neuen Baujahrgänge wegen stark steigender Baukosten immer teurer. Hinzu kam, daß die Förderung wieder vermehrt auf Kapitalsubvention umgestellt worden ist, weil sich zeigte, daß der subventionstechnisch bedingte Mietenanstieg früherer Förderungsjahre die Leistungsfähigkeit der Zielgruppen überforderte. Außerdem ergaben sich erhebliche Verzerrungen in der Mietenstruktur in der Weise, daß ältere Wohnungen in kurzer Zeit teurer geworden sind als die jeweils neu angebotenen. Diesem Problem wurde durch Nachsubventionierungen begegnet, die bis heute anhalten. Über deren Umfang liegen aber nur wenige Informationen vor[1].

Der Förderungsaufwand stieg aber nicht nur infolge der Bedarfssituation und der Kostenprobleme im Mietwohnungsbereich. In den 70er Jahren ist die Förderung der Eigentumsbildung zu einem programmatischen vermögenspolitischen Ziel erhoben worden. Im Jahre 1976 ist es sogar Gesetzesvorschrift geworden, daß künftig der überwiegende Teil der bereitgestellten Mittel der Eigentumsbildung dienen solle. Die Größenordnung des Aufwands für diesen Sektor läßt sich am besten ebenfalls an den Auszahlungen von Darlehen und Beihilfen beziffern: Im Jahre 1970 war es etwa 1 Mrd. DM, bis 1975 stieg der Betrag auf 2,3 Mrd. DM und bis 1980

Tabelle IV. 1.5/2

FINANZIERUNG DES SOZIALEN WOHNUNGSBAUS SEIT 1960
- ANGABEN IN MILL. DM ZU JEWEILIGEN PREISEN -

JAHR	FINANZIERUNGSMITTEL			BUNDES-/LANDESMITTEL			OBJEKTBEZ.BEIHILFEN(1.JAHR)				BEIHILFEN	AUSZAHL.	DARLEHENS-
	INSGE-SAMT	DARUNTER:		INSGE-SAMT	DAVON:		INSGE-SAMT	DARUNTER:			AUS-ZAHLUNG	BUND/LAENDER INSGES.	RUECK-FLUSS
		KAPITAL-MARKT-M. MITTEL	OEFFENTL. MITTEL		1.F.W.	2.F.W.		ANTEIL 1.F.W.	ZU-SCHUESSE	AUFW.-DARLEHEN			
	(1)	(2)	(3)	(4)	(5)	(6)	(7)	(8)	(9)	(10)	(11)	(12)	(13)
1960	10177	4476	2534	2500	2500	-	122	122	122	-	120	2620	§
1961	11267	4814	2756	2700	2700	-	122	122	122	-	240	2940	§
1962	12660	5531	3213	2917	2917	-	139	139	139	-	350	3270	§
1963	10923	4214	3421	3129	3129	-	69	69	69	-	390	3520	§
1964	14530	5597	4683	4294	4294	-	98	98	98	-	420	4710	100
1965	13045	5017	4165	3801	3801	-	92	92	92	-	470	4270	100
1966	11450	4550	3300	3073	3023	50	90	90	90	-	470	3540	200
1967	12650	5950	2810	2600	2549	51	165	142	165	-	530	3130	300
1968	13300	7250	1945	1769	1524	245	254	208	254	-	680	2450	400
1969	11400	6400	1460	1283	1157	126	221	202	221	-	780	2060	500
1970	13350	7800	1468	1281	1107	174	311	289	311	-	1030	2310	750
1971	18600	11150	1694	1488	1343	145	533	498	530	3	1410	2900	700
1972	20600	12350	1606	1421	1284	137	545	452	369	176	1850	3270	750
1973	16564	9454	1592	1496	1444	52	374	264	174	200	2080	3580	750
1974	23301	13283	2335	2118	2035	83	601	444	269	332	2450	4570	800
1975	24222	12895	2640	2424	2376	48	645	438	229	416	2900	5320	700
1976	23563	13366	2156	1985	1954	31	523	300	203	320	3250	5240	750
1977	20583	11509	2160	1964	1936	28	425	249	164	261	3330	5290	850
1978	27367	15752	2923	2734	2495	239	414	167	107	307	3390	6120	950
1979	24131	13396	3187	3000	2716	284	346	145	85	261	3440	6440	950
1980	23770	12021	3934	3646	3309	337	318	135	80	238	3300	6950	950
1981	24112	11330	4492	4174	3718	456	339	165	76	263	3180	7350	1700
1982	25491	11673	5369	4812	4347	465	359	161	106	253	3160	7970	2000

(1)-(3) FINANZIERUNGSMITTEL FUER DIE JAHRE 1966 BIS 1972 UM DEN 2.FOERDERUNGSWEG (BEGUENSTIGTER WOHNUNGSBAU) DURCH SCHAETZUNG ERGAENZT.-

(6) DATEN FUER DEN 2.FOERDERUNGSWEG SCHLIESSEN MISCHFOERDERUNG (1.U.2.F.W.) EIN. FUER DIE JAHRE 1966 BIS 1972 SIND NICHT ALLEIN BUNDES-/LANDESMITTEL, SONDERN AUCH GEMEINDEMITTEL AUSGEWIESEN.-

(11) AUSZAHLUNG VON OBJEKTBEZ. BEIHILFEN BEI ANNAHME EINER DEGRESSION UEBER 12 JAHRE BERECHNET.-

(12) BUNDES-/LANDESMITTEL UND OBJEKTBEZ. BEIHILFEN KUMULIERT.-

(13) GESCHAETZT UEBER RUECKFLUESSE BEIM BUND (GEM. 20 II.WOBAUG). DABEI ABSCHLAEGE ERFORDERLICH SIND, TEILINFORMA-TIONEN FUER DIE LAENDER UND ANGABEN ZUM DARLEHENSBESTAND.

Tabelle IV. 1.5/1

FOERDERUNGSVOLUMEN IM SOZIALEN WOHNUNGSBAU SEIT 1960
- WOHNUNGEN IN 1000 -

Jahr	GEFOER-DERTE WOHNUNGEN INSGESAMT	ZAHL DER GEFOERDERTEN WOHNUNGEN			
		1.FOERDERUNGSWEG		2.FOERDERUNGSWEG	
		WOHNUNGEN INSGESAMT	DARUNTER: MIETWHG. IN MFH	WOHNUNGEN INSGESAMT	DARUNTER: MIT WHG. IN MFH
1960	327	327	101	-	-
1961	316	316	151	-	-
1962	288	288	174	-	-
1963	217	217	129	-	-
1964	260	260	157	-	-
1965	209	209	129	-	-
1966	172	152	96	20	10
1967	198	171	118	27	14
1968	204	150	107	54	25
1969	165	131	93	34	10
1970	165	129	92	36	11
1971	195	159	114	36	12
1972	182	127	88	55	26
1973	127	77	48	50	19
1974	153	99	68	54	16
1975	154	90	58	64	15
1976	134	63	40	71	14
1977	113	57	37	56	8
1978	135	55	37	80	13
1979	109	49	32	60	13
1980	97	46	31	51	6
1981	93	48	35	45	5
1982	99	56	42	43	12

QUELLE : DATEN DER BEWILLIGUNGSSTATISTIK UND EIGENE BERECHNUNGEN.

auf 3 Mrd. DM an. Damit wird zwar nicht der überwiegende Teil der Mittel, aber doch in den letzten Jahren ein Anteil von 40vH für das vermögenspolitische Ziel aufgewendet.

Die Eigentumsförderung könnte indes wohl wesentlich effizienter gestaltet werden. Eine neuere Untersuchung hat ergeben, daß sie zu 50vH "Mitnehmern" (Haushalten, die ohnehin gebaut hätten) zufließt und daß sie - gemessen an der Leistungsfähigkeit der Geförderten - häufig viel zu lange gewährt wird [2].

1.5.2 Auswirkungen der jüngsten Gesetzesänderungen auf die direkte Förderung

Im Mietwohnungsbau bestand von jeher das Problem, daß ältere Wohnungen wesentlich billiger sind als die Neubauten, wobei häufig zugleich eine Fehlsubventionierung erfolgt, da viele Bewohner längst aus den Einkommensgrenzen des WoBauG herausgewachsen sind. Aus diesem Grunde ist mit dem Haushaltsstrukturgesetz von 1981 die Erhebung einer Fehlbelegungsabgabe beschlossen worden. Um das baualtersbedingte Mietengefälle zu ebnen und zugleich vorzeitige Darlehnsrückzahlungen größeren Umfangs auszulösen, sind mit dem Haushaltsstrukturgesetz auch die Zinsen für alle Darlehen aus der Zeit vor 1970 angehoben worden. Mit den rückfließenden Mitteln sollen die Finanzierungsprobleme gemildert und der Neubau in Ballungsgebieten und Bedarfsschwerpunkten vorübergehend ausgeweitet werden.

Diese Strategie wird dadurch unterstützt, daß die Nachwirkungsfrist der Mietpreis- und Belegungsbindungen für Wohnungen, deren Restdarlehen vorzeitig zurückgezahlt werden, im Regelfall drastisch verkürzt worden ist. Hiervon sind alle Gemeinden mit weniger als 200 000 Einwohnern betroffen [3], es sei denn, daß die Länder Ausnahmen vorschreiben.

Tatsächlich ist der Darlehensrückfluß rapide angestiegen. In erster Linie handelt es sich dabei aber um Ablösungen von Eigentümern, die noch die befristeten Sondervergünstigungen [4] wahrnehmen wollten. Dennoch waren auch Mietwohnungen im großen Umfang betroffen. Es ist anzunehmen, daß von Mitte 1983 an mehrere Hunderttausend Mietsozialwohnungen aus dem Bestand ausscheiden werden.

Trotz der Liberalisierungs- und Rückzahlungsaktion sind die konzeptionellen Probleme der Wohnungsbauförderung und die Finanzierungsprobleme nicht gelöst: Der Bestand an Sozialwohnungen wird weiter rapide schrumpfen (da die Neubauförderung den Abgang keinesfalls ausgleicht) und nur noch in Bedarfsschwerpunkten von Bedeutung sein. Bei zunehmender Subventionsintensität des Neubaus werden die Mittel dabei zwangsläufig auf immer engere Zielgruppen gelenkt. Dies widerspricht aber dem ursprünglichen Ziel, eine Wohnungsbaupolitik zu verfolgen, die "für breite Schichten" ein ausreichendes Angebot zu tragbaren Mieten gewährleisten soll.

Die Intensivierung der Eigentumsförderung bietet keine hinreichende Alternative, weil sie vor allem nicht dem Ziel gerecht wird, zur Entlastung der Mietwohnungsmärkte in Ballungsgebieten und Bedarfszentren beizutragen. Nach wie vor konzentrieren sich die Förderungsmittel auf Gebiete mit ohnehin guter Wohnungsversorgung. Da die steuerliche Eigentumsförderung zur Zeit neu konzipiert wird, wäre es angemessen, zugleich die direkte Eigentumsförderung[5] so umzugestalten, daß sie die steuerliche besser als bisher ergänzt.

Die steuerlichen Regelungen sind stets eine allgemeine Entlastung, auf die ein Rechtsanspruch besteht. Die direkten Hilfen könnten daneben auf eine besondere Anstoßwirkung zielen, und zwar in den Situationen, in denen die Schwelle zum Erwerb von Wohnungseigentum oder ähnlichen langfristig gesicherten Wohnrechten noch besonders hoch ist. Dabei kommen sowohl objektive Hemmnisse, z. B. das regionale Gefälle der Grundstücks- und Baukosten, als auch subjektive Aspekte, z. B. die Fürsorge für besondere Zielgruppen, in Betracht.

Gegenüber dem bisherigen System sollte der Förderungszeitraum im Einzelfall generell wesentlich verkürzt werden, indem die Einkommens- und Belastungssituation in bestimmten Zeitabständen erneut geprüft wird. Die Vergabe von langfristigen Baudarlehen könnte erheblich eingeschränkt werden. Als normales Instrumentarium scheinen Bürgschaften und Lastensubventionen ausreichend.

1.5.3 Enlastungswirkungen und Vergünstigungen der steuerlichen Regelungen

Aus dem Steuerrecht ergeben sich für die Investoren im Wohnungsbau vor allem deshalb Entlastungen, weil Abschreibungsbeträge, Schuldzinsen und andere Werbungskosten bei der Einkommen- und Körperschaftsteuer von den Erträgen des Objekts abgesetzt werden können und dadurch, daß die per Saldo auftretenden Verluste mit anderen Einkünften des Bauherrn verrechnet werden und so zu einer Steuerminderung führen.

Geht man vom Begriff der Subventionen oder der Bauförderung aus, so ist umstritten, inwieweit diese Entlastungswirkungen hier einzubeziehen sind. Lange Zeit überwog die Auffassung, daß nur insoweit von Vergünstigungen gesprochen werden könne, als diese im Verhältnis zur Normalbesteuerung gewährt werden. Lediglich Steuerbefreiungen, -ermäßigungen und -entlastungen infolge erhöhter Absetzungen für Abschreibungen werden als Steuervergünstigungen bezeichnet. Diese Begriffsabgrenzung wird in den Subventionsberichten der Bundesregierung vorgenommen. Demzufolge wären der Abzug von Werbungskosten und die Verrechnung mit anderen Einkünften keine Förderungsmaßnahmen.

Aus der Sicht steuerpflichtiger Investoren sind jedoch zweifellos die Entlastungen für die Realisierung von Bauentscheidungen ausschlaggebend. Tatsache ist, daß sich jede Investition zunächst über eine größere Zahl von Jahren steuermindernd auswirkt; die spätere Phase der Ertragsbesteuerung fällt demgegenüber beim Investorenkalkül häufig nicht ins Gewicht. Eine detaillierte Analyse der steuerlichen Entlastungswirkungen enthält der wohnungspolitische Instrumentenbericht[6].

Der Begriff "Vergünstigung" ist auch durch die reale Entwicklung relativiert worden: Investitionen für den Eigenbedarf werden steuerlich anders behandelt als Investitionen für Mietwohnungen. Beim eigengenutzten

Wohnraum wird ein fiktiver Nutzungswert pauschal festgelegt, bis zu dessen Höhe Werbungskosten abgezogen werden können, dabei bleibt in der Regel wenig Spielraum für den Abzug von Schuldzinsen (Pauschalbesteuerung gem. §§ 21a, 7 b EStG). Bei vermietetem Wohnraum werden hingegen die tatsächlichen Erträge besteuert, wobei alle Werbungskosten (Abschreibung, Schuldzinsen und Bewirtschaftungskosten, abgesetzt werden können (Normalbesteuerung gem. §§ 21, 7 V EStG). Ursprünglich war die Pauschalbesteuerung des eigengenutzten Wohnraumes eine besondere Vergünstigung, da der Bauherr wegen der hohen Abschreibungsbeträge in den ersten Jahren entsprechende Verluste erzielte, die sein steuerpflichtiges Gesamteinkommen nach unten drückten. Im Zuge des Baukostenanstieges, der mehr und mehr Fremdfinanzierung erzwang, schwand der relative Vorteil gegenüber der Normalbesteuerung und kehrte sich um, als für Mietwohngebäude die degressive Abschreibung wieder eingeführt wurde.

1.5.4 Steuerentlastungen nach Investorengruppen

Eine Analyse der Wirkungen des Steuerrechts und der direkten Finanzhilfen nach Investorengruppen ist vom DIW bereits vor einiger Zeit vorgelegt worden. Dabei sind die Modellansätze des Berichts der Bundesregierung über das Zusammenwirken finanzwirksamer wohnungspolitischer Instrumente (BT-Drucksache 9/1708) anhand des Mengengerüsts eines Baujahrgangs zu einer quantitativen Schätzung der Entlastungswirkungen zusammengeführt worden. Auf die Ergebnisse, die als Barwertschätzungen zusammengefaßt sind, kann in diesem Zusammenhang verwiesen werden. Besonders hervorzuheben ist, daß die Entlastungswirkungen des Einkommensteuerrechts für einen Neubaujahrgang wesentlich höher sind als die direkten Hilfen aus der Programmförderung von Bund und Ländern. [7]

In der Übersicht sind die Effekte der Finanzhilfen und des Steuerrechts (nach dem Stand von 1982) zusammengefaßt und mit den Bauleistungen des Jahres 1980 gewichtet worden: Die direkten Hilfen schlugen sich im Barwert der Zins- und Tilgungsvorteile mit 5 Mrd. DM nieder, während der Barwert der steuerlichen Entlastungen mit 17 Mrd. DM zu beziffern ist; dieser Betrag erhöht sich um 1,4 Mrd. DM, wenn der begrenzte Schuldzinsenabzug für eigengenutzte Neubauten einbezogen wird, der seit 1983 gewährt wird.

Die steuerlichen Entlastungswirkungen sind beim pauschalbesteuerten Wohnraum relativ gering; gemessen an den Herstellungskosten beträgt ihr Gegenwert etwa 15 vH. Durch das Zusammenwirken mit der direkten Eigentumsförderung ergeben sich aber für die Bauherren teilweise Entlastungswirkungen von 25 vH und mehr. Ein Teil der eigengenutzten Wohnungen unterliegt der Normalbesteuerung [8]; hierbei ergeben sich wesentlich höhere steuerliche Absetzungen.

Seit Jahren sind deshalb viele Bauherren auf gemischt genutzte Objekte (teilvermietete, bzw. voll eigengenutzte Zweifamilienhäuser) ausgewichen, die der Normalbesteuerung unterliegen, denn dabei ist der Entlastungseffekt doppelt so hoch. Auch der begrenzte Schuldzinsenabzug für eigengenutzte Neubauten und die Änderung der Zweifamilienhausbesteuerung werden diese Tendenz nur wenig beeinflussen, denn der Vorteil der Normalbesteuerung bleibt beträchtlich.

Die Ausdehnung der Einfamilienhausbesteuerung auf die sogenannten unechten Zweifamilienhäuser war unzulänglich. Finanzkräftigere Bauherren haben auch in Zukunft die Möglichkeit, durch die Mehrinvestition für eine kleine Einliegerwohnung für ihren eigengenutzten Wohnraum wahlweise die Normalbesteuerung zu erlangen; hinsichtlich der steuerpflichtigen Erträge aus Mieteinnahmen bleibt ihnen eine weitgehende Gestaltungsmöglichkeit, z. B. über Gefälligkeitsvermietung an Verwandte oder Eigenvermietung von Gewerberäumen. Weiterhin ist die spätere Umwandlung in ein Einfamilienhaus möglich, die bei fortschreitender Entschuldung vorteilhaft wird.

Die Diskrepanz in der steuerlichen Behandlung des eigengenutzten und des vermieteten Wohnraums steht derzeit im Mittelpunkt der wohnungspolitischen Diskussion. Die verbesserten Abschreibungsmöglichkeiten und der volle Werbungskostenabzug im Rahmen der Normalbesteuerung stellen eine notwendige Stütze für den Mietwohnungsbau dar, zumal Kostenmieten und erzielbare Marktmieten weiter auseinanderscheren. Da es sich bei Mietobjekten unstrittig um Investitionsgüter handelt, können die Absetzungen generell kaum eingeschränkt werden, sondern es sind eher Nebenregelungen denkbar, um Mißbrauch auszuschließen. Der eigengenutzte Wohnraum dient dagegen Konsumzwecken, wobei die Begünstigung des Erwerbs vermögenspolitisch begründet wird. Aus dieser Sicht ist es durchaus logisch, wenn Eigennutzer eine geringere Entlastung erfahren.

Da eine Neukonzipierung der Steuerrechtsvorschriften geplant ist, wird es für die Haushaltspolitik zu einer entscheidenden Frage, inwieweit die relative Benachteiligung des eigengenutzten pauschalbesteuerten Wohnraums ausgeglichen werden soll. Zwar gibt es gute Argumente für eine steuerliche Gleichbehandlung als Investitionsgut, - vor allem würden dann Anreiz und Möglichkeiten zur Umgehung genommen. Angesichts der hohen Zahl von Neubauten und Erwerbsvorgängen in diesem Bereich würde das aber eine immense Ausweitung des fiskalischen Aufwands nach sich ziehen, der nur durch eine hohe Ertragsbesteuerung des vorhandenen Bestandes und die Besteuerung von Veräußerungsgewinnen ausgeglichen werden könnte. Auch die Überlegungen für eine Besserstellung der Eigennutzer ohne einschneidende systematische Änderungen erfordern eine Kappung von Steuervorteilen an anderer Stelle.

Betrachtet man das Neubauangebot an Mietwohnraum (162 000 Wohnungen im Jahre 1980), so ist bemerkenswert, daß nur der kleinere Teil (70 000 Wohnungen in Mehrfamilienhäusern) auf den Mietwohnungsbau im engeren Sinne entfällt. Überwiegend handelt es sich um vermietete Eigentumswohnungen und Wohnungen in Eigenheimen. Zu dieser Entwicklung hat vor allem auch die Begünstigung der Bauherrenmodelle beigtragen. Aufgrund von Rechtsentscheide der Finanzgerichtsbarkeit, die eine sehr weitherzige Auslegung des Bauherrenbegriffs - und im Zusammenhang damit der Werbungskosten - schufen, haben diese seit 1977 beträchtlich expandiert[9]. Bei geringem Eigenkapitaleinsatz werden hierbei systematisch steuerliche Verluste geschaffen, die zu besonders hohen Entlastungseffekten führen. Nach den vorliegenden Berechnungen sind es im Durchschnitt mehr als 50 vH der Herstellungskosten gegenüber 33 bis 38 vH bei normalen freifinanzierten Mietwohnungen, wobei noch beachtet werden muß, daß die Bau- und Baunebenkosten im Verhältnis zur geschaffenen Wohnfläche ebenfalls deutlich höher ausfallen.

Viele der in den letzten Jahren entstandenen Mietwohnungen sind prädestiniert, später an Eigennutzer veräußert zu werden. Zu folgern ist, daß das geltende Steuerrecht dazu beiträgt, daß Abschreibungsketten entstehen. Für eigengenutzte Wohnungen und solche Mietwohngebäude, die unter langfristigem Ertragsaspekt gebaut und bewirtschaftet werden, fallen normalerweise nur einmal hohe Abschreibungen und Schuldzinsen an. Wohnungen, die von vornherein mehr im Hinblick auf Steuervorteile und Veräußerungsgewinne gebaut werden, sind für den Staat besonders teuer, weil ein- und dasselbe Objekt mehrmals die Phase hoher Abschreibungen durchläuft.

Problematische Wirkungen der steuerlichen Regelungen für den Wohnungsneubau ergeben sich in zwei Richtungen:

-   Einerseits hat sich ein zweiter Weg des Mietwohnungsbaus etabliert, der die langfristige Kapitalanlage auf diesem Sektor verdrängt. So entstehen Mietobjekte zu unnötig hohen Kosten, die zwar in den ersten Jahren unter Umständen dennoch preiswerter angeboten werden als normal kalkulierte Mietwohnbauten, später aber zwangsläufig einen stärkeren Mietenanstieg erfordern. Den beteiligten Einzelbauherren dürfte dabei das längerfristige Vermietungsrisiko häufig unklar sein, oder sie rechnen mit einer Veräußerung an Eigennutzer.

-   Andererseits kann eine zunehmende Tendenz dahingehend beobachtet werden, daß private Haushalte Zweitwohnungen als Eigentum erwerben, für einige Jahre aber die Steuervorteile aus Vermietung nutzen, bevor sie selbst diese Wohnung beziehen. Dabei ist die Zweifamilienhauslösung nur einer der möglichen Wege. Auch Bauherren- und Erwerber-Angebote gehen in diese Richtung. Besonders bemerkenswert ist, daß der Bautätigkeitsstatistik für 1980 und 1981 zufolge 30 vH der Privatpersonen als Bauherren von Einfamilienhäusern angegeben hatten, daß sie keine Eigennutzung beabsichtigen.

Beide Entwicklungen überschneiden sich darin, daß Bauwerke und Rechtskonstruktionen, die in Affinität zum Einzeleigentum stehen, als Mietwohnungsangebot in Erscheinung treten und die dafür geschaffenen besonderen Steuerbegünstigungen nutzen. Aus wohnungspolitischer Sicht sind aber erhebliche Zweifel angebracht, ob dieses Angebot auch nur in Teilen langfristig am Markt zur Verfügung stehen wird. Aus finanzpolitischer Sicht ist zu bedenken, daß so einerseits die Pauschalbesteuerung - die ja in der Entschuldungsphase nachteilig ist - umgangen wird, andererseits die Besteuerung positiver Erträge aus Vermietung und Verpachtung, indem viele Wohnungen dann eher veräußert und vom Erwerber nochmals abgeschrieben werden[10].

Die steuerlichen Regelungen bestimmen nicht nur die Struktur der Bauentscheidungen im Neubau, sondern sie haben auch wesentlichen Einfluß auf die Investitionen im Wohnungsbestand. Die erhebliche Ausweitung der Bauleistungen für Modernisierung und Instandsetzung geht zum Teil auf Förderprogramme des Bundes und der Länder zurück, die direkte Hilfen und spezielle Steuervergünstigungen ermöglichen. Ein wesentlicher Anreiz ist jedoch auch von der Ausdehnung des § 7b EStG auf Erwerbsfälle im Bestand ausgegangen, denn diese Regelung ermöglicht es den Investoren, die geschaffenen Wertsteigerungen auch am Markt zu realisieren. Der

Tabelle IV. 1.5/3

Wohnungsbauleistung und fiskalischer Aufwand

Wohnungsneubau nach Investoren und Finanzierungsart	Wohnungen in 1000	Wohnfläche Mill.m²	Bauvolumen Mrd.DM	Fiskal. Aufwand	davon: direkte Förderung Mrd.DM	davon: Steuerentlastung	Fiskal.Aufwand bezogen auf Bauvolumen vH	Fiskal.Aufwand bezogen auf Wohnfläche DM/m²
1. Eigengenutzter Wohnraum [1a]	177,8	22,25	53,52	10,47 (11,85)	2,16	8,31 (9,69)	20	470
pauschalbesteuert [1] /öffentl.geförd.	44,9	5,21	12,67	3,21 (3,61)	1,77	1,44 (1,84)	25 (29)	620 (690)
" /freifinanziert	108,6	14,00	33,52	4,87 (5,85)	-	4,87 (5,85)	15 (18)	350 (420)
normalbesteuert [2] /öffentl.geförd.	10,7	1,28	3,04	1,05	0,39	0,66	35	820
" /freifinanziert	13,6	1,76	4,29	1,34	-	1,34	31	760
2. Vermieteter Wohnraum/Private Haushalte [3]	97,0	7,90	17,09	7,12	0,59	6,53	42	910
Eigenheime u. Eig.-Wo./öffentl.geförd.	1,8	0,14	0,29	0,12	0,04	0,08	41	860
" /freifinanziert	71,8	6,08	13,90	5,50	-	5,50	40	900
davon: Bauherrengenossenschaften	21,0	1,70	4,50	2,42	-	2,42	54	1420
Einzelinvestoren	50,8	4,38	9,40	3,08	-	3,08	33	700
Mietwohngebäude /öffentl.geförd.	8,6	0,60	1,12	0,83	0,55	0,28	74	1380
" /freifinanziert	14,8	1,08	1,78	0,67	-	0,67	38	620
3. Vermieteter Wohnraum/Unternehmen	58,2	4,54	9,06	4,65	2,23	2,42	51	1020
Eigenheime u. Eig.-Wo./freifinanziert	17,9	1,69	3,57	1,58	-	1,58	44	930
Mietwohngebäude /öffentl.geförd.	26,7	1,97	4,13	2,46[4]	2,23	0,23[4]	60	1250
" /freifinanziert [5]	13,6	0,88	1,36	0,61	-	0,61	45	690
Wohnungsneubau insgesamt	333,0	34,69	79,67	22,24 (23,62)	4,98	17,26 (18,64)	28 (30)	640 (680)

1) Einfamilienhäuser (einschließlich unechte Zweifamilienhäuser) und Eigentumswohnungen.
1a) Angaben in Klammern: einschließlich begrenzter Schuldzinsenabzug.
2) Fast ausschließlich Zweifamilienhäuser.
3) Einschließlich Bauherrengemeinschaften.
4) Hinzuzurechnen wäre der Steuerverzicht aufgrund der Befreiung Gemeinnütziger Wohnungsunternehmen.
5) Ohne die freifinanzierten Mietwohnungen gemeinnütziger Unternehmen (6700 Wohnungen).
Quelle: Eigene Berechnungen.

Anstieg der Immobilienpreise und -umsätze deutet indes darauf hin, daß daneben noch erhebliche Umwandlungsgewinne entstehen. Insofern wird das wesentliche Ziel der 7b-Regelung für Altbauten, nämlich die Ewerber zu begünstigen, teilweise konterkariert, denn ohne diese Regelung wäre das Preisniveau vermutlich niedriger.

1.5.5 Steuerentlastungen und Staatshaushalt

Im Staatshaushalt schlagen die steuerlichen Effekte aus der Behandlung wohnungswirtschaftlicher Investitionen - im Gegensatz zu direkten Hilfen - auf der Einnahmenseite und zwar bereits als Nettoergebnis zubuche. Eine politische Erfolgskontrolle der steuerlichen Instrumente ist somit praktisch kaum möglich.

Detaillierte Informationen sind letztlich nur der Einkommensteuerstastik zu entnehmen. Die letzten verfügbaren Daten betreffen dabei allerdings das Jahr 1977. Damals wurde die Summe aller Einkünfte aus Vermietung und Verpachtung bei natürlichen Personen (sie verfügen über einen Wohnungsbestand von 18 Mill. Wohnungen) mit knapp 10 Mrd. DM festgestellt; demgegenüber beliefen sich alle Verluste, die auf diese Einkunftsart zurückgehen und mit mit anderen Einkünften ausgeglichen worden sind, auf etwa 17 Mrd. DM. Über den Wohnungsbestand steuerpflichtiger juristischer Personen (1 Mill. Wohnungen) liegen keine ausreichend differenzierten Angaben vor. Obwohl die Daten in diesem Sinne unvollständig sind, steht fest, daß die Steuererträge aus dem gesamten Wohnungsbestand wesentlich geringer sind, als die Verluste, die im wesentlichen nur auf Neubauten aus der Zeit nach 1960 zu beziehen wären. Von allen Verlusten, die zwischen den Einkunftsarten ausgeglichen worden sind, entfallen 90 vH auf Vermietung und Verpachtung.

Ein ähnliches Bild zeigte schon die Einkommensteuerstatistik für das Jahr 1974. Die Betrachtung der Veränderungsgrößen läßt erkennen, daß die positiven Erträge in den drei Jahren um 1.7 Mrd. DM, die Verluste aber zugleich um 3 Mrd. DM zugenommen haben. Es gibt zwingende Argumente dafür, daß die Verluste aus Vermietung und Verpachtung seit 1977 noch sehr viel stärker angewachsen sind, als die Erträge:

-   Im Jahre 1977 sind mehrere Gesetze beschlossen worden, die eine Ausweitung der steuerlichen Absetzungsmöglichkeiten bedeuten. Zu nennen sind: die Wiedereinführung der degressiven Abschreibung für Mietwohngebäude, die Ausdehnung der Abschreibungen nach § 7b auf Altbauten, die Abschreibungsvergünstigungen für Wohnungsmodernisierung und energiesparende Investitionen. Außerdem haben seit 1977 die Bauherrenmodelle an Bedeutung gewonnen.
-   Hervorzuheben ist auch, daß der Kapitalmarktzins im Jahre 1977 recht niedrig war, in der Folgezeit aber stark gestiegen ist. Dementsprechend müssen die Beträge für den Schuldzinsabzug generell erheblich zugenommen haben.
-   Schließlich sind im Jahre 1982 die degressiven Abschreibungssätze gemäß §§ 7b und 7V EStG nochmals angehoben worden; hinzu kam die Anhebung der Abschreibungshöchstbeträge und schließlich noch der befristete Schuldzinsenabzug.

Demgegenüber dürften die Erträge aus Vermietung und Verpachtung nur wenig zugenommen haben, weil die Aufwendungen für Modernisierung und Instandsetzung und der Umsatz älterer Gebäude und Wohnungen in den letzten Jahren stärker gestiegen sind, - dadurch verminderte sich der Basisbestand, der positive Erträge abwirft.

Wenn man all diese Fakten in einer Schätzung berücksichtigt, kann der aktuelle Stand der Einkunftsart Vermietung und Verpachtung im Rahmen der Einkommensteuer etwa folgendermaßen umrissen werden: Der Gesamtbetrag der verrechneten Verluste ist für 1983 mit 37 bis 41 Mrd. DM zu beziffern. Das bedeutet, daß das Einkommensteueraufkommen (natürlicher Personen) derzeit vom Wohnungsbau her durch den Verlustausgleich um etwa 13 bis 15 Mrd. DM geschmälert wird, gegenüber 6 bis 7 Mrd. DM im Jahre 1977. Es ist zu erwarten, daß sich dieser Anstieg fortsetzt und eher noch beschleunigt.

Die steuerlichen Regelungen werden damit zu einer immer stärkeren Belastung des Staatshaushalts, die in ihrer Größenordnung kaum erkannt wird. Es kommt deshalb zunächst darauf an, die bestehenden Entlastungen, die wenig transparent und häufig nicht zielkonform sind, zu beschneiden, bevor die geplanten neuen Entlastungen für Eigennutzer verabschiedet werden.

1.5.6 Ansatzpunkte gegen Fehlentwicklungen

Von Bedeutung sind vor allem Fehlentwicklungen bei der Ausnutzung der Normalbesteuerung.

- Zunächst sollte überhaupt ausgeschlossen werden, daß diese Regelung für eigengenutzten Wohnraum beansprucht werden kann; dies betrifft Eigentümerwohnungen in Zwei- und Mehrfamilienhäusern.
- Beim vermieteten Wohnraum läge nahe, Vorschriften über einen Mindestzeitraum der Vermietung zu erlassen, die zugleich Rückzahlungsverpflichtungen für bestimmte Absetzungen begründen, wenn das Investitionsobjekt vorzeitig einer anderen Verwendung zugeführt wird. Allerdings wäre eine praktische Kontrolle in dieser Hinsicht sicherlich schwierig.
- Deshalb kommen als Maßnahmen mit generell einschränkender Wirkung auf die Ausnutzung von Steuervorteilen vor allem eine engere Auslegung der Bauherreneigenschaft und des Werbungskostenbegriffs in betracht. Noch weitergehend wäre eine Regelung, die den Ausgleich von Verlusten aus Vermietung und Verpachtung mit anderen Einkunftsarten der Höhe nach begrenzt; dabei könnte die Grenze prozentual in bezug auf die positiven Einkünfte oder als Absolutbetrag für den ausgleichsfähigen Verlust oder im Hinblick auf das eingesetzte Eigenkapital definiert werden. Derartige Änderungen der Rahmenbedingungen würden weniger den unternehmerischen Wohnungsbau als den Wohnungsbau von privaten Bauherren und Beteiligungsgesellschaften treffen.

Die steuerlichen Regelungen über den Erwerb für Eigennutzung sollten eine Abstufung hinsichtlich des Neubaus, bzw. Neuerwerbs und des Kaufs von älteren Objekten enthalten. Die Vergünstigungen nach § 7b auf den Erwerb älterer Objekte könnten bis zu einer Neukonzipierung ausgesetzt werden, da den Steuerausfällen kaum positive Wirkungen gegenüberstehen. Das Ziel der direkten und indirekten Wohnungsbauförderung ist vor allem darin zu sehen, daß eine stetige Neubautätigkeit gewährleistet wird; die wiederholte Abschreibung von Objekten ist für den Staat teuer und bietet den Erwerbern geringere Vorteile als den Verkäufern.

Fußnoten

1) In den Jahren 1979 und 1980 lag der Finanzaufwand bei 300 Mill. DM, bezogen auf 200 000 Wohnungen. Vgl.: Wohngeld- und Mietenbericht 1981 der Bundesregierung (BT-Drucksache 9/1942), S. 29, 43.

2) Vgl.: Die Eigentumsbildung im Wohnungsbau. Bearb.: R. Weissbarth, B. Hundt. In: Schriftenreihe "Wohnungsmarkt und Wohnungspolitik" 07.014/1983 des BMRBS.

3) Es sind maximal etwa 50vH der Mietsozialwohnungen, die in kürzerer Zeit aus den Bindungen herausfallen könnten.

4) Es besteht schon immer eine besondere Bonus-Regelung durch die Ablösungsverordnung. Diese konnte für alle vor 1970 gewährten Darlehen 1981 noch kurzfristig in Anspruch genommen werden, für spätere Ablösungen wurde ein befristeter Bonus von 15vH gewährt.

5) Im Hinblick auf die erschwerten Baubedingungen in Großstädten sollte auch daran gedacht werden, anstelle einer auschließlichen Förderung des Einzeleigentums andere Rechtsformen zu unterstützen, die auf mehr Selbsthilfe bei der Wohnungsversorgung zielen.

6) Mit diesem Bericht war die frühere Bundesregierung vom Deutschen Bundestag aufgrund der Diskussion um ein 3. Wohnungsbaugesetz beauftragt worden, vgl. Bericht der Bundesregierung über das Zusammenwirken finanzwirksamer, wohnungspolitischer Instrumente, BT-Drucksache 9/1708.

7) Vgl. hierzu: Die Bedeutung finanzwirksamer Instrumente für den Wohnungsneubau. Bearb.: B. Bartholmai. In: Wochenbericht Nr.8/1983 des DIW.

8) In der Übersicht ist die Ausdehnung der Pauschalbesteuerung auf unechte Zweifamilienhäuser bereits berücksichtigt worden. Deren Zahl lag 1980 bei 15 000; dementsprechend wäre die Zahl der normalbesteuerten eigengenutzten Wohnungen nach der alten Regelung höher, die der pauschalbesteuerten niedriger anzusetzen.

9) Als begünstigende Begleitumstände haben sich die Beschränkung von Verlustzuweisungen bei anderen Beteiligungsmodellen (negatives Kapitalkonto) und die Ausdehnung des § 7b EStG auf Erwerbsfälle im Wohnungsbestand ausgewirkt.

10) Beim Erwerb nach der § 7b-Regelung setzt ein neuer Abschreibungszyklus ein; bei der Veräußerung als Mietobjekt wird der Abschreibungszyklus nich unterbrochen, allerdings bildet der Anschaffungswert die neue (höhere) Basis.

1.6 Exkurs: Energiepolitik

Die Schlüsselrolle der Energie für die wirtschaftliche Entwicklung hat dazu geführt, daß in allen westlichen Industrieländern der Staat in die Energiewirtschaft interveniert. Auch in der Bundesrepublik wird die Entwicklung der Energiewirtschaft durch das Nebeneinander von markt- wirtschaftlicher Steuerung und staatlicher Regulierung geprägt. Aufgrund der marktwirtschaftlichen Orientierung der Bundesrepublik kommt den Preisen, die sich durch das Zusammenspiel von Angebot und Nachfrage nach Energieträgern in der Bundesrepublik und auf den internationalen Märkten bilden, zwar eine vergleichsweise große Bedeutung für die Steuerung des Strukturwandels in der Energiewirtschaft zu; der Einfluß der Energiepolitik ist aber auch in der Bundesrepublik erheblich.

Die Bundesregierung sieht die Aufgabe der Energiepolitik heute haupt- sächlich darin, die aus der Entwicklung der Weltenergiemärkte resultie- renden Anpassungsprozesse zu glätten oder zu beschleunigen.[1] Da die künftige Marktentwicklung indes immer ungewiß bleibt, können energiepo- litische Interventionen selbst dann, wenn sie mit dem Ziel durchgesetzt werden, marktwirtschaftliche Anpassungsprozesse lediglich zu glätten, diesen in Wirklichkeit entgegenlaufen. Dies gilt verstärkt, wenn es darum geht, langfristige Marktentwicklungen zu antizipieren und die für erfor- derlich gehaltenen Anpassungsprozesse zu beschleunigen. Hinzu kommt, daß in energiepolitischen Entscheidungen immer auch von dem Grundsatz der Versorgungsicherheit ausgegangen wird.

Eine Beurteilung der Energiepolitik in den siebziger Jahren muß berück- sichtigen, daß im Vergleich zu dem dramatischen Wandel im Energieträger einsatz Anfang der sechziger Jahre die Substitutionsprozesse in den sieb- ziger Jahren trotz einer außerordentlich starken Ölverteuerung relativ schwach ausfielen. Während die Steinkohle innerhalb weniger Jahre vom Mineralöl als wichtigstem Energieträger abgelöst worden ist, hat das Öl trotz zweier Preisschübe seine führende Rolle auf dem Energiemarkt bis heute gehalten. Zwar wurde Mineralöl in der Stromerzeugung und in einigen energieintensiven Industriezweigen in erheblichem Umfang durch Steinkohle ersetzt. Auch wurde der Heizölverbrauch für Raumheizungs- zwecke Ende der 70er Jahre deutlich reduziert. Dies hat aber nicht zu einer drastischen Änderung des spezifischen Energieverbrauchs geführt. Daß es trotz der Energieverteuerung in den 70er Jahren nicht zu einer Beschleunigung des energiewirtschaftlichen Strukturwandels kam, dürfte insbesondere auf das verminderte Wirtschaftswachstum, auf die hohen Kosten der potentiellen Substitute für Mineralölprodukte sowie auf die Tatsache zurückzuführen sein, daß bei dem gegebenen Stand der Technik und der Lebensgewohnheiten Mineralölprodukte in einigen Verbrauchsbe- reichen (Individualverkehr, Chemie) nicht von heute auf morgen durch andere Energieträger ersetzt werden können.

1.6.1 Kohlepolitik

Seit der ersten Ölpreiskrise im Jahre 1973 strebt die Bundesregierung eine Konsolidierung des deutschen Steinkohlenbergbaus bei einer Gewinnung von etwa 90 Mill. t an. Von den drei Pfeilern dieses Stützungssystems, der direkten Subventionierung des Steinkohlenbergbaus, der Kontingentierung von Steinkohlenimporten und der Absatzförderung gewann letzterer zunehmend an Bedeutung. Außerdem wurde der Steinkohleneinsatz in der Stromerzeugung durch Genehmigungsvorbehalte für die Errichtung von Öl- und Erdgaskraftwerken gefördert.

Diese Politik hat zwar dazu beigetragen, daß der seit Ende der 50er Jahre anhaltende Rückgang der inländischen Steinkohlengewinnung nach 1973 - zumindest vorübergehend - gestoppt werden konnte.

Einschließlich Kohlepfennig machten die Subventionen für den deutschen Steinkohlenbergbau in den siebziger Jahren mit Ausnahme der Jahre 1974 und 1975 mehr als 50 Prozent der gesamten Finanzhilfen und Steuervergünstigungen aus, die der Energiewirtschaft insgesamt zufließen. Dieser hohe Mittelaufwand für die Erhaltung des deutschen Steinkohlenbergbaus kann den finanziellen Spielraum für strukturgestaltende energiepolitische Maßnahmen einschränken. Die Kontingentierung von Steinkohlenimporten dürfte hemmend auf die Substitution von Mineralöl gewirkt haben, weil damit eine preiswerte Primärenergie vom deutschen Energiemarkt ferngehalten wurde, die insbesondere die Wirtschaftlichkeit der Strom- und Fernwärmeversorgung gegenüber der Gasversorgung hätte stärken können.

1.6.2 Kernenergiepolitik

In ihrem ersten Energieprogramm vom Oktober 1973 setzte sich die Bundesregierung zum Ziel, eine mittel- und langfristig sichere, den Erfordernissen des Umweltschutzes Rechnung tragende Energieversorgung zu möglichst günstigen volkswirtschaftlichen Kosten auf lange Sicht zu erreichen. Einen entscheidenden Beitrag hierzu sollte die Kernenergie leisten. Es ist der Bundesregierung jedoch nicht gelungen, die für einen beschleunigten Ausbau der Kernenergie erforderliche politische Unterstützung zu mobilisieren.

Unter dem Eindruck der zweiten Ölpreiskrise in den Jahren nach 1978 hat die Bundesregierung in der Dritten Fortschreibung des Energieprogramms vom November 1981 die industriepolitische Notwendigkeit eines steigenden Beitrags der Kernenergie zur Stromerzeugung wieder stärker betont. Die Tragweite der strukturellen Auswirkungen des verlangsamten Ausbaus der Kernenergie wird erst Ende der achtziger Jahre zuverlässig beurteilt werden können.

1.6.3 Fernwärmeausbau, rationelle Energienutzung und Energieforschung

Seit der ersten Ölpreiskrise hat die Bundesregierung die Förderung des Fernwärmeausbaus erheblich intensiviert. In der Zweiten Fortschreibung vom Dezember 1977 ist dann auch der rationellen Energienutzung höchste Priorität gegeben[2] worden. Folgt man den Ergebnissen einer Untersuchung des Ifo-Instituts[2], so ist den Maßnahmen zur Förderung des Fernwärmeausbaus und der rationellen Energienutzung eine spürbare Verminderung des Energieverbrauchs Ende der siebziger Jahre zuzuschreiben.

Die Forschungspolitik im Energiebereich hat aufgrund ihrer langfristigen Ausrichtung unabhängig von marktwirtschaftlichen Anpassungszwängen strukturgestaltend gewirkt. Dies gilt insbesondere für die Kernforschung, die es der Bundesrepublik ermöglicht hat, seit Ende der sechziger Jahre

Tabelle IV. 1.6/1

Finanzhilfen und Steuervergünstigungen von Bund und Ländern für die Energieversorgung der Bundesrepublik nach Energieträgern

- in 1000 DM -

	1970	1971	1972	1973	1974	1975	1976	1977	1978	1979	1980	1981	1982
	Istwerte											Sollwerte	
Kohle[1]	647 479	575 228	715 262	1 175 181	1 294 091	947 633	910 953	1 298 340	3 235 695	3 050 359	2 909 636	3 230 225	2 008 630
Kohlepfennig	0	0	0	0	0	760 000	1 270 000	1 550 000	1 580 000	2 180 000	1 870 000	1 900 000	2 000 000
Mineralöl	15 797	73 609	24 674	38 235	207 146	237 324	169 315	168 489	74 611	129 722	76 583	130 000	150 000
Gas	3 450	33 439	28 200	51 000	68 100	98 500	69 620	74 750	87 042	86 911	174 889	209 418[2]	218 310[2]
Strom	90 000	95 000	95 000	100 000	75 000	110 000	115 000	125 389	129 312	24 000	15 000	-	-
Kernenergie	48 651	65 389	52 026	918 933	990 508	1 132 830	1 136 156	1 188 259	1 244 098	1 450 808	1 451 038	1 688 226	1 264 396
Fernwärme	2 061	2 335	2 139	12 350	13 944	14 000	12 900	23 450	71 634	101 070	189 044	169 722[3]	218 412[3]
Rationelle Energienutzung	0	0	0	0	0	0	0	40 331	113 137	320 848	1 059 710	291 418	179 320
Regenerative Energien	0	0	0	0	0	0	0	0	0	0	191 507	201 400	259 680
Nichtnukleare Energieträger	0	0	0	0	0	179 093	171 479	173 114	256 131	415 322	159 930	216 600	267 900
Verschiedene Energieträger	1 100	20 486	31 795	34 416	47 761	54 824	135 909	101 649	183 521	225 544	214 594	266 091	316 124
Insgesamt	808 538	865 486	949 096	2 330 115	2 696 550	3 534 204	3 992 332	4 743 771	6 975 181	8 044 584	8 311 931	8 303 100	6 882 772

- in vH -

	1970	1971	1972	1973	1974	1975	1976	1977	1978	1979	1980	1981	1982
	Istwerte											Sollwerte	
Kohle[1]	80,1	66,3	75,4	50,5	48,0	26,8	22,8	27,4	46,4	37,9	35,0	38,9	29,2
Kohlepfennig	0	0	0	0	0	21,5	31,9	32,7	22,6	27,1	22,5	22,9	29,0
Mineralöl	2,0	8,5	2,6	1,6	7,7	6,7	4,2	3,6	1,1	1,6	0,9	1,6	2,2
Gas	0,4	3,9	3,0	2,2	2,5	2,8	1,7	1,6	1,2	1,1	2,1	2,5	3,2
Strom	11,1	11,0	10,0	4,3	2,8	3,1	2,9	2,6	1,9	0,3	0,2	-	-
Kernenergie	6,0	7,6	5,5	39,4	36,7	32,0	28,5	25,0	17,8	18,0	17,5	20,3	18,4
Fernwärme	0,3	0,3	0,2	0,5	0,5	0,4	0,3	0,5	1,0	1,2	2,3	2,1	3,2
Rationelle Energienutzung	0	0	0	0	0	0	0	0,9	1,7	4,0	12,7	3,5	2,6
Regenerative Energien	0	0	0	0	0	0	0	0	0	0	2,3	2,4	3,8
Nichtnukleare Energieträger	0	0	0	0	0	5,1	4,3	3,6	3,7	5,2	1,9	2,6	3,9
Verschiedene Energieträger	0,1	2,4	3,3	1,5	1,8	1,6	3,4	2,1	2,6	3,5	2,6	3,2	4,5
Insgesamt	100,0	100,0	100,0	100,0	100,0	100,0	100,0	100,0	100,0	100,0	100,0	100,0	100,0

1) Ohne Kohlepfennig.- 2) Ist-Zahlen für Bund-Länder-Programm zum Bau regionaler Erdgasleitungen.- 3) Ist-Zahlen für Bund-Länder-Programm zum Ausbau der Fernwärmeversorgung in städtischen Schwerpunktgebieten (einschl. Berlin) und von Kohleheizkraftwerken.

Quelle: Bundeshaushalte, Landeshaushalte, Subventionsberichte der Bundesregierung.

kommerzielle Leichtwasserreaktoren zur Deckung des eigenen Energiebedarfs und für den Export zu bauen. Mit dem Rahmenprogramm Energieforschung 1974-1977 begann die Bundesregierung auch die nicht- nukleare Energieforschung verstärkt zu fördern. Im Vordergrund standen dabei Projekte zur Kohlevergasung und -verflüssigung. In den Anschlußprogrammen ist dann auch der Entwicklung der rationellen Energienutzung und regenerativer Energien verstärkt Aufmerksamkeit gewidmet worden. Die Wirkungen dieser Forschungsschwerpunkte kann heute nicht hinreichend beurteilt werden.

Mit ihren energiepolitischen Maßnahmen und mit der gezielten Förderung der Entwicklung einzelner Energietechnologien hat die Bundesregierung zweifellos dazu beigetragen, daß der Anteil des Mineralöls an der Energieversorgung der Bundesrepublik Ende der 70er Jahre zurückgegangen ist. Eine Orientierung der Energiepolitik an strukturgestaltenden Zielen wurde dadurch erschwert, daß ein Großteil der Finanzhilfen zugunsten der Energiewirtschaft durch defensive Maßnahmen zur Erhaltung des deutschen Steinkohlenbergbaus absorbiert worden ist. Die Effizienz dieser Maßnahmen kann allerdings nicht ausschließlich unter energiewirtschaftlichen Gesichtspunkten - einschließlich des Gesichtspunktes der Energiesicherheit - bewertet werden, da für die Erhaltung des deutschen Steinkohlenbergbaus auch regional- und sozialpolitische Ziele sprechen.

Fußnoten

1)   Vgl.: Bundesministerium für Wirtschaft, Energieprogramm der Bundesregierung. Dritte Fortschreibung 4.11.1981, S. 17.

2)   Ifo - Studien zur Energiewirtschaft Nr. 3: Quantitative Wirkungen der Energiesparpolitik in der Bundesrepublik Deutschland, München 1982.

2. Verhalten der privaten Haushalte

Die privaten Haushalte spielen für die wirtschaftliche Entwicklung und den Strukturwandel eine herausragende Rolle. Der private Konsum stellt das gewichtigste Nachfrageaggregat dar. Seine Veränderungen haben unmittelbar Auswirkungen auf die Struktur der Produktion für diesen Teil der Endnachfrage, mittelbar aber auch für die Struktur der Investitionsnachfrage, die z.T. selbst wieder auf Veränderungen in der Konsumnachfrage reagiert.

Die Veränderung der Konsumnachfrage wird neben der demographischen Entwicklung vom veränderten Erwerbsverhalten und vor allem von der Entwicklung des verfügbaren Einkommens und der Entwicklung der Preisrelationen für die Konsumgüter geprägt. Hierbei spielen aber auch Änderungen in der Präferenzstruktur und in den Verhaltensweisen eine Rolle. Zwischen diesen Faktoren bestehen vielfältige Wechselwirkungen.

2.1 Arbeitsangebot

Im Rahmen der Strukturberichterstattung 1980 des DIW ist bereits eine Analyse des Arbeitsangebots vorgelegt worden. Die hier vorgelegten Ergänzungen gehen insbesondere auf die Unterschiede im Erwerbsverhalten zwischen der deutschen und ausländischen Wohnbevölkerung ein.

Die Entwicklung der Zahl der ausländischen Erwerbspersonen weicht von der der ausländischen Bevölkerung ab. Mit 2,5 Mill. wurden 1973 das Maximum der ausländischen Erwerbspersonen erreicht. Obwohl die ausländische Bevölkerung 1982 um mehr als 900 000 Personen größer war als 1973, verringerte sich die Zahl der ausländischen Erwerbspersonen im selben Zeitraum um 60 000 Personen.

Eine Komponente dieses Strukturwandels waren Wanderungsbewegungen. Bei den Fortzügen überwogen die Personen, die älter als 25 Jahre waren, bei den Zuzügen lag aufgrund der Familienzusammenführung das Schwergewicht bei den unter 25jährigen. Aber auch das Erwerbsverhalten der Ausländer hat sich deutlich verändert. Ohne auf die an sich notwendigen

Tabelle IV. 2.1/1

Kennziffern zur Entwicklung des Erwerbspersonenpotentials

Anteilswerte in vH

	Anteil der Erwerbspersonen an der Bevölkerung			Anteil ausländischer Erwerbspersonen an den Erwerbspersonen insgesamt	Anteil der Erwerbstätigen an der Bevölkerung	Unterauslastung des Erwerbspersonenpotentials in vH der Bevölkerung
	Insgesamt	Deutsche	Ausländer			
1961	47,6	47,4	69,0	1,8	47,3	0,3
1962	47,2	46,9	68,2	2,3	47,0	0,2
1963	46,9	46,5	66,7	2,8	46,6	0,3
1964	46,4	46,0	66,9	3,3	46,1	0,3
1965	46,1	45,5	67,6	4,1	45,6	0,5
1966	45,6	44,9	67,4	4,6	45,3	0,3
1967	44,5	44,0	65,7	3,9	43,8	0,7
1968	44,2	43,6	65,5	3,9	43,6	0,6
1969	44,2	43,3	70,3	5,2	43,9	0,3
1970	44,2	43,0	74,1	6,7	44,0	0,2
1971	44,8	42,6	71,9	7,9	44,5	0,3
1972	43,8	42,4	67,8	8,5	43,4	0,4
1973	43,9	42,4	66,3	9,2	43,4	0,5
1974	43,7	42,5	61,6	9,1	42,8	0,9
1975	43,5	42,4	59,4	8,8	41,7	1,8
1976	43,3	42,4	57,0	8,3	41,6	1,7
1977	43,3	42,5	55,2	8,0	41,6	1,7
1978	43,5	42,8	54,5	8,1	41,9	1,6
1979	43,9	43,2	53,5	8,2	42,4	1,5
1980	44,2	43,5	53,1	8,6	42,7	1,5
1981	44,4	43,8	51,5	8,7	41,6	2,8
1982	44,6	44,0	51,9	8,9	41,6	3,0

Quellen: Statistisches Bundesamt; Bundesanstalt für Arbeit; Eigene Berechnungen.

Differenzierungen nach Altersgruppen eingehen zu können, muß man insgesamt feststellen, daß sich die Erwerbsquoten der Ausländer und der Deutschen seit 1973 angenähert haben.

Die Erwerbsquote der Deutschen hat von 1970 bis in die Mitte der 70er Jahre geringfügig abgenommen; in der Zeit danach nahm sie zu und erreichte 1982 wieder das Niveau des Jahres 1967. Trendmäßige Verhaltensänderungen lassen sich durch Veränderungen der Realeinkommen und der Bildungsbeteiligung erklären; daneben spielen in einzelnen Altersgruppen die Kinderzahl und institutionelle Einflüsse wie die flexible Altersgrenze eine Rolle. Gleichzeitig paßten sich die Ausländer in ihrem Erwerbsverhalten mehr und mehr der deutschen Bevölkerung an: die Differenz in den Erwerbsquoten zwischen Deutschen und Ausländern lag 1982 nur noch bei etwa acht Prozentpunkten, während sie 1970 noch mehr als 20 Prozentpunkte betrug.

Die zunehmende Anpassung der ausländischen Bevölkerung in ihren Verhaltensweisen auf den Arbeitsmärkten wird auch deutlich in den Reaktionen auf konjunkturelle Enbrüche: Während der Abbau der Zahl ausländischer Arbeitskräfte im Jahre 1967 per Saldo Rückwanderungen zur Folge hatte, die sogar noch größer waren als die Rückgänge der Zahl der ausländischen Erwerbstätigen, hatte ein der Zahl nach etwa gleich hoher Abbau ausländischer Arbeitskräfte im Jahre 1975 nur noch geringe Auswirkungen auf die Bevölkerungszahl. Mehr als 40vH ließen sich als Arbeitslose registrieren (gegenüber 5vH im Jahre 1967); darüber hinaus dürfte ein beträchtlicher Teil nicht als Arbeitslose registriert worden sein, sondern die stille Reserve verstärkt haben. 1982 ging der Abbau von rund 50 000 Erwerbstätigen mit einer gleich hohen Zunahme der ausländischen Bevölkerung im Jahresdurchschnitt einher. Der Anstieg der Arbeitslosigkeit bei den Ausländern lag mit fast 80 000 um 50 vH über dem Rückgang der Zahl der ausländischen Erwerbstätigen.

Tabelle IV. 2.1/2

Reaktionen der ausländischen Bevölkerung in Rezessionsperioden

	Veränderung der Zahl von Personen[1]					
	1967 gegenüber 1966		1975 gegenüber 1974		1982 gegenüber 1981	
	in 1 000	in vH	in 1 000	in vH	in 1 000	in vH
Bevölkerung	-256	-14,0	-46	-1,1	+53	+1,1
Erwerbspersonen	-199	-16,1	-113	-4,6	+50	+2,1
Erwerbstätige	-211	-17,2	-195	-8,1	-52	-2,3
Arbeitslose	+12	+300,0	+82	+218,8	+78	+146,4

1) Veränderung von Jahresdurchschnittswerten
Quelle: Statistisches Bundesamt; Bundesanstalt für Arbeit; Berechnungen des DIW.

2.2 Einkommensverteilung und -umverteilung

Die Entwicklung des verfügbaren Einkommens ist einer der wichtigsten Bestimmungsfaktoren für den privaten Verbrauch. Die Ersparnis als Differenz zwischen verfügbarem Einkommen und Konsum ist überwiegend ein Spiegel des Ausgabegebarens der privaten Haushalte für Konsumzwecke. Andererseits wird über die Ersparnisbildung die Vermögensposition der Haushalte verändert und das Bruttoeinkommen tangiert. Die Vermögenslage selbst wird in der Theorie des Konsumentenverhaltens als eigenständige erklärende Variable angesehen.

Die durchschnittliche jährliche Veränderungsrate der Bruttoerwerbs- und vermögenseinkommen der privaten Haushalte zwischen 1960 und 1982 betrug 8,5 vH. In den 70er Jahren waren die Steigerungsraten anfangs höher (etwa 13 vH, real knapp 8 vH). In der Krise von 1974 bis 1975 halbierten sich die Steigerungsraten, real fielen sie fast auf Null. In der Phase von 1976 bis 1982 lag die jahresdurchschnittliche Veränderungsrate bei gut 6 vH, wogegen der Preisindex des privaten Verbrauchs jährlich um 4,5 vH stieg. Die Einzelkomponenten des Einkommens haben sich dabei sehr unterschiedlich entwickelt.

Aus ihrem Geldvermögensbesitz sind den privaten Haushalten Jahr für Jahr Erträge in erheblicher Höhe zugeflossen. Diese Vermögenseinkommen sind wesentlich stärker gestiegen als die Erwerbseinkommen: 1960 beliefen sich die Zinsen und Dividenden der privaten Haushalte auf knapp 3 vH, 1982 schon auf 8 vH ihres gesamten primären Einkommens.

Für die Entwicklung der verfügbaren Einkommen sind neben den Erwerbs- und Vermögenseinkommen die empfangenen und geleisteten laufenden Übertragungen zwischen Staat und privaten Haushalten entscheidend. Die von den privaten Haushalten empfangenen laufenden Übertragungen sind von 1960 bis 1981 schneller als das Bruttoerwerbs- und -vermögenseinkommen gestiegen. Den Hauptposten dieser staatlichen Transfers bilden Renten- und Pensionszahlungen, auf die knapp zwei Drittel der gesamten staatlichen sozialen Leistungen entfielen. Ihr Anteil hat sich von 1960 bis 1981 nur wenig verändert.

Tabelle IV. 2.2/1

EINKOMMENSVERTEILUNG UND -UMVERTEILUNG DER PRIVATEN HAUSHALTE IN DER VOLKSWIRTSCHAFTLICHEN GESAMTRECHNUNG 1)

JAHRE	BRUTTO-ERWERBS-U. VERMOEGENS-EINKOMMEN IN MRD. DM	BRUTTOEINKOMMEN AUS			EMPFANGENE LAUFENDE UEBERTRAGUNGEN			DIREKTE STEUERN	GELEISTETE LAUFENDE UEBERTRAGUNGEN			VERFUEGB. EINKOMMEN
		UNSELBSTAENDIGER ARBEIT 2)	VERMOEGEN	UNTERNEHMER- 3) TAETIGKEIT	SOZIALE LEISTUNGEN	SONSTIGE UEBER- 4) TRAGUNGEN	INSGES.		SOZIAL- 2) BEITRAEGE	SONSTIGE UEBER- 5) TRAGUNGEN	INSGES.	
1960	198.60	70.04	2.77	27.19	20.19	0.45	20.64	10.02	14.90	1.11	26.03	94.61
1961	222.00	70.45	2.70	26.85	19.68	0.45	20.14	11.04	14.68	1.22	26.94	93.20
1962	242.50	71.38	2.68	25.94	19.71	0.49	20.21	11.55	14.93	1.36	27.84	92.37
1963	261.60	71.02	2.87	26.11	19.61	0.50	20.11	11.77	14.91	1.45	28.13	91.97
1964	286.20	71.14	2.90	25.96	19.53	0.49	20.02	11.98	14.47	1.64	28.09	91.93
1965	315.70	71.24	3.10	25.66	19.86	0.54	20.40	11.21	14.51	1.74	27.46	92.94
1966	337.30	71.75	3.53	24.73	20.28	0.53	20.81	11.68	15.06	1.84	28.58	92.23
1967	339.30	71.38	3.77	24.85	22.43	0.56	22.99	11.73	15.65	1.83	29.21	93.78
1968	370.60	70.13	3.86	26.01	21.53	0.54	22.07	11.76	15.79	1.73	29.28	92.80
1969	418.20	69.89	4.16	25.94	20.68	0.53	21.21	11.96	16.04	1.98	29.99	91.22
1970	482.00	71.56	4.85	23.59	19.61	0.52	20.12	12.53	16.51	2.26	31.31	88.82
1971	543.00	72.14	4.73	23.13	19.61	0.53	20.15	13.52	16.98	2.49	32.98	87.16
1972	603.90	71.32	4.80	23.88	20.12	0.53	20.65	13.11	17.49	2.57	33.17	87.48
1973	678.50	71.92	5.47	22.61	20.07	0.55	20.62	14.75	18.44	2.65	35.84	84.78
1974	735.00	72.84	5.65	21.51	21.44	0.60	22.04	15.40	19.03	2.60	37.03	85.01
1975	774.60	72.01	5.54	22.45	25.16	0.63	25.79	14.12	20.14	2.53	36.79	89.00
1976	836.50	71.63	5.34	23.02	25.09	0.63	25.73	14.96	21.12	2.33	38.41	87.32
1977	894.80	71.89	5.54	22.56	24.92	0.66	25.58	15.65	21.01	2.26	38.91	86.67
1978	947.60	72.27	5.28	22.46	24.67	0.70	25.37	14.99	21.04	2.31	38.34	87.03
1979	1023.80	71.98	5.62	22.41	24.25	0.73	24.99	14.39	21.05	2.42	37.86	87.13
1980	1107.20	72.02	6.62	21.36	23.94	0.79	24.73	14.58	21.07	2.65	38.29	86.43
1981	1164.30	71.72	7.82	20.47	24.70	0.80	25.50	13.97	21.76	2.97	38.70	86.80
1982	1193.50	71.74	8.14	20.12	25.50	0.83	26.33	13.94	22.62	3.13	39.70	86.64

IN VH DES BRUTTOERWERBS- UND VERMOEGENSEINKOMMENS

1)EINSCHL.PRIVATER ORGANISATIONEN OHNE ERWERBSCHARAKTER.-2)OHNE UNTERSTELLTE SOZIALBEITRAEGE.-3)OHNE NICHTENTNOMMENE GEWINNE DER UNTERNEHMEN OHNE EIGENE RECHTSPERSOENLICHKEIT.-4)LAUFENDE UEBERTRAGUNGEN DES STAATES AN PRIVATE ORGANISATIONEN OHNE ERWERBSCHARAKTER UND INTERNATIONALE ORGANISATIONEN.-5)ZINSEN AUF KONSUMENTENSCHULDEN,VERWALTUNGSGEBUEHREN,ERSTATTUNGEN VON SOZIALLEISTUNGEN,STRAFEN U.AE.,NETTOPRAEMIEN FUER SCHA-DENVERSICHERUNGEN ABZUEGLICH SCHADENVERSICHERUNGSLEISTUNGEN,SALDO DER SOZIALEN LEISTUNGEN PRIVATER HAUSHALTE ALS ARBEITGEBER UND DER UNTER-STELLTEN SOZIALBEITRAEGE,HEIMATUEBERWEISUNGEN AUSLAENDISCHER ARBEITNEHMER UND SONSTIGE INTERNATIONALE PRIVATE UEBERTRAGUNGEN.

ANMERKUNG: 1981 UND 1982 VORLAEUFIGE ERGEBNISSE.

QUELLEN: STATISTISCHES BUNDESAMT WIESBADEN,FACHSERIE 18,VOLKSWIRTSCHAFTLICHE GESAMTRECHNUNGEN,REIHE S.5,REVIDIERTE ERGEBNISSE 1960 BIS 1981, REIHE 1,KONTEN UND STANDARDTABELLEN 1982.- EIGENE BERECHNUNGEN.

Tabelle IV.2.2/2

Empfangene Vermögenseinkommen und Zinsen auf Konsumentenschulden
der privaten Haushalte[1] 1960 bis 1982

in Mrd. DM

Jahr	Empfangene Vermögens- einkommen	Zinsen auf Konsumenten- schulden	Vermögensein- kommen nach Abzug der Zinsen auf Konsumenten- schulden	Nachrichtlich: Anteil der empfangenen Vermögensein- kommen am Primäreink. [2] in vH
1960	5,6	0,9	4,7	2,8
1961	6,1	1,1	5,0	2,7
1962	6,5	1,2	5,3	2,7
1963	7,5	1,4	6,1	2,9
1964	8,3	1,6	6,7	2,9
1965	9,8	1,7	8,1	3,1
1966	11,9	1,8	10,1	3,5
1967	12,8	1,9	10,9	3,8
1968	14,3	2,0	12,3	3,9
1969	17,4	2,4	15,0	4,2
1970	23,4	3,3	20,1	4,9
1971	25,7	4,2	21,5	4,7
1972	29,0	4,8	24,2	4,8
1973	37,1	6,3	30,8	5,5
1974	41,5	7,3	34,2	5,6
1975	42,9	7,1	35,8	5,5
1976	44,7	7,1	37,6	5,3
1977	49,6	7,7	41,9	5,5
1978	50,0	8,6	41,4	5,3
1979	57,5	10,5	47,0	5,6
1980	73,3	14,0	59,3	6,6
1981	91,0	17,8	73,2	7,8
1982	97,2	20,0	77,2	8,1

1) Einschließlich privater Organisationen ohne Erwerbszweck. - 2) Erwerbs- und Vermögenseinkommen ohne unterstellte Sozialbeiträge und ohne nicht- entnommene Gewinne der Unternehmen ohne eigene Rechtspersönlichkeit.

Quellen: Statistisches Bundesamt (Herausgeber): Fachserie 18, Volkswirt- schaftliche Gesamtrechnungen, Reihe 1, Konten und Standard- tabellen 1982. Reihe S.5, Revidierte Ergebnisse 1960 bis 1981.

Die von den privaten Haushalten geleisteten laufenden Übertragungen sind stärker gestiegen als die empfangenen laufenden Übertragungen. Die beiden wichtigsten Posten der geleisteten laufenden Übertragungen sind die direkten Steuern und die Sozialbeiträge, die zusammen über 90vH der geleisteten Übertragungen ausmachen. Aufgrund der im Steuertarif eingebauten Progression expandierten bis 1975 die direkten Steuern tendenziell stärker als die Sozialversicherungsbeiträge; dieser Trend wurde nur in einzelnen Jahren unterbrochen. Seit 1975 sind aber aufgrund der in immer kürzeren Abständen durchgeführten Steuerentlastungen (1975, 1978, 1981) und der Anhebung der Sozialversicherungsbeiträge diese stärker gestiegen.

Während der Anteil der empfangenen staatlichen Transfers am Bruttoerwerbs- und -vermögenseinkommen von 1960 bis 1981 nur um etwa 5 vH-Punkte gestiegen ist, hat der Anteil der an den Staat geleisteten Transfers um mehr als 10 vH-Punkte zugenommen. Infolgedessen expandierte das verfügbare Einkommen der privaten Haushalte langsamer als das Bruttoerwerbs- und -vermögenseinkommen. Die Nettoquote, d.h. die Relation des verfügbaren Einkommens zum Bruttoerwerbs- und -vermögenseinkommen, ging von 95 vH auf 87 vH zurück. Diese Entwicklung ist - mit Ausnahmen - bei den verschiedenen sozialen Gruppen feststellbar.

Ein zeitlicher Vergleich der relativen Transfersalden zeigt, daß die Arbeitnehmer-Haushalte fast durchweg stärker belastet wurden. Für die Selbständigen-Haushalte ergibt sich ab der Einkommenshöhe von etwa 10 000 DM/mtl. im Jahr 1980 eine Entlastung gegenüber 1975. Die Entlastungswirkung ist so stark, daß sich sogar die Nettoquote insgesamt erhöht.

2.3 Sozioökonomische Faktoren und Konsum

Bereits eine grobe Gliederung der Verbrauchsausgaben nach der sozialen Zugehörigkeit bzw. der Einkommenshöhe der Konsumenten läßt einige bemerkenswerte Unterschiede erkennen:
So nimmt der Anteil der Ausgaben für langlebige, hochwertige Gebrauchsgüter (z. B. Personenkraftwagen, Möbel, größere Haushaltsgeräte) mit steigendem Einkommen deutlich zu. Der Ausstattungsgrad der Haushalte

Schaubild IV.2.2/1

RELATIVE TRANSFERSALDEN [1]
DER SELBSTÄNDIGEN [2] - HAUSHALTE
UND DER ARBEITNEHMER [3] - HAUSHALTE
1975 UND 1980 [4]

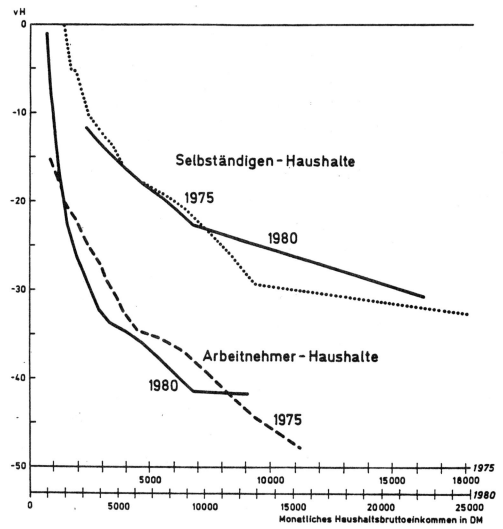

[1] Verhältnis der Transfersalden zum Bruttoerwerbs- und Vermögenseinkommen.— [2] Ohne Land-
wirte.— [3] Ohne Beamte.— [4] Normierung auf das Bruttoeinkommen je privater Haushalt und
Monat; 1975: 2735 DM, 1980: 3758 DM.

DIW 83

bei längerlebigen Konsumgütern hat inzwischen ein hohes Niveau erreicht;
im Bereich der Haushaltsgeräte z.B. ist die Erstausstattung praktisch
abgeschlossen. Sättigungserscheinungen waren lange Zeit kaum zu spüren,
da Ersatzbeschaffungen oft schon bei Qualitätsverbesserungen und
Funktionsinnovationen vorgenommen wurden. Mittlerweile spielt die
Notwendigkeit der Ersatzbeschaffung in den Überlegungen eine größere
Rolle. Schwächer angestiegen ist der Anteil der Ausgaben für
Gebrauchsgüter von begrenztem Wert (z. B. Bekleidung und Schuhe).

Tabelle IV.2.2/3

Einkommensverteilung und -umverteilung in sozialer Gruppierung

Soziale Stellung des Haushaltsvorstandes	Zahl der Haushalte in 1000	Brutto-erwerbs-u.-vermögens-einkommen	Empfangene/ Geleistete laufende Übertragungen in vH d. Bruttoerwerbs- u.-vermögenseinkommen		Transfer-saldo[1]	Verfügbares Einkommen	Netto Quote[2] in vH
			in Mrd. DM				
			1975				
Selbständige in der Land- u. Forstwirtschaft	560	25,6	6,7	15,6	-2,3	23,3	91,0
Selbständige in den sonst. Wirtschaftsbereichen	1 585	165,4	2,1	29,3	-45,0	120,4	72,8
Angestellte	4 705	217,3	8,3	41,7	-72,7	144,6	66,5
Beamte[3]	1 465	60,8	6,1	22,9	-10,2	50,6	83,2
Arbeiter	6 440	245,8	11,9	42,8	-75,8	170,0	69,2
Rentner[4]	7 150	31,9	305,3	27,3	+88,7	120,6	378,1
Versorgungsempfänger des öffentl. Dienstes	1 015	5,4	398,1	71,9	+17,6	23,0	425,9
Insgesamt	22 920	752,2	23,3	36,5	-99,7	652,5	86,7
			1980				
Selbständige in der Land- u. Forstwirtschaft	460	24,7	7,4	18,7	-2,8	21,9	88,7
Selbständige in den sonst. Wirtschaftsbereichen	1 615	237,4	1,7	28,2	-63,0	174,4	73,5
Angestellte	4 980	328,9	6,7	43,4	-120,8	208,1	63,3
Beamte[3]	1 510	88,1	5,1	24,6	-17,2	70,9	80,5
Arbeiter	6 410	342,7	10,6	44,4	-115,9	66,2	
Rentner[4]	7 900	47,3	298,8	32,0	+126,2	173,5	366,8
Versorgungsempfänger des öffentl. Dienstes	1 015	7,7	369,9	64,3	+23,5	31,2	405,2
Insgesamt	23 890	1 076,8	22,1	37,9	-170,0	906,8	84,2

1) Empfangene abzüglich geleisteter Transfers.- 2) Verhältnis des verfügbaren Einkommens zum Bruttoerwerbs- und -vermögenseinkommen.-3) Einschl. Richter, ohne Versorgungsempfänger.- 4) Einschl. sonstiger Personen, die überwiegend von laufenden Übertragungen oder Vermögenseinkommen leben.

Quelle: Berechnungen des DIW unter Verwendung amtlicher Statistiken.

Erwartungsgemäß ist der Anteil der Ausgaben für Verbrauchsgüter (hauptsächlich Nahrungs- und Genußmittel) am privaten Verbrauch mit zunehmendem Einkommen gesunken. Die im Durchschnitt gut verdienenden Haushalte von Selbständigen, Beamten und Angestellten benötigen zur Deckung dieses Bedarfs geringere Teile ihres Einkommens als die anderen sozialen Gruppen. Für Mietausgaben ist - mit Ausnahme der Selbständigenhaushalte - dieselbe Beobachtung zu machen.

Die Inanspruchnahme von Dienstleistungen differiert zwischen den sozialen Gruppen stärker als zwischen den Einkommensklassen, sieht man einmal von den höheren Einkommen ab. Ein Vergleich der Einkommens- und Verbrauchs-Stichproben (EVS) von 1978 mit der von 1973 zeigt eine große Stabilität der Beziehungen. Dies gilt sowohl hinsichtlich der Einkommensabhängigkeit als auch der Zugehörigkeit zu einer bestimmten sozialen Gruppe.

Untersuchungen über die Auswirkungen von Veränderungen in der Zusammensetzung der privaten Haushalte auf den privaten Verbrauch haben zu dem Ergebnis geführt, daß, verglichen mit den durch die Zunahme der Realeinkommen ausgelösten Effekten, weder von der Entwicklung der Zahl der Haushalte noch von der Veränderung in dem Alter des Haushaltsvorstandes nennenswerte Änderungen im Niveau des privaten Verbrauchs und dessen Struktur ausgelöst werden. Dies ist z. T. Ergebnis sich kompensierender Effekte.

Es zeigt sich, daß auf die primär von der Personenzahl abhängige Verbrauchsgüternachfrage (insbesondere bei Nahrungsmitteln) von Änderungen sowohl im Altersaufbau der Haushaltsvorstände als auch in der Erwerbsstruktur der Haushalte negative Einflüsse ausgegangen sind, während für die stärker haushaltsabhängigen Ausgaben (z.B. hochwertige Gebrauchsgüter) positive Einflüsse im Gefolge der sich ändernden Haushaltsstruktur - vor allem Zunahme der 1-Personen-Haushalte - zu erkennen waren. Dies geht konform mit dem Ergebnis, daß Haushaltsstruktureffekte und Einkommens- bzw. Ausgabenelastizitäten in der Richtung weitgehend übereinstimmen: Elastische Ausgabenarten sind zumeist haushaltsbezogen und weisen überwiegend positive, unelastische Ausgabearten sind zumeist personenbezogen und weisen überwiegend negative Haushaltsstruktureffekte auf.

Die Schwierigkeiten, die es bereitet, derartige Zusammenhänge zu ermitteln, liegen insbesondere darin, daß die für solche Analysen notwendigen Strukturinformationen im allgemeinen nur als Querschnittserhebungen zur Verfügung stehen. Offensichtlich wirken viele der in einer Querschnitts-

Tabelle IV. 2.3/1

Privater Verbrauch nach Dauerhaftigkeit und Wert
der Güter je Haushalt 1973 und 1978
- Struktur in vH -

Monatliches Haushaltsnettoeinkommen von ... bis unter ... DM / Soziale Stellung der Bezugsperson	Langlebige, hochwertige Gebrauchsgüter		Gebrauchsgüter von begrenztem Wert		Verbrauchsgüter		Wohnungsmieten		Dienstleistungen 1)	
	1973	1978	1973	1978	1973	1978	1973	1978	1973	1978
Haushalte insgesamt	13,2	14,8	17,0	16,0	41,7	39,4	15,1	15,7	13,0	14,1
unter 1 200	6,7	5,2	15,5	12,8	46,1	45,1	19,3	22,8	12,4	14,1
1 200 - 1 800	11,3	9,4	16,5	15,0	44,8	42,6	15,4	18,5	12,0	14,5
1 800 - 2 500	13,7	12,7	17,1	15,4	42,8	42,2	14,5	16,1	11,9	13,6
2 500 - 5 000	15,3	16,7	17,5	16,6	39,1	38,3	14,2	14,6	13,9	13,8
5 000 - 10 000	16,6	18,2	17,3	16,7	33,2	34,3	14,7	14,4	18,2	16,4
10 000 - 20 000 2)	17,6	20,3	18,2	17,0	29,2	26,8	13,4	14,2	21,6	21,7
Selbständiger	14,0	16,1	16,0	15,8	38,9	36,1	16,5	16,2	14,6	15,8
Beamter	14,6	16,0	17,7	16,6	37,8	35,9	13,1	13,6	16,8	17,9
Angestellter	14,9	17,4	17,9	17,3	39,1	37,0	14,2	14,2	13,9	14,1
Arbeiter	14,5	16,6	17,4	16,1	44,7	42,1	13,8	14,8	9,6	10,4
Nichterwerbstätiger	9,2	10,1	15,9	14,9	42,4	40,7	17,3	18,0	15,2	16,3

1) Einschließlich Reparaturen. - 2) 1973: 10 000 - 15 000 DM.
Quelle: Einkommens- und Verbrauchsstichprobe 1973 und 1978.

analyse ermittelten Zusammenhänge im Zeitablauf kompensierend. Für eine angemessene Erklärung sind auch hier Paneldaten erforderlich.

Zu erkennen ist, daß der Konsum in der Regel nicht spontan auf Einkommensveränderungen reagiert. Gerade in Perioden schwächeren Wachstums sind die privaten Verbraucher offenbar bemüht, ihre Konsumausgaben nicht unmittelbar einer schlechteren Einkommensentwicklung anzupassen und zunächst eher ihre Spartätigkeit einzuschränken. Deutlich war dies in der Rezession 1966/67 und am Anfang des ersten Ölpreisschubs 1973 der Fall.

Allerdings gab es auch Abweichungen von diesem Verhaltensmuster, zuerst zu beobachten 1974 und dann besonders im Gefolge des zweiten Ölpreissprungs in den Jahren 1980 und 1981. Hier blieb jeweils die Entwicklung des privaten Verbrauchs hinter der ohnehin schwachen Einkommensentwicklung zurück. Das Konsumverhalten wird von den privaten Haushalten um so eher der ungünstigeren Einkommensentwicklung angepaßt, je pessimistischer die wirtschaftliche Entwicklung eingeschätzt wird.

Andererseits können aber bei wieder steigenden Realeinkommen und verbesserten Rahmenbedingungen - wie es sich für 1983 andeutet - auch aufgestaute Konsumwünsche nach einer längeren Phase der Nachfragezurückhaltung eine Rolle spielen, die dann zu einer über die Erhöhung der Einkommen hinausgehenden Ausweitung des Konsums führen.

2.4 Vermögen und Ersparnis der privaten Haushalte
2.4.1 Vermögensbestände und Verpflichtungen

Nach den Ergebnissen der gesamtwirtschaftlichen Finanzierungsrechnung belief sich das Geldvermögen der privaten Haushalte am Ende des Jahres 1982 auf 1,7 Bill. DM. Setzt man die Verpflichtungen in Höhe von 157 Mrd. DM ab, so verblieb ein Nettogeldvermögen von knapp 1,6 Bill. DM. Im statistischen Durchschnitt entfiel auf jeden privaten Haushalt eine

Summe von reichlich 60 000 DM. Seit 1960 ist das gesamte Geldvermögen der privaten Haushalte auf mehr als das Zwölffache, das durchschnittliche Geldvermögen auf fast das Zehnfache gestiegen.

Informationen über die Verteilung des Geldvermögens und des Haus- und Grundbesitzes liegen bedauerlicherweise letztmalig in der EVS von 1978 vor. Die am weitesten verbreitete Form der Geldvermögensanlage privater Haushalte ist das Sparbuch. Schon 1973 gab es in neun von zehn Haushalten mindestens ein Sparbuch, so daß hier eine "Sättigungsgrenze" erreicht scheint.

Die Bausparttätigkeit der privaten Haushalte ist durch den Abbau staatlicher Förderungsmaßnahmen im Jahr 1975 - die Einführung von Einkommensgrenzen und die Senkung der Bausparprämien - nicht wesentlich tangiert worden. 1978 hat sich gegenüber 1973 der Kreis derjenigen Haushalte vergrößert, die von der Möglichkeit Gebrauch machten, mit Hilfe zinsgünstiger Bauspardarlehen Wohnungseigentum zu erwerben. Auch der Anteil derjenigen Haushalte, die Wertpapiere besaßen, ist von 1973 bis 1978 deutlich gestiegen.

Rückläufig entwickelt hat sich der Anteil der Haushalte mit Lebensversicherungsverträgen. Hier hat sich die zahlenmäßig überdurchschnittliche Zunahme der Rentner-Haushalte ausgewirkt. Für Selbständige ist die private Lebensversicherung nach wie vor die wichtigste Form der Altersvorsorge, aber auch etwa 80 vH der Arbeitnehmer-Haushalte hatten sowohl 1973 als auch 1978 Lebensversicherungsverträge. Hier wurde in zunehmendem Maße die staatliche Förderung nach dem Dritten Vermögensbildungsgesetz in Anspruch genommen

Kurzfristige Kreditverpflichtungen stehen meist im Zusammenhang mit dem Kauf langlebiger Gebrauchsgüter und sind typisch für Arbeitnehmer-Haushalte, die sich in einer frühen Phase des Familienzyklus befinden. In 30 vH aller Haushalte mit Konsumentenschulden war der Haushaltsvorstand jünger als 35 Jahre; dieser Anteil ist in den siebziger Jahren nahezu konstant geblieben.

Tabelle IV. 2.4/1

Geldvermögen und Verpflichtungen der privaten Haushalte[1] **1960 bis 1982**

Bestand am Jahresende in Mrd. DM

Jahr	Geld-vermögen	Verpflichtungen	Nettogeld-vermögen
1960	138,8	9,0	129,8
1961	159,1	10,3	148,8
1962	180,6	12,6	168,0
1963	205,2	14,0	191,1
1964	234,8	15,3	219,5
1965	271,7	17,2	254,5
1966	307,1	17,9	289,2
1967	341,1	19,4	321,7
1968	383,1	22,8	360,3
1969	434,6	28,0	406,6
1970	493,8	32,3	461,5
1971	561,4	39,5	521,9
1972	642,5	49,9	592,6
1973	722,0	55,1	666,9
1974	808,6	55,5	753,1
1975	914,1	63,0	851,1
1976	1 016,5	77,4	939,1
1977	1 118,2	91,0	1 027,2
1978	1 225,5	108,4	1 117,1
1979	1 346,2	128,8	1 217,4
1980	1 467,9	141,2	1 326,7
1981	1 598,1	148,5	1 449,6
1982	1 726,8	157,0	1 569,8

1) Einschließlich privater Organisationen ohne Erwerbszweck.
Quelle: Zahlenübersichten und methodische Erläuterungen zur ge-
samtwirtschaftlichen Finanzierungsrechnung der Deutschen
Bundesbank 1960 bis 1982. Sonderdrucke der Deutschen
Bundesbank Nr. 4.

Über Haus- und Grundbesitz verfügten 1973 etwa 40 vH, 1978 fast 44 vH
aller in der EVS erfaßten privaten Haushalte. Mit rund 90 vH findet sich
bei landwirtschaftlichen Haushalten traditionell die höchste Eigentümerquote, und auch die Haushalte von Selbständigen außerhalb der Land- und

Forstwirtschaft liegen mit 70 vH deutlich über dem Durchschnitt. In den siebziger Jahren hat sich aber die Eigentümerquote von Arbeitnehmer-Haushalten besonders stark ausgeweitet. Gestiegen ist in dieser Zeit allerdings auch die Zahl derjenigen Haushalte, die ihre Grundvermögen mit Hypotheken oder Bauspardarlehen finanziert haben und hierfür Tilgungs- und Zinszahlungen in oft erheblicher Höhe aufbringen mußten. Als Restschuld wurde von den betroffenen Haushalten 1978 eine Summe genannt, die im Durchschnitt um mehr als ein Viertel höher war als 1973.

Für bestimmte Vermögensbestände wurden in der EVS Durchschnittswerte erfragt. An Spareinlagen, Bausparguthaben und Wertpapierbeständen entfiel auf jeden privaten Haushalt 1973 eine Summe von reichlich 13 000 DM, 1978 von 18 600 DM; nach Abzug der durchschnittlichen kurzfristigen Kreditverpflichtungen verblieb ein Nettovermögen von 12 000 DM (1973) bzw. 17 500 DM (1978). Hier ist freilich zu berücksichtigen, daß Haushalte mit sehr hohen Einkommen von der EVS nicht eingeschlossen werden. Gerade diese Haushalte aber dürften über Vermögensbestände verfügen, die weit über dem Durchschnitt liegen.

Von den sozialen Gruppen der EVS weisen die Haushalte von Selbständigen außerhalb der Land- und Forstwirtschaft den durchschnittlich höchsten Bestand an den drei genannten Geldvermögensarten auf; er war 1978 mehr als doppelt so hoch wie bei den übrigen Gruppen. Selbständigen-Haushalte konnten zwischen 1973 und 1978 zugleich die größte Zunahme ihres Geldvermögens verbuchen. Von den Arbeitnehmer-Haushalten hatten die der Arbeiter das niedrigste Vermögensniveau, aber die höchste Steigerungsrate; der durchschnittliche Wertpapierbestand dieser sozialen Gruppe hat sich von 1973 bis 1978 mehr als verdoppelt. Auch Haushalte mit einem nichterwerbstätigen Haushaltsvorstand haben ihr Geldvermögen in der Berichtszeit weiter kräftig aufgestockt. Dabei legten diese Haushalte einen zunehmenden Teil ihrer Ersparnis in Form von Wertpapieren an.

Schaubild IV. 2.4/2

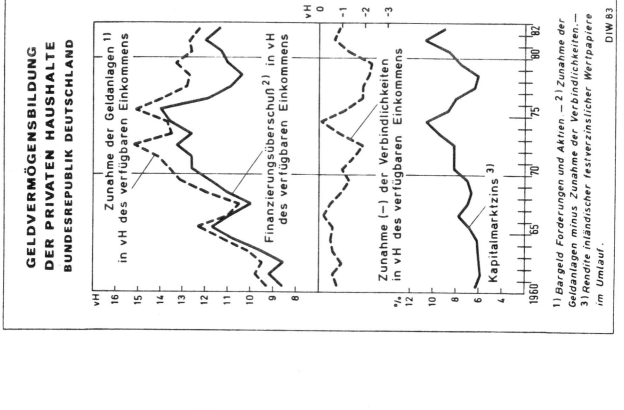

**GELDVERMÖGENSBILDUNG
DER PRIVATEN HAUSHALTE**
BUNDESREPUBLIK DEUTSCHLAND

Zunahme der Geldanlagen [1]
in vH des verfügbaren Einkommens

Finanzierungsüberschuß[2] in vH
des verfügbaren Einkommens

Zunahme (−) der Verbindlichkeiten
in vH des verfügbaren Einkommens

Kapitalmarktzins [3]

1) Bargeld Forderungen und Aktien.− 2) Zunahme der
Geldanlagen minus Zunahme der Verbindlichkeiten.−
3) Rendite inländischer festverzinslicher Wertpapiere
im Umlauf.

DIW 83

Schaubild IV. 2.4/1

**AUSGEWÄHLTE GELDANLAGEN
DER PRIVATEN HAUSHALTE**
BUNDESREPUBLIK DEUTSCHLAND

Bestände 1) in vH des verfügbaren Einkommens

Termin- und Spareinlagen

Spareinlagen

Termineinlagen

Anlagen bei Versicherungen

Rentenwerte 2)

Aktien

Sparbriefe

Anlagen bei Bausparkassen

Bargeld und Sichteinlagen

Sichteinlagen

Bargeld

1) Jahresende.− 2) Festverzinsliche Wertpapiere.

DIW 83

2.4.2 Sparverhalten

Nach den Ergebnissen der volkswirtschaftlichen Gesamtrechnung (VGR) hat der Anteil der Ersparnis am verfügbaren Einkommen der privaten Haushalte - jeweils ohne nichtentnommen Gewinne der Unternehmen ohne eigene Rechtspersönlichkeit - im Jahr 1975 mit reichlich 15 vH seinen bisherigen Höchststand erreicht. Bis 1978 ist die Sparquote auf fast 12 vH gesunken, zu Anfang der achtziger Jahre hat sie sich dann bei 13,5 vH eingependelt. Auf die Bedeutung des Zwecksparens wird im Zusammenhang mit der Entwicklung für einzelne Verwendungszwecke des privaten Konsums eingegangen. Die Höhe der Sparquote im Jahre 1975 kann z. T. dadurch erklärt werden, daß die Verunsicherung über die weitere wirtschaftliche Entwicklung nach der Ölpreisexplosion und der Krise von 1974/75 besonders groß war.

Tabelle IV. 2.4/2

Anteil privater Haushalte[1] mit Vermögen und Schulden 1973[2] und 1978[2]

in vH

	1973	1978	Nachrichtlich: Veränderung in vH-Punkten
Haushalte mit			
Sparbüchern	90,9	91,1	+0,2
Bausparverträgen[3]	35,4	37,3	+1,9
Wertpapieren	23,6	26,3	+2,7
Lebensversicherungs- verträgen 4)	75,8	70,0	-5,8
Kreditverpflichtungen[5]	16,0	14,6	-1,4
Haus- und Grundbesitz[6]	39,5	43,6	+4,1
Tilgungs- und Zinszahlungen[7]	56,9	59,4	+2,5

1) Ohne Haushalte von Ausländern, ohne Privathaushalte in Anstalten und ohne Haushalte mit besonders hohem monatlichen Haushaltsnettoeinkommen (1973: 15 000 DM oder mehr, 1978: 20 000 DM oder mehr). - 2) Jahresende. - 3) Noch nicht zugeteilte Verträge. - 4) Einschließlich Aussteuer-, Ausbildungs-, Sterbegeldversicherungen u. ä. - 5) Ohne Kreditverpflichtungen aus Hypotheken, Baudarlehen u. ä. - 6) Ohne eigengenutzte Betriebsgrundstücke und -gebäude. - 7) Anteil an den Haushalten mit Haus- und Grundbesitz.

Quellen: Statistisches Bundesamt (Herausgeber): Fachserie M, Preise, Löhne, Wirtschaftsrechnungen, Reihe 18, Einkommens- und Verbrauchsstichproben, 2. Vermögensbestände und Schulden privater Haushalte 1973, Fachserie 15, Wirtschaftsrechnungen, Einkommens- und Verbrauchsstichprobe 1978, Heft 2 Vermögensbestände und Schulden privater Haushalte.

Beim Aufbau des Geldvermögens spielten die Zinssätze sowohl bei den längerfristigen Anlagen als auch bei den kürzerfristigen Dispositionen eine maßgebliche Rolle. Nach der Zinsfreigabe im Jahre 1967 - damals wurde die administrative Bindung der Bankzinsen an den Diskontsatz aufgehoben - lernten die Sparer mehr und mehr, Zinssätze, Kosten und Risiken der verschiedenen Geldanlagen gegeneinander abzuwägen. 1981 - in einem Jahr, in dem der Kapitalmarktzins besonders anzog und ein extrem hohes Niveau erreichte - wurde ein Rekordabsatz von festverzinslichen Wertpapieren an private Haushalte erzielt. Mit dem Rückgang des Kapitalmarktzinses im Jahre 1982 hat sich erwartungsgemäß das Engagement der privaten Haushalte auf dem Rentenmarkt wieder verringert.

Die vergleichsweise recht hohe Sparquote der Haushalte von Selbständigen außerhalb der Land- und Forstwirtschaft resultiert nicht zuletzt aus der Tatsache, daß Gewerbetreibende und Angehörige freier Berufe in der Regel nicht - wie Arbeitnehmer - der gesetzlichen Rentenversicherung angehören, sondern ihre Altersversorgung aus dem verfügbaren Einkommen finanzieren müssen.

Schaubild IV. 2.4/3

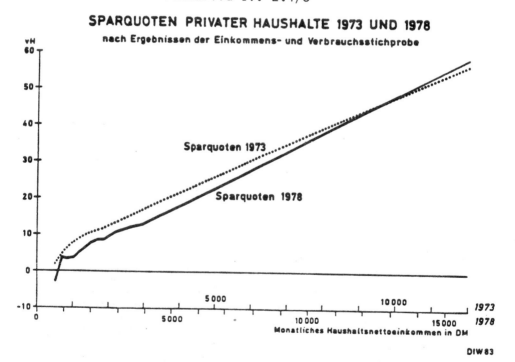

SPARQUOTEN PRIVATER HAUSHALTE 1973 UND 1978
nach Ergebnissen der Einkommens- und Verbrauchsstichprobe

2.5   Die Entwicklung des privaten Verbrauchs

Der in den Konsum fließende Teil des verfügbaren Einkommens hat längerfristig gesehen etwas schwächer zugenommen als das Einkommen insgesamt. Gemessen an der gesamtwirtschaftlichen Nachfrage hat sich die Nachfrage der privaten Haushalte weitgehend proportional entwickelt: Bei der Verwendung des Sozialprodukts ist der private Verbrauch mit einer langjährigen Durchschnittsquote um 55 vH nach wie vor der weitaus gewichtigste Nachfragebereich.

Die zu den Grundbedürfnissen gerechneten Ausgabenkategorien Nahrungs- und Genußmittel sowie Kleidung und Schuhe haben im Budget der privaten Haushalte stark an Bedeutung verloren. Die Ausgaben für Wohnungs- zwecke sind insgesamt überdurchschnittlich gestiegen. Die beschleunigte Ausgabenentwicklung bei den Mieten besonders in der Periode 1960 - 1970 war in erster Linie eine Folge der Mietpreisfreigabe. Zu den dynamisch- sten Bereichen zählten besonders in den 60er Jahren die Ausgaben für das eigene Kraftfahrzeug, deren Anteil an den Gesamtausgaben sich zwischen 1960 und 1981 verdoppelte. Herausragende Wachstumsbereiche waren auch die Ausgaben für Dienstleistungen der Post - hier besonders das Telefon -, der Kreditinstitute und Versicherungen. Zunehmende Teile des verfügbaren Einkommens der privaten Haushalte sind ins Ausland geflos- sen, zum einen direkt durch die Reiseausgaben, zum andern indirekt über die Käufe von importierten Waren.

Der Vergleich der Konsumausgaben zu jeweiligen Preisen mit der Rech- nung zu konstanten Preisen macht deutlich, daß Strukturverschiebungen in der Regel durch reale Nachfrageveränderungen begründet wurden.

2.5.1   Nachfrage nach Haushaltsenergie

In der langfristigen Betrachtung der Ausgaben für Haushaltsenergie ist ein deutlicher Wandel erkennbar. Aufgrund von Veränderungen der relativen Energiepreise und der größeren Bequemlichkeit von Ölheizungen ging in den 60er Jahren der Anteil der anfangs dominierenden Kohle innerhalb des Energiebudgets der privaten Haushalte stark zurück. Kohle wurde

Tabelle IV. 2.5/1

KAEUFE DER PRIVATEN HAUSHALTE

	MILL.DM ZU JEWEILIGEN PREISEN					MILL.DM ZU PREISEN VON 1976				
	1960	1965	1970	1975	1982	1960	1965	1970	1975	1982
KAEUFE INSGESAMT	172260	259210	371870	589760	911090	318490	412080	523670	614450	696870
KAEUFE IM AUSLAND*	2900	5790	10850	22860	40800	5230	8690	13080	22910	26810
KAEUFE IM INLAND	170360	253420	361020	566900	870290	313260	403390	508590	591540	670060
NAHRUNGS-U.GENUSSMITTEL^	63240	87150	107970	154310	223390	107800	129280	147490	161810	176870
KLEIDUNG UND SCHUHE	19580	28020	39080	58280	76790	34140	43160	55010	60380	57840
WOHNUNGSZWECKE	44150	67320	102390	165500	263120	86460	112110	144730	174100	197820
MIETEN#	16900	27090	44910	75200	119180	41940	51700	62360	78800	94600
ENERGIE	5180	8330	13650	23960	48330	12010	17140	24260	25660	28760
HAUSHALTSFUEHRUNG	22070	31900	43830	67340	95610	32510	43270	58110	69640	74460
VERKEHRSZWECKE	14740	27000	45920	71940	121720	27870	45810	67540	75720	85800
KFZ-AUSGABEN$	9930	20580	37730	60170	103160	17590	34620	54310	63240	73350
FREMDE VERKEHRSLEISTUNG.	4810	6420	8190	11770	18560	10280	11190	13230	12480	12450
KOERPER-U.GESUNDHEITSPFL.	8370	12180	16130	25300	39480	19180	23420	23420	26440	30100
BILDUNG UND UNTERHALTUNG	12260	18010	26880	45730	68730	23280	27950	36620	47200	56270
NACHRICHTENUEBERMITTLUNG	790	2170	4650	10260	16490	1760	4270	7320	10240	19170
BANKEN UND VERSICHERUNGEN	2560	4260	6240	13560	25260	5170	7440	9940	13800	20830
SONST.WAREN U.DIENSTL.$	4670	7310	11760	21020	35310	7600	9950	16710	21850	25360
NACHR.:AUSL.WIRKS.NACHFR.&	11710	20730	36260	67760	119890	17560	28520	49470	70510	91080

	STRUKTUR IN VH					STRUKTUR IN VH				
	1960	1965	1970	1975	1982	1960	1965	1970	1975	1982
KAEUFE INSGESAMT	100	100	100	100	100	100	100	100	100	100
KAEUFE IM AUSLAND*	1.67	2.23	2.92	3.88	4.48	1.64	2.11	2.88	3.73	3.85
KAEUFE IM INLAND	98.33	97.77	97.08	96.12	95.52	98.36	97.89	97.12	96.27	96.15
NAHRUNGS-U.GENUSSMITTEL^	36.50	33.62	29.03	26.16	24.52	33.85	31.37	28.16	26.33	25.38
KLEIDUNG UND SCHUHE	11.30	10.81	10.51	9.88	8.43	10.72	10.47	10.50	9.83	8.30
WOHNUNGSZWECKE	25.48	25.97	27.53	28.23	28.88	27.15	27.21	27.64	28.33	28.39
MIETEN#	9.75	10.45	12.08	12.75	13.08	13.17	12.55	11.91	12.82	13.57
ENERGIE	2.99	3.21	3.67	4.06	5.30	3.77	4.16	4.63	4.18	4.13
HAUSHALTSFUEHRUNG	12.74	12.31	11.79	11.42	10.49	10.21	10.50	11.10	11.33	10.68
VERKEHRSZWECKE	8.51	10.42	12.35	12.20	13.36	8.75	11.12	12.90	12.32	12.31
KFZ-AUSGABEN$	5.73	7.94	10.15	10.20	11.32	5.52	8.40	10.37	10.29	10.53
FREMDE VERKEHRSLEISTUNG.	2.78	2.48	2.20	2.00	2.04	3.23	2.72	2.53	2.03	1.79
KOERPER-U.GESUNDHEITSPFL.	4.83	4.70	4.34	4.29	4.33	6.02	5.68	4.44	4.30	4.32
BILDUNG UND UNTERHALTUNG	7.08	6.95	7.23	7.75	7.54	7.31	6.78	6.99	7.68	8.07
NACHRICHTENUEBERMITTLUNG	0.46	0.84	1.25	1.74	1.81	0.55	1.04	1.40	1.67	2.75
BANKEN UND VERSICHERUNGEN	1.48	1.64	1.68	2.30	2.77	1.62	1.81	1.90	2.25	2.99
SONST.WAREN U.DIENSTL.$	2.70	2.82	3.16	3.56	3.88	2.39	2.41	3.19	3.56	3.64
NACHR.:AUSL.WIRKS.NACHFR.&	6.76	8.00	9.75	11.49	13.16	5.51	6.92	9.45	11.48	13.18

* REISEAUSGABEN.- ^ EINSCHL.VERZEHR IN GASTSTAETTEN.- # EINSCHL.MIETWERT DER EIGENTUEMERWOHNUNGEN.- $ OHNE STEUER UND VERSICHERUNG.- % WAREN FUER DIE PERSOENLICHE AUSSTATTUNG (Z.B.UHREN,SCHMUCK), DIENSTLEISTUNGEN DES BEHERBER-GUNGSGEWERBES U.A.- & REISEAUSGABEN IM AUSLAND UND WARENIMPORTE.

QUELLE: STATISTISCHES BUNDESAMT UND BERECHNUNGEN DES DIW.

zunächst vor allem durch Heizöl und dann auch durch Elektrizität (einschl. Fernwärme) substituiert. Die überdurchschnittlich gestiegene Nachfrage nach Strom ist außerdem durch die zunehmende Ausstattung der Haushalte mit elektrotechnischen Geräten gefördert worden.

Die 70er Jahre waren charakterisiert durch zwei sprunghafte Ölpreiserhöhungen mit einer Verteuerung des Heizöls auf das Fünfeinhalbfache bis 1982. Die dadurch induzierten Anpassungsreaktionen überlagerten den bisherigen Trend und modifizierten ihn. Zwar blieb die Abkehr von der Kohle weiterhin bestehen - seit 1978 ist allenfalls eine Stabilisierung auf niedrigem Niveau zu registrieren -, aber die bis 1973 stetige Aufwärtsentwicklung beim Heizölverbrauch wurde gestoppt. Steigende reale Verbrauchsanteile hatten seitdem vor allem Gas, aber auch Elektrizität und Fernwärme zu verzeichnen. Deren Preise wurden zwar auch von den beiden Ölpreisschüben erfaßt, jedoch mit zeitlicher Verzögerung und in stark abgeschwächter Form. So haben sich im Durchschnitt der betrachteten 22 Jahre Strom und Gas nicht bzw. kaum mehr verteuert als die Lebenshaltung insgesamt; der relative Preisanstieg seit 1974 kompensierte also lediglich den bis zu dieser Zeit zu beobachtenden Rückgang der relativen Preise.

Die Verringerung des spezifischen Heizenergieverbrauchs in der jüngsten Zeit ist sowohl auf das Wirken konsumtiver Faktoren ohne Investitionen (Veränderungen der Heizgewohnheiten bei gegebenem Anlagenbestand) als auch konsumtiver Faktoren mit Investitionen (energiesparende Investitionen im Heizungssystem und in bzw. an Gebäuden) zurückzuführen. Kurzfristige Reaktionen gab es naturgemäß vor allem im Bereich der bloßen Einsparung; die hier relevanten Verhaltensspielräume z.B. bei der Wahl der Raumtemperatur, der Beheizung oder Nicht-Beheizung einzelner Räume oder Nachtabsenkungen sind zu einem großen Teil genutzt worden.

Demgegenüber schlagen sich Veränderungen des Energieverbrauchs, die mit Investitionen verbunden sind, eher langfristig in der Verbrauchsentwicklung nieder. Aber auch in diesem Bereich sind bereits deutliche Bemühungen sichtbar geworden, um das relativ teure Heizöl durch billigere Energieträger zu substituieren. Zwar ist die in neu errichteten

Schaubild IV. 2.5/2

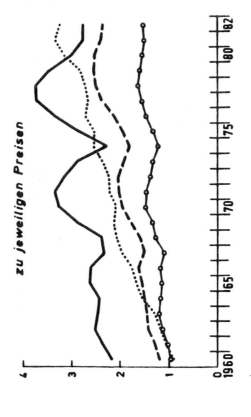

AUSGABEN DER PRIVATEN HAUSHALTE FÜR KRAFTFAHRZEUGE[1]

in vH des verfügbaren Einkommens

— Fahrzeugkäufe 2)
······ Kraftstoffe
--- Reparaturen u.a.
—o— Sonstige Waren und Dienstleistungen 3)

zu jeweiligen Preisen

1) Ohne Steuer und Versicherung.— 2) Einschl. Motorräder.—
3) Teile, Zubehör, Schmiermittel, Wasch- und Pflegemittel,
Fahrschulgebühren, Garagenmieten u.a.
Quelle: Statistisches Bundesamt und Berechnungen des DIW.

DIW 83

Schaubild IV. 2.5/1

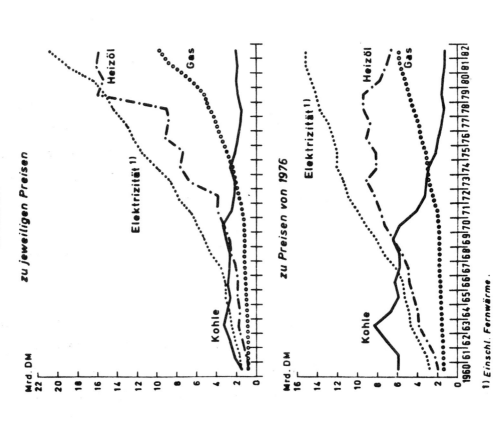

AUSGABEN FÜR HAUSHALTSENERGIE NACH ENERGIETRÄGERN

in Mrd. DM

zu jeweiligen Preisen

Heizöl

Gas

Elektrizität 1)

Kohle

zu Preisen von 1976

Elektrizität 1)

Heizöl

Gas

Kohle

1) Einschl. Fernwärme.
Quelle: Statistisches Bundesamt und Berechnungen des DIW.

DIW 83

Wohngebäuden überwiegend verwendete Heizenergie immer noch Öl, jedoch ist dessen Anteil allein von 1979 bis 1981 von über 60 vH auf 47 vH zurückgegangen. Umgekehrt stieg der Neubau-Marktanteil von Gas in dieser Zeit von 32 vH auf 40 vH, der von Strom und Fernwärme von 6 vH auf 11 vH. In die gleiche Richtung weisen die vorgenommenen Umstellungen zwischen Energieträgern bei Raumheizungen. 1981 z.B. wurden fast zwei Drittel aller Umstellungen zugunsten von Gasheizungen durchgeführt, aber nur 11 vH zugunsten von Ölheizungen.

2.5.2 Kraftfahrzeugausgaben der privaten Haushalte

Aufgrund der stürmischen Ausdehnung der privaten Motorisierung besonders in den sechziger Jahren wurde ein immer größerer Teil des Einkommens für Kraftfahrzeugausgaben beansprucht. Im Durchschnitt der Jahre 1960 bis 1982 wuchsen die mit der Kraftfahrzeuganschaffung und -haltung verbundenen Ausgaben fast doppelt so schnell wie das verfügbare Einkommen. Dabei haben sich erhebliche Verschiebungen zwischen den Ausgabeanteilen z.B. für Neuanschaffung, Kraftstoffe und Reparaturen ergeben. Besonders stark expandierten die Ausgaben für Kraftstoffe, in erster Linie zu Lasten der für die Anschaffung verwendeten Mittel.

Das überdurchschnittliche Wachstum der Ausgaben für Kraftstoffe war zeitweise von Schwankungen geprägt, verursacht vor allem durch starke Abweichungen in der Preisentwicklung. Bei der Fahrzeuganschaffung waren dagegen heftige Ausschläge bei der Entwicklung der realen Nachfrage zu registrieren, was auf einen ziemlich engen Zusammenhang zur wirtschaftlichen Entwicklung und zu Störungen im wirtschaftlichen Ablauf hinweist. So machte sich die Verunsicherung der Konsumenten im Zusammenhang mit den beiden Ölpreisschüben besonders in einer drastischen Reduzierung der PKW-Nachfrage bemerkbar. Die Nachfrageeinbrüche wurden aber i. d. R. in den Folgejahren wieder ausgeglichen.

Für Kraftstoffe waren nicht einmal im Gefolge der beiden Ölpreissprünge bemerkenswerte reale Nachfrageeinbußen zu registrieren. Dafür gibt es eine Reihe von Gründen:

Das große Gewicht der im Kraftstoffpreis enthaltenen Verbrauchsteuer (Mengensteuer) läßt - anders als beim Heizöl - eine Rohölverteuerung nicht voll durchschlagen. Gemessen am Preisanstieg für den privaten Verbrauch insgesamt war Kraftstoff 1982 immer noch billiger als 1960. Wiederum anders als beim Heizöl lassen sich Benzin und Diesel unter wirtschaftlichen Gesichtspunkten bisher nicht durch andere Energieträger substituieren. Der Fahrzeugbestand und damit das Nachfragepotential für Kraftstoffe hat sich weiter erhöht. Einsparbemühungen sind zwar erkennbar, z.B. anhand der durchschnittlichen Fahrleistungen, des rückläufigen spezifischen Kraftstoffverbrauchs oder des höheren Anteils der sparsameren dieselgetriebenen Fahrzeuge bei den Neuzulassungen. Sie reichten aber bisher nicht aus, die expansiven Einflüsse zu kompensieren.

2.5.3 Die auslandswirksame Nachfrage

Etwa im gleichen Tempo wie die Kfz-Ausgaben stieg die auslandswirksame Nachfrage. Ihr Anteil an den Käufen der privaten Haushalte hat sich von 1960 bis 1982 fast verdoppelt, in preisbereinigter Betrachtung aufgrund der relativen Verbilligung der importierten Waren sogar mehr als verdoppelt. Inzwischen kommt über ein Achtel der gesamten privaten Verbrauchsnachfrage dem Ausland zugute.

Auslandsreisen waren lange Zeit von einer auch in wirtschaftlich schlechteren Perioden kaum gebrochenen Dynamik gekennzeichnet. Nicht ganz so schnell wie die Reiseausgaben im Ausland, aber immer noch weit über dem Durchschnitt der allgemeinen Verbrauchsentwicklung liegend, nahm die Nachfrage nach im Ausland produzierten Waren zu. Diese Verschiebung der Relation zwischen Waren inländischer und ausländischer Herkunft zeigt sich bei nahezu allen Verwendungszwecken, besonders stark in den Bereichen Kleidung und Schuhe sowie Bildung und Unterhaltung; ihre gestiegenen Quoten lassen die gewachsene Bedeutung der Importkonkurrenz deutlich erkennen. Für die zunehmende Bedeutung der Importe lassen sich zwar etliche Bestimmungsgründe finden, jedoch dürfte ein geschlossener Erklärungsansatz kaum zu formulieren sein.

Neben vielen anderen Faktoren spielt das Preisverhältnis zwischen inländischen und ausländischen Erzeugnissen eine große Rolle. Es gibt eine ganze Reihe von Branchen, die der wachsenden Importkonkurrenz kaum standhalten können. Auch ein Ausweichen auf Auslandsmärkte erscheint kaum möglich. So haben noch 1970 die inländischen Hersteller von Fotoapparaten dreimal so viel exportiert wie importiert; 1980 hat sich das Verhältnis fast umgekehrt.

Im Rahmen einer ökonometrischen Analyse ist versucht worden, die Bedeutung gerade der Preiskomponente zu ermitteln. Die Hypothese, daß dem Preisverhältnis Inland/Ausland eine wesentliche Steuerungsfunktion bei den Nachfrageentscheidungen zukommt, ist nur bei konkurrierenden Importen sinnvoll zu überprüfen, d. h. bei solchen Einfuhrgütern, die mit inländischen Produkten konkurrieren und sie substituieren können.

Als Schätzfunktion wurde - nach verschiedenen Testrechnungen - ein Ansatz gewählt, bei dem die reale Importquote erklärt wird durch die entsprechende Quote des Vorjahres, durch die reale Nachfrage nach allen Gütern des jeweiligen Verwendungszwecks und durch das Preisverhältnis zwischen inländischen Gütern und Importen.

Aufgrund der durchgeführten Rechnungen konnte die Hypothese, daß das Konkurrenzpreisverhältnis zwischen inländischen und importierten Gütern für das Vordringen der Einfuhr von entscheidender Bedeutung sei, für die Güter des privaten Verbrauchs nur teilweise bestätigt werden. Zwar hat sich bei rund der Hälfte der getesteten Nachfragegruppen ein signifikanter Preiseinfluß nachweisen lassen, doch handelt es sich bei ihnen eher um weniger gewichtige Nachfragebereiche, abgesehen vom Ledergewerbe im Verwendungszweck Kleidung und Schuhe. Hohe Preiselastizitäten waren insbesondere bei EBM-Waren festzustellen, sowohl im Verwendungszweck Übrige Haushaltsführung als auch im Verwendungszweck Bildung und Unterhaltung.

Im allgemeinen lassen sich jedoch die von Veränderungen der relativen Preise auf die Struktur des privaten Verbrauchs ausgehenden Einflüsse nur schwer bestimmen. Zu berücksichtigen sind dabei in erster Linie die

Tabelle IV.2.5/2

WARENIMPORTE FUER DEN PRIVATEN VERBRAUCH

NACH VERWENDUNGSZWECKEN UND AUSGEWAEHLTEN LIEFERBEREICHEN

	MILL.DM IN JEW. PREISEN		IMPORTQUOTEN # IN VH		RELATIVE PREISENTWICKLUNG &			
					1962=100		SIGNIFIKANZTEST #	
	1962	1980	1962	1980	1970	1980	SIGNIFI- KANT <	NICHT SIGN. >
NAHRUNGS-UND GENUSSMITTEL	6046	21369	12.73	15.64				
DAR.LAND-U.FORSTWIRTSCHAFT	3014	7941	32.00	60.85	105	103		
ERNAEHRUNGSGEWERBE	3002	13017	9.18	11.91	99	102		
KLEIDUNG UND SCHUHE	1390	18779	8.65	39.27				
DAR.TEXTILGEWERBE	544	6255	14.02	51.23	108	108		
LEDERGEWERBE	260	4100	7.67	50.76	109	121		
BEKLEIDUNGSGEWERBE	553	7877	6.40	29.45	106	111	**	*
ELEKTRIZITAET,GAS,BRENNST.	114	1339	3.70	8.70				
UEBRIGE HAUSHALTSFUEHRUNG	977	10912	5.89	17.87				
DAR.TEXTILGEWERBE	284	2373	16.14	36.92	101	67		
HOLZVERARBEITUNG	128	2406	2.94	14.90	80	61		
ELEKTROTECHNIK	81	1042	3.98	16.41	109	117		*
EBM-WAREN	62	866	5.08	17.13	114	140	***	*
FEINKERAMIK,GLAS	61	1039	11.47	35.13	118	151	**	
VERKEHRSZWECKE	1828	9332	22.02	15.89				
DAR.STRASSENFAHRZEUGBAU	548	4257	9.87	15.34	102	114		*
GUMMIVERARBEITUNG	70	692	18.82	39.91	104	116	*	*
KOERPER-U.GESUNDHEITSPFLEGE	49	1103	1.36	11.15				
DAR.CHEMISCHE INDUSTRIE	37	784	1.38	12.83	94	102		
BILDUNG UND UNTERHALTUNG	460	6932	7.39	27.12				
DAR.ELEKTROTECHNIK	118	2751	6.12	31.13	109	117		*
HERST.V.MUSIKINSTR.U.A.	177	1744	18.83	49.60	122	146		*
FEINMECHANIK,OPTIK	35	786	10.45	45.57	137	171	**	*
CHEMISCHE INDUSTRIE	34	408	17.26	48.80	111	134		*
EBM-WAREN	17	175	13.28	30.76	114	140	***	*
BUEROMASCHINEN,ADV	9	108	12.86	31.86	99	148	**	
PERSOENL.AUSSTATTUNG,SONST.	156	1654	6.72	16.12				
DAR.HERST.V.MUSIKINSTR.U.A.	93	578	17.06	23.40	76	110		
LEDERGEWERBE	38	749	5.97	34.00	118	139		*
EBM-WAREN	9	176	10.59	58.86	114	140	**	
INSGESAMT	11020	71420	10.63	19.55				

ANTEIL DER IMPORTE AN DEN JEWEILIGEN WARENKAEUFEN IM INLAND.-
& PREISINDEX DER INLAENDISCHEN GUETER BEZOGEN AUF DEN PREISINDEX DER ENT-
SPRECHENDEN IMPORTE.- # SCHAETZZEITRAUM 1962-1980. AUFGRUND VON A-PRIORI-
UEBERLEGUNGEN NUR FUER AUSGEWAEHLTE BEREICHE DURCHGEFUEHRT.- < PARAMETER
BEI ∝=0,10 SIGNIFIKANT.PREISELASTIZITAETEN UNTER 1 (*),ZWISCHEN 1 UND 2 (**)
BZW.UEBER 2 (***).- > PARAMETER BEI ∝=0,10 NICHT SIGNIFIKANT VON 0 VERSCHIEDEN.

QUELLE: KONSUMMATRIZEN DES DIW.

Dringlichkeit der Konsumwünsche, die in der Präferenzordnung bei gegebenem Einkommen zum Ausdruck kommt, und die jeweils vorhandenen Substitutionsmöglichkeiten. Die Stärke des Preiseinflusses bei einer Nachfrageentscheidung ist deshalb von Fall zu Fall unterschiedlich. Überwiegend dürften Kaufentscheidungen durch die Wertvorstellungen der Konsumenten determiniert werden. Relativ sinkende oder steigende Preise haben dabei eher die Funktion eines Katalysators, durch den die Realisierung von bereits geprägten Konsumwünschen beschleunigt oder verzögert wird. So ist das Vordringen der elektrotechnischen Haushaltsgeräte und der ölbetriebenen Zentralheizungen vor allem auf den Wunsch nach mehr

Bequemlichkeit zurückzuführen, wurde gleichzeitig aber auch durch eine für den Verbraucher günstige Preisentwicklung forciert.

Für die private Konsumnachfrage ist neben den Preisen ebenso ausschlaggebend, welche Produkte auf dem Markt neu angeboten werden. Die von den Unternehmen betriebene Produktinnovation hat ja gerade das Ziel, neue Bedürfnisse zu wecken und die Nachfrage auf das neue Produkt zu ziehen. In der Theorie des Produktzyklus wird zwischen verschiedenen Phasen unterschieden. In der Phase der Markteinführung kann der Erstanbieter aufgrund seiner (Quasi-)Monopolstellung Knappheitsgewinne realisieren. In der Phase der weiteren Verbreitung (Diffusion) treten Konkurrenzanbieter auf, der Produktpreis sinkt und die Nachfrage steigt. In der Phase der Massenfertigung wird der Preis weiter sinken. In den verschiedenen Phasen des Produktzyklus ändert sich die Konstellation von Neuheit, Preisen und Sättigung des Marktes fortlaufend. Gerade in der Anfangsphase werden die neuen Güter aufgrund ihres Statussymbolcharakters trotz - oder wegen - ihrer hohen Preise gekauft; in gewissem Sinne liegt hier der Beginn von Präferenzänderungen. Präferenzänderungen sind allerdings nur schwer meßbar; ihr Einfluß ist kaum von dem der Einkommensentwicklung zu trennen.

2.5.4   Lieferstruktur des privaten Verbrauchs

Die Änderungen im privaten Verbrauch haben sich auf die einzelnen Wirtschaftszweige unterschiedlich ausgewirkt. Wie bereits im Strukturbericht 1980 des DIW gezeigt wurde, gab es im Zeitraum 1962 bis 1976 nennenswerte Anteilsgewinne vor allem bei der Energieversorgung, der Mineralölverarbeitung, dem Fahrzeugbau, dem Handel und der Nachrichtenübermittlung. Anteilsverluste hatten insbesondere die Land- und Forstwirtschaft, der Bergbau, das Ledergewerbe sowie die meisten Sektoren im Verkehrs- und Dienstleistungsbereich zu verzeichnen. Diese Tendenzen haben sich in den folgenden Jahren bis 1980 im großen und ganzen fortgesetzt, wobei in der Mehrzahl der Fälle eine Verlangsamung des durch die Konsumnachfrage bedingten Strukturwandels zu beobachten war. Allerdings gab es von dieser Grundtendenz auch einige erwähnenswerte Ausnahmen. So mußte der lange Zeit expansive Fahrzeugbau zwischen 1976 und 1980 Anteilsverluste hinnehmen, zurückzuführen auf den Nachfrageeinbruch nach dem zweiten Ölpreisschub 1979. Auch der Handel konnte seinen zuvor gestiegenen Anteil nicht ganz halten. Um gekehrt waren in den meisten Verkehrs- und Dienstleistungsbranchen nach 1976 keine weiteren Strukturverluste mehr zu registrieren; zwei Sektoren mit zuvor rückläufiger Anteilsentwicklung - Wissenschaft, Bildung und Kunst sowie übrige Dienstleistungen - konnten sogar Strukturgewinne verbuchen.

Die langfristige Entwicklung ist gekennzeichnet dadurch, daß für die Produktion der Güter des privaten Verbrauchs immer weniger Beschäftigte eingesetzt werden. Dies ist zu einem wesentlichen Teil die Folge der gewachsenen Außenhandelsverflechtung: Die kräftig gestiegenen Importe für den privaten Verbrauch bedeuten, daß im Ausland mehr Erwerbstätige für den inländischen Konsum arbeiten; gleichzeitig hat es eine Verlagerung der inländischen Beschäftigung in die Exportproduktion gegeben. Dieser Trend hat sich in den Jahren bis 1980 - wenn auch in abgeschwächter Form - fortgesetzt; von 1976 bis 1980 nahm die Zahl der für den privaten Verbrauch insgesamt eingesetzten Erwerbstätigen nochmals um knapp 200 000 Personen ab. Von dieser Entwicklung wichen zwei Verwendungsbereiche ab: Für Verkehr und Nachrichtenübermittlung sowie persönliche Ausstattung (einschließlich sonstige Waren und Dienstleistungen) arbeiteten 1980 rd. 140 000 Beschäftigte mehr als 1976.

Die sektoralen Auswirkungen der Konsumverlagerungen waren unterschiedlich. Beispielsweise war von der schwächer expandierenden Nachfrage nach Nahrungs-und Genußmitteln in erster Linie die Land- und Forstwirtschaft betroffen, nicht dagegen das Ernährungsgewerbe. Beim Verwendungszweck Kleidung und Schuhe wurden 1980 vor allem im Verbrauchsgütergewerbe weniger Erwerbstätige benötigt als 1976, während der Handel sogar mehr Beschäftigte für diesen Nachfragebereich einsetzte. Generell gehört der Handel zu den wenigen Wirtschaftszweigen mit deutlichen Beschäftigungsgewinnen bei den Lieferungen für den privaten Verbrauch. Hier ist zu erwähnen, daß die kräftige Zunahme der Importe für den privaten Verbrauch, die ja fast ausschließlich über den

Tabelle IV. 2.5/4

DEM PRIVATEN VERBRAUCH UND SEINEN VERWENDUNGSZWECKEN ZUGERECHNETE ERWERBSTAETIGE IM JAHRE 1980

ERWERBSTAETIGE IM 1000 PERSONEN

	NAHRUNG	BEKLEIDUNG	WOHNUNG	ENERGIE	HAUSHALT	VERKEHR	BEGUNDH.	BILDUNG	SONSTIGE	INSGES.
LANDWIRTSCHAFT	756	8	13	2	133	12	8	14	46	994
ENERGIEWIRTSCHAFT	17	4	29	70	8	15	2	4	4	153
BERGBAU	9	2	1	38	6	10	2	2	2	72
GRUNDSTOFF-U.PROD.GUETER	70	15	16	14	117	98	44	39	31	439
INVESTITIONSGUETER	81	14	19	15	138	465	31	92	44	899
VERBRAUCHSGUETER	62	384	19	4	275	37	11	111	64	964
NAHRUNGS-U.GENUSSMITTEL	449	3	2	1	10	6	11	9	15	699
BAUGEWERBE	12	3	73	3	42	6	2	3	4	151
HANDEL	713	537	11	54	486	315	101	228	97	2542
VERKEHR	60	14	4	14	26	191	7	13	13	344
NACHRICHTENUEBERMITTL.	29	9	4	3	13	195	7	18	14	292
BANKEN U.VERSICHERUNGEN	88	11	34	3	18	29	5	18	200	486
WOHNUNGSVERMIETUNG	0	0	110	0	0	0	0	0	0	110
SONST.DIENSTLEISTUNGEN	436	53	48	12	97	109	167	239	191	1352
STAAT,PRIV.HAUSH./ORG.	44	7	82	42	42	14	75	97	406	770
ALLE WIRTSCHAFTSZWEIGE	3026	1067	462	236	1413	1495	466	899	1213	10267

STRUKTUR IM vH

	NAHRUNG	BEKLEIDUNG	WOHNUNG	ENERGIE	HAUSHALT	VERKEHR	BEGUNDH.	BILDUNG	SONSTIGE	INSGES.
LANDWIRTSCHAFT	7,36	0,08	0,13	0,02	1,30	0,12	0,08	0,16	0,45	9,68
ENERGIEWIRTSCHAFT	0,17	0,04	0,28	0,68	0,08	0,15	0,02	0,04	0,04	1,49
BERGBAU	0,09	0,02	0,01	0,37	0,06	0,10	0,02	0,02	0,02	0,70
GRUNDSTOFF-U.PROD.GUETER	0,68	0,18	0,16	0,14	1,16	0,96	0,43	0,38	0,30	4,28
INVESTITIONSGUETER	0,79	0,14	0,19	0,15	1,34	4,53	0,30	0,90	0,43	8,76
VERBRAUCHSGUETER	0,60	3,74	0,14	0,04	2,68	0,36	0,11	1,08	0,64	9,39
NAHRUNGS-U.GENUSSMITTEL	4,32	0,03	0,02	0,01	0,10	0,04	0,04	0,09	0,15	6,81
BAUGEWERBE	0,12	0,03	0,71	0,03	0,41	0,09	0,02	0,03	0,04	1,47
HANDEL	6,94	5,23	0,11	0,53	4,73	3,07	0,98	2,22	0,94	24,76
VERKEHR	0,58	0,14	0,06	0,14	0,25	1,86	0,07	0,13	0,04	3,35
NACHRICHTENUEBERMITTL.	0,28	0,09	0,04	0,03	0,13	1,90	0,07	0,18	0,14	2,84
BANKEN U.VERSICHERUNGEN	0,86	0,11	0,33	0,03	0,18	0,28	0,05	0,18	2,73	4,73
WOHNUNGSVERMIETUNG	0,00	0,00	1,07	0,00	0,00	0,00	0,00	0,00	0,00	1,07
SONST.DIENSTLEISTUNGEN	4,25	0,52	0,47	0,12	0,94	1,06	1,63	2,33	1,86	13,17
STAAT,PRIV.HAUSH./ORG.	0,43	0,07	0,80	0,03	0,41	0,14	0,73	0,94	3,95	7,50
ALLE WIRTSCHAFTSZWEIGE	29,47	10,39	4,50	2,30	13,76	14,56	4,54	8,66	11,81	100,00

VERAENDERUNG 1976-80 IN 1000 PERSONEN

	NAHRUNG	BEKLEIDUNG	WOHNUNG	ENERGIE	HAUSHALT	VERKEHR	BEGUNDH.	BILDUNG	SONSTIGE	INSGES.
LANDWIRTSCHAFT	-162	-4	-2	0	-38	-2	-2	-7	-6	-223
ENERGIEWIRTSCHAFT	-1	0	2	-3	0	-2	0	0	0	-6
BERGBAU	-1	-7	-2	-1	-1	-1	-8	-7	0	-46
GRUNDSTOFF-U.PROD.GUETER	-10	-5	-2	0	-7	-5	-1	-17	-7	-40
INVESTITIONSGUETER	-14	-66	0	-1	-17	17	-3	-13	-3	-92
VERBRAUCHSGUETER	-8	-2	0	-1	-2	3	-3	-1	-3	-11
NAHRUNGS-U.GENUSSMITTEL	7	-3	0	-1	0	0	0	-1	-2	93
BAUGEWERBE	-3	-2	-3	-1	-1	1	-8	-1	0	-20
HANDEL	19	16	0	3	13	33	-1	-7	5	6
VERKEHR	-7	-4	0	1	-5	-4	-8	-2	-20	-9
NACHRICHTENUEBERMITTL.	-1	-2	3	0	-2	10	1	-30	23	12
BANKEN U.VERSICHERUNGEN	0	0	12	2	0	3	0	0	0	80
WOHNUNGSVERMIETUNG	17	10	10	2	-1	10	6	22	16	68
SONST.DIENSTLEISTUNGEN	-2	-1	13	1	-3	1	10	11	38	48
STAAT,PRIV.HAUSH./ORG.	-168	-81	32	8	-71	64	-7	-39	74	-168
ALLE WIRTSCHAFTSZWEIGE	-168	-81	32	8	-71	64	-7	-39	74	-168

QUELLE: KONSUMMATRIZEN UND INPUT-OUTPUT-RECHNUNG DES DIW.

Tabelle IV. 2.5/3

Lieferstruktur der Käufe der privaten
Haushalte im Inland
zu Preisen von 1976

Wirtschaftszweige	Anteil an den Käufen insgesamt in vH		
	1980	Veränderung 1962-76[1]	1976-80
Land- und Forstwirtschaft, Fischerei	2,8	-1,4	-0,1
Energieversorgung	2,9	+1,5	+0,2
Bergbau	0,2	-0,7	-0,1
Chemisches Gewerbe	1,9	-0,1	+0,1
Mineralölverarbeitung	4,1	+1,6	+0,3
Kunststoff- und Gummiwaren	0,6	+0,1	
Steine und Erden	0,4		
Feinkeramik, Glas	0,2	-0,1	
Metallerz. u.-bearb., Stahlbau	0,4		
Maschinenbau	0,3	-0,1	-0,3
Fahrzeugbau	5,9	+2,3	+0,1
Elektrotechnik	2,4	-0,9	+0,1
Feinmechanik, Optik, Uhren	0,8	+0,3	
EBM-Waren	0,6	-0,2	-0,1
Musikinstrumente u. Spielwaren; Schmuck	2,1	-0,1	-0,1
Holzbe- und -verarbeitung	1,3	-0,1	-0,1
Zellstoff, Papier, Druckgewerbe	2,4	-0,1	-0,1
Textilgewerbe	1,2	-0,9	-0,2
Ledergewerbe	3,7	-0,2	-0,2
Bekleidungsgewerbe	14,5	-0,5	
Ernährungsgewerbe	1,7	-0,4	-0,2
Tabakverarbeitung			
Baugewerbe	0,4	+0,1	
Handel	15,7	+1,3	-0,3
Eisenbahnen	0,6	-0,6	
Übriger Verkehr	1,5	-0,7	-0,7
Nachrichtenübermittlung	2,6	+1,0	+1,0
Kreditinstitute und Versicherungen	2,7	+0,7	+0,1
Wohnungsvermietung	13,1	-0,5	-0,1
Gaststätten- u. Beherbergungsgewerbe	3,9	-1,3	+0,2
Wissenschaft, Bildung, Kunst	2,4	-0,1	+0,2
Gesundheits- und Veterinärwesen	1,0	-0,1	
Übrige Dienstleistungen	2,8	-0,2	-0,2
Staat	1,5	-0,3	+0,1
Private Haushalte und private Organi-sationen ohne Erwerbscharakter	0,6	-1,0	-0,1
Käufe insgesamt	100,0		

1) Zu Preisen von 1970.

Quelle: Konsummatrizen des DIW.

Handel abgewickelt werden, zum vergleichsweise günstigen Beschäftig-
tenstand in diesem Sektor beigetragen hat.

Beim Verwendungszweck mit der höchsten Zunahme der zugerechneten
Beschäftigung von 1976 bis 1980 - persönliche Ausstattung sowie sonstige
Waren und Dienstleistungen - ist hervorzuheben, daß der höhere Beschäf-
tigtenbedarf fast ausschließlich im Dienstleistungsbereich entstanden ist;
dabei handelt es sich sowohl um private Dienstleistungen - im wesentlichen Dienstleistungen des Beherbergungsgewerbes, der Banken und Versicherungen - als auch um öffentliche Dienstleistungen. Der Bedarf an
abstrakter Sicherheit in Form von Versicherungen gegen die verschieden-
sten Risiken ist zunehmend höher eingeschätzt worden. Allerdings sind
nicht nur die freiwillig abgeschlossenen Risikoversicherungen stark gestiegen; auch gesetzlich bedingte Änderungen wie bei den Beiträgen zur Kfz-
Haftpflichtversicherung sind hier zu nennen. Die von privaten Haushalten
gezahlten Prämien für Schadensversicherungen expandierten zwischen
1960 und 1980 etwa doppelt so schnell wie die verfügbaren Einkommen.
Mit steigendem Einkommen nimmt der Wunsch zu, das Erreichte abzusi-
chern. Überhaupt war der gesamte Dienstleistungssektor neben dem
Handel der für die Beschäftigung expansivste Bereich; mit dem Anstieg
der hier durch die private Verbrauchsnachfrage beanspruchten Erwerbstätigen um 150 000 Personen konnte der erhebliche Minderbedarf in der
Land- und Forstwirtschaft (minus 220 000 Erwerbstätige) und im waren-
produzierenden Gewerbe (minus 200 000 Erwerbstätige) teilweise kompensiert werden.

3. Verhalten der Unternehmen

Unternehmen sind in unserer Wirtschaftsordnung diejenigen Wirtschaftseinheiten, die Güter und Dienste für den Markt produzieren. Diese Funktion erfüllen Unternehmen in der Weise, daß sie - ihren Absatzerwartungen entsprechend - Produktionsfaktoren so miteinander kombinieren, daß die geplante Produktion möglichst kostengünstig hergestellt werden kann.

Unter gesamtwirtschaftlichen Aspekten liegen die Schwierigkeiten, denen sich Unternehmen bei der Planung ihres Produktionspotentials gegenübersehen, vor allem darin, daß ihre Absatzmöglichkeiten nicht unabhängig von ihren Dispositionen über den Einsatz von Produktionsfaktoren sind. Die Kosten der Produktion sind vielmehr gleichzeitig Grundlage für die Einkommen anderer Wirtschaftssubjekte und damit die Basis inländischer Nachfrage. Diese Kreislaufzusammenhänge begrenzen den Aktionsspielraum einzelner Unternehmen im allgemeinen nicht, müssen aber für die Unternehmen in ihrer Gesamtheit beachtet werden, wenn unerwünschte Rückkopplungen, die letztlich auch den Erfolg einzelwirtschaftlicher Handlungen beeinträchtigen, vermieden werden sollen.

3.1 Einkommen, Gewinne und Renditen als Zielgrößen

Als Kriterium für den Erfolg unternehmerischen Handelns wird zumeist der Gewinn gewählt, der sich als Differenz von Aufwendungen und Erträgen in der Erfolgsrechnung ergibt. Für sich genommen besagt die Höhe des Gewinns allerdings nur wenig über den Erfolg. Erst wenn der Gewinn in Form einer Rendite zum eingesetzten Kapital in Beziehung gesetzt wird, können Aussagen über die Ertragslage der Unternehmen getroffen werden.

3.1.1 Sachkapital- und Eigenkapitalrenditen der Produktionsunternehmen

Für den Gewinn ebenso wie für das eingesetzte Kapital fehlen einheitliche Abgrenzungen, so daß eine Beurteilung der Ertragslage nicht ohne weiteres möglich ist. Je nachdem, welche Annahmen für die Vielzahl kalkulatorischer Größen getroffen werden, die in die Bilanz und in die Erfolgsrechnung eingehen, erhält man unterschiedliche Ergebnisse. Aus diesem Grunde hat das DIW schon im letzten Strukturbericht eine in die volkswirtschaftliche Gesamtrechnung eingebundene konsistente Verknüpfung von Erfolgs- und Bestandsrechnung für die Produktionsunternehmen vorgelegt.

Von diesen Berechnungen des DIW weichen andere Berechnungen zum Teil erheblich ab. In der Stellungnahme der Bundesregierung zu den Strukturberichten wurden die Institute daher aufgefordert, diese Unterschiede zu klären. Das DIW ist diesem Wunsch gefolgt und zu dem Ergebnis gekommen, daß es eine Reihe von Einzelfaktoren sowohl im statistischen wie auch im konzeptionellen Bereich sind, die mit unterschiedlichem Gewicht zu den Differenzen in der Beurteilung der Renditeentwicklung des Unternehmensbereichs geführt haben. Sie betreffen sowohl die Erfolgsrechnung als auch die Bilanz des Unternehmensbereichs.

Bilanzpositionen sind die Bezugsbasis für die Berechnung von Renditen. Als Bezugsbasis für eine sektorale Betrachtung steht zunächst nur das Sachkapital zur Verfügung. Zu diesem Sachkapital gehören nicht nur das Anlagevermögen und die Vorratsbestände.

Für die Beurteilung des finanziellen Status der Unternehmen ungeeignet ist das Bruttoanlagevermögen, da es hier auf den Teil des gesamten Leistungspotentials ankommt, der während der ökonomischen Restnutzungsdauer noch zur Verfügung steht. Nur in Höhe dieses Teiles ist auch Finanzkapital noch gebunden, da die in den Vorperioden bereits genutzten Teile des Bruttoanlagevermögens in Form der Abschreibungen bereits wieder als Finanzierungsmittel zur Verfügung stehen. Als Bezugsgröße für Rentabilitätsüberlegungen kommt daher nur das Nettoanlagevermögen in Betracht.

Von Einfluß auf die Ergebnisse ist auch die Bewertung des Anlage-
vermögens. Das DIW hält in diesem Zusammenhang die Bewertung zu
Anschaffungspreisen für angemessen. Damit ist sichergestellt, daß die
Bewertungsprinzipien für die Gütersphäre und die Finanzierungssphäre die
gleichen sind. Dieses Verfahren entspricht der an Zahlungsströmen orientierten Bilanzvorstellung. Auf Zahlungsströmen basieren auch die Planungen auf Unternehmerebene. Andere Bewertungsverfahren, die von einer
jährlichen Neubewertung der Vermögensbestandteile ausgehen, haben
demgegenüber den Nachteil, daß die bilanzierten Werte nicht auf Markt-
vorgängen beruhen. Infolgedessen wird entweder die Bilanzkontinuität
verletzt oder die Erfolgsrechnung mit nicht realisierten Erträgen oder
Aufwendungen aufgebläht.

Hinzu kommt, daß die ständigen qualitativen Veränderungen bei den
Anlagegütern eine Umbewertung außerordentlich erschweren. Insofern
steht das vielfach als Argument für die Umbewertung genannte Ziel der
realen Substanzerhaltung in Widerspruch zu einer dynamischen vom Strukturwandel geprägten Wirtschaft, in der im Gefolge neuer Produktions-
schwerpunkte auch der Produktionsapparat sich in seiner Struktur verändert und zwar vornehmlich zugunsten von technisch hochwertigeren und
gemessen an ihrer Effizienz preiswerteren Anlagen. Dieser Prozeß ist mit
vergleichsweise pauschalen Umbewertungsverfahren kaum einzufangen.

Die Ermittlung des Ertragsüberschusses als Ergebnis der Erfolgsrechnung
hängt in erster Linie von der richtigen Erfassung der Kosten ab. Hier
spielen insbesondere die Abschreibungen als kalkulatorische Kosten eine
Rolle. In der VGR wird bei der Berechnung der Abschreibungen von
Nutzungsdauern ausgegangen, die sehr viel länger sind, als die von
Unternehmen bei Finanzierungsüberlegungen angesetzten pay-off-Perio-
den, in denen die Anschaffungskosten von Investitionsgütern in Form von
Abschreibungen erwirtschaftet werden müssen. Um diesem Aspekt Rechnung zu tragen, sind in die Erfolgsrechnungen Abschreibungen eingestellt
worden, die sich ergeben, wenn die ökonomische Nutzungsdauer in der
VGR halbiert wird und als Bezugsbasis für die Berechnung von Renditen
entsprechend modifizierte Nettoanlagevermögensbestände gewählt werden.

Tabelle IV. 3.1/1

Erfolgsrechnung der Produktionsunternehmen ohne Wohnungsvermietung

Mrd.DM

	1962	1963	1964	1965	1966	1967	1968	1969	1970	1971	1972	1973	1974	1975	1976	1977	1978	1979	1980	1981	1982
Vorleistungen (VGR)	571,87	596,37	648,37	707,78	732,60	727,06	757,71	867,14	976,99	1056,50	1132,51	1278,72	1446,47	1471,67	1635,25	1711,96	1790,70	1975,34	2151,52	2255,89	2295,88
- Wertberichtig.auf Vorräte [1]	- 1,50	2,00	4,39	1,10	- 1,21	- 3,73	- 3,27	2,48	6,66	7,39	8,29	8,54	24,89	18,30	12,74	3,51	3,76	12,59	16,81	13,98	12,19
Vorleistungen (bereinigt)	573,37	594,37	643,98	706,68	733,81	730,79	760,98	864,66	970,33	1049,11	1124,22	1270,18	1421,58	1453,37	1622,51	1708,45	1786,94	1962,75	2134,71	2241,91	2283,69
Einkommen der Arbeitnehmer	143,18	152,49	167,12	184,57	196,90	192,73	207,42	233,26	278,31	310,98	340,12	383,29	415,21	426,07	461,18	494,17	527,70	569,06	616,53	641,71	653,64
+ Unternehmerlohn [2]	29,34	30,81	32,24	34,38	36,45	36,80	38,05	39,74	44,14	46,80	50,72	55,49	60,61	62,84	66,41	68,92	71,79	75,62	79,32	82,22	86,40
Arbeitseinkommen	172,52	183,30	199,36	218,95	233,35	229,53	245,47	273,00	322,45	357,78	390,84	438,78	475,82	488,91	527,59	563,09	599,49	644,68	695,85	723,93	740,04
Abschreibungen [3]	25,60	28,25	31,05	34,11	37,41	39,90	40,65	43,60	49,76	56,17	61,50	67,70	76,82	84,59	90,20	95,72	102,53	111,33	122,41	132,99	142,20
- Wertberichtig.auf Abschreib. [4]	- 3,06	- 3,52	- 3,62	- 3,82	- 4,10	- 4,91	- 6,36	- 5,56	- 3,04	- 2,13	- 3,17	- 2,93	0,23	3,58	4,81	5,26	5,98	7,35	9,18	9,93	10,10
Abschreibungen (bereinigt)	28,66	31,77	34,67	37,93	41,51	44,81	47,01	49,16	52,80	58,30	64,67	70,63	76,59	81,01	85,39	90,46	96,55	103,98	113,23	123,06	132,10
Produk.steuern - Subventionen	20,05	20,84	23,16	23,66	26,18	28,79	22,53	29,68	27,79	30,22	32,77	36,70	38,39	37,45	41,43	43,92	43,31	46,77	47,20	48,03	50,35
Gewinn- u.Vermögenseink. [5]	97,10	99,61	110,45	118,73	121,17	120,69	138,38	147,78	161,91	171,14	184,91	198,46	198,30	199,31	229,61	244,24	267,19	293,70	291,10	293,39	310,54
+ Wertberichtig.auf Vorräte [1]	- 1,50	2,00	4,39	1,10	- 1,21	- 3,73	- 3,27	2,48	6,66	7,39	8,29	8,54	24,89	18,30	12,74	3,51	3,76	12,59	16,81	13,98	12,19
+ Wertberichtig.auf Abschreib. [4]	- 3,06	- 3,52	- 3,62	- 3,82	- 4,10	- 4,91	- 6,36	- 5,56	- 3,04	- 2,13	- 3,17	- 2,93	0,23	3,58	4,81	5,26	5,98	7,35	9,18	9,93	10,10
- Unternehmerlohn [2]	29,34	30,81	32,24	34,38	36,45	36,80	38,05	39,74	44,14	46,80	50,72	55,49	60,61	62,84	66,41	68,92	71,79	75,62	79,32	82,22	86,40
Unternehmenseinkommen	63,20	67,28	78,98	81,63	79,41	75,25	90,70	104,96	121,39	129,60	139,31	148,58	162,81	158,35	180,75	184,09	205,14	238,02	237,77	235,08	246,43
+ Zinseinnahmen u.ä. [6]	3,22	3,78	4,31	4,85	5,53	5,55	5,92	7,60	9,11	9,32	9,86	14,73	20,45	14,09	16,34	17,05	15,74	18,90	26,11	34,67	34,43
- Zinsausgaben u.ä. [6]	14,44	16,00	17,41	20,03	22,62	22,23	24,06	29,46	37,21	38,66	40,59	51,33	64,15	57,45	59,45	66,55	64,37	76,25	92,17	113,36	121,27
Unternehmensgewinne	51,98	55,06	65,88	66,45	62,32	58,57	72,56	83,10	93,29	100,26	108,58	111,98	119,11	114,99	137,64	134,59	156,51	180,67	171,71	156,39	159,59
- Saldo der Übertragungen [7]	5,75	7,33	7,83	7,61	7,27	6,61	8,14	8,55	6,65	4,97	4,29	6,90	5,67	3,50	3,64	7,32	8,82	10,27	7,91	8,29	7,31
- Entnahmen	30,19	34,13	38,53	41,85	42,86	42,09	51,82	55,12	58,70	70,83	77,60	76,61	77,61	80,99	92,07	91,77	86,09	95,70	111,86	113,83	109,79
Veränderung d.Eigenmittel	16,04	13,60	19,52	16,99	12,19	9,87	12,60	19,43	27,94	24,46	26,69	28,47	35,83	30,50	41,93	35,50	61,60	74,70	51,94	34,27	42,49
Produktionswert	857,80	897,56	980,15	1068,85	1114,26	1109,17	1166,69	1321,46	1494,76	1625,01	1751,81	1964,87	2175,19	2219,09	2457,67	2590,01	2731,43	2996,20	3228,76	3372,01	3452,61

1) Differenz zwischen den Vorratsveränderungen zu Wiederbeschaffungspreisen und den Vorratsveränderungen zu Buchwerten.
2) Zahl der Selbständigen und mithelfenden Familienangehörigen in den Wirtschaftszweigen multipliziert mit dem jeweiligen durchschnittlichen Pro-Kopf-Einkommen der beschäftigten Arbeitnehmer.
3) In der Abgrenzung der Volkswirtschaftlichen Gesamtrechnung (VGR). Berechnet mit der DIW-Vermögensrechnung.
4) Differenz zwischen den mit voller Nutzungsdauer ermittelten Abschreibungen zu Wiederbeschaffungspreisen und den mit halber Nutzungsdauer berechneten Abschreibungen zu Anschaffungspreisen.
5) Entspricht dem Bruttoeinkommen aus Unternehmertätigkeit und Vermögen der VGR.
6) Einschließlich Ausschüttungen der Unternehmen mit eigener Rechtspersönlichkeit.
7) Direkte Steuern der Unternehmen mit eigener Rechtspersönlichkeit, laufende Übertragungen, Vermögensübertragungen.

Quellen: Statistisches Bundesamt, Fachserie 18; DIW-Vermögensrechnung.

Für den Erfolg eines Unternehmens sind auch diejenigen Finanzierungsvorgänge von Bedeutung, die ihren bilanzmäßigen Niederschlag in der
Veränderung von Forderungen und Verbindlichkeiten und in der Erfolgsrechnung in Form von Zinserträgen und Zinsaufwendungen finden. Nach
Branchen differenzierte Informationen werden in der VGR jedoch weder
für die entsprechenden Bilanzpositionen noch für die Aufwands- und
Ertragspositionen in der Erfolgsrechnung bereitgestellt. Als Ertragsüber-
schuß für die Berechnung von Sachkapitalrenditen in den Branchen kommen daher nur die Unternehmenseinkommen in Betracht, die sich ergeben,
wenn vom Produktionswert die produktionsbedingten Kosten abgesetzt
werden, in denen die Zinszahlungen nicht enthalten sind. In die produktionsbedingten Kosten einbezogen wurden auch kalkulatorische Arbeitsentgelte der Selbständigen und mithelfenden Familienangehörigen, um den
intersektoralen Vergleich von Branchen mit sehr unterschiedlichen Anteilen dieser Personengruppen an den Erwerbstätigen zu ermöglichen.

Schaubild IV.3.1/1

Entwicklung von Eigenkapital- und Sachkapitalrendite

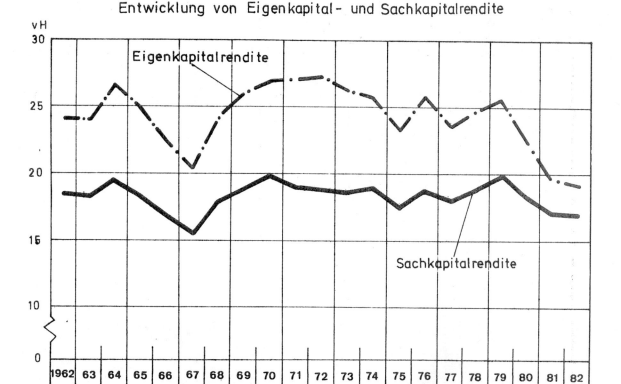

[1] Unternehmensgewinne in vH der Eigenmittel am Jahresende. — [2] Unternehmenseinkommen in vH des
Sachvermögens am Jahresende (=Jahresanfangswert des darauffolgenden Jahres).

Tabelle IV. 3.1/2

Bilanzen und Kennziffern zur Erfolgsrechnung der Produktionsunternehmen ohne Wohnungsvermietung

	1962	1963	1964	1965	1966	1967	1968	1969	1970	1971	1972	1973	1974	1975	1976	1977	1978	1979	1980	1981	1982
Bewegungsbilanz in Mrd.DM																					
Veränderung d.Sachvermögens [1]	28,52	26,55	35,65	38,85	28,94	11,10	22,70	46,76	62,78	60,75	57,97	63,76	62,05	41,67	61,95	56,58	64,75	106,34	106,70	78,16	70,35
Veränd. d. Forderungsvermögens [2]	6,53	8,86	10,57	12,06	8,76	18,95	17,54	19,89	23,54	30,71	35,32	24,99	33,89	31,92	44,68	39,01	49,99	42,56	35,64	56,12	41,21
Veränderung d.Aktiva	35,05	35,41	46,22	50,91	37,70	30,05	40,24	66,65	86,32	91,46	93,29	88,75	95,94	73,59	106,63	95,59	114,74	148,90	142,34	134,28	111,56
Veränderung d.Verbindlichkeiten [2]	19,01	21,81	26,70	33,92	25,51	20,18	27,64	47,22	58,38	67,00	66,60	60,28	60,11	43,09	64,70	60,09	53,14	74,20	90,40	100,01	69,07
Veränderung d.Eigenmittel [3]	16,04	13,60	19,52	16,99	12,19	9,87	12,60	19,43	27,94	24,46	26,69	28,47	35,83	30,50	41,93	35,50	61,60	74,70	51,94	34,27	42,49
Beständebilanz [4] in Mrd.DM																					
Sachvermögen	315,03	343,55	370,10	405,75	444,60	473,54	484,64	507,34	554,10	616,88	677,63	735,60	799,36	861,41	903,08	965,03	1021,61	1086,36	1192,70	1295,40	1377,56
Nettoanlagevermögen	210,91	235,39	257,37	282,40	309,57	334,48	349,56	364,51	391,48	433,73	482,62	527,59	570,51	602,80	633,36	670,70	715,19	768,56	835,42	908,54	974,56
Vorratsvermögen	104,12	108,16	112,73	123,35	135,03	139,06	135,08	142,83	162,62	183,15	195,01	208,01	228,85	258,61	269,72	294,33	306,42	317,80	357,28	390,86	403,00
Forderungsvermögen	80,54	87,07	95,93	106,50	118,56	127,32	146,27	163,81	183,70	207,24	237,95	273,27	298,26	332,15	364,07	408,75	447,76	497,75	540,31	575,95	632,07
Bilanzsumme	395,57	430,62	466,03	512,25	563,16	600,86	630,91	671,15	737,80	824,12	915,58	1008,87	1097,62	1193,56	1267,15	1373,78	1469,37	1584,11	1733,01	1875,35	2009,63
Verbindlichkeiten	196,20	215,21	237,02	263,72	297,64	323,15	343,33	370,97	418,19	476,57	543,57	610,17	670,45	730,56	773,65	838,35	898,44	951,58	1025,78	1116,18	1216,19
Eigenmittel	199,37	215,41	229,01	248,53	265,52	277,71	287,58	300,18	319,61	347,55	372,01	398,70	427,17	463,00	493,50	535,43	570,93	632,53	707,23	759,17	793,44
Kennziffern in vH																					
Sachkapitalrendite [5]	18,4	18,2	19,5	18,4	16,8	15,5	17,9	18,9	19,7	19,1	18,9	18,6	18,9	17,5	18,7	18,0	18,9	20,0	18,3	17,1	17,0
Habenzinssätze [6]	3,7	3,9	4,0	4,1	4,3	3,8	3,6	4,1	4,4	3,9	3,6	4,9	6,2	3,9	4,0	3,8	3,2	3,5	4,5	5,5	5,1
Sollzinssätze [6]	6,7	6,8	6,6	6,7	7,0	6,5	6,5	7,0	7,8	7,1	6,7	7,7	8,8	7,4	7,1	7,4	6,8	7,4	8,3	9,3	9,4
Eigenkapitalrendite [7]	24,1	24,0	26,5	25,0	22,4	20,4	24,2	26,0	26,8	27,0	27,2	26,2	25,7	23,3	25,7	23,6	24,7	25,5	22,6	19,7	19,1
Horizontale Eigenkapitalquote [8]	63,3	62,7	61,9	61,3	59,7	58,6	59,3	59,2	57,7	56,3	54,9	54,2	53,4	53,7	54,6	55,5	55,9	58,2	59,3	58,4	57,6
Vertikale Eigenkapitalquote [9]	50,4	50,0	49,1	48,5	47,1	46,2	45,6	44,7	43,3	42,2	40,6	39,5	38,9	38,8	38,9	39,0	38,9	39,9	40,8	40,5	39,5

1) Zunahme des Nettoanlagevermögens zuzüglich Vorratsveränderung.
2) Entsprechend der Buchungspraxis in der Finanzierungsrechnung der Deutschen Bundesbank einschließlich Aktienkäufe bzw. -verkäufe.
3) Ohne Aktienkäufe bzw. -verkäufe.
4) Bestände am Jahresanfang ermittelt aus kumulierten Werten der Bewegungsbilanz.
5) Unternehmenseinkommen in vH des Sachvermögens am Jahresende (= Jahresanfangswert des darauffolgenden Jahres).
6) Zinserträge bzw.- aufwendungen zuzüglich Ausschüttungen in vH des Forderungsvermögens bzw. der Verbindlichkeiten am Jahresende.
7) Unternehmensgewinne in vH der Eigenmittel am Jahresende.
8) Eigenmittel in vH des Sachvermögens (Jahresanfangswerte).
9) Eigenmittel in vH der Bilanzsumme (Jahresanfangswerte).

Quellen: Statistisches Bundesamt, Fachserie 18; Finanzierungsrechnung der Deutschen Bundesbank; DIW-Vermögensrechnung.

Für die Produktionsunternehmen in ihrer Gesamtheit ist die Datenlage günstiger, so daß sich Aussagen sowohl über die produktionsbedingten Unternehmenseinkommen als auch über die Unternehmensgewinne machen lassen, die die erfolgswirksamen Transaktionen aus der Finanzierungssphäre einschließen. Für diesen Bereich lassen sich auch Bestände an Forderungen und Verbindlichkeiten ermitteln, so daß den Sachkapitalrenditen auch Eigenkapitalrenditen gegenübergestellt werden können (vgl. Tabelle).

Die Ergebnisse zeigen, daß von 1962 bis 1979 sowohl im Niveau als auch im Verhältnis der beiden Renditen zueinander weitgehend stabile Verhältnisse bestanden: Die Eigenkapitalrendite lag immer um 5 bis 6 Prozentpunkte über der Sachkapitalrendite. Auch die Wirkungen der konjunkturellen Einbrüche in den Jahren 1967 und 1975 waren dieselben: Beide Renditen gingen in etwa gleichem Umfang zurück, wobei 1967 bei der Sachkapitalrendite das bisher absolute Minimum erreicht wurde.

Von 1980 an verlief die Entwicklung dagegen nicht mehr parallel. Während das Niveau der Sachkapitalrendite 1981/82 nicht stärker zurückging als in anderen Rezessionsperioden auch und das Niveau von 1967 sogar um eineinhalb Prozentpunkte übertroffen wurde, verminderte sich die Eigenkapitalrendite auf ein bisher nicht beobachtetes Niveau. Ursächlich dafür waren die rapide gestiegenen Zinsausgaben der Produktionsunternehmen von 1979 an und damit nicht in der Produktionssphäre angesiedelte Engpaßfaktoren, sondern Determinanten des finanziellen Bereichs. Die Ausweitung der Nettozinsbelastung konnte auch nicht dadurch aufgehalten werden, daß in dem gleichen Zeitraum die Zinserträge der Produktionsunternehmen noch rascher zugenommen haben als die Aufwendungen.

3.1.2 Branchenstruktur der Renditen

Während es für die Unternehmen des verarbeitenden Gewerbes verhältnismäßig viele Quellen (Statistik der Kapitalgesellschaften, Hochrechnung der Bundesbank, Industrieberichterstattung) gibt, sind die restlichen Unternehmensbereiche zumeist statistisch sehr schlecht belegt. Dies gilt insbesondere für den inzwischen sehr umfangreichen Bereich der sonstigen Dienstleistungen, zu dem so heterogene Unternehmen wie Holdinggesellschaften aber auch Zahnärzte, Wirtschaftsberater, selbständige Raumpfleger, Schausteller und Eisdielen gehören.

Dies führt häufig dazu, daß die Situation des verarbeitenden Gewerbes verallgemeinert wird. Dabei läßt sich schon mit den wenigen Informationen, die zur Verfügung stehen, nachweisen, daß die Renditeentwicklung für den gesamten Unternehmensbereich von gravierenden Strukturveränderungen gekennzeichnet ist. Der Anteil des verarbeitenden Gewerbes an den Unternehmenseinkommen hat sich insbesondere in den siebziger Jahren vermindert. Bezogen auf die Unternehmenseinkommen der Produktionsunternehmen ohne Wohnungsvermietung entfielen 1970 auf das verarbeitende Gewerbe 44 vH. 1982 waren es nur noch 29 vH. Profitiert von dieser Strukturverschiebung haben vor allem die sonstigen Dienstleistungen und die finanziellen Sektoren.

Von dem anteiligen Rückgang an den gesamten Unternehmenseinkommen waren nahezu alle Zweige des verarbeitenden Gewerbes betroffen, obwohl es einigen, wie dem Straßenfahrzeugbau und dem Ernährungsgewerbe gelang, diese Anteilsverluste relativ gering zu halten. Auch die Sachkapitalrendite ging vornehmlich in den Zweigen des verarbeitenden Gewerbes zurück. Nur die Holzbe- und -verarbeitung konnte ihre Sachkapitalrendite über den gesamten Beobachtungszeitraum hinweg verbessern. Zurückgegangen ist die Sachkapitalrendite aber auch in den meisten Wirtschaftszweigen außerhalb des verarbeitenden Gewerbes, wiederum mit Ausnahme der sonstigen Dienstleistungen.

Für einige Wirtschaftszweige des verarbeitenden Gewerbes ist es auch möglich, unter Verwendung der von der Bundesbank hochgerechneten Bilanzangaben Eigenkapitalrenditen zu ermitteln. Die Eigenkapitalrendite des verarbeitenden Gewerbes ist ebenso wie die Sachkapitalrendite niedriger als bei den Produktionsunternehmen insgesamt. Ihre Höhe hängt von dem Verhältnis der Nettozinsbelastung für Fremdkapital zur Sachkapitalrendite ab. In der Mehrzahl der Wirtschaftszweige ist die Nettozinsbelastung geringer als die Sachkapitalrendite. Dadurch wird eine Anhebung der

Tabelle IV. 3.1/3

Die Entwicklung der Sachkapitalrendite

	Unternehmenseinkommen in vH des Nettosachvermögens[1]					
	1962	1973	1979	1980	1981	1982
Landw., Forstw., Fischerei	4,0	9,6	3,9	- 0,4	1,4	3,7
Energie, Wasser, Bergbau	11,1	8,7	10,4	10,7	8,0	9,7
Energie, Wasserversorg.	11,4	8,6	10,1	9,4	8,0	.
Bergbau	9,8	9,8	12,8	21,8	7,8	.
Verarbeitendes Gewerbe	17,6	18,1	18,7	14,6	13,2	13,7
Chemische Industrie	19,5	19,9	20,2	11,0	11,6	.
Mineralölverarbeitung	35,8	29,1	43,8	22,3	16,6	.
Kunststoffwarenherstellung	48,3	36,5	24,2	22,9	18,5	.
Gummiverarbeitung	24,4	8,1	13,7	13,8	14,7	.
Steine und Erden	29,4	25,0	24,3	15,5	11,2	.
Feinkeramik	21,4	17,9	17,8	19,3	12,8	.
Glasgewerbe	28,8	20,8	16,6	19,8	12,3	.
Eisenschaffende Industrie	0,2	3,3	4,0	5,5	- 1,0	.
NE-Metallerzeugung	5,6	2,6	8,4	8,7	9,5	.
Gießereien	10,1	9,0	12,3	10,4	10,5	.
Ziehereien, Kaltw., Stahlv.	30,8	33,0	19,2	12,3	11,4	.
Stahl- und Leichtmetallbau	1,2	17,0	20,2	16,3	20,8	.
Maschinenbau	12,5	14,4	12,6	10,3	9,7	.
Büromaschinen, ADV-Geräte	11,5	14,3	10,3	11,1	11,6	.
Straßenfahrzeugbau	21,1	14,7	20,9	8,8	10,8	.
Schiffbau	- 2,1	11,4	- 1,4	- 11,2	1,0	.
Luft- und Raumfahrzeugbau	10,5	31,5	13,0	7,1	16,6	.
Elektrotechnik	15,0	19,5	17,7	16,5	12,2	.
Feinmechanik, Optik	24,2	41,5	34,8	34,0	34,8	.
EBM-Warenherstellung	29,7	25,7	21,4	19,1	16,6	.
Musikinstr., Spielw. u.a.	52,2	24,6	20,2	9,5	25,1	.
Holzbe- und -verarbeitung	- 8,5	18,9	17,6	17,4	15,6	.
Zellstoff, Papierverarb.	27,3	15,6	17,0	11,8	12,4	.
Druckerei, Vervielfält.	25,8	16,2	24,3	19,7	10,1	.
Ledergewerbe	23,5	14,3	16,5	27,2	22,9	.
Textilgewerbe	20,6	9,4	13,0	13,2	10,1	.
Bekleidungsgewerbe	22,7	20,2	19,1	19,5	23,2	.
Ernährungsgewerbe	24,4	22,4	26,1	29,6	24,5	.
Tabakverarbeitung	14,9	20,0	14,1	2,7	16,9	.
Baugewerbe	78,7	50,0	68,5	82,7	73,3	58,2
Bauhauptgewerbe	62,5	29,1	49,9	62,0	50,3	.
Ausbaugewerbe	152,4	131,7	126,3	145,3	139,5	.
Handel	26,4	17,1	17,7	14,5	14,8	13,9
Großhandel, Handelsver.	32,1	25,2	24,4	22,0	21,4	.
Einzelhandel	19,9	8,7	10,9	6,9	8,1	.
Verkehr, Nachrichtenüb.	7,1	8,1	12,1	10,0	9,5	9,7
Eisenbahnen	4,1	7,2	1,5	- 1,4	- 0,8	.
Schiffahrt, Häfen	6,8	- 0,1	0,1	2,2	4,3	.
Deutsche Bundespost	9,1	9,0	21,8	16,7	14,1	.
Übriger Verkehr	14,5	15,0	22,5	22,9	21,5	.
Kreditinstitute, Versicherungen	.	.	.	.	.	.
Kreditinstitute	.	.	.	.	.	.
Versicherungsunternehmen	.	.	.	.	.	.
Sonstige Dienstleistungen	37,8	40,4	37,2	38,6	35,5	34,2
Unternehmen ohne Wohnungsverm.	.	.	.	.	.	.
dar.: Produktionsunternehmen	18,4	18,6	20,0	18,3	17,1	17,0

[1] Nettoanlagevermögen zuzüglich Vorratsvermögen am Jahresende.

Quellen: Statistisches Bundesamt, Fachserie 18; DIW-Vermögensrechnung.

Tabelle IV. 3.1/4

Eigenkapitalrendite[1] in den Wirtschaftszweigen des Verarbeitenden Gewerbes

Wirtschaftszweige	Eigenkapitalrendite											Sachkapital-rendite
	1971	1972	1973	1974	1975	1976	1977	1978	1979	1980	1981	1981
Verarbeitendes Gewerbe	20,3	18,5	20,0	21,9	15,7	19,2	16,6	17,5	19,7	15,1	12,1	13,2
darunter:												
Chemische Industrie	13,5	13,7	16,5	29,3	11,8	16,5	12,2	12,8	15,8	7,9	7,7	11,6
Steine und Erden	42,3	41,7	35,3	27,8	19,3	26,3	20,3	45,2	29,3	21,6	10,0	11,2
Eisenschaffende Industrie	- 8,1	-10,3	- 3,1	10,7	4,2	- 3,4	-13,9	-12,8	- 0,1	- 0,1	-16,6	- 1,0
NE-Metallerzeugung	7,6	- 1,5	- 3,5	12,8	5,7	4,5	4,9	11,1	7,8	8,2	7,6	9,5
Stahl- u.Leichtmetallbau	29,4	27,9	23,8	19,9	24,9	25,5	8,3	29,7	25,3	17,8	25,6	20,8
Maschinenbau	18,9	16,8	14,9	15,7	12,1	17,1	8,4	12,1	12,9	10,5	8,6	9,7
Straßenfahrzeugbau	19,1	17,0	16,1	7,1	13,0	22,8	20,0	19,6	19,8	8,9	10,7	10,8
Elektrotechnik	19,2	17,4	16,8	18,4	12,9	14,8	16,4	13,3	13,9	13,9	9,7	12,2
EBM-Warenherstellung	38,6	41,8	42,9	37,9	36,9	32,2	36,7	31,7	34,8	23,4	18,8	16,6
Textilgewerbe	31,6	23,5	8,9	22,6	16,7	14,1	16,2	18,8	18,3	13,8	7,3	10,1
Bekleidungsgewerbe	49,8	46,7	36,6	52,3	52,2	45,6	43,5	48,0	41,7	38,1	35,5	23,2
Ernährungsgewerbe	36,6	37,5	41,4	36,9	34,2	44,8	60,3	65,6	53,6	74,9	61,6	24,5
Zum Vergleich:												
Produktionsunternehmen (ohne Wohnungsvermietung)	27,0	27,2	26,2	25,7	23,3	25,7	23,6	24,7	25,6	22,6	19,7	18,7

1) Unternehmenseinkommen abzüglich Nettozinsaufwand bezogen auf das Sachvermögen abzüglich Nettoverbindlichkeiten.

Quellen: Statistisches Bundesamt Fachserie 18; Bundesbank-Hochrechnungen von Unternehmensbilanzen; DIW-Vermögensrechnung; eigene Berechnungen.

Eigenkapitalrendite über die Sachkapitalrendite bewirkt (Leverage-Effekt).

1981 fiel infolge der hohen Zinsen die Eigenkapitalrendite im verarbeitenden Gewerbe unter den Wert der Sachkapitalrendite. Ausgenommen von dieser Entwicklung waren unter den hier betrachteten Wirtschaftszweigen lediglich der Stahl- und Leichtmetallbau, die EBM-Waren, das Bekleidungsgewerbe und das Nahrungs- und Genußmittelgewerbe.

3.1.3 Leasing und Unternehmensstruktur

Bereits im letzten Strukturbericht hat das DIW darauf hingewiesen, daß die Verschiebung der Unternehmenseinkommen einhergegangen ist mit nicht minder starken Verschiebungen in der Investitionstätigkeit zugunsten der Dienstleistungen. Die weit überdurchschnittliche Rentabilität des Sachkapitaleinsatzes in diesem Bereich ist jedoch offensichtlich so robust, daß auch die beträchtliche Strukturverschiebung der Sachkapitalbildung zugunsten der Dienstleistungen nicht zu einer Abflachung der Renditen geführt hat. Die überdurchschnittliche Sachkapitalrendite und das zunehmende Gewicht der sonstigen Dienstleistungen hat zudem bewirkt, daß die Sachkapitalrendite im gesamten Unternehmensbereich sich längerfristig im Niveau nicht wesentlich vermindert hat, obwohl sie in der Mehrzahl der Wirtschaftszweige gesunken ist.

Diese strukturelle Verschiebung darf allerdings nicht gleichgesetzt werden mit einer Veränderung gleichen Ausmaßes in der Produktion. Sie ist vielmehr in Teilen auch Ausdruck einer veränderten Organisation des Produktionsprozesses im verarbeitenden Gewerbe. Die Unternehmen machen zunehmend von der Möglichkeit Gebrauch, Anlagen zu mieten, anstatt selbst zu investieren. Von 1972 bis 1980 stiegen bei den Unternehmen des verarbeitenden Gewerbes die Aufwendungen für Mieten und Pachten (Leasing) um 290 vH. Die Investitionsaufwendungen nahmen dagegen im gleichen Zeitraum nur um 60 vH zu.

Tabelle IV. 3.1/5

Aufwendungen der Unternehmen für gemietete Anlagen

	Aufwendungen für Mieten und Pachten[1]				
	Mill. DM		Jahresdurchschnittliche Veränderungen in vH	in vH der Abschreibungen 3)	
	1972	1980	1980/72	1972	1980
Verarbeitendes Gewerbe	3 117	9 111	14,3	11	22
Chemische Industrie	326	900	13,5	8	16
Mineralölverarbeitung	203	348	7,0	20	24
Kunststoffwarenherstellung	48	289	25,2	9	29
Gummiverarbeitung	66	125	8,3	14	25
Steine und Erden	67	255	18,2	4	13
Feinkeramik	8	12	5,2	6	7
Glasgewerbe	25	75	14,7	8	16
Eisenschaffende Industrie	44	293	26,7	2	11
NE-Metallerzeugung	55	140	12,4	12	22
Gießereien	19	71	17,9	5	15
Ziehereien, Kaltw., Stahlv.	33	154	21,2	5	16
Stahl- und Leichtmetallbau	39	154	18,7	13	29
Maschinenbau	387	1 151	14,6	16	32
Büromaschinen, ADV-Geräte	67	138	9,5	9	11
Straßenfahrzeugbau 2)	375	952	12,4	13	19
Schiffbau	15	64	19,9	13	30
Elektrotechnik	501	1 224	11,8	26	33
Feinmechanik, Optik	47	150	15,6	17	30
EBM-Warenherstellung	90	328	17,5	12	28
Musikinstr., Spielw. u.a.	9	61	27,0	8	29
Holzbe- und -verarbeitung	60	300	22,3	6	22
Zellstoff, Papierverarb.	110	213	8,6	13	19
Druckerei, Vervielfält.	63	241	18,3	11	25
Ledergewerbe	32	69	10,1	16	36
Textilgewerbe	98	253	12,6	8	20
Bekleidungsgewerbe	58	193	16,2	18	49
Ernährungsgewerbe	235	901	18,3	7	19
Tabakverarbeitung	37	57	5,6	34	30

1) 1972 Unternehmen mit mehr als 50 Beschäftigten; 1980 Unternehmen mit mehr als 20 Beschäftigten.
2) einschießlich Luft- und Raumfahrzeugbau.
3) Abschreibungsansätze mit reduzierter Nutzungsdauer und Bewertung zu Anschaffungspreisen.

Quellen: Investitionserhebung des Statistischen Bundesamtes; DIW-Vermögensrechnung.

Waren die Leasing-Aufwendungen anfangs noch stark mit der Investitionstätigkeit in den Wirtschaftszweigen korreliert, so zeigt sich in den letzten
Jahren ein immer stärker werdendes Eigengewicht der Leasing-Aufwendungen. Der Kapitaleinsatz im Produktionsprozeß des verarbeitenden
Gewerbes ist daher weit weniger stark gesunken, als die Entwicklung der
Anlageinvestitionen vermuten läßt. Das Gewicht, das dem Leasing in
einzelnen Branchen inzwischen zukommt, wird deutlich, wenn man die
Leasing-Aufwendungen vergleicht mit den Abschreibungen als Äquivalent
für die Nutzung von Anlagen, die in den jeweiligen Wirtschaftszweigen
direkt investiert worden sind. Wie die Tabelle zeigt, machen die Leasing-
Aufwendungen in einzelnen Branchen des verarbeitenden Gewerbes bereits
die Hälfte der verbrauchsbedingten Abschreibungen auf eigene Anlagen
aus.

Diese bisher statistisch nur schwer erfaßbare Zunahme des Leasing beruht
also weniger auf Veränderungen in den Produktionsprozessen, sondern ist
in erster Linie das Resultat einer Umorganisation der Unternehmens-
struktur. Offenbar werden in Unternehmenskomplexen verstärkt diejenigen Aktivitäten, die mit der Kapitalbildung zu tun haben, aus den
produzierenden Unternehmen ausgegliedert und in selbständigen Unternehmen zusammengefaßt. Äußeres Zeichen hierfür ist die zunehmende
Beteiligungsverflechtung bei den Aktiengesellschaften, die sich insbesondere in den Forderungen an verbundene Unternehmen zeigt, sowie die
starke Zunahme des Anteils der Beteiligungs-Aktiengesellschaften, die in
der Wirtschaftszweigsystematik dem Dienstleistungsbereich zugerechnet
werden.

Die Vorteile einer derartigen Unternehmensorganisation liegen in den
besseren Anpassungsmöglichkeiten an den strukturellen Wandel. Holding-
Gesellschaften sind flexibler in den Dispositionen über neue Tätigkeits-
felder. Die in den Unternehmensteilen entstandenen Gewinne werden
nicht dort eingesetzt, wo der angestammte Produktionsschwerpunkt der
Unternehmen liegt, sondern dort, wo ein rentabler Einsatz zu erwarten
ist. Bei dieser Zielsetzung ist es auch sinnvoll, so viel Liquidität wie
möglich erneut zur Disposition der zentralen Unternehmensleitung zu
stellen. Der daraus resultierende verdeckte Gewinntransfer von den

produzierenden Unternehmen des verarbeitenden Gewerbes zu den Holding-Gesellschaften im Dienstleistungsbereich dürfte zumindest einen Teil des überdurchschnittlichen Gewinnanstiegs im Dienstleistungsbereich erklären.

3.1.4 Gewinn- und Renditeentwicklung der Banken und Versicherungen

Für die Kreditinstitute und das Versicherungsgewerbe, bei denen das Schwergewicht der Aktivitäten im finanziellen Bereich liegt, ist es nicht sinnvoll, eine Sachkapitalrendite zu ermitteln. Die Gewinne der finanziellen Sektoren hatten zu Beginn der sechziger Jahre einen Anteil von weniger als 4 vH an den insgesamt im Unternehmensbereich ohne Wohnungsvermietung erzielten Gewinnen. Dieser Anteil nahm kontinuierlich zu und erreichte 1982 mit 30 Mrd. DM eine Größenordnung von 16 vH. Hierin sind die Ausschüttungen der Unternehmen mit eigener Rechtspersönlichkeit nicht enthalten, die mit 14 Mrd. DM im Jahre 1982 ein Drittel der gesamten Ausschüttungen der Körperschaften des Unternehmensbereichs ausmachten. Der größte Teil davon entfiel überdies auf die Abführung von Bundesbankgewinnen.

Während 60 bis 70 vH der Unternehmensgewinne der Produktionsunternehmen als Entnahmen den privaten Haushalten zufließen, werden die Unternehmensgewinne der finanziellen Sektoren überwiegend zur Aufstockung des Eigenkapitals verwendet. Der überdurchschnittliche Anstieg der Gewinne der finanziellen Sektoren in den siebziger Jahren hat daher den Anteil am Eigenkapital der Unternehmen von anfangs 11 vH auf 18 vH im Jahre 1982 steigen lassen. Im Gegensatz zu den Produktionsunternehmen, bei denen die Eigenkapitalrendite zwischen 1962 und 1980 immer über 20 vH lag, erwirtschaftete der finanzielle Sektor Anfang der sechziger Jahre nur Renditen in Höhe von 7 bis 8 vH. Im Zeitverlauf stiegen diese Werte jedoch kontinuierlich an. Ihren Höchststand erreichte die Eigenkapitalrendite der finanziellen Sektoren im Jahre 1974 mit 22 vH.

Der Anstieg der Eigenkapitalrendite in den sechziger Jahren war einer erheblichen Verbesserung der Nettozinserträge der finanziellen Sektoren zuzuschreiben. Bis 1974 stieg der Nettokapitalertrag bezogen auf die

Schaubild IV.3.1/2

GEWINNE UND EIGENKAPITAL DER FINANZIELLEN SEKTOREN INNERHALB DES UNTERNEHMENSBEREICHS

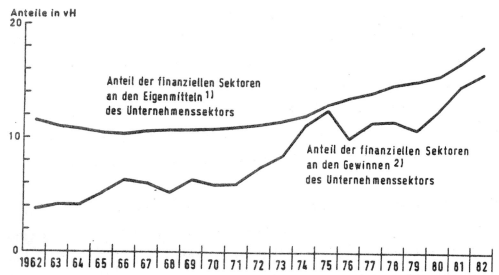

Anteile in vH

Anteil der finanziellen Sektoren
an den Eigenmitteln [1]
des Unternehmenssektors

Anteil der finanziellen Sektoren
an den Gewinnen [2]
des Unternehmenssektors

[1] Ohne Berücksichtigung des Aktienkapitals.— [2] Nach Ausschüttungen der Unternehmen mit eigener Rechtspersönlichkeit.

Nettoforderungen von anfangs 28 vH auf 82 vH, seitdem ging diese Relation wieder auf 44 vH im Jahre 1982 zurück. Die zunehmende Zinsbelastung der Produktionsunternehmen in den letzten Jahren hat die Erträge der finanziellen Sektoren sprunghaft steigen lassen. Da, wie gesagt, diese Erträge jedoch - anders als bei den Produktionsunternehmen - fast vollständig zur Aufstockung des Eigenkapitals verwendet worden sind, konnte selbst unter diesen Umständen das 1974 erreichte Rentabilitätsmaximum der eingesetzten Mittel nicht gehalten werden.

3.2   Reaktionen der Unternehmen auf Veränderungen der Nachfrage

Greift man die am Anfang des Strukturberichts erörterte Frage der beeinflußbaren und unbeeinflußbaren Faktoren auf, so wird man aus der Sicht der Unternehmen die Nachfrage nach ihren Erzeugnissen in stärkerem Maße als unbeeinflußbar annehmen müssen als die Preise. Im Einzelfall mag dies auch anders sein, in der Regel werden die Preise jedoch von den Unternehmen unmittelbar gesetzt, während der Absatz von Verhaltensweisen der Nachfrager abhängt, die von Unternehmen nur indirekt beeinflußt werden können.

Unternehmen reagieren auf Nachfrageänderungen nicht nur mit Preisänderungen, sondern versuchen auch, neue Märkte zu erschließen. Die Abgrenzung von Märkten bereitet eine Reihe von Schwierigkeiten. Bisher reicht das statistische Material lediglich für eine Betrachtung aus, bei der für Branchen nach dem Inlandsabsatz und dem Auslandsabsatz unterschieden wird. Eine weitere Unterteilung des branchenspezifischen Inlandsabsatzes muß ergänzenden Untersuchungen vorbehalten bleiben.

Auf den Inlandsmärkten hatten in der Bundesrepublik ansässige Unternehmen 1981 und 1982 einen Marktanteil von knapp 88 vH. Das sind 4 Prozentpunkte weniger als 1973. Der zunehmende Anteil der Importe an der Deckung der inländischen Nachfrage ist zu einem erheblichen Teil auf die Verteuerung der Mineralöleinfuhr zurückzuführen. Im Jahresdurchschnitt stiegen die Preise importierter Güter um 1,5 Prozentpunkte schneller als die Preise der Produktion für den Inlandsabsatz. Der Anteil importierter Industriewaren an der inländischen Nachfrage betrug 1981 5,4 vH und war damit nur um wenig mehr als einen Prozentpunkt höher als 1973.

Tabelle IV.3.2/1

Inländische Nachfrage und Einfuhren

	1973	1981	1982	Jährliche Veränderung der Preise in vH 1981/73	1982/81
Inländische Nachfrage[1] in Mrd.DM	2 254,0	3 990,2	4 081,7	5,9	4,6
Anteile in vH der inländischen Nachfrage:					
Produktion für den Inlandsabsatz	91,6	87,9	87,8	5,3	4,8
Einfuhren	8,4	12,1	12,2	6,9	2,4
Industriewaren	4,0	5,4	.	4,8	.
Obrige Einfuhren[2]	4,4	6,8	.	9,8	.

1) Produktionswert abzüglich Ausfuhr zuzüglich Einfuhr.
2) Landwirtschaftliche Erzeugnisse, Nahrungs- und Genußmittel, Bergbauerzeugnisse, Erdöl, Erdgas, Mineralölerzeugnisse, Bau-, Handels- und Verkehrsleistungen, Dienstleistungen.
Quellen: Statistisches Bundesamt, Fachserie 18.

Tabelle IV.3.2/2

Anteil der Importe[1] der Wirtschaftszweige des
Verarbeitenden Gewerbes an der inländischen Nachfrage[2]

in vH

	1970	1973	1980
Verarbeitendes Gewerbe	13,7	14,6	20,5
Chemische Industrie	15,7	17,2	24,3
Mineralölverarbeitung	11,1	14,7	23,2
Kunststoffwarenherstellung	9,6	11,3	15,1
Gummiverarbeitung	13,0	15,5	21,9
Steine und Erden	8,6	7,8	10,1
Feinkeramik	16,4	24,8	39,4
Glasgewerbe	12,8	15,9	18,6
Eisenschaffende Industrie	18,0	19,8	24,7
NE-Metallerzeugung	44,3	40,2	52,3
Gießereien	2,3	3,1	4,0
Ziehereien, Kaltw., Stahlv.	4,7	5,2	8,8
Stahl- und Leichtmetallbau	4,1	4,8	5,2
Maschinenbau	13,7	12,6	19,0
Büromaschinen, ADV-Geräte	34,7	32,2	43,3
Straßenfahrzeugbau	9,7	11,0	14,0
Schiffbau	25,1	22,4	14,2
Luft- und Raumfahrzeugbau	57,6	35,8	61,4
Elektrotechnik	11,5	12,1	20,1
Feinmechanik, Optik	17,2	18,8	26,6
EBM-Warenherstellung	9,0	10,6	17,2
Musikinstr., Spielw. u.a.	31,9	38,0	53,5
Holzbe- und -verarbeitung	9,1	10,2	15,2
Zellstoff, Papierverarb.	20,0	20,0	26,5
Druckerei, Vervielfält.	3,1	3,5	5,2
Ledergewerbe	20,7	28,4	44,0
Textilgewerbe	23,6	30,2	41,8
Bekleidungsgewerbe	13,1	20,0	31,6
Ernährungsgewerbe	10,2	11,6	13,7
Tabakverarbeitung	1,6	2,0	1,4

1) Einfuhr auf cif-Basis.
2) Bruttoproduktion der Wirtschaftszweige abzüglich Ausfuhr
   zuzüglich Einfuhr.

Quellen: Importmatrizen des DIW; Statistisches Bundesamt,
            Fachserie 18; Eigene Berechnungen.

Da die Nachfrage nach Industriewaren bei vielen Gütern schwächer zugenommen hat als die gesamte inländische Nachfrage, sind die Anteilsgewinne ausländischer Anbieter auf den Märkten für einzelne Industriewaren sehr viel größer als an der inländischen Nachfrage insgesamt. Im Ledergewerbe sowie im Bekleidungsgewerbe hat sich der Anteil der Importe an der gesamten inländischen Nachfrage für diese Erzeugnisse sogar mehr als verdoppelt. Aber auch bei den übrigen Industriewaren konnten ausländische Anbieter auf den inländischen Märkten teilweise beträchtliche Anteilsgewinne verbuchen.

Auf ausländischen Märkten werden von den Unternehmen der Bundesrepublik hauptsächlich Investitionsgüter angeboten. Damit konkurrieren sie auf einem Markt, der nicht nur den Welthandel mit Investitionsgütern umfaßt, sondern auch die Produktion von Ausrüstungen der konkurrierenden Länder für den eigenen Bedarf. Anhaltspunkte für die Entwicklung dieses Marktes liefern die Ausgaben für Ausrüstungsinvestitionen in den wichtigsten Industrieländern und den OPEC-Ländern.

Vergleicht man die Entwicklung des so abgegrenzten Weltmarktes für Investitionsgüter mit der Entwicklung des Welthandels mit Investitionsgütern, so zeigt sich eine deutliche Zunahme des auf dem Weltmarkt gehandelten Teils. Er expandierte vor allem nach der ersten Ölpreiserhöhung da die Ausweitung der Ausrüstungsinvestitionen in den OPEC-Ländern im Zuge dieser Entwicklung mangels eigener Produktion dem Welthandel mit Investitionsgütern zugute kam.

Davon haben auch die Investitionsgüterhersteller der Bundesrepublik profitiert. Zwar hat sich ihr Anteil am nominalen Welthandel mit Investitionsgütern seit 1973 von 23 vH auf gegenwärtig 19 vH vermindert, der Anteil deutscher Produzenten am gesamten Investitionsgütermarkt ist jedoch von 11 vH im Jahre 1970 auf 16 vH im Jahre 1982 gestiegen.

Insgesamt hat die weltweit zunehmende Nachfrage nach deutschen Industriewaren den Anteil der Ausfuhr an der Produktion kontinuierlich steigen lassen. Betrachtet man das verarbeitende Gewerbe, auf das 82 vH aller Exporte entfallen, so hat sich der Anteil der Ausfuhr am Produk-

Tabelle IV.3.2/3

Der Anteil der Bundesrepublik am Weltinvestitionsgütermarkt

Jahr	Ausfuhr der Bundesrepublik von Investitionsgütern [1]			
		Anteil		
	Mrd.DM	an der Ausfuhr der Bundes- republik insgesamt [2]	am Welt- handel mit Investitions- gütern 1)	am Welt- markt für Investitions- güter 3)
		in vH		
1970	66,5	43	21	11
1971	73,0	43	21	12
1972	81,3	44	21	12
1973	94,3	43	23	14
1974	111,5	40	22	15
1975	116,5	43	20	15
1976	137,5	44	20	16
1977	140,3	43	20	15
1978	151,7	44	20	16
1979	161,2	42	20	16
1980	178,2	41	19	16
1981	202,8	41	18	15
1982	226,9	42*	19*	16*

1) SITC-Klassen 7, 69, 87, 88, 676.
2) Ausfuhr insgesamt in der Abgrenzung der VGR
   (Waren und Dienste)
3) Ausrüstungsinvestitionen der EG ohne Bundesrepublik, Schweden,
   Schweiz, Österreich, Norwegen, USA, Kanada, Japan, Neuseeland.
   Die Ausrüstungsinvestitionen der OPEC-Länder wurden mit Hilfe
   der Investitionsgüterimporte dieser Länder geschätzt.
*) geschätzt.

Quellen: Statistisches Bundesamt, Fachserie 18, Reihe 1;
         UN: Commodity Trade Statistics, Series D.

tionswert von 14 vH im Jahre 1962 auf 27 vH im Jahre 1981 erhöht. Nach 1973 hat der traditionell exportintensive Maschinenbau bis 1980 den Anteil der Exportproduktion noch einmal um 8 Prozentpunkte auf 48 vH ausweiten können. Exportquoten zwischen 35 und 45 vH haben gegenwärtig außerdem die chemische Industrie, die Feinkeramik, die eisenschaffende Industrie, die NE-Metallindustrie, die Hersteller von Büromaschinen, ADV, der Straßenfahrzeugbau, die Feinmechanik und Optik und die

Tabelle IV.3.2/4

Exportquoten der Wirtschaftszweige

	Anteil der Ausfuhr am Produktionswert in vH		
	1962	1973	1981
Landw., Forstw., Fischerei	1,4	3,7	6,1
Energie, Wasser, Bergbau	8,4	5,6	4,5
Energie, Wasserversorg.	0,5	0,4	0,6
Bergbau	18,6	20,2	18,3
Verarbeitendes Gewerbe	13,9	20,3	27,2
Chemische Industrie	21,5	30,1	36,5
Mineralölverarbeitung	5,7	5,1	9,3
Kunststoffwarenherstellung	12,0	17,3	22,5
Gummiverarbeitung	10,9	20,8	24,7
Steine und Erden	5,0	5,6	9,9
Feinkeramik	27,1	32,5	38,7
Glasgewerbe	16,8	17,0	22,8
Eisenschaffende Industrie	20,7	28,9	39,2
NE-Metallerzeugung	21,7	24,6	37,4
Gießereien	3,1	5,1	8,4
Ziehereien, Kaltw., Stahlv.	10,6	12,2	17,4
Stahl- und Leichtmetallbau	11,6	11,2	17,6
Maschinenbau	32,6	40,2	47,9
Büromaschinen, ADV-Geräte	36,1	37,9	42,7
Straßenfahrzeugbau	25,3	33,1	41,4
Schiffbau	36,3	54,9	32,4
Luft- und Raumfahrzeugbau	6,5	16,2	38,2
Elektrotechnik	16,9	22,2	30,6
Feinmechanik, Optik	33,7	31,3	37,6
EBM-Warenherstellung	18,1	20,1	29,0
Musikinstr., Spielw. u.a.	28,6	33,4	39,0
Holzbe- und -verarbeitung	3,7	6,4	9,9
Zellstoff, Papierverarb.	5,0	11,7	19,4
Druckerei, Vervielfält.	5,5	8,8	13,6
Ledergewerbe	5,5	11,6	17,6
Textilgewerbe	8,7	24,3	33,8
Bekleidungsgewerbe	2,6	8,3	15,1
Ernährungsgewerbe	2,0	5,5	11,0
Tabakverarbeitung	0,8	1,9	5,8
Baugewerbe	0,6	0,7	3,1
Bauhauptgewerbe	0,8	0,9	3,4
Ausbaugewerbe	0,4	0,3	2,7
Handel	2,5	4,5	7,0
Großhandel, Handelsver.	4,5	8,5	14,0
Einzelhandel	0,5	0,6	0,7
Verkehr, Nachrichtenüb.	12,5	12,4	15,7
Eisenbahnen	6,6	9,0	15,9
Schiffahrt, Häfen	13,3	17,9	22,1
Deutsche Bundespost	1,3	0,7	0,8
Übriger Verkehr	20,9	18,5	21,6
Kreditinstitute, Versicherungen	1,1	1,0	1,4
Kreditinstitute	0,8	0,7	1,5
Versicherungsunternehmen	1,9	1,6	1,1
Sonstige Dienstleistungen	7,0	6,2	5,5
Unternehmen ohne Wohnungsverm. dar.:	9,8	13,3	17,2
Produktionsunternehmen	10,0	13,8	17,9

Quellen: Statistisches Bundesamt, Fachserie 18;
Eigene Berechnungen.

- 139 -

Hersteller von Musikinstrumenten und Spielwaren. Neu hinzugekommen zu den exportintensiven Wirtschaftszweigen ist der Luft-und Raumfahrzeug- bau mit einem Exportanteil von 38 vH am Produktionswert. 1973 lag diese Branche mit einem Anteil von 16 vH noch unter dem Durchschnittswert des verarbeitenden Gewerbes.

Die zunehmende Produktion für den Export hat von 1973 bis 1980 im Durchschnitt des verarbeitenden Gewerbes die Marktanteilsverluste bei der inländischen Nachfrage mehr als kompensieren können. Während von der zusätzlichen inländischen Nachfrage in dieser Zeit knapp 30 vH durch Importe gedeckt wurden, konnten die Unternehmen gleichzeitig fast ein

Tabelle IV. 3.2/5

Auswirkungen der Veränderung von Nachfrage und Außenhandel
auf die Produktion im Verarbeitenden Gewerbe 1973 - 1980

| | Veränderungen in Mrd.DM | | | | Anteilsverschiebungen | |
| | Inländische Nachfrage | | Ausfuhr | Außen-handels-position | Einfuhr in vH der inländ. Nachfrage | Ausfuhr in vH der Produktion |
	Einfuhr[1]	Produktion				
Verarbeitendes Gewerbe	143,7	338,0	160,4	16,7	6	4
Chemische Industrie	17,4	35,9	23,9	6,5	7	4
Mineralölverarbeitung	15,2	58,7	6,6	- 8,6	4	3
Kunststoffwarenherstellung	2,5	10,5	3,4	0,9	4	4
Gummiverarbeitung	1,8	3,9	1,5	- 0,3	6	2
Steine und Erden	1,6	8,2	1,7	0,1	2	3
Feinkeramik	1,0	0,9	0,7	- 0,3	15	6
Glasgewerbe	0,8	2,6	1,0	0,2	3	4
Eisenschaffende Industrie	4,2	6,0	6,7	2,5	5	6
NE-Metallerzeugung	8,8	4,2	5,1	- 3,7	12	12
Gießereien	0,2	3,6	0,5	0,3	1	2
Ziehereien, Kaltw., Stahlv.	1,4	6,5	2,3	0,9	4	4
Stahl- u. Leichtmetallbau	0,5	7,9	2,3	1,8	0	5
Maschinenbau	9,5	21,3	25,3	15,8	6	5
Büromaschinen, ADV-Geräte	3,8	3,0	2,1	- 1,7	11	1
Straßenfahrzeugbau	8,9	39,7	27,4	18,5	3	4
Schiffbau	0,1	2,4	- 1,4	- 1,5	- 8	-28
Luft- und Raumfahrzeugbau	5,6	1,7	1,6	- 4,0	26	16
Elektrotechnik	13,8	27,0	17,9	4,1	8	6
Feinmechanik, Optik	3,3	6,3	3,7	0,4	8	3
EBM-Warenherstellung	3,3	7,0	5,0	1,7	7	7
Musikinstr., Spielw. u.a.	3,8	1,9	1,3	- 2,5	16	3
Holzbe- und -verarbeitung	4,2	12,3	2,1	- 2,1	5	3
Zellstoff, Papierverarb.	4,4	7,5	2,8	- 1,6	7	6
Druckerei, Vervielfält.	0,6	6,4	1,5	0,9	2	4
Ledergewerbe	3,7	1,6	0,6	- 3,1	15	4
Textilgewerbe	7,9	2,2	3,4	- 4,5	12	6
Bekleidungsgewerbe	5,4	3,7	1,7	- 3,7	12	5
Ernährungsgewerbe	9,0	42,5	9,5	0,5	2	4
Tabakverarbeitung	0,4	3,0	0,5	0,1	2	3

1) Einfuhren zu cif-Werten.

Quellen: Statistisches Bundesamt Fachserie 18; Input-Output-Rechnung des DIW; Importmatrizen des DIW.

Drittel der zusätzlichen Produktion im Ausland absetzen. Ihre Außenhandelsposition nahm um 17 Mrd.DM zu. Bewirkt wurde dies in erster Linie durch die Entwicklung beim Maschinenbau und beim Straßenfahrzeugbau, bei denen Marktanteilsverluste auf dem Binnenmarkt durch die starke Zunahme der Ausfuhr mehr als kompensiert wurden. Von den großen Wirtschaftszweigen konnte auch die Elektrotechnik und die chemische Industrie ihre Ausfuhranteile zumindest entsprechend dem Durchschnitt des verarbeitenden Gewerbes steigern, doch verloren diese Bereiche überdurchschnittliche Marktanteile im Inland.

In den Wirtschaftszweigen mit einem negativen Beitrag zur Veränderung der Außenhandelsposition stieg zwar die Exportquote zumeist überdurchschnittlich, mit Ausnahme der Büromaschinen und ADV, Schiffbau, Musikinstrumente und Spielwaren und der Holzbe- und -verarbeitung. Die Anteilsverluste auf den heimischen Märkten waren jedoch größer, so daß die Exporterfolge dieser Wirtschaftszweige nicht ausreichten, die inländischen Absatzeinbußen zu kompensieren.

3.3 Reaktionen bei Investitionen und Produktionspotential

Auf Veränderungen der Absatzbedingungen reagieren Unternehmen nicht nur mit ihrer Absatzpolitik, sondern auch mit einer Anpassung des Produktionspotentials. Dieser Prozeß wird überlagert von ständigen Substitutionsvorgängen. Sie haben das Ziel, teure Produktionsfaktoren durch billigere zu ersetzen. Auf diesen Sachverhalt wird bei der Diskussion von Veränderungen der Kostenstruktur im einzelnen eingegangen.

Das DIW hat schon für den ersten Strukturbericht den Versuch unternommen, nicht auf Bestände, sondern auf Investitionsjahrgänge bezogene Veränderungen des Produktionspotentials zu analysieren, wenn auch noch ohne Einbindung in einen konsistenten produktionstheoretischen Zusammenhang. Inzwischen ist die theoretische Fundierung weiter vorangetrieben und der Zusammenhang zwischen Ausrüstungsinvestitionen, Arbeitsplätzen und neugeschaffenem Produktionspotential unter den Bedingungen einer CES-Produktionsfunktion bestimmt worden, deren Parameter mit

Schaubild IV.3.3/1

KAPAZITÄTSAUSLASTUNG
UND KAPAZITÄTSAUSWEITUNG IM VERGLEICH
Unternehmen ohne Wohnungsvermietung

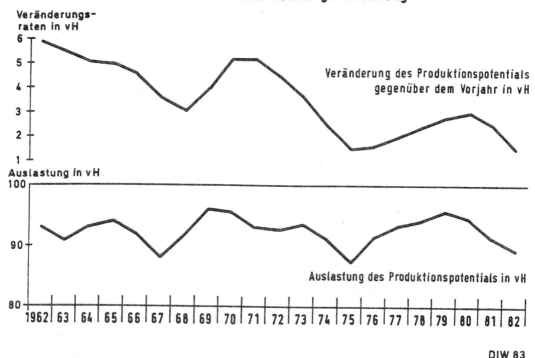

DIW 83

Hilfe eines iterativen Schätzansatzes ermittelt worden sind. Die Analyse wurde getrennt für einzelne Wirtschaftszweige durchgeführt und versucht, die Entwicklung des Produktionspotentials und der Zahl der Arbeitsplätze in den Wirtschaftszweigen so zu bestimmen, daß die Abweichungen von der effektiven Entwicklung der Bruttowertschöpfung und der Erwerbstätigen minimiert werden. Zur Erklärung des jeweiligen Faktoreinsatzverhältnisses und der Relation von Faktoreinsatz zu Produktionspotential wurden Preisrelationen verwendet, basierend auf den entsprechenden Annahmen über das Optimierungsverhalten der Unternehmen.

3.3.1 Produktionspotential und Auslastung

Betrachtet man die jeweiligen Konjunkturphasen, so ist deutlich ein leicht verzögerter Zusammenhang zwischen der Veränderung der Auslastung des Produktionspotentials und dem Tempo der Kapazitätsveränderung für den gesamten Unternehmenssektor zu erkennen. Schon für den Durchschnitt aller Unternehmen wird auch erkennbar, daß in den siebziger Jahren der Auslastungsanstieg insbesondere in den Jahren von 1976 bis 1979 geringereKapazitätsauswirkungen hatte als in den sechziger Jahren. Der Anstieg des Produktionspotentials erhöhte sich in dieser Zeit lediglich von 1,5 vH auf 3 vH, während er im Durchschnitt der sechziger Jahre bei knapp 5 vH lag. Hierzu hat beigetragen, daß in den siebziger Jahren immer mehr Branchen ihr Produktionspotential reduziert haben. Daß das Produktionspotential insgesamt noch zunimmt, ist im wesentlichen auf die Ausweitung bei einigen Investitionsgüterproduzenten, bei der Bundespost und bei den sonstigen Dienstleistungen zurückzuführen.

Tabelle IV. 3.3/1

Kennziffern zur Entwicklung von Produktionspotential und Auslastung
in den Wirtschaftszweigen des Verarbeitenden Gewerbes

	Letztes Auslastungsminimum[1]				Letztes Auslastungsmaximum				Veränderungen		
	Jahr	Produktion	Produktionspotential	unausgelastetes Potential	Jahr	Produktion	Produktionspotential	unausgelastetes Potential	Zunahme der Produktion	davon	
										Ausweitung des Produktionspotentials	Abbau von Auslastungsreserven
		Mrd. DM				Mrd. DM				Mrd. DM	
Chemische Industrie	1975	31,9	40,0	8,1	1979	45,1	45,2	0,1	13,2	5,2	8,0
Mineralölverarbeitung	1977	17,7	22,8	5,1	1980	21,8	22,0	0,2	4,1	- 0,8	4,9
Kunststoffwarenherstellung	1975	6,3	8,2	1,9	1980	9,6	9,6	0	3,3	1,4	1,9
Gummiverarbeitung	1975	4,3	6,4	2,1	1981	5,1	5,4	0,3	0,8	- 1,0	1,8
Steine und Erden	1975	10,8	13,3	2,5	1979	12,9	12,9	0	2,1	- 0,4	2,5
Feinkeramik	1975	1,7	2,2	0,5	1980	2,1	2,1	0	0,4	- 0,1	0,5
Glasgewerbe	1975	3,0	3,9	0,9	1980	3,9	3,9	0	0,9	0,0	0,9
Eisenschaffende Industrie	1976	14,4	17,1	2,7	1980	15,4	15,4	0	1,0	- 1,7	2,7
NE-Metallerzeugung	1973	3,0	3,4	0,4	1978	3,9	3,9	0	0,9	0,5	0,4
Gießereien	1976	4,6	5,6	1,0	1980	5,1	5,2	0,1	0,5	- 0,4	0,9
Ziehereien, Kaltw., Stahlv.	1975	9,4	11,1	1,7	1979	11,0	11,0	0	1,6	- 0,1	1,7
Stahl- und Leichtmetallbau	1976	7,2	8,9	1,7	1978	9,3	9,3	0	2,1	0,4	1,7
Maschinenbau	1977	43,5	46,4	2,9	1979	46,4	46,9	0,5	2,9	0,5	2,4
Büromaschinen, ADV-Geräte	1975	5,2	6,6	1,4	1981	9,2	10,0	0,8	4,0	3,4	0,6
Straßenfahrzeugbau	1974	32,2	41,2	9,0	1979	47,8	48,1	0,3	15,6	6,9	8,7
Schiffbau	1979	2,1	3,0	0,9	1981	2,5	2,9	0,4	0,4	- 0,1	0,5
Luft- und Raumfahrzeugbau	1977	1,6	2,9	1,3	1981	3,6	3,6	0	2,0	0,7	1,3
Elektrotechnik	1975	40,4	45,5	5,1	1977	45,7	49,7	4,0	5,3	4,2	1,1
Feinmechanik, Optik	1975	7,9	8,1	0,2	1980	9,9	10,0	0,1	2,0	1,9	0,1
EBM-Warenherstellung	1975	11,8	14,8	3,0	1980	14,0	14,1	0,1	2,2	- 0,7	2,9
Musikinstr., Spielw. u.a.	1975	2,4	3,3	0,9	1979	3,1	3,1	0	0,7	- 0,2	0,9
Holzbe- und -verarbeitung	1975	13,4	15,3	1,9	1977	14,6	15,6	1,0	1,2	0,3	0,9
Zellstoff, Papierverarb.	1975	6,9	9,0	2,1	1981	8,9	9,1	0,2	2,0	0,1	1,9
Druckerei, Vervielfält.	1977	8,6	9,3	0,7	1979	9,6	9,6	0	1,0	0,3	0,7
Ledergewerbe	1974	3,1	4,0	0,9	1980	2,9	3,0	0,1	- 0,2	- 1,0	0,8
Textilgewerbe	1974	11,2	12,8	1,6	1980	11,1	11,3	0,2	- 0,1	- 1,5	1,4
Bekleidungsgewerbe	1977	8,1	8,8	0,7	1979	8,2	8,8	0,6	0,1	0,0	0,1
Ernährungsgewerbe	1977	36,2	40,6	4,4	1981	39,0	39,6	0,6	2,8	- 1,0	3,8
Tabakverarbeitung	1977	10,2	10,9	0,7	1981	11,1	11,2	0,1	0,9	0,3	0,6

1) Es wurde dasjenige Auslastungsminimum ausgewählt, das mindestens 2 Jahre vor dem letzten Auslastungsmaximum liegt.

Quellen: Statistisches Bundesamt, Fachserie 18; DIW-Vermögensrechnung.

Der Rückgang des Produktionspotentials in vielen Wirtschaftszweigen ist nicht allein eine Reaktion auf die zunehmende Unterauslastung der Kapazitäten seit 1980. Auch in den Jahren davor, als sich in der Mehrzahl der Branchen die Kapazitätsauslastung ständig verbesserte, reagierten die Unternehmen häufig nicht mit einer Ausweitung des Produktionspotentials. Es wurden im Gegenteil weiterhin Kapazitäten abgebaut. Die Verbesserung der Auslastung in diesen Branchen ist somit nicht allein auf die Ausweitung der Nachfrage zurückzuführen, sondern auch auf die Einschränkung des Produktionspotentials. Kapazitätsabbau in einer Phase steigender Auslastung war mehrheitlich bei den Grundstoffindustrien (mit Ausnahme der Chemie) den Verbrauchsgüterindustrien und dem Bauhauptgewerbe zu beobachten. Beim Leder- und Bekleidungsgewerbe sowie dem Textilgewerbe läßt sich der Auslastungsanstieg allein auf den Kapazitätsabbau zurückführen.

Wie die Rangfolge der Branchen mit starken Kapazitätserweiterungen in der Phase steigender Auslastungen in den siebziger Jahren zeigt, liegen an der Spitze die beiden kleinsten, aber sehr dynamischen Investitionsgüterproduzenten, die Hersteller von Büromaschinen (einschließlich ADV) und der Luft- und Raumfahrzeugbau, gefolgt von den Kreditinstituten, der Bundespost und dem übrigen Verkehr. In der Gruppe mit etwas geringeren Schwankungen im Auslastungsgrad befinden sich die Energieversorgung, drei Bereiche aus dem Grundstoff- und Verbrauchsgütergewerbe (chemische Industrie, Herstellung von Kunststoffwaren, NE-Metallerzeugung), der Straßenfahrzeugbau, der Einzelhandel sowie die sonstigen Dienstleistungen. Soweit sich aus heutiger Sicht beurteilen läßt, haben diese Branchen ihre Produktionskapazitäten auch in den Jahren des nachfolgenden Auslastungsrückgangs, wenn auch abgeschwächt, weiter ausgeweitet.

3.3.2 Investitionen und Produktionspotential

Um genauere Vorstellungen über das Verhalten der Unternehmen in bezug auf die Entwicklung ihrer Produktionskapazitäten zu gewinnen, ist es erforderlich, den Zusammenhang zwischen der Entwicklung der Investitionen und des Produktionspotentials zu untersuchen. Bei der Mehrzahl der

Unternehmen wird man den Ausrüstungsinvestitionen die entscheidende Rolle für die Entwicklung des Produktionspotentials zuerkennen müssen. Da Ausrüstungen in der Regel kurzlebiger sind als Bauten, würde sich das Produktionspotential durch Verschrottung von Ausrüstungen auch dann vermindern, wenn die Bauten noch zur Verfügung stehen. Zu einer Erhöhung des Produktionspotentials reichen daher häufig Ausrüstungsinvestitionen aus, die in noch nutzbare Bauten installiert werden. In jedem Jahr werden daher immer sehr viel mehr Ausrüstungen investiert als dem technischen Einsatzverhältnis dieser beiden Investitionsgüter im Produktionsprozeß entspricht.

Als Indikator für die technisch erforderliche Zusammensetzung der beiden Kapitalgüterarten läßt sich das jeweils realisierte Verhältnis von Ausrüstungen zu Bauten bei den insgesamt genutzten Anlagen verwenden. berücksichtigt man diese, sich in den Branchen relativ stetig entwickeln de, Relation auch bei der Zuordnung von Bauten zu Ausrüstungen der jeweiligen Investitionsjahrgänge, so läßt sich ermitteln, in welchem Umfang neue Ausrüstungen in bereits vorhandene Bauten installiert werden. Bei der Ermittlung technischer Relationen für einzelne Jahre müssen diese wiedergenutzten Bauten ebenso berücksichtigt werden wie die Bauinvestitionen der gleichen Periode.

Tabelle IV.3.3/2

Jahresdurchschnittliche Zuwachsraten des marginalen Technischen Koeffizienten und des marginalen Kapitalkoeffizienten

	73/62	82/73
marginaler Technischer Koeffizient		
Verarbeitendes Gewerbe	1,3	1,2
Unternehmen[1] insgesamt	1,8	1,8
marginaler Kapitalkoeffizient		
Verarbeitendes Gewerbe	0,3	- 0,2
Unternehmen[1] insgesamt	1,1	0,7

1) Ohne Wohnungsvermietung.
Quellen: Statistisches Bundesamt, Fachserie 18, DIW-Vermögensrechnung.

Tabelle IV. 3.3/3

Marginale Technische Koeffizienten
und wiedergenutzte Bauten in den Wirtschaftszweigen

	Marginaler Technischer Koeffizient 1)					Beitrag wiedergenutzter Bauten 2) zur Ausweitung des Produktionspotentials		
	DM je Einheit Produktionspotential			jährliche Ver- änderungen in vH		in vH des technischen Koeffizienten		
	1962	1973	1982	1973/62	1982/73	1962	1973	1982
Landw., Forstw., Fischerei	5,08	4,89	5,17	- 0,3	0,6	20	37	45
Energie, Wasser, Bergbau	4,51	5,16	7,62	1,2	4,4	15	21	28
Energie, Wasserversorg.	6,39	5,48	8,66	- 1,4	5,2	15	19	29
Bergbau	2,23	3,56	4,34	4,3	2,2	16	35	19
Verarbeitendes Gewerbe	1,48	1,70	1,89	1,3	1,2	11	20	30
Chemische Industrie	2,64	2,27	2,31	- 1,4	0,2	9	15	26
Mineralölverarbeitung	0,85	1,00	1,44	1,5	4,1	4	13	22
Kunststoffwarenherstellung	1,30	1,51	2,09	1,4	3,7	2	7	18
Gummiverarbeitung	1,30	1,52	2,86	1,4	7,3	18	20	39
Steine und Erden	2,37	2,53	3,48	0,6	3,6	8	14	33
Feinkeramik	1,41	1,72	2,04	1,8	1,9	16	27	41
Glasgewerbe	1,68	2,29	3,49	2,9	4,8	8	12	25
Eisenschaffende Industrie	3,02	3,98	5,32	2,5	3,3	6	20	32
NE-Metallerzeugung	2,59	2,80	3,41	0,7	2,2	9	14	21
Gießereien	1,31	1,72	2,42	2,5	3,9	13	22	33
Ziehereien, Kaltw., Stahlv.	1,35	1,83	2,38	2,8	3,0	12	27	35
Stahl- und Leichtmetallbau	0,83	1,07	1,03	2,3	- 0,4	4	18	29
Maschinenbau	1,20	1,59	1,64	2,6	0,3	13	26	30
Büromaschinen, ADV-Geräte	1,74	1,91	1,44	0,9	- 3,1	9	5	15
Straßenfahrzeugbau	1,35	1,57	1,60	1,4	0,2	7	21	19
Schiffbau	1,15	1,93	1,57	4,8	- 2,3	36	41	38
Luft- und Raumfahrzeugbau	0,35	0,63	1,03	5,5	5,6	0	19	13
Elektrotechnik	0,96	0,96	0,97	0,0	0,1	9	15	21
Feinmechanik, Optik	0,71	0,82	0,86	1,3	0,5	15	24	21
EBM-Warenherstellung	0,98	1,60	2,66	4,6	5,8	7	16	30
Musikinstr., Spielw. u.a.	0,69	1,79	3,72	9,1	8,5	0	9	23
Holzbe- und -verarbeitung	1,55	1,59	2,25	0,2	3,9	23	22	48
Zellstoff, Papierverarb.	1,92	2,44	3,07	2,2	2,6	10	21	33
Druckerei, Vervielfält.	1,20	1,80	2,11	3,8	1,8	6	18	26
Ledergewerbe	1,33	2,66	4,34	6,5	5,6	26	55	66
Textilgewerbe	2,01	2,64	4,07	2,5	4,9	19	33	55
Bekleidungsgewerbe	0,81	1,13	1,47	3,1	3,0	20	41	64
Ernährungsgewerbe	1,90	2,19	2,87	1,3	3,1	14	24	39
Tabakverarbeitung	0,18	0,29	0,38	4,4	3,0	0	10	13
Baugewerbe	0,55	0,80	1,00	3,5	2,5	5	19	37
Bauhauptgewerbe	0,70	1,04	1,47	3,7	3,9	4	16	36
Ausbaugewerbe	0,23	0,36	0,47	4,2	3,0	9	25	38
Handel	1,31	1,55	2,05	1,5	3,2	27	37	51
Großhandel, Handelsver.	1,52	1,66	1,71	0,8	0,3	28	42	54
Einzelhandel	1,11	1,47	2,46	2,6	5,9	26	32	48
Verkehr, Nachrichtenüb.	3,43	3,91	3,02	1,2	- 2,8	19	18	27
Eisenbahnen	7,20	14,12	32,97	6,3	9,9	19	31	43
Schiffahrt, Häfen	7,15	15,09	31,54	7,0	8,5	1	2	5
Deutsche Bundespost	2,19	2,74	1,92	2,1	- 3,9	27	17	27
Übriger Verkehr	2,00	2,34	2,28	1,4	- 0,3	14	11	15
Kreditinstitute, Versicherungen	1,12	1,28	1,78	1,2	3,7	34	38	44
Kreditinstitute	0,81	1,11	1,45	2,9	3,0	28	30	40
Versicherungsunternehmen	2,15	1,72	2,83	- 2,0	5,7	41	50	51
Sonstige Dienstleistungen	1,72	2,62	2,99	3,9	1,5	27	24	23
Unternehmen ohne Wohnungsverm.	1,71	2,09	2,46	1,8	1,8	18	24	31
dar.: Produktionsunternehmen	1,74	2,14	2,50	1,9	1,7	17	23	31

1) Ausrüstungsinvestitionen und neue Bauten zuzüglich der wiedergenutzten Bauten je Einheit zusätzlichen Produktionspotentials zu Preisen von 1976.
2) Teil des Bauvermögens, der nach dem Abgang von Ausrüstungsvermögen durch Kombination mit neuen Ausrüstungen erneut in den Produktionsprozeß eingegliedert wird.

Quellen: Statistisches Bundesamt, Fachserie 18; DIW-Vermögensrechnung.

Tabelle IV. 3.3/4

Die Entwicklung des marginalen Kapitalkoeffizienten[1]

	DM je Einheit neuen Produktionspotentials			Jahresdurchschnittliche Veränderung in vH	
	1962	1973	1982	1973/62	1982/73
Landw., Forstw., Fischerei	4,04	3,08	2,86	- 2,4	- 0,8
Energie, Wasser, Bergbau	3,82	4,09	5,48	0,6	3,3
Energie, Wasserversorg.	5,43	4,45	6,11	- 1,8	3,6
Bergbau	1,88	2,33	3,50	2,0	4,6
Verarbeitendes Gewerbe	1,31	1,36	1,33	0,3	- 0,2
Chemische Industrie	2,40	1,92	1,72	- 2,0	- 1,2
Mineralölverarbeitung	0,82	0,87	1,12	0,5	2,8
Kunststoffwarenherstellung	1,27	1,41	1,71	1,0	2,2
Gummiverarbeitung	1,06	1,21	1,75	1,2	4,2
Steine und Erden	2,18	2,17	2,34	0,0	0,8
Feinkeramik	1,19	1,26	1,20	0,5	- 0,5
Glasgewerbe	1,54	2,01	2,62	2,5	3,0
Eisenschaffende Industrie	2,83	3,17	3,61	1,0	1,5
NE-Metallerzeugung	2,35	2,40	2,69	0,2	1,3
Gießereien	1,14	1,35	1,61	1,5	2,0
Ziehereien, Kaltw., Stahlv.	1,19	1,33	1,54	1,0	1,6
Stahl- und Leichtmetallbau	0,80	0,88	0,73	0,9	- 2,1
Maschinenbau	1,05	1,17	1,14	1,0	- 0,3
Büromaschinen, ADV-Geräte	1,58	1,82	1,23	1,3	- 4,3
Straßenfahrzeugbau	1,25	1,24	1,29	- 0,1	0,4
Schiffbau	0,74	1,13	0,98	3,9	- 1,6
Luft- und Raumfahrzeugbau	0,35	0,51	0,90	3,5	6,5
Elektrotechnik	0,87	0,82	0,77	- 0,5	- 0,7
Feinmechanik, Optik	0,60	0,62	0,68	0,3	1,0
EBM-Warenherstellung	0,91	1,35	1,87	3,7	3,7
Musikinstr., Spielw. u.a.	0,71	1,62	2,87	7,8	6,6
Holzbe- und -verarbeitung	1,20	1,24	1,16	0,3	- 0,7
Zellstoff, Papierverarb.	1,73	1,93	2,07	1,0	0,8
Druckerei, Vervielfält.	1,13	1,48	1,56	2,5	0,6
Ledergewerbe	0,98	1,20	1,47	1,9	2,3
Textilgewerbe	1,63	1,77	1,85	0,8	0,5
Bekleidungsgewerbe	0,65	0,67	0,53	0,3	- 2,6
Ernährungsgewerbe	1,53	1,66	1,75	0,7	0,6
Tabakverarbeitung	0,18	0,26	0,33	3,4	2,7
Baugewerbe	0,52	0,65	0,63	2,0	- 0,3
Bauhauptgewerbe	0,67	0,87	0,94	2,4	0,9
Ausbaugewerbe	0,21	0,27	0,29	2,3	0,8
Handel	0,95	0,98	1,01	0,3	0,3
Großhandel, Handelsver.	1,10	0,97	0,79	- 1,1	- 2,3
Einzelhandel	0,82	1,00	1,29	1,8	2,9
Verkehr, Nachrichtenüb.	2,79	3,19	2,20	1,2	- 4,0
Eisenbahnen	5,81	9,68	18,65	4,8	7,6
Schiffahrt, Häfen	7,09	14,82	30,06	6,9	8,2
Deutsche Bundespost	1,60	2,28	1,40	3,3	- 5,3
Übriger Verkehr	1,73	2,08	1,94	1,7	- 0,8
Kreditinstitute, Versicherungen	0,74	0,80	0,99	0,7	2,4
Kreditinstitute	0,58	0,78	0,87	2,7	1,2
Versicherungsunternehmen	1,27	0,86	1,38	- 3,5	5,4
Sonstige Dienstleistungen	1,25	1,99	2,30	4,3	1,6
Unternehmen ohne Wohnungsverm.	1,41	1,59	1,69	1,1	0,7
dar.: Produktionsunternehmen	1,44	1,64	1,73	1,2	0,6

1) Anlageinvestitionen zu Preisen von 1976 bezogen auf die Zugänge zum Produktionspotential.

Quellen: Statistisches Bundesamt, Fachserie 18; DIW-Vermögensrechnung; Eigene Berechnungen.

Setzt man den Kapitaleinsatz, einschließlich der wiedergenutzten Bauten, zu den in ihm verkörperten Zugang an Produktionspotential in Beziehung, so erhält man Größen, die mit allen Einschränkungen, die eine Periodenbetrachtung erforderlich macht, als marginale Technische Koeffizienten bezeichnet werden können. Sie geben Aufschluß über den Trend der technologischen Beziehungen zwischen dem zusätzlich eingesetzten Anlagevermögen und den Zugängen zum Produktionspotential in den jeweiligen Jahren. Die Ergebnisse zeigen, daß eine Abflachung des Trends bei den marginalen Technischen Koeffizienten kaum zu beobachten ist: Die durchschnittlichen Wachstumsraten in der Periode 1973 bis 1982 liegen zumeist nicht unter denen der Periode 1962 bis 1973.

Dieses Ergebnis scheint der häufig geäußerten Vermutung zu widersprechen, daß es heute möglich sei, mit im Vergleich zu früher schwächer zunehmendem Einsatz neuen Sachkapitals die gleichen Potentialzuwächse zu erreichen. Bei dieser Argumentation wird jedoch zumeist nicht auf die technischen Relationen abgestellt, sondern auf das Verhältnis von Investitionen zu Potentialzugängen (marginaler Kapitalkoeffizient). In dem Maße, in dem diese Investitionen nicht für sich genommen zusätzliches Potential schaffen, sondern dazu führen, daß bereits vorhandene Anlagen erneut genutzt werden können, ist in der Tat ein vergleichsweise geringerer Investitionsaufwand erforderlich, um das Produktionspotential auszuweiten.

Wie die Ergebnisse zeigen, hat die erneute Nutzung vorhandener Bauten im Zeitablauf erheblich zugenommen. Die dadurch mögliche Einsparung an Investitionsvolumen macht im Jahre 1982 in einzelnen Branchen bis zu 50 vH aus und ist damit fast doppelt so hoch wie 1970. Wie die Tabellen zeigen, hat sich bei unverändertem Trend des Technischen Koeffizienten die Entwicklung der marginalen Kapitalkoeffizienten erheblich abgeschwächt. Mit dem abgeflachten Anstieg des marginalen Kapitalkoeffizienten hängt die Verlangsamung des Investitionstempos unmittelbar zusammen. Die realen Bruttoanlageinvestitionen zwischen 1973 und 1980 sind im Durchschnitt des Unternehmensbereichs nur noch mit jährlich 1,8 vH gestiegen. Im verarbeitenden Gewerbe waren 1981 die Bruttoanlageinvestitionen kaum höher als 1973. In immer stärkerem Umfang dienen

Tabelle IV. 3.3/5

Die Entwicklung der Bruttoanlageinvestitionen

	Bruttoanlageinvestitionen zu Preisen von 1976 in Mrd. DM			Jahres- durchschnittliche Veränderung in vH	
	1962	1973	1981	1973/62	1981/73
Landw., Forstw., Fischerei	8,15	7,76	7,15	- 0,4	- 1,0
Energie, Wasser, Bergbau	10,49	15,22	16,92	3,4	1,3
Energie, Wasserversorg.	8,16	13,76	14,29	4,9	0,5
Bergbau	2,33	1,46	2,63	- 4,2	7,6
Verarbeitendes Gewerbe	35,32	47,19	48,91	2,7	0,4
Chemische Industrie	4,15	5,48	5,85	2,6	0,8
Mineralölverarbeitung	1,06	1,91	1,43	5,5	- 3,6
Kunststoffwarenherstellung	0,44	1,14	1,22	9,0	0,9
Gummiverarbeitung	0,40	0,59	0,59	3,6	0,0
Steine und Erden	2,11	3,00	1,94	3,3	- 5,3
Feinkeramik	0,17	0,22	0,20	2,4	- 1,2
Glasgewerbe	0,34	0,56	0,53	4,6	- 0,7
Eisenschaffende Industrie	3,53	3,10	2,48	- 1,2	- 2,8
NE-Metallerzeugung	0,62	0,93	0,85	3,8	- 1,1
Gießereien	0,57	0,60	0,46	0,5	- 3,3
Ziehereien, Kaltw., Stahlv.	0,89	1,20	0,97	2,8	- 2,6
Stahl- und Leichtmetallbau	0,57	0,69	0,60	1,8	- 1,7
Maschinenbau	3,45	3,85	4,36	1,0	1,6
Büromaschinen, ADV-Geräte	0,42	1,27	1,58	10,6	2,8
Straßenfahrzeugbau	3,13	4,28	8,23	2,9	8,5
Schiffbau	0,13	0,20	0,16	4,0	- 2,8
Luft- und Raumfahrzeugbau	0,08	0,11	0,44	2,9	18,9
Elektrotechnik	2,27	3,79	4,53	4,8	2,3
Feinmechanik, Optik	0,28	0,44	0,73	4,2	6,5
EBM-Warenherstellung	0,92	1,46	1,29	4,3	- 1,5
Musikinstr., Spielw. u.a.	0,15	0,22	0,21	3,5	- 0,6
Holzbe- und -verarbeitung	1,21	2,05	1,18	4,9	- 6,7
Zellstoff, Papierverarb.	1,14	1,16	1,39	0,2	2,3
Druckerei, Vervielfält.	0,70	1,09	1,08	4,1	- 0,1
Ledergewerbe	0,31	0,19	0,17	- 4,4	- 1,4
Textilgewerbe	1,47	1,51	0,93	0,2	- 5,9
Bekleidungsgewerbe	0,45	0,43	0,27	- 0,4	- 5,7
Ernährungsgewerbe	4,23	5,55	4,98	2,5	- 1,3
Tabakverarbeitung	0,13	0,17	0,26	2,5	5,5
Baugewerbe	4,43	5,81	4,15	2,5	- 4,1
Bauhauptgewerbe	3,85	4,93	3,27	2,3	- 5,0
Ausbaugewerbe	0,58	0,88	0,88	3,9	0,0
Handel	9,28	13,86	12,27	3,7	- 1,5
Großhandel, Handelsver.	5,14	6,17	5,26	1,7	- 2,0
Einzelhandel	4,14	7,69	7,01	5,8	- 1,2
Verkehr, Nachrichtenüb.	12,13	22,61	22,86	5,8	0,1
Eisenbahnen	5,84	5,82	4,83	0,0	- 2,3
Schiffahrt, Häfen	0,94	2,87	2,32	10,7	- 2,6
Deutsche Bundespost	2,64	9,14	10,00	12,0	1,1
Übriger Verkehr	2,71	4,78	5,71	5,3	2,2
Kreditinstitute, Versicherungen	2,09	4,09	4,95	6,3	2,4
Kreditinstitute	1,27	2,92	3,33	7,9	1,7
Versicherungsunternehmen	0,82	1,17	1,62	3,3	4,2
Sonstige Dienstleistungen	7,56	20,90	41,76	9,7	9,0
Unternehmen ohne Wohnungsverm.	89,45	137,44	158,97	4,0	1,8
dar.: Produktionsunternehmen	87,36	133,35	154,02	3,9	1,8

Quellen: Statistisches Bundesamt, Fachserie 18; Eigene Berechnungen.

daher die Investitionen lediglich dem Ersatz ausscheidender Anlagen. Soweit dabei für die Neuinstallation von Ausrüstungen auf vorhandene Bauten zurückgegriffen werden kann, ist der Investitionsbedarf für den Ersatz geringer als der für die Ausweitung des Produktionspotentials.

Vor allem bei den wachstumsschwachen Wirtschaftszweigen der Grundstoffindustrie sind die marginalen Kapitalkoeffizienten gegenüber dem marginalen Technischen Koeffizienten in den siebziger Jahren schwächer gestiegen. Bei den expansiveren Investitionsgüter-Herstellern dagegen hat sich zumeist die Abweichung in der Entwicklung nicht verstärkt. Beim Straßenfahrzeugbau, dem Schiffbau und beim Luft- und Raumfahrzeugbau ist der marginale Kapitalkoeffizient in den siebziger Jahren stärker gestiegen als der marginale Technische Koeffizient. Die Möglichkeit, bei der Investition neuer Ausrüstungen auf bereits vorhandene Bauten zurückzugreifen, hat sich in diesen Bereichen sogar vermindert.

Es ist zu vermuten, daß sich ähnliche Prozesse wie im Verhältnis von Ausrüstungen zu Bauten auch innerhalb der Ausrüstungsinvestitionen abspielen. Eine Untersuchung dieses Sachverhalts steht allerdings noch aus.

3.4 Reaktionen auf Veränderungen der Kostenstruktur

In dem Investitionsverhalten der Unternehmen kommen nicht nur Reaktionen auf Veränderungen der Nachfrage zum Ausdruck, sondern auch Reaktionen auf Veränderungen der Kosten. Dabei läßt sich zumeist nur schwer unterscheiden, welche Verteuerung von Produktionsfaktoren das letztlich auslösende Moment für Reaktionen der Unternehmen gewesen ist. Kapitalintensivierung zum Beispiel ist sicherlich eine Reaktion auf Lohnsatzsteigerungen, kann aber ebenso auf die Substitution anderer Kostenfaktoren gerichtet sein. Im übrigen wird die Kapitalintensivierung im Hinblick auf kostengünstigere Produktionsfaktoren auch dann vorangetrieben, wenn die Lohnsätze schwächer oder gar nicht steigen. Der Abstand zwischen den Kapitalintensitäten neuer Produktionsprozesse im Vergleich zu älteren, auf den es in diesem Zusammenhang ankommt, ist im allgemeinen so groß, daß erwartete Lohnsatzsteigerungen für einzelne Jahre bei der Investitionsentscheidung kaum durchschlagen. Aus diesem Grunde lassen sich Erörterungen von Reaktionen auf Änderungen der Kostenstruktur auch nicht an einzelnen Kostenfaktoren festmachen, sondern müssen auf die Reaktionsmöglichkeiten der Unternehmen abstellen.

3.4.1 Sachkapitalintensivierung

Unter den Strategien zur Substitution von Kostenfaktoren spielt die Sachkapitalintensivierung eine zentrale Rolle. Diese Substitution läßt sich am besten durchführen, wenn ohnehin neue Produktionsanlagen erstellt werden oder alte Anlagen zu ersetzen sind.

Eine entscheidende Einflußgröße der Kapitalintensivierung wird in Veränderungen in der Relation von Lohnsätzen zu den Nutzungskosten des Kapitals gesehen. Bereits im Strukturbericht 1980 ist gezeigt worden, daß diese Hypothese zur Erklärung nicht ausreicht. Dieses Ergebnis besagt nicht, daß die Verschiebung der Faktorpreisrelation überhaupt keinen Einfluß gehabt hätte, sondern weist lediglich auf niedrige Substitutionselastizitäten hin. In einer Reihe empirischer Schätzungen von Produktionsfunktionen für die Wirtschaftszweige wurden für die weitaus über wiegende Zahl der Wirtschaftszweige wesentlich unter eins liegende Substitutionselastizitäten ermittelt[1]. Geringe Substitutionselastizitäten zeigen an, daß Änderungen in den Faktorpreisrelationen das Verhältnis der eingesetzten Produktionsfaktoren weniger beeinflussen als häufig angenommen wird. Strategien zur Einsparung von Arbeitskräften lassen sich unter diesen Umständen eher als langfristig angelegte Prozesse interpretieren, die nur wenig von kurzfristigen Veränderungen der Faktorpreisrelationen beeinflußt werden. Anzumerken ist allerdings, daß bei einer Betrachtung von Wirtschaftszweigen intrasektorale Einflüsse unberücksichtigt bleiben. Für einzelne Unternehmer können daher Änderungen in den Faktorpreisrelationen durchaus von größerer Bedeutung sein als für die Branche im Durchschnitt.

Tabelle IV. 3.4/1

Kennziffern zur Entwicklung der Kapitalausstattung von Arbeitsplätzen

	Marginale			Durch-schnitt-liche	Marginale		Marginale in vH der durch-schnitt-lichen Kapital-intensi-tät
	Kapitalintensität						
	Investitionen 1)			Anlage-vermögen	Jahresdurch-schnittliche Veränderungen in vH		
	je Arbeitsplatz in DM						
	1962	1973	1982		1973/62	1982/73	1982
Landw., Forstw., Fischerei	57 700	84 400	133 400	147 600	3,5	5,2	90
Energie, Wasser, Bergbau	311 600	509 400	527 300	589 700	4,6	0,4	89
Energie, Wasserversorg.	510 300	791 300	1220 700	976 800	4,1	4,9	125
Bergbau	131 900	116 900	127 700	154 400	- 1,1	1,0	83
Verarbeitendes Gewerbe	42 800	67 500	86 600	91 100	4,2	2,8	95
Chemische Industrie	91 300	140 900	207 500	178 000	4,0	4,4	117
Mineralölverarbeitung	278 200	444 500	767 000	609 600	4,3	6,3	126
Kunststoffwarenherstellung	36 500	58 700	93 500	72 900	4,4	5,3	128
Gummiverarbeitung	34 100	56 400	78 100	82 800	4,7	3,7	94
Steine und Erden	72 300	113 700	173 300	157 000	4,2	4,8	110
Feinkeramik	31 400	43 600	50 500	62 500	3,0	1,6	81
Glasgewerbe	49 100	93 300	145 300	114 200	6,0	5,0	127
Eisenschaffende Industrie	106 600	158 200	223 600	199 000	3,7	3,9	112
NE-Metallerzeugung	60 400	128 800	217 400	168 100	7,1	6,0	129
Gießereien	38 400	55 400	76 100	81 600	3,4	3,6	93
Ziehereien, Kaltw., Stahlv.	43 500	50 400	58 500	70 900	1,3	1,7	83
Stahl- und Leichtmetallbau	23 500	45 500	58 300	52 900	6,2	2,8	110
Maschinenbau	35 900	51 900	52 200	66 500	3,4	0,1	78
Büromaschinen, ADV-Geräte	45 800	169 800	308 300	219 500	12,7	6,9	140
Straßenfahrzeugbau	43 400	62 700	86 800	86 000	3,4	3,7	101
Schiffbau	26 800	59 000	59 500	87 100	7,4	0,1	68
Luft- und Raumfahrzeugbau	10 200	27 600	78 900	50 900	9,5	12,4	155
Elektrotechnik	21 800	39 600	54 400	52 900	5,6	3,6	103
Feinmechanik, Optik	17 300	24 900	35 300	36 800	3,4	4,0	96
EBM-Warenherstellung	27 500	54 200	93 000	73 600	6,4	6,2	126
Musikinstr., Spielw. u.a.	22 600	51 000	86 200	53 400	7,7	6,0	161
Holzbe- und -verarbeitung	28 700	44 500	56 800	66 400	4,1	2,7	86
Zellstoff, Papierverarb.	55 100	98 300	124 500	130 700	5,4	2,7	95
Druckerei, Vervielfält.	33 900	67 400	84 800	80 900	6,4	2,6	105
Ledergewerbe	22 500	27 400	33 100	54 100	1,8	2,1	61
Textilgewerbe	36 800	57 500	78 400	89 400	4,1	3,5	88
Bekleidungsgewerbe	11 000	17 600	18 500	29 900	4,4	0,6	62
Ernährungsgewerbe	55 000	71 800	86 900	102 900	2,5	2,1	84
Tabakverarbeitung	50 800	114 100	198 300	134 400	7,6	6,3	148
Baugewerbe	14 100	22 100	24 700	29 200	4,2	1,2	85
Bauhauptgewerbe	17 500	29 000	36 900	38 500	4,7	2,7	96
Ausbaugewerbe	6 200	9 400	11 100	14 400	3,9	1,9	77
Handel	23 500	34 500	39 600	61 700	3,6	1,5	64
Großhandel, Handelsver.	33 400	43 500	46 900	78 500	2,4	0,8	60
Einzelhandel	17 100	29 600	35 400	51 800	5,1	2,0	68
Verkehr, Nachrichtenüb.	106 800	210 500	224 800	254 200	6,4	0,7	88
Eisenbahnen	200 000	389 300	487 400	387 700	6,2	2,5	126
Schiffahrt, Häfen	474 700	1161 900	2237 100	695 500	8,5	7,6	322
Deutsche Bundespost	67 300	177 900	214 900	232 600	9,2	2,1	92
Übriger Verkehr	62 800	123 900	128 700	129 100	6,4	0,4	100
Kreditinstitute, Versicherungen	43 300	72 600	92 400	120 100	4,8	2,7	77
Kreditinstitute	38 200	73 800	80 900	103 200	6,2	1,0	78
Versicherungsunternehmen	54 500	69 600	130 200	164 200	2,2	7,2	79
Sonstige Dienstleistungen	46 200	118 100	204 400	151 100	8,9	6,3	135
Unternehmen ohne Wohnungsverm.	44 000	75 200	107 000	116 700	5,0	4,0	92
dar.: Produktionsunternehmen	44 000	75 300	107 500	116 600	5,0	4,0	92

1) Anlageinvestitionen zu Preisen von 1976

Quellen: Statistisches Bundesamt, Fachserie 18; DIW-Potentialrechnung.

Auch für die hier geschätzten Beziehungen zwischen Ausrüstungsinvestitionen, Arbeitsplätzen und Produktionspotential auf der Basis einer CES-
Produktionsfunktion wurden zufriedenstellende Anpassungen in den meisten Wirtschaftszweigen nur bei sehr geringen Substitutionselastizitäten
gefunden. In der Regel war es der investitionsgebundene arbeitsparende
technische Fortschritt, der zu einer Substitution von Arbeitskräften
führte. Er bewirkte gleichzeitig, daß die Produktivität dieser Investitionen
unter sonst gleichen Bedingungen höher war.

Als Resultat des Substitutionsprozesses ist der Investitionsbedarf für
einen neuen Arbeitsplatz (marginale Kapitalintensität) kräftig gestiegen.
Im Durchschnitt des Unternehmensbereichs betrug er 1982 107 000 DM. In
vielen Wirtschaftszweigen liegt die marginale Kapitalintensität gegenwärtig unter der durchschnittlichen Kapitalintensität, da neue Arbeitsplätze zum Teil in bereits vorhandenen Bauten errichtet werden können.

In den Wirtschaftszweigen streut der Investitionsbedarf für neue Arbeitsplätze erheblich. Weit unterdurchschnittliche Beträge ergeben sich für das
Baugewerbe, aber auch für die Mehrzahl der Investitionsgüterproduzenten
mit Ausnahme der Büromaschinen und ADV, wo der Investitionsbedarf für
einen neuen Arbeitsplatz mehr als doppelt so hoch ist wie im Durchschnitt
des Unternehmensbereichs. Hohe marginale Kapitalintensitäten sind erwartungsgemäß in den kapitalintensiven Bereichen Schiffahrt, Energie-und
Wasserversorgung, Mineralölverarbeitung, Eisenbahnen und eisenschaffende Industrie zu beobachten. Aber auch bei den sonstigen Dienstleistungen
sind gegenwärtig mit 204 000 DM fast ebenso viele Investitionen für einen
neuen Arbeitsplatz erforderlich wie in der chemischen Industrie.

3.4.2 Arbeitsplatzproduktivität und Arbeitsplätze

Mit dem Investitionsvolumen und der Kapitalintensität neuer Anlagen ist
auch die Zahl der neugeschaffenen Arbeitsplätze festgelegt. Bezieht man
das Produktionspotential auf die gesamte Zahl der Arbeitsplätze, so erhält
man die (durchschnittliche) Arbeitsplatzproduktivität. Das Schaubild
macht den Zusammenhang zwischen dem Anstieg des Produktionspoten-

Schaubild IV. 3.4/1

PRODUKTIONSPOTENTIAL, ARBEITSPLATZPRODUKTIVITÄT UND ARBEITSPLÄTZE 1973 BIS 1982

Jahresdurchschnittliche Wachstumsrate in vH

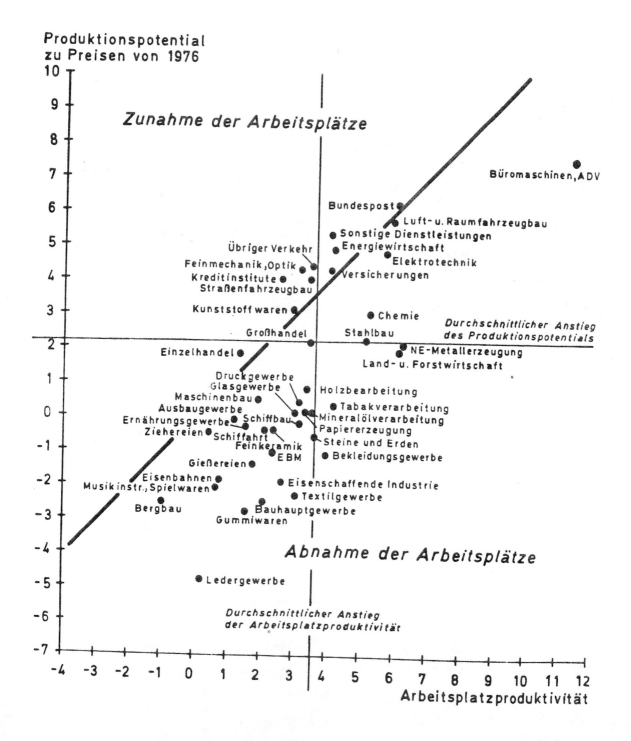

DIW 83

Schaubild IV.3.4/2

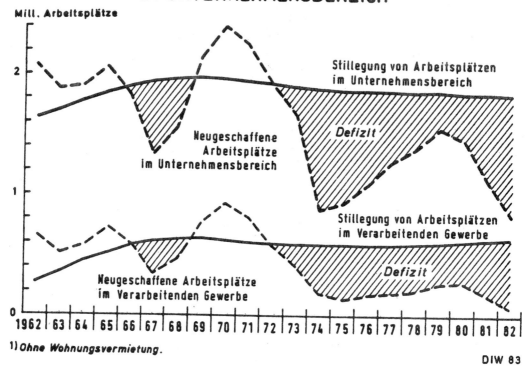

**ZEITLICHE ENTWICKLUNG
DER NEUGESCHAFFENEN ARBEITSPLÄTZE
IM UNTERNEHMENSBEREICH** [1]

Mill. Arbeitsplätze

Stillegung von Arbeitsplätzen
im Unternehmensbereich

Neugeschaffene
Arbeitsplätze
im Unternehmensbereich

Defizit

Stillegung von Arbeitsplätzen
im Verarbeitenden Gewerbe

Defizit

Neugeschaffene Arbeitsplätze
im Verarbeitenden Gewerbe

[1] *Ohne Wohnungsvermietung.*

DIW 83

tials und der Arbeitsplatzproduktivität seit 1973 deutlich. In der Mehrzahl der Wirtschaftszweige ist in dieser Zeit das Produktionspotential schwächer gestiegen als die Arbeitsplatzproduktivität, wodurch die Zahl der Arbeitsplätze zurückging.

Zugenommen hat die Zahl der Arbeitsplätze in der zweiten Hälfte der siebziger Jahre nur noch in wenigen Wirtschaftszweigen. Innerhalb des verarbeitenden Gewerbes fällt dabei lediglich der Straßenfahrzeugbau mit etwas mehr als 1 Mill. Arbeitsplätzen zu Beginn des Jahres 1982 in Gewicht. Daneben haben lediglich die Bereiche Herstellung von Kunststoffwaren und die Feinmechanik und Optik die Zahl ihrer Arbeitsplätze in den siebziger Jahren nennenswert ausgedehnt. Außerhalb des verarbeitenden Gewerbes nahm die Zahl der Arbeitsplätze beim Einzelhandel, dem übrigen Verkehr, den Versicherungsunternehmen, den Kreditinstituten und bei den sonstigen Dienstleistungen bis 1981/82 zu. In der Energie- und Wasserversorgung stagniert die Zahl der Arbeitsplätze, nachdem sie bis

1979 noch angestiegen war. Dagegen ist im Bereich der Bundespost in den letzten Jahren wieder ein Anstieg zu erkennen, ohne daß hier die bisherige Höchstzahl von 525 000 Arbeitsplätzen wieder erreicht worden wäre.

Im gesamten Unternehmensbereich nahm in den sechziger Jahren die Zahl der Arbeitsplätze von zunächst 23,7 Mill. auf 24,4 Mill. im Jahre 1966 zu. Fast das gleiche Niveau wurde noch einmal 1972 erreicht. Seitdem ging die Zahl der Arbeitsplätze ständig zurück. 1982 standen im gesamten Unternehmensbereich mit 21,4 Mill. Arbeitsplätzen 3 Mill. weniger zur Verfügung als 1972. Während in den sechziger Jahren im Durchschnitt sogar mehr Arbeitsplätze neu geschaffen wurden als durch Anlagenabgang verloren gingen, hat seit 1972 die Zahl der neu geschaffenen Arbeitsplätze in keinem Jahr mehr ausgereicht, um die mit dem Anlagenabgang verbundene Reduzierung der Arbeitsplätze zu kompensieren. Selbst 1979 als die Arbeitsplatzneuzugänge infolge der seit 1976 wieder zunehmenden Investitionstätigkeit über 1,5 Mill. ausmachten, waren die Abgänge noch um 300 000 höher. Der Investitionsrückgang danach hat auch die Zahl der neu geschaffenen Arbeitsplätze erneut zurückgehen lassen. Der Abgang von Arbeitsplätzen verminderte sich dagegen kaum, so daß das gesamte Arbeitsplatzpotential wieder kräftiger zurückging.

Auch die Zahl der Erwerbstätigen ging in den meisten Wirtschaftszweigen zurück. Lediglich in der Energie- und Wasserversorgung, beim Bergbau, bei der Bundespost, den Kreditinstituten und den sonstigen Dienstleistungen stieg Anfang der achtziger Jahre noch die Erwerbstätigenzahl. Vielfach war jedoch der Arbeitsplatzabbau stärker als der Rückgang der Beschäftigung, so daß dem nachfragebedingten Rückgang der Beschäftigung kaum zusätzliche Arbeitsplatzreserven gegenüberstanden. Die Zahl der unbesetzten Arbeitsplätze, die in der Rezession 1975 mit 2,2 Mill. noch ausgereicht hätte, die Arbeitslosen zu integrieren, ist 1982 auf 760 000 geschrumpft. Anders als 1975 ist damit eine Lösung des Arbeitsmarktproblems nur möglich, wenn in erheblichem Umfang neue Arbeitsplätze geschaffen werden.

Tabelle IV. 3.4/2

Arbeitsplätze und ihre Besetzung in den Wirtschaftszweigen

	Zahl der Arbeitsplätze					Erwerbstätige			Unbesetzte Arbeitsplätze		
	1962	1973	1980	1981	1982	1980	1981	1982	1980	1981	1982
					- in 1000 -						
Landw., Forstw., Fischerei	3 312	2 054	1 552	1 488	1 423	1 436	1 405	1 383	116	83	40
Energie, Wasser, Bergbau	712	539	518	517	519	501	509	509	17	8	10
Energie, Wasserversorg.	208	258	276	275	275	266	270	.	10	5	.
Bergbau	504	281	242	242	244	235	239	.	7	3	.
Verarbeitendes Gewerbe	10 279	10 667	9 335	9 137	8 883	9 005	8 775	8 461	330	362	422
Chemische Industrie	569	741	664	641	614	620	615	.	44	26	.
Mineralölverarbeitung	44	53	44	42	40	40	40	.	4	2	.
Kunststoffwarenherstellung	116	218	229	227	223	229	226	.	0	1	.
Gummiverarbeitung	131	168	129	122	114	121	115	.	8	7	.
Steine und Erden	329	323	247	235	222	238	227	.	9	8	.
Feinkeramik	86	76	63	61	59	60	60	.	3	1	.
Glasgewerbe	100	104	87	83	80	86	82	.	1	1	.
Eisenschaffende Industrie	486	440	325	310	295	309	296	.	16	14	.
NE-Metallerzeugung	99	108	84	80	76	77	75	.	7	5	.
Gießereien	184	158	129	125	120	125	121	.	4	4	.
Ziehereien, Kaltw., Stahlv.	340	310	294	291	286	289	277	.	5	14	.
Stahl- und Leichtmetallbau	255	233	192	187	182	189	186	.	3	1	.
Maschinenbau	1 154	1 244	1 119	1 113	1 103	1 108	1 106	.	11	7	.
Büromaschinen, ADV-Geräte	73	116	95	90	85	77	77	.	18	13	.
Straßenfahrzeugbau	687	967	988	1 009	1 022	970	948	.	18	61	.
Schiffbau	95	78	63	60	58	58	58	.	5	2	.
Luft- und Raumfahrzeugbau	32	61	58	59	59	55	58	.	3	1	.
Elektrotechnik	1 058	1 242	1 176	1 166	1 146	1 124	1 096	.	52	70	.
Feinmechanik, Optik	197	222	242	246	248	241	235	.	1	11	.
EBM-Warenherstellung	424	447	362	347	330	348	335	.	14	12	.
Musikinstr., Spielw. u.a.	107	114	97	94	90	96	91	.	1	3	.
Holzbe- und -verarbeitung	599	516	450	433	413	435	417	.	15	16	.
Zellstoff, Papierverarb.	243	238	193	188	180	187	184	.	6	4	.
Druckerei, Vervielfält.	270	270	224	219	212	218	216	.	6	3	.
Ledergewerbe	263	186	132	125	118	124	118	.	8	7	.
Textilgewerbe	722	514	364	342	318	341	321	.	23	21	.
Bekleidungsgewerbe	591	463	337	318	297	325	301	.	12	17	.
Ernährungsgewerbe	959	1 025	924	899	871	889	869	.	35	30	.
Tabakverarbeitung	70	34	26	25	25	26	25	.	0	0	.
Baugewerbe	2 373	2 734	2 180	2 110	2 016	2 089	2 038	1 940	91	72	76
Bauhauptgewerbe	1 696	1 868	1 396	1 329	1 244	1 308	1 271	.	88	58	.
Ausbaugewerbe	677	867	783	781	773	781	767	.	2	14	.
Handel	3 427	3 536	3 544	3 528	3 479	3 485	3 449	3354	59	79	125
Großhandel, Handelsver.	1 379	1 418	1 310	1 301	1 279	1 284	1 279	.	26	22	.
Einzelhandel	2 049	2 118	2 235	2 228	2 200	2 201	2 170	.	34	58	.
Verkehr, Nachrichtenüb.	1 508	1 567	1 500	1 502	1 503	1 468	1 472	1 462	32	30	41
Eisenbahnen	532	451	377	367	356	353	352	.	24	15	.
Schiffahrt, Häfen	109	94	81	78	76	77	75	.	4	3	.
Deutsche Bundespost	422	507	498	506	514	494	505	.	4	1	.
Übriger Verkehr	445	516	544	552	558	544	540	.	0	12	.
Kreditinstitute, Versicherungen	445	687	754	760	759	740	743	746	14	17	13
Kreditinstitute	306	483	540	547	549	534	539	.	6	8	.
Versicherungsunternehmen	139	204	214	213	210	206	204	.	8	9	.
Sonstige Dienstleistungen	2 051	2 510	2 717	2 777	2 808	2 709	2 765	2 771	8	12	37
Unternehmen ohne Wohnungsverm.	24 105	24 293	22 098	21 819	21 387	21 433	21 156	20 626	665	663	761
dar.: Produktionsunternehmen	23 660	23 606	21 344	21 059	20 628	20 693	20 413	19 880	651	646	748

Quellen: Statistisches Bundesamt, Fachserie 18; DIW-Vermögensrechnung.

3.4.3 Lohnkosten und Arbeitsproduktivität

Die Bruttoeinkommen aus unselbständiger Arbeit je beschäftigten Arbeitnehmer stiegen in den siebziger Jahren im Durchschnitt des Unternehmensbereichs mit einer jahresdurchschnittlichen Wachstumsrate von
7,3 vH um fast 2 Prozentpunkte schwächer als in den sechziger Jahren.
Abgesehen von wenigen Ausnahmen gibt es nur geringe Unterschiede im
Anstieg der Lohnkosten in den Wirtschaftszweigen. Die Abweichungen
sind vornehmlich auf Verschiebungen in der Qualifikation und damit der
Lohn- und Gehaltsstruktur und des sektoral unterschiedlichen Gewichts
der Teilzeitarbeit zurückzuführen.

In den Bruttoeinkommen aus unselbständiger Arbeit sind auch die in den
letzten Jahren verstärkt diskutierten Personalnebenkosten enthalten. Der
größte Teil dieser Nebenkosten entfällt auf gesetzliche Leistungen. Dazu
gehören die Arbeitgeberbeiträge zur Sozialversicherung ebenso wie die
Lohnfortzahlung im Krankheitsfalle und die Vergütung von Feiertagen und
Ausfallzeiten. Ein weiterer ins Gewicht fallender Anteil dieser Personalnebenkosten ist das Ergebnis tarifvertraglicher Vereinbarungen. Dies gilt
z.B. für das 13. Monatsgehalt und die Urlaubsvergütung. Die Willkür dieser
Zuordnung wird deutlich, wenn man bedenkt, daß diese Beträge je nach
dem, ob es sich um eine Betrachtung von Monatseinkommen oder Jahres-
einkommen handelt, Lohnnebenkosten oder unmittelbare Arbeitsentgelte
sind. Bei diesen Beträgen ist die Herauslösung aus den Arbeitsentgelten im
übrigen auch deshalb fragwürdig, da ihre Aufstockung im Rahmen von
Tarifverhandlungen zumeist mit Verzichten bei den unmittelbaren Arbeitsentgelten verbunden ist.

Es muß auch bezweifelt werden, ob es sinnvoll ist, bei der Berechnung der
Kostenbelastung von Unternehmen bei den an die Arbeitseinkommen
gekoppelten Beiträgen zur Sozialversicherung zwischen Arbeitgeber- und
Arbeitnehmerbeiträgen zu unterscheiden, wie dies bei der Berechnung der
Personalnebenkosten geschieht. Auch der Hinweis, daß es bei Tarifverhandlungen um Bruttolöhne und -gehälter geht, in denen nur die Arbeitgeberbeiträge der Versicherten enthalten sind, ändert nichts daran, daß
gleichzeitig immer auch über die entsprechenden Anteile verhandelt wird,

Tabelle IV. 3.4/3

Die Entwicklung der Lohnsätze

	Bruttoeinkommen aus unselbständiger Arbeit je beschäftigten Arbeitnehmer in DM			Jahresdurchschnittliche Veränderung in vH	
	1962	1973	1981	1973/62	1981/73
Landw., Forstw., Fischerei	6 800	16 000	29 800	8,1	8,1
Energie, Wasser, Bergbau	11 300	28 700	54 600	8,8	8,4
Energie, Wasserversorg.	10 700	30 300	57 400	9,9	8,3
Bergbau	11 500	27 100	51 400	8,1	8,3
Verarbeitendes Gewerbe	8 500	22 000	40 400	9,0	7,9
Chemische Industrie	10 700	28 100	53 200	9,2	8,3
Mineralölverarbeitung	12 300	33 300	68 500	9,5	9,4
Kunststoffwarenherstellung	7 600	18 700	35 100	8,5	8,2
Gummiverarbeitung	9 000	22 200	39 600	8,6	7,5
Steine und Erden	9 400	24 400	42 600	9,1	7,2
Feinkeramik	7 400	19 300	32 500	9,1	6,7
Glasgewerbe	8 200	20 800	38 300	8,8	7,9
Eisenschaffende Industrie	10 700	26 600	46 600	8,6	7,3
NE-Metallerzeugung	9 600	23 700	46 800	8,6	8,9
Gießereien	9 600	23 500	40 900	8,5	7,2
Ziehereien, Kaltw., Stahlv.	8 400	21 000	35 400	8,7	6,7
Stahl- und Leichtmetallbau	9 200	23 800	40 200	9,0	6,8
Maschinenbau	9 200	24 000	43 700	9,1	7,8
Büromaschinen, ADV-Geräte	9 200	30 400	57 500	11,5	8,3
Straßenfahrzeugbau	9 200	23 700	45 200	9,0	8,4
Schiffbau	9 300	25 800	47 200	9,7	7,8
Luft- und Raumfahrzeugbau	9 000	26 800	53 300	10,4	9,0
Elektrotechnik	8 400	22 000	42 100	9,1	8,5
Feinmechanik, Optik	7 500	19 000	36 000	8,8	8,3
EBM-Warenherstellung	7 900	20 300	37 300	9,0	7,9
Musikinstr., Spielw. u.a.	6 400	15 700	27 800	8,5	7,4
Holzbe- und -verarbeitung	7 700	19 800	34 000	9,0	7,0
Zellstoff, Papierverarb.	8 100	20 400	38 300	8,8	8,2
Druckerei, Vervielfält.	8 500	22 200	40 400	9,1	7,8
Ledergewerbe	6 800	14 800	25 800	7,3	7,2
Textilgewerbe	6 700	17 400	30 000	9,1	7,0
Bekleidungsgewerbe	5 700	13 500	24 100	8,2	7,5
Ernährungsgewerbe	8 400	19 300	32 400	7,9	6,7
Tabakverarbeitung	6 200	20 300	44 800	11,4	10,4
Baugewerbe	8 300	22 100	35 400	9,3	6,1
Bauhauptgewerbe	8 600	23 300	37 600	9,5	6,2
Ausbaugewerbe	7 300	19 100	31 200	9,1	6,3
Handel	6 600	18 100	32 000	9,6	7,4
Großhandel, Handelsver.	7 500	20 500	36 700	9,6	7,6
Einzelhandel	5 800	16 300	28 900	9,8	7,4
Verkehr, Nachrichtenüb.	9 500	25 600	41 700	9,4	6,3
Eisenbahnen	9 900	28 200	43 300	10,0	5,5
Schiffahrt, Häfen	10 400	20 700	36 100	6,5	7,2
Deutsche Bundespost	8 800	24 800	40 000	9,9	6,2
Übriger Verkehr	9 400	24 700	43 100	9,2	7,2
Kreditinstitute, Versicherungen	11 100	27 800	49 400	8,7	7,5
Kreditinstitute	10 900	27 500	47 600	8,8	7,1
Versicherungsunternehmen	11 500	28 400	54 100	8,6	8,4
Sonstige Dienstleistungen	7 000	16 100	27 600	7,9	7,0
Unternehmen ohne Wohnungsverm. dar.:	8 300	21 500	37 900	9,0	7,3
Produktionsunternehmen	8 300	21 300	37 400	8,9	7,3

Quellen: Statistisches Bundesamt, Fachserie 18; Eigene Berechnungen.

Tabelle IV. 3.4/4

Die Entwicklung der Arbeitsproduktivität

	Bruttowertschöpfung zu Preisen von 1976 je Erwerbstätigen in DM			Jahres- durchschnittliche Veränderung in vH	
	1962	1973	1981	1973/62	1981/73
Landw., Forstw., Fischerei	7 900	16 100	24 400	6,7	5,3
Energie, Wasser, Bergbau	40 800	76 700	92 700	5,9	2,4
Energie, Wasserversorg.	50 100	100 600	132 400	6,5	3,5
Bergbau	36 900	53 000	47 800	3,3	- 1,3
Verarbeitendes Gewerbe	22 100	38 600	47 600	5,2	2,7
Chemische Industrie	21 300	53 600	66 000	8,8	2,6
Mineralölverarbeitung	195 100	405 000	481 500	6,9	2,2
Kunststoffwarenherstellung	15 700	35 200	41 900	7,6	2,2
Gummiverarbeitung	21 300	37 800	44 600	5,4	2,1
Steine und Erden	22 300	42 600	48 600	6,1	1,7
Feinkeramik	19 000	29 700	33 800	4,1	1,6
Glasgewerbe	20 800	34 300	43 800	4,7	3,1
Eisenschaffende Industrie	20 600	39 900	50 000	6,2	2,9
NE-Metallerzeugung	17 400	32 200	49 600	5,8	5,5
Gießereien	23 400	35 500	41 700	3,9	2,0
Ziehereien, Kaltw., Stahlv.	23 800	36 800	36 200	4,0	- 0,2
Stahl- und Leichtmetallbau	20 400	36 700	45 900	5,5	2,8
Maschinenbau	26 100	36 800	41 200	3,2	1,4
Büromaschinen, ADV-Geräte	15 500	46 800	120 000	10,6	12,5
Straßenfahrzeugbau	26 200	39 100	48 600	3,7	2,8
Schiffbau	21 900	39 900	43 300	5,6	1,0
Luft- und Raumfahrzeugbau	23 700	49 800	61 400	7,0	2,7
Elektrotechnik	16 800	32 500	45 400	6,2	4,3
Feinmechanik, Optik	19 300	34 300	41 200	5,4	2,3
EBM-Warenherstellung	20 600	35 000	39 800	4,9	1,6
Musikinstr., Spielw. u.a.	21 500	28 400	28 800	2,6	0,2
Holzbe- und -verarbeitung	14 300	31 200	31 600	7,3	0,2
Zellstoff, Papierverarb.	22 400	36 900	48 400	4,6	3,4
Druckerei, Vervielfält.	21 700	34 200	41 900	4,2	2,6
Ledergewerbe	16 500	20 200	22 700	1,9	1,5
Textilgewerbe	14 000	23 700	32 600	4,9	4,1
Bekleidungsgewerbe	13 000	19 200	25 200	3,6	3,5
Ernährungsgewerbe	28 000	38 000	44 900	2,8	2,1
Tabakverarbeitung	111 500	296 800	444 800	9,3	5,2
Baugewerbe	23 100	32 200	35 100	3,1	1,1
Bauhauptgewerbe	21 400	30 400	35 500	3,2	2,0
Ausbaugewerbe	27 800	36 200	34 400	2,4	- 0,6
Handel	18 900	29 400	34 400	4,1	2,0
Großhandel, Handelsver.	23 400	36 600	44 100	4,2	2,4
Einzelhandel	15 800	24 700	28 600	4,1	1,8
Verkehr, Nachrichtenüb.	25 900	39 800	58 500	4,0	4,9
Eisenbahnen	22 200	30 000	33 500	2,8	1,4
Schiffahrt, Häfen	31 400	44 200	59 600	3,2	3,8
Deutsche Bundespost	28 300	45 100	80 600	4,3	7,5
Übriger Verkehr	26 500	42 400	53 900	4,4	3,0
Kreditinstitute, Versicherungen	42 100	64 900	82 300	4,0	3,0
Kreditinstitute	47 200	70 100	89 700	3,7	3,1
Versicherungsunternehmen	31 000	52 800	62 600	5,0	2,2
Sonstige Dienstleistungen	35 100	45 900	54 500	2,5	2,2
Unternehmen ohne Wohnungsverm.	22 000	37 100	46 600	4,9	2,9
dar.: Produktionsunternehmen	21 600	36 200	45 400	4,8	2,9

Quellen: Statistisches Bundesamt, Fachserie 18; Eigene Berechnungen.

die rechnerisch als Arbeitgeberbeiträge zur Sozialversicherung ausgewiesen werden.

Internationale Vergleiche der Lohnnebenkosten scheitern zumeist daran, daß das Ergebnis stark von institutionellen Gegebenheiten geprägt wird. Fehlt ein ausgebautes Sozialversicherungssystem und bleibt die Vorsorge für Gesundheit und Alter weitgehend dem Einzelnen überlassen, so müssen die dafür aufzuwendenden Beträge ihren Niederschlag letztlich in den unmittelbaren Arbeitskosten finden, wenn keine Abstriche im Versorgungsgrad hingenommen werden sollen.

Unter diesen Umständen erscheint es zweckmäßiger, bei Untersuchungen über Arbeitskosten von vornherein auf die Bruttoeinkommen aus unselbständiger Arbeit abzustellen, wie dies auch in den folgenden Überlegungen geschehen ist. Das schließt nicht aus, daß eine Differenzierung dieser Größe dann von Nutzen sein kann, wenn unternehmerische Entscheidungen von der mehr oder weniger starken Belastung bestimmter Ausformungen von Lohnnebenkosten abhängen. Dies gilt z.B. für Überstunden, bei der an die Person gebundene Lohnnebenkosten, z.B. die Urlaubsvergütung, naturgemäß nicht anfallen.

Bei der Beurteilung des Einflusses der Lohnentwicklung auf den Substitutionsprozeß muß berücksichtigt werden, daß Substitution nicht die einzige Reaktionsmöglichkeit der Unternehmen auf Lohnkostensteigerungen ist. Die Unternehmen haben auch die Möglichkeit, Lohnerhöhungen über die Preise weiterzugeben. In diesem Falle ist der Anstieg der realen Lohnkostenbelastung der Unternehmen, d.h. der um den Preisanstieg der Wertschöpfung des Wirtschaftszweiges korrigierte Anstieg der Nominallöhne niedriger.

Demgegenüber dämpfen erfolgreiche Substitutionsprozesse den Lohnstückkostenanstieg. Gelingt es, Nominallohnerhöhungen durch die Steigerung der Arbeitsproduktivität zu kompensieren, so steigen die Lohnstückkosten nicht. Die Tabelle zeigt, daß die Entwicklung der Arbeitsproduktivität in den Wirtschaftszweigen weitaus stärker differiert als die der Nominallöhne; die Lohnstückkosten haben sich in den Wirtschaftszweigen vor allem deshalb unterschiedlich entwickelt.

Schaubild IV. 3.4/3

REAKTIONEN DER UNTERNEHMEN AUF ERHÖHUNG DER NOMINALLÖHNE 1973 BIS 1981

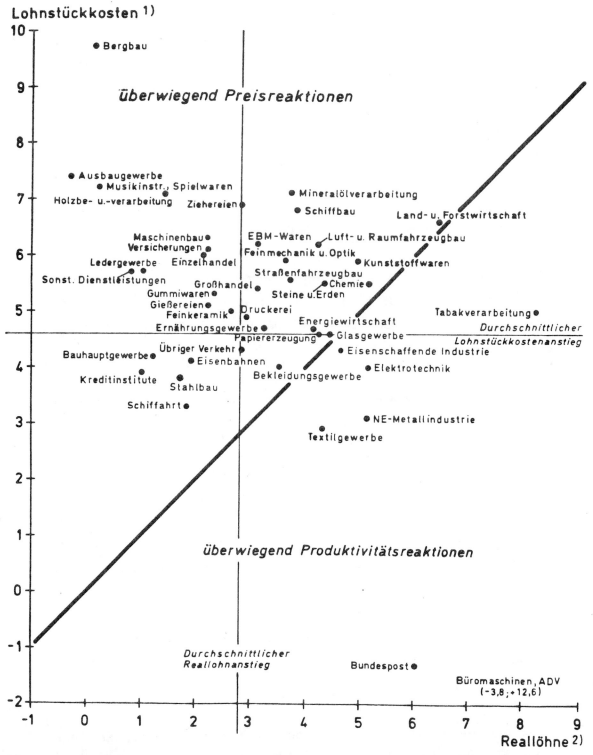

1) *Bruttoeinkommen aus unselbständiger Arbeit je DM Bruttowertschöpfung zu Preisen von 1976.*— 2) *Nominallohn bereinigt um den Preisanstieg der Bruttowertschöpfung.*

DIW 83

Im Schaubild sind diese Zusammenhänge für die Periode 1973 bis 1981 graphisch dargestellt worden. Es ist deutlich erkennbar, daß in der Mehrzahl der Wirtschaftszweige Preisreaktionen überwiegen.

3.4.4 Reaktionen beim Vorleistungseinsatz

In der Kostenstruktur der meisten Wirtschaftszweige haben nicht die Lohnkosten das größte Gewicht, sondern die Käufe von Vorleistungen. Im Durchschnitt aller Produktionsbereiche betrug 1981 die auf den Produktionswert bezogene Quote 65 vH; werden beim Handel nur die in der Handelsspanne enthaltenen Vorleistungen berücksichtigt, so ermäßigt sich diese Quote auf 54 vH. Relativ niedrige durchschnittliche Vorleistungsquoten ergeben sich für sämtliche Rezessionsjahre (1967, 1975, 1982), da die Unternehmen sich bei den Vorleistungen schneller den konjunkturellen Gegebenheiten anpassen können als bei anderen Kostenarten.

Die Streuung der Vorleistungsquoten zwischen den einzelnen Wirtschaftszweigen ist allerdings beträchtlich (1981 waren es 77 vH in der Gasversorgung und 16 vH bei der Bundespost), auch sind für die einzelnen Zweige erhebliche Veränderungen im Zeitablauf festzustellen.

Während die Vorleistungsquote in den sechziger Jahren in der Mehrzahl der Sektoren sinkende Tendenz aufwies, zeigte sich in den siebziger Jahren überwiegend ein Anstieg. Nur noch in wenigen Bereichen war ein Rückgang festzustellen. Wegen der Energiepreissteigerungen variierten die "realen" Vorleistungsquoten in dieser Zeit allerdings in wesentlich engeren Grenzen als die nominalen Quoten. Gleichzeitig hat sich aber auch die Vorleistungsstruktur zugunsten importierter Güter, die nicht zum Energiebereich gehören, verschoben. Es ist daher unumgänglich, die Entwicklung getrennt für drei Arten von Vorleistungen

- Vorleistungen aus der inländischen Produktion (ohne Energie),
- importierte Vorleistungen (ohne Energie) und
- Energiebezüge

zu untersuchen. Eine solche Zerlegung war allerdings nur für die Jahre möglich, für die im DIW Input-Output-Tabellen erarbeitet worden sind.

Die Ergebnisse zeigen, daß die Quote für die gesamten Vorleistungsbezüge (ohne Energie) im Unternehmensbereich auch in den siebziger Jahren in den meisten Sektoren sehr stabil war, während die nominalen Energievorleistungsquoten kräftig anzogen. In konstanten Preisen war hingegen 1976 gegenüber 1972 vielfach ein Rückgang zu verzeichnen, der sich bis 1980 allerdings kaum fortsetzte.

Auf das verarbeitende Gewerbe entfielen im Untersuchungszeitraum gut drei Viertel der gesamten Vorleistungseinfuhren. Die Tendenz zur Steigerung der Quote importierter Vorleistungen hat auch in der zweiten Hälfte der siebziger Jahre angehalten. Im gesamten Unternehmensbereich wie auch im verarbeitenden Gewerbe war der Anstieg der Importquote während der sechziger Jahre verbunden mit einem im Vergleich zu den inländischen Vorleistungen geringeren Preisanstieg der Importe.

In den siebziger Jahren ist die Entwicklung differenzierter verlaufen. So verteuerten sich sowohl im Zeitraum von 1972 bis 1976 als auch von 1976 bis 1980 die importierten Vorleistungen (unter Ausschluß der Energieimporte) stärker als die inländischen Vorleistungen (ebenfalls ohne Energie) in einer Reihe von Wirtschaftszweigen. Dies gilt namentlich für die chemische Industrie, Gewinnung und Verarbeitung von Steinen und Erden, Herstellung und Verarbeitung von Glas, Metallerzeugung und -bearbeitung, Herstellung von EBM-Waren, Holzbearbeitung.

Diese Entwicklung dürfte mit dazu beigetragen haben, daß im Grundstoff- und Verbrauchsgütergewerbe die Quoten der realen Vorleistungsimporte seit 1976 kaum noch zugenommen haben. Lediglich in der chemischen Industrie und in der NE-Metallindustrie stieg die Quote um drei bzw. fünf Prozentpunkte, obwohl die wichtigsten Lieferbereiche für deren Vorleistungsimporte höhere Preissteigerungen aufwiesen als die entsprechenden inländischen Lieferbereiche.

Zunehmende Quoten der realen Vorleistungsimporte lassen vermuten, daß Substitutionsbeziehungen zwischen dem Einsatz in- und ausländischer Vorleistungen bestehen. Von 1976 bis 1980 ist in 29 Zweigen des verarbeitenden Gewerbes die Vorleistungsimportquote angestiegen. Nur in 16 Zweigen bildete sich indes gleichzeitig die Quote inländischer Vor-

Tabelle IV.3.4/5

Kennziffern zur Entwicklung der Vorleistungsbezüge 1976 - 1980

(ohne Bezüge von den Energiesektoren)

| | Veränderungen des Anteils der Vorleistungsbezüge in vH der Produktion | | | | | | Preis-relation 1) 1976 = 100 |
| | zu jeweiligen Preisen | | | zu Preisen von 1976 | | | |
	Insge-samt 2)	davon aus dem Inland	Ausland	Insge-samt 2)	davon aus dem Inland	Ausland	
Landw., Forstw., Fischerei	3,7	1,3	2,4	- 0,5	- 2,4	1,9	94
Energie, Wasser, Bergbau	- 1,4	- 1,4	0,0	- 1,0	- 1,1	0,1	98
Elektzizität, Fernw.	- 1,1	- 1,2	0,1	- 1,2	- 1,2	0,1	95
Gasversorgung	- 2,6	- 2,4	- 0,2	- 1,6	- 1,5	- 0,1	99
Wasserversorgung	- 8,7	- 8,6	- 0,1	- 10,1	- 10,0	- 0,1	93
Kohlenbergbau	4,3	4,1	0,2	6,8	6,5	0,3	100
Erdölgewinnung	7,5	6,1	1,5	14,0	11,8	2,2	101
Restlicher Bergbau	0,4	0,1	0,3	- 3,4	- 3,5	0,0	151
Verarbeitendes Gewerbe	- 1,5	- 2,7	1,1	0,1	- 1,6	1,7	98
Chemische Industrie	- 1,2	- 4,8	3,5	- 1,8	- 5,0	3,2	101
Mineralölverarbeitung	3,5	3,7	- 0,2	8,4	8,4	0,0	102
Kunststoffwarenherstellung	0,4	0,6	- 0,2	0,9	0,9	- 0,1	100
Gummiverarbeitung	2,2	1,4	0,8	2,9	1,8	1,2	98
Steine und Erden	- 0,3	- 1,0	0,7	0,7	0,1	0,7	104
Feinkeramik	- 0,3	- 0,3	0,0	0,2	0,1	0,1	101
Glasgewerbe	- 1,3	- 1,4	0,1	- 1,7	- 1,8	0,0	101
Eisenschaffende Industrie	- 6,3	- 7,7	1,4	- 9,1	- 10,1	0,9	97
NE-Metallerzeugung	2,1	- 1,7	3,8	8,4	3,1	5,3	107
Gießereien	- 0,7	- 0,6	- 0,1	- 0,6	- 0,6	0,0	97
Ziehereien, Kaltw.	1,4	- 0,1	1,5	0,1	- 1,1	1,2	104
Stahlverformung	0,5	1,0	- 0,5	1,9	2,3	- 0,4	102
Stahl- und Leichtmetallbau	0,5	1,1	- 0,7	2,8	3,0	- 0,2	99
Maschinenbau	- 1,9	- 3,9	1,9	- 0,8	- 2,9	2,1	100
Büromaschinen, ADV-Geräte	7,0	1,9	5,1	0,0	- 3,1	3,1	85
Straßenfahrzeugbau	1,5	0,6	0,9	2,4	1,4	1,0	99
Kfz.-Reparatur	0,7	1,2	- 0,6	7,7	7,1	0,6	94
Schiffbau	4,3	3,4	1,0	4,7	3,7	1,0	101
Luft- und Raumfahrzeugbau	- 0,6	1,6	- 2,2	1,8	2,1	- 0,3	95
Elektrotechnik	- 0,6	- 3,7	3,2	- 3,1	- 5,7	2,7	98
Feinmechanik, Optik	1,1	- 1,4	2,5	0,7	- 2,3	2,9	94
EBM-Warenherstellung	0,8	- 3,1	4,0	1,8	- 1,6	3,4	108
Musikinstr., Spielw. u.a.	7,3	4,2	3,1	15,9	12,4	3,6	118
Holzbearbeitung	0,7	- 1,5	2,2	11,4	7,8	3,7	104
Holzverarbeitung	- 0,4	- 1,9	1,4	2,0	0,1	2,0	100
Zellstoff, Papier, Pappe	- 3,6	- 2,5	- 1,2	- 2,4	- 3,3	0,8	90
Papier-, Pappeverarb.	3,4	3,6	- 0,2	4,5	3,5	1,1	91
Druckerei, Vervielfält.	0,8	- 1,4	2,2	3,4	- 0,5	3,9	89
Ledergewerbe	- 3,5	- 5,4	1,9	0,1	- 3,3	3,5	100
Textilgewerbe	- 1,7	- 3,5	1,8	- 3,9	- 5,0	1,1	99
Bekleidungsgewerbe	0,9	- 4,1	5,0	2,4	- 3,2	5,6	101
Ernährungsgewerbe o. G.	- 3,8	- 3,2	- 0,6	- 1,3	- 1,9	0,6	94
Getränkeherstellung	1,3	2,1	- 0,8	1,2	1,6	- 0,4	92
Tabakverarbeitung	0,8	1,8	- 1,0	2,5	1,9	0,6	87
Baugewerbe	- 0,4	- 0,4	0,0	4,2	3,7	0,5	100
Hochbau	0,5	0,7	- 0,2	6,0	5,6	0,4	100
Tiefbau	- 3,6	- 3,4	- 0,2	0,9	0,7	0,2	101
Ausbaugewerbe	0,5	0,2	0,3	4,0	3,2	0,8	98
Handel	- 3,8	- 4,1	0,2	- 3,9	- 4,1	0,2	101
Großhandel, Handelsver.	- 5,3	- 5,6	0,4	- 5,3	- 5,6	0,3	103
Einzelhandel	- 2,5	- 2,6	0,1	- 2,6	- 2,8	0,2	95
Verkehr, Nachrichtenüb.	- 1,0	- 0,9	- 0,1	- 3,9	- 3,5	- 0,4	97
Eisenbahnen	1,4	1,0	0,4	- 0,6	- 0,9	0,3	97
Schiffahrt	- 0,3	- 0,8	0,5	5,5	2,1	3,5	96
Deutsche Bundespost	- 0,2	1,7	- 1,9	- 2,5	- 0,6	- 1,9	81
Straßenverkehr	- 3,9	- 4,1	0,2	- 4,8	- 5,0	0,2	95
Restl. Verkehr	- 2,3	- 3,2	0,8	- 2,0	- 3,1	1,1	96
Dienstleistungsunt.o.Wohnverm.	- 0,7	- 1,0	0,3	0,1	0,0	0,1	112
Kreditinstitute	- 1,8	- 3,5	1,6	- 4,2	- 3,8	- 0,4	189
Versicherungsunternehmen	3,1	2,8	0,3	2,7	2,5	0,3	101
Gastgewerbe, Heime	- 0,8	- 0,9	0,0	5,3	4,4	0,9	95
Bildung, Wissenschaft	- 0,3	- 0,6	0,3	- 0,9	- 1,2	0,3	99
Gesundheitswesen, Veter.	- 0,2	- 0,8	0,5	2,1	1,2	0,9	94
Übrige Dienstleistungen	0,3	0,4	- 0,1	1,2	1,3	- 0,1	102
Unternehmen ohne Wohnungsverm.	- 1,7	- 2,3	0,6	- 0,7	- 1,6	0,9	98

1) Relation der Preisindices für ausländische Vorleistungen zu den inländischen.
2) Abweichungen in den Summen durch Runden der Zahlen bedingt.

Quellen: Statistisches Bundesamt, Input-Output-Rechnung des DIW.

leistungen zurück. Werden Veränderungen um weniger als einen Prozentpunkt vernachlässigt - dies legt die Unschärfe des Preisbereinigungsver-
fahrens nahe - so verbleiben acht Zweige, in denen sich die Quote in- und
ausländischer Vorleistungen entgegengerichtet verändert haben. Abgesehen von der chemischen Industrie waren dies der Maschinenbau, die
Herstellung von Büromaschinen und ADV-Geräten, die Elektrotechnik, die
Feinmechanik und Optik, die Herstellung von EBM-Waren, das Leder-
sowie das Bekleidungsgewerbe. Bei den Investitionsgüterproduzenten war
es vorwiegend die Zunahme intrasektoraler Importe, die zum Anstieg der
Importquote beigetragen hat. Für diese Importe ist eine ausgeprägt
gegenläufige Entwicklung in-und ausländischer Lieferanteile nur im Maschinenbau und bei der Elektrotechnik zu verzeichnen. Hier ist zu
berücksichtigen, daß darin auch jene Produkte enthalten sind, die zur
Wartung des Bestandes an importierten Ausrüstungen und Gebrauchsgü-
tern benötigt werden. Außerdem handelt es sich um technologieintensive
Bereiche, die auf den im Ausland erreichten technischen Fortschritt nicht
verzichten können.

Der spezifische Energieverbrauch, gemessen als Verhältnis von Endenergieverbrauch (in Tonnen SKE) zu realer Produktion, verringerte sich im
verarbeitenden Gewerbe in den letzten 20 Jahren um über 40 vH. In den
sechziger Jahren war der Rückgang noch ausgeprägter als in den siebziger
Jahren. Dahinter verbergen sich unterschiedliche Tendenzen, wenn man
zwischen dem Einsatz von Strom und dem Einsatz von Brennstoffen
unterscheidet.

Der spezifische Stromverbrauch hat bis zur ersten Mineralölverteuerung
zugenommen, wenn auch nicht kontinuierlich. Seinen Höchststand erreichte er 1974. In den Jahren danach ging er um rund 5 vH zurück und
verharrte auf diesem Niveau auch nach dem zweiten Ölpreisschub in den
Jahren 1979/80. Demgegenüber nahm der spezifische Brennstoffverbrauch
in den letzten 20 Jahren kontinuierlich ab. Diese Kontinuität wurde auch
nicht durch die Preissprünge 1973 und 1979/80 unterbrochen. Dies läßt
darauf schließen, daß für den Energieeinsatz im verarbeitenden Gewerbe
im wesentlichen die Entwicklung der Produktionstechnik maßgebend ist,
die auch von sprunghaften Preiserhöhungen - wenn überhaupt - nur sehr
langfristig beeinflußt wird.

Diese Einschätzung wird auch von einer nach Wirtschaftszweigen differenzierten Betrachtung des spezifischen Energieeinsatzes bestätigt. Betrachtet man die wichtigsten energieverbrauchenden Wirtschaftszweige, so zeigen sich beim spezifischen Stromverbrauch oft Stagnationstendenzen, die auf Struktureffekte innerhalb der Branchen zurückzuführen sind: Auslaufen des abwärtsgerichteten Trends in der Chemie, Niveausprung nach unten in der eisenschaffenden Industrie, Zunahme in der NE-Metallindustrie. Bei der eisenschaffenden Industrie wiederholt sich dieser Niveausprung auch beim spezifischen Brennstoffverbrauch. Dies ist darauf zurückzuführen, daß hier besonders energieintensive Technologien durch andere ersetzt worden sind (Stranggußverfahren, Übergang von SM-Öfen auf Oxygenstahlerzeugung). Hinzu kommt, daß auch zunehmend eisenhaltigere Erze verarbeitet werden. Das im Vergleich zu den sechziger Jahren beträchtlich gestiegene Niveau des spezifischen Stromverbrauchs in der NE-Metallindustrie ist auf die im Anteil zunehmende Aluminiumproduktion zurückzuführen, die einen weit überdurchschnittlichen Stromeinsatz erfordert.

Zu Ergebnissen, die in der Tendenz übereinstimmen, kommt man auch, wenn man die Entwicklung der Vorleistungsbezüge der Wirtschaftszweige von den Energielieferanten betrachtet, zu denen hier die Elektrizitätswirtschaft, die Gasversorgung, der Kohlenbergbau, die Erölgewinnung und die Mineralölverarbeitung zusammengefaßt worden sind. Bei dieser Betrachtung bleibt unberücksichtigt, daß ein Teil dieser Lieferungen nicht für Energiezwecke verwendet wird, insbesondere in der Chemie. Vernachlässigt werden muß ebenso, daß ein Teil dieser Bezüge bei den Abnehmern zur Energieumwandlung, vor allem in Strom verwendet wird. Die dafür notwendigen Umwandlungskosten sind somit in der Rechnung ebenfalls nicht berücksichtigt.

Die Ergebnisse zeigen, daß die relative, d.h. ins Verhältnis zu den Absatzpreisen gesetzte Energieverteuerung nur in wenigen Wirtschaftszweigen zu einem Rückgang der preisbereinigten Energievorleistungsquote geführt hat. Dies gilt auch für die Energieproduzenten selbst. Besonders auffällig ist dies bei der Elektrizitätswirtschaft, deren Energiebezüge (vornehmlich vom Bergbau) auch preisbereinigt in dem 4-Jahres-Zeitraum

Schaubild IV. 3.4/4

<u>Spezifischer Strom- und Brennstoffverbrauch in ausgewählten Wirtschaftszweigen</u>

Spezifischer Stromverbrauch   Spezifischer Brennstoffverbrauch

- Tonnen SKE je Mill.DM Produktionswert -

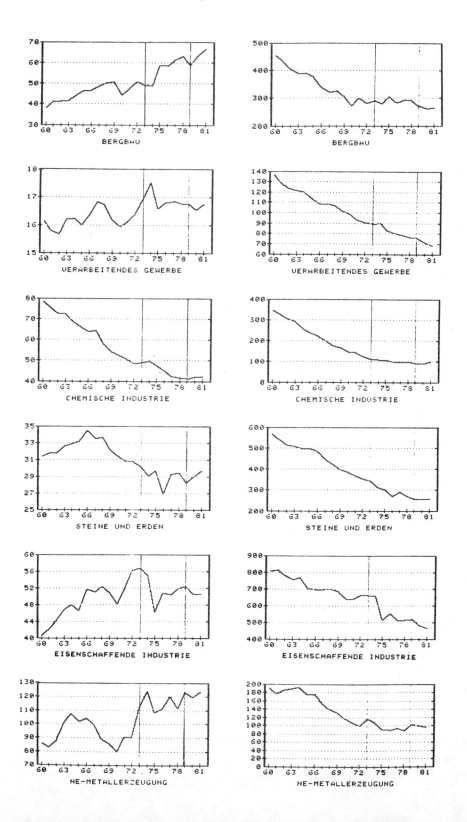

Tabelle IV. 3.4/6

Entwicklung der Vorleistungsbezüge von den Energiesektoren 1976 - 1980

| | Vorleistungsbezüge in vH der Produktion | | | | | Preis-rela-tion 1) |
| | zu jeweiligen Preisen | | | zu Preisen von 1976 | | |
	1976	1980	Verände-rungen 2) 1976-80	1980	Verände-rungen 2) 1976-80	1976 = 100
Landw., Forstw., Fischerei	5,5	7,4	1,9	5,4	- 0,1	137
Energie, Wasser, Bergbau						
Elektrizität, Fernw.	48,8	56,3	7,5	51,7	2,9	109
Gasversorgung	67,2	73,5	6,3	65,1	- 2,2	113
Wasserversorgung	3,7	3,9	0,2	3,6	0,0	106
Kohlenbergbau	19,6	20,8	1,2	20,5	0,8	102
Erdölgewinnung	29,0	35,9	7,0	30,8	1,8	117
Restlicher Bergbau	9,5	10,7	1,2	8,3	- 1,2	128
Verarbeitendes Gewerbe						
Chemische Industrie	11,1	15,6	4,5	12,2	1,1	128
Mineralölverarbeitung	56,6	57,9	1,3	51,1	- 5,5	113
Kunststoffwarenherstellung	3,5	3,8	0,2	3,3	- 0,2	113
Gummiverarbeitung	2,9	3,8	0,9	3,4	0,4	114
Steine und Erden	10,1	12,3	2,2	11,0	0,9	112
Feinkeramik	6,1	8,6	2,5	7,5	1,4	114
Glasgewerbe	8,5	10,8	2,3	9,0	0,5	120
Eisenschaffende Industrie	16,3	20,4	4,1	16,0	- 0,4	128
NE-Metallerzeugung	9,9	9,0	- 0,9	9,9	0,0	91
Gießereien	5,3	6,5	1,2	5,9	0,6	110
Ziehereien, Kaltw.	3,8	3,8	0,1	3,3	- 0,5	116
Stahlverformung	3,1	3,4	0,3	3,2	0,0	109
Stahl- und Leichtmetallbau	1,7	1,9	0,2	1,6	0,0	114
Maschinenbau	1,6	2,2	0,6	1,9	0,4	113
Büromaschinen, ADV-Geräte	1,0	1,5	0,5	1,0	0,1	148
Straßenfahrzeugbau	1,7	1,9	0,1	1,6	- 0,1	117
Kfz.-Reparatur	2,7	2,8	0,1	2,8	0,1	102
Schiffbau	1,6	2,0	0,5	1,7	0,2	115
Luft- und Raumfahrzeugbau	1,7	1,8	0,2	1,6	0,0	111
Elektrotechnik	1,2	1,7	0,4	1,4	0,1	122
Feinmechanik, Optik	1,0	1,2	0,2	1,0	0,0	115
EBM-Warenherstellung	2,1	2,4	0,3	2,2	0,1	109
Musikinstr., Spielw. u.a.	1,2	1,4	0,2	1,6	0,4	89
Holzbearbeitung	4,7	5,2	0,5	5,2	0,5	100
Holzverarbeitung	2,1	2,1	0,0	2,0	- 0,1	105
Zellstoff, Papier, Pappe	9,8	14,8	5,0	11,8	2,0	125
Papier-, Pappeverarb.	2,4	3,0	0,6	2,6	0,2	116
Druckerei, Vervielfält.	1,6	1,7	0,1	1,6	0,0	107
Ledergewerbe	1,3	1,6	0,4	1,5	0,3	107
Textilgewerbe	3,3	4,0	0,7	3,2	0,0	123
Bekleidungsgewerbe	1,2	1,4	0,1	1,2	- 0,1	117
Ernährungsgewerbe o. G.	2,0	2,7	0,7	2,1	0,1	126
Getränkeherstellung	1,9	2,6	0,8	2,1	0,3	123
Tabakverarbeitung	0,5	0,7	0,1	0,6	0,1	116
Baugewerbe						
Hochbau	2,2	2,2	0,0	2,2	0,0	102
Tiefbau	3,9	4,0	0,2	3,7	- 0,2	109
Ausbaugewerbe	1,3	1,3	0,0	1,3	0,0	104
Handel						
Großhandel, Handelsver.	2,1	2,6	0,5	2,3	0,2	115
Einzelhandel	2,5	3,1	0,6	2,7	0,2	115
Verkehr, Nachrichtenüb.						
Eisenbahnen	7,5	8,8	1,2	7,3	- 0,2	120
Schiffahrt	15,6	18,7	3,2	16,8	1,2	111
Deutsche Bundespost	1,7	2,0	0,4	1,5	- 0,2	140
Straßenverkehr	11,7	14,9	3,2	11,7	0,0	127
Restl. Verkehr	6,4	9,3	2,9	8,5	2,1	110
Dienstleistungsunt.o.Wohnverm.						
Kreditinstitute	0,8	1,0	0,2	0,8	0,0	118
Versicherungsunternehmen	0,8	1,0	0,2	0,9	0,1	109
Gastgewerbe, Heime	2,8	3,1	0,3	2,8	0,0	112
Bildung, Wissenschaft	0,9	1,0	0,2	0,9	0,0	116
Gesundheitswesen, Veter.	1,2	1,3	0,1	1,2	0,0	108
Übrige Dienstleistungen	1,7	1,9	0,3	1,8	0,1	107

1) Relation der Preisindices für Bezüge von den Energiesektoren zu den Preisindices der Produktion.
2) Abweichungen in den Summen durch Runden der Zahlen bedingt.

Quellen: Statistisches Bundesamt, Eigene Berechnungen.

von 1976 bis 1980 im Anteil um fast drei Prozentpunkte zugenommen haben, sich in der Kostenstruktur der Elektrizitätswirtschaft kaum niedergeschlagen; offensichtlich konnten sie die Energieverteuerung größtenteils weitergeben. Ähnliche Reaktionsmuster gelten für den Kohlenbergbau, den Bereich Steine und Erden und die Feinkeramik. Bei der NE-Metallerzeugung gingen die Produktpreissteigerungen sogar noch beträchtlich über die Energiepreissteigerungen hinaus, so daß eine stagnierende reale Vorleistungsquote bei sinkenden nominalen Energievorleistungsquoten realisiert werden konnte.

3.4.5 Einfluß von Besteuerung und Subventionen

Während Produktionssteuern die Unternehmen belasten, werden sie durch die Subventionen entlastet. Bei den Subventionen handelt es sich nicht in jedem Fall um eine tatsächliche Entlastung, da der Subventionsempfänger nicht immer mit dem tatsächlich Begünstigten identisch ist. Wird von den Produktionssteuern (ohne Mehrwertsteuer) und vom eng gefaßten Subventionsbegriff der volkswirtschaftlichen Gesamtrechnung ausgegangen, nach der unter Subventionen Zuschüsse verstanden werden, die der Staat im Rahmen der Wirtschafts- und Sozialpolitik an Unternehmen für laufende Produktionszwecke gewährt, sei es zur Beeinflussung der Marktpreise oder zur Stützung von Produktion und Einkommen, so war die Entlastung 1982 in zehn Wirtschaftszweigen (Eisenbahnen, Kohlenbergbau, Großhandel, Land- und Forstwirtschaft, Schiffbau, Luftfahrzeugbau, übriger Verkehr, Bundespost, Gesundheits- und Veterinärwesen sowie Büromaschinen, ADV) höher als die Belastung, während es 1970 nur bei fünf Branchen (Land- und Forstwirtschaft, Eisenbahnen, Großhandel, Kohlenbergbau sowie Bundespost) der Fall war.

Wird der Subventionsbegriff erweitert, wobei insbesondere zusätzlich die Steuervergünstigungen und Zuschüsse für Investitionen berücksichtigt werden, und werden neben den Produktionssteuern die Einfuhrabgaben als Kosten erfaßt, ergibt sich ein teilweise abweichendes Bild.

In der Tabelle sind die Be- und Entlastungseffekte in sektoraler Gliederung exemplarisch für 1976 - aufgrund der Verfügbarkeit der

Tabelle IV. 3.4/7

Indirekte Steuern und Subventionen[1] in den Wirtschaftszweigen im Jahr 1976

	Brutto-wert-schöpf-ung	Produktionssteuern und Subventionen in Mill.DM				Steuerquoten in vH			Entlastung (Subven-tionen) 1) in vH der Belastung mit in-direkten Steuern 5)
		Einfuhr-ab-gaben	Steuer-vergün-stigun-gen	Produk-tions-steuern	Finanz-hilfen	brutto 2)	tatsäch-lich 3)	netto 4)	
Landw., Forstw., Fischerei	32 770	100	1 210	1 633	3 539	9,0	5,3	- 5,5	161,4
Energie, Wasserversorgung	31 710	462	9	6 672	853	22,2	22,2	19,5	12,1
Elektzizität, Fernw.	23 960	112	5	5 424	777	23,0	23,0	19,8	14,1
Gasversorgung	3 800	349	2	610	76	23,2	23,1	21,3	8,1
Wasserversorgung	3 950	1	2	638	0	16,2	16,2	16,2	0,3
Bergbau	13 150	50	337	2 278	2 272	20,2	17,6	0,4	97,9
Kohlenbergbau	11 430	2	337	2 038	2 232	20,8	17,8	- 1,7	108,1
Erdölgewinnung	1 000	0	0	120	28	12,0	12,0	9,2	23,3
Restlicher Bergbau	720	48	0	120	12	21,8	21,8	20,3	7,1
Verarbeitendes Gewerbe	422 160	14 392	1 373	63 009	5 340	18,0	17,7	16,5	8,5
Chemische Industrie	41 750	1 550	102	3 552	329	12,2	11,8	11,0	8,3
Mineralölverarbeitung	20 650	3 344	78	15 537	176	79,0	78,7	78,0	1,3
Kunststoffwarenherstellung	8 220	251	11	774	36	12,2	12,1	11,7	4,5
Gummiverarbeitung	5 140	108	2	482	16	11,2	11,2	11,0	3,0
Steine und Erden	13 800	70	8	1 667	56	12,6	12,5	12,1	3,7
Feinkeramik	2 140	45	2	171	10	10,0	9,9	9,4	5,5
Glasgewerbe	3 650	28	2	421	12	12,2	12,2	11,9	3,1
Eisenschaffende Industrie	14 980	414	0	1 332	50	11,3	11,3	11,0	2,9
NE-Metallerzeugung	4 040	410	24	435	10	19,5	19,0	18,8	3,9
Gießereien	5 110	57	2	552	17	11,8	11,8	11,5	3,1
Ziehereien,	7 060	72	3	622	21	9,7	9,7	9,4	3,4
Stahlverformung	4 830	83	3	715	25	16,3	16,2	15,7	3,5
Stahl- und Leichtmetallbau	8 110	142	12	832	126	12,0	11,8	10,3	14,0
Maschinenbau	48 740	665	87	2 874	571	7,3	7,1	6,0	18,1
Büromaschinen, ADV-Geräte	6 070	195	17	521	268	11,7	11,4	7,2	38,9
Straßenfahrzeugbau	35 390	508	50	1 631	101	6,1	6,0	5,7	7,0
Kfz.-Reparatur	5 730	120	0	871	38	16,9	16,9	16,3	3,8
Schiffbau	2 650	56	0	- 126	293	- 2,6	- 2,6	-13,4	418,6
Luft- und Raumfahrzeugbau	1 670	125	0	74	306	11,1	11,1	- 6,0	153,8
Elektrotechnik	45 990	1 174	383	4 135	266	12,1	11,3	10,7	11,4
Feinmechanik, Optik	8 730	149	33	873	45	11,9	11,5	11,0	7,4
EBM-Warenherstellung	14 110	253	24	1 347	58	11,3	11,1	10,7	5,1
Musikinstr., Spielw. u.a.	3 020	115	3	281	17	12,7	12,6	12,1	5,0
Holzbearbeitung	2 480	72	2	322	13	15,5	15,4	14,9	3,8
Holzverarbeitung	13 670	191	8	1 637	79	13,3	13,2	12,7	4,7
Zellstoff, Papier, Pappe	3 030	240	0	242	8	14,7	14,7	,14,5	1,7
Papier-, Pappeverarb.	5 120	132	18	563	23	13,6	13,2	12,8	5,8
Druckerei, Vervielfält.	10 340	128	21	1 073	55	11,7	11,5	11,0	6,2
Ledergewerbe	3 590	131	2	341	22	12,7	12,7	12,1	5,1
Textilgewerbe	12 620	558	33	1 153	58	13,2	13,0	12,5	5,2
Bekleidungsgewerbe	8 980	458	24	1 102	76	16,8	16,5	15,7	6,3
Ernährungsgewerbe o. G.	26 450	2 011	279	1 160	1 770	12,1	11,1	4,9	59,4
Getränkeherstellung	12 520	375	26	5 399	343	45,0	44,8	42,1	6,4
Tabakverarbeitung	11 780	162	114	10 444	46	89,8	88,8	88,4	1,5
Bauhauptgewerbe	50 400	62	23	5 592	310	11,3	11,2	10,6	5,9
Ausbaugewerbe	23 910	22	18	3 162	83	13,4	13,3	13,0	3,2
Großhandel, Handelsver.	50 000	15 973	21	5 199	1 973	31,8	31,8	28,9	9,4
Einzelhandel	58 000	1 205	63	8 557	351	16,6	16,5	15,9	4,2
Eisenbahnen	10 410	1	0	700	11 409	6,7	6,7	-102,9	1627,5
Sonstiger Verkehr.	30 660	9	620	3 598	1 548	13,8	11,8	6,7	51,3
Schiffahrt, Häfen	4 990	3	456	215	366	13,5	4,4	- 3,0	122,0
Straßenverkehr	13 650	1	145	2 413	988	18,8	17,7	10,5	44,3
Restlicher Verkehr	12 020	5	19	970	194	8,3	8,1	6,5	21,4
Deutsche Bundespost	25 720	0	15	68	1	0,3	0,3	0,3	19,3
Kreditinstitute	2 200	0	110	1 950	70	93,6	88,6	85,5	8,7
Versicherungsunternehmen	11 100	1	22	2 410	1	21,9	21,7	21,7	1,0
Gastgewerbe, Heime	14 990	0	18	2 404	143	16,2	16,1	15,1	6,7
Bildung, Wissenschaft	12 090	0	11	954	19	8,0	7,9	7,7	3,1
Gesundheitswesen, Veterinärw.	25 530	0	15	141	30	0,6	0,6	0,4	28,9
Übrige Dienstleistungen	75 290	42	93	6 011	157	8,2	8,0	7,8	4,1
Unternehmen ohne Wohnungsverm.	890 690	32 319	3 958	114 338	28 099	16,3	15,9	12,8	21,3

1) Steuervergünstigungen + Finanzhilfen.
2) (Einfuhrabgaben + Produktionssteuern + Steuervergünstigungen) in vH von (Bruttowertschöpfung + Einfuhrabgaben).
3) (Einfuhrabgaben + Produktionssteuern) in vH von (Bruttowertschöpfung + Einfuhrabgaben).
4) (Einfuhrabgaben + Produktionssteuern ./. Finanzhilfen) in vH von (Bruttowertschöpfung + Einfuhrabgaben).
5) Einfuhrabgaben + Produktionssteuern + Steuervergünstigungen.

Quellen: Statistisches Bundesamt, Fachserie 18, Reihe S.2; Input-Output-Tabellen des DIW; Eigene Berechnungen.

notwendigen Informationen gegenwärtig leider das "jüngste" Stichjahr -
zusammengestellt worden; dabei ist der hochsubventionierte Wirtschaftszweig Wohnungsvermietung aufgrund seiner Besonderheiten ausgeklammert worden. Bei den Produktionssteuern haben erwartungsgemäß die
Mineralölverarbeitung und die Tabakverarbeitung - mit 90 vH - die weitaus höchsten Steuerquoten, in weitem Abstand gefolgt vom Ernährungsgewerbe, insbesondere Getränkeherstellung. Dies resultiert vor allem aus
den von diesen Sektoren zu entrichtenden Verbrauchssteuern. Die Mineral-
öl- und Tabakverarbeitung werden überdies durch Subventionen weit
unterdurchschnittlich entlastet.

Die Wirtschaftzweige Kreditinstitute, Gesundheits- und Veterinärwesen,
aber auch der Straßenfahrzeugbau, die Eisenbahnen, die Land- und Forstwirtschaft und der Maschinenbau haben die geringste Kostensteuerbelastung. 1970 war die Entlastung bei den Eisenbahnen und der Land- und
Forstwirtschaft so hoch, daß sich negative Netto-Steuerquoten ergaben.

Im Vergleich dazu hat sich 1976 die Entlastung bei den Eisenbahnen
drastisch und beim Kohlenbergbau erheblich erhöht. Ein Teil der rückläufigen Entlastung bei der Land- und Forstwirtschaft steht allerdings im
Zusammenhang mit der gegenüber 1970 weitaus höheren Entlastung beim
Ernährungsgewerbe aufgrund der Veränderungen des EG-Subventionssystems. 1976 zeigt sich, daß im Bereich des sonst nur unterdurchschnittlich entlasteten verarbeitenden Gewerbes vor allem der Schiffbau und
auch der Luftfahrzeugbau so stark entlastet werden, daß sie eine negative
Netto-Steuerquote haben; aber auch die Bereiche Büromaschinen und
ADV, der Straßenfahrzeugbau und, wie bereits erwähnt, das Ernährungsgewerbe werden überdurchschnittlich entlastet. In jenem Jahr wird auch
die hohe Entlastung der Schiffahrt im Bereich sonstiger Verkehr deutlich.
1976 wiesen sechs Wirtschaftszweige negative Netto-Steuerquoten auf.

Fußnote

1)   Vgl. beispielsweise J. Heubes, Sektorale Produktionsfunktionen der
     deutschen Industrie, Bonn 1969; I. Frohn, R. Krengel, P. Kuhbier,
     K.H. Oppenländer, L. Uhlmann, Der technische Fortschritt in der
     Industrie, Berlin 1973.

3.5 Kosten und Preise

Können zusätzliche Kostenbelastungen nicht durch Substitutionsprozesse aufgefangen werden, erhöhen sich die Produktionskosten, und die Ausgaben für die teurer gewordenen Produktionsfaktoren nehmen in der Kostenstruktur an Gewicht zu. Wenn es den Unternehmen nicht gelingt, die erhöhten Kosten durch Preissteigerungen auf der Absatzseite wieder hereinzuholen, sind Gewinneinbußen die Folge. In der nachfolgenden Tabelle ist die Entwicklung der wichtigsten Elemente der Kostenstruktur für die Wirtschaftszweige zusammengestellt worden.

Für die meisten Wirtschaftszweige haben die Vorleistungen mit Abstand das größte Gewicht in der Kostenstruktur. Besonders hohe Quoten in den Jahren 1974 sowie 1979 und 1980 sind auf die starken Preissteigerungen für Mineralölprodukte zurückzuführen. Doch auch unabhängig davon zeigt sich ein allgemein stärkerer Anstieg des Vorleistungsanteils am Produktionswert seit 1973. In den sechziger und Anfang der siebziger Jahre gingen die Anteilsverschiebungen in die umgekehrte Richtung.

Innerhalb der Vorleistungen ist der Anteil der Vorleistungsimporte gegenüber den inländischen Vorleistungen während der gesamten Berichtsperiode angestiegen, besonders stark in den siebziger Jahren wegen des starken Preisanstiegs im Energie- und Rohstoffbereich. Im verarbeitenden Gewerbe entfiel 1980 im Durchschnitt bereits ein Viertel der Vorleistungen auf Importe. Branchen, wie Büromaschinen und ADV sowie Luft- und Raumfahrzeugbau bezogen 1980 sogar schon mehr Vorleistungen aus dem Ausland als aus dem Inland.

Die Aufwendungen für den Einsatz von Arbeitskräften (Bruttoeinkommen aus unselbständiger Arbeit zuzüglich Unternehmerlohn) sind für die meisten Wirtschaftsszweige das zweitwichtigste Kostenelement. Ihr Anteil am Produktionswert der Wirtschaftszweige betrug 1981 im Durchschnitt 22 vH, das ist ein Prozentpunkt weniger als 1973 und zwei Prozentpunkte mehr als 1962.

Gemessen an der Entwicklung der Kostenquoten sind in der Mehrzahl der Wirtschaftszweige die Kostensteigerungen beim Faktor Arbeit besser

Tabelle IV. 3.5/1

Die Kostenstruktur der Wirtschaftszweige

Anteile wichtiger Kostenarten am Produktionswert in vH

	Vorleistungsauf-wendungen 1)			Aufwendungen für den Arbeits-einsatz 2)			Produktionssteuern ./. Subventionen			Abschrei-bungen 3)			Unternehmens-einkommen		
	1962	1973	1981	1962	1973	1981	1962	1973	1981	1962	1973	1981	1962	1973	1981
Landw., Forstw., Fischerei	46	45	52	41	36	36	- 2	- 4	- 1	9	10	11	6	13	2
Energie, Wasser, Bergbau	49	54	64	25	23	19	3	2	2	11	10	8	12	11	7
Energie, Wasserversorg.	55	56	66	12	17	13	3	3	4	12	11	8	18	13	9
Bergbau	40	47	58	42	43	37	3	- 2	- 5	9	7	6	6	5	4
Verarbeitendes Gewerbe	62	59	63	24	26	26	4	4	3	3	4	3	7	7	5
Chemische Industrie	62	59	68	22	24	22	1	2	1	5	6	4	10	9	5
Mineralölverarbeitung	62	57	77	4	4	2	20	30	17	3	2	1	11	7	3
Kunststoffwarenherstellung	55	55	61	25	26	27	1	1	1	3	4	4	16	14	7
Gummiverarbeitung	58	54	60	27	35	31	1	1	0	4	6	4	10	4	5
Steine und Erden	51	54	61	27	26	27	3	2	1	6	6	6	13	12	5
Feinkeramik	40	35	43	44	49	47	1	2	0	4	5	4	11	9	5
Glasgewerbe	51	50	55	30	33	33	2	2	1	4	5	5	13	10	6
Eisenschaffende Industrie	67	67	68	25	24	27	2	1	0	6	6	5	0	2	0
NE-Metallerzeugung	72	77	77	19	17	16	2	1	0	4	4	3	3	1	4
Gießereien	56	50	52	35	41	40	2	1	0	3	4	4	4	4	4
Ziehereien, Kaltw., Stahlv.	58	55	59	25	29	33	1	1	1	4	3	3	12	12	4
Stahl- und Leichtmetallbau	60	55	58	36	33	29	1	1	0	2	2	2	1	9	11
Maschinenbau	59	54	56	30	35	35	1	1	1	3	3	3	7	7	5
Büromaschinen, ADV-Geräte	43	41	54	38	38	30	3	1	0	8	10	9	8	10	7
Straßenfahrzeugbau	64	61	63	23	28	28	1	1	1	4	4	4	8	6	4
Schiffbau	64	60	64	33	32	35	1	-1	-3	4	2	3	-2	7	1
Luft- und Raumfahrzeugbau	59	52	54	31	33	35	1	-1	-2	2	2	2	7	14	11
Elektrotechnik	59	54	56	31	34	36	2	1	0	2	3	3	6	8	5
Feinmechanik, Optik	49	45	46	36	35	39	2	2	1	3	3	3	10	15	11
EBM-Warenherstellung	57	54	57	29	31	33	1	1	1	-2	3	3	11	11	6
Musikinstr., Spielw. u.a.	51	51	54	30	34	32	2	2	1	2	3	3	15	10	10
Holzbe- und -verarbeitung	64	61	60	35	28	31	1	1	1	3	3	3	-3	7	5
Zellstoff, Papierverarb.	61	61	67	22	26	23	2	1	1	4	5	4	11	7	5
Druckerei, Vervielfält.	45	45	50	39	44	40	2	1	1	4	4	5	10	6	4
Ledergewerbe	60	57	56	29	34	34	1	1	1	2	3	2	8	5	7
Textilgewerbe	61	62	64	24	29	28	1	1	0	4	4	4	10	4	4
Bekleidungsgewerbe	64	60	62	27	31	30	2	1	0	1	2	2	6	6	6
Ernährungsgewerbe	73	72	73	13	15	16	5	4	2	3	3	3	6	6	6
Tabakverarbeitung	28	19	22	6	6	7	62	70	66	1	1	1	3	4	4
Baugewerbe	46	49	49	35	39	37	2	1	1	3	3	3	14	8	10
Bauhauptgewerbe	43	47	48	38	42	39	2	1	1	4	4	3	13	6	9
Ausbaugewerbe	53	53	51	27	31	33	3	2	1	1	1	1	16	13	14
Handel	87	86	86	7	10	10	1	0	0	1	1	1	4	3	3
Großhandel, Handelsver.	90	89	90	5	7	6	0	0	0	1	1	1	4	3	3
Einzelhandel	82	80	79	11	15	16	1	1	1	1	2	2	5	2	2
Verkehr, Nachrichtenüb.	43	44	46	37	42	37	2	- 6	- 3	11	12	11	7	8	9
Eisenbahnen	28	30	36	47	76	73	- 1	- 39	- 28	18	18	21	8	15	- 2
Schiffahrt, Häfen	58	58	62	21	22	17	1	1	1	13	19	15	7	0	5
Deutsche Bundespost	20	17	16	57	55	49	0	-1	0	13	16	17	10	13	18
Übriger Verkehr	57	59	59	26	28	27	5	1	0	6	6	6	6	6	8
Kreditinstitute, Versicherungen	38	33	33	34	37	32	6	5	5	3	3	3	19	22	27
Kreditinstitute	34	28	26	33	35	31	3	3	3	3	3	3	27	31	37
Versicherungsunternehmen	48	45	50	35	39	35	12	12	10	3	2	3	2	2	2
Sonstige Dienstleistungen	44	39	38	29	26	24	5	3	2	3	5	7	19	27	29
Unternehmen ohne Wohnungsverm.	66	64	65	20	23	22	3	2	1	3	3	4	8	8	8
dar.: Produktionsunternehmen	67	65	67	20	22	21	3	2	1	3	4	4	7	7	7

1) Ohne Wertberichtung auf Vorräte.
2) Einschließlich Unternehmerlohn.
3) Abschreibungssätze mit reduzierter Nutzungsdauer und Bewertung zu Anschaffungspreisen.

Quellen: Statistisches Bundesamt, Fachserie 18; DIW-Vermögensrechnung.

bewältigt worden als im Vorleistungsbereich. Lediglich bei der eisen- schaffenden Industrie, der Feinmechanik und Optik, der Holzbe- und - verarbeitung, dem Ausbaugewerbe und dem Einzelhandel ist der Anteil der Aufwendungen für den Arbeitseinsatz stärker gestiegen als die Vorlei- stungsquote.

Die von Unternehmen durch Substitution kaum beeinflußbaren Produk- tionssteuern haben naturgemäß ein großes Gewicht in denjenigen Wirt- schaftszweigen, deren Produktion mit speziellen Verbrauchssteuern be- lastet ist. Zu dem im Durchschnitt sinkenden Anteil des Saldos Produk- tionssteuern minus Subventionen am Produktionswert des Unternehmens- bereichs trug auch die zunehmende Bedeutung der Subventionen in einigen Wirtschaftszweigen bei.

Die Abschreibungen sind Indikator für den Investitionspfad in der Vergan- genheit. Erwartungsgemäß ist ihr Anteil am Produktionswert bei kapital- intensiven Bereichen überdurchschnittlich. Einen Anteil von mehr als 10 vH haben die Abschreibungen in der Land- und Forstwirtschaft, der Energie- und Wasserversorgung, den Eisenbahnen, der Schiffahrt und der Bundespost. Innerhalb des verarbeitenden Gewerbes, für das dieser Anteil bei durchschnittlich 3 bis 4 vH liegt, erreicht lediglich der Bereich Büromaschinen und ADV einen Anteil von 9 bis 10 vH.

Faßt man alle Kostenarten zusammen und bezieht sie auf den Produk- tionswert zu Preisen von 1976, so erhält man mit den Stückkosten einen Indikator, dessen Veränderung den Kostenanstieg je Produktionseinheit angibt. Der Anstieg der Stückkosten ist in solchen Jahren besonders hoch, in denen mehrere Produktionsfaktoren von Preiserhöhungen betroffen sind, so daß auch durch Substitution Kostensenkungen nicht möglich sind. Dies gilt insbesondere für das Jahr 1974, als Lohn- und Energiekosten zugleich die Stückkosten der Unternehmen in die Höhe trieben. Die deutlich höheren Ölpreissteigerungen 1979/80 haben dagegen auf die Stückkostenentwicklung weniger stark durchgeschlagen, weil gleichzeitig die Lohnsätze nur moderat zugenommen haben.

Gleich hohe Preissteigerungen in allen Kostenbereichen bewirken aller dings auch, daß sämtliche Komponenten der nominalen Nachfrage relativ gleichmäßig zunehmen, so daß den Unternehmen eine Überwälzung der Kosten über die Erhöhung der Absatzpreise relativ leicht möglich ist. Es überrascht daher nicht, daß in der Mehrzahl der Wirtschaftszweige der Zuammenhang zwischen dem Anstieg der Stückkosten und dem der Absatzpreise sehr eng ist. Dies gilt vor allem für die kurzfristige Anpassung der inländischen Absatzpreise. Lediglich in der Land- und Forstwirtschaft, beim Schiffbau, dem Luft- und Raumfahrzeugbau sowie bei den Eisenbahnen und der Bundespost - überwiegend regulierte Bereiche - ist der Zusammenhang zwischen Stückkosten und inländischen Absatzpreisen etwas lockerer. Dagegen ließ sich für den Wirtschaftszweig Büromaschinen und ADV kein kurzfristiger Zusammenhang feststellen. Längerfristig ist aber auch hier ein Zusammenhang zwischen dem Anstieg der Stückkosten und der inländischen Absatzpreise festzustellen.

Auch auf den Auslandsmärkten ist den meisten Wirtschaftszweigen offensichtlich die Weitergabe von Kostensteigerungen gelungen. Die kurzfristigen Anpassungsreaktionen bei den Ausfuhrpreisen waren hier nur geringfügig schwächer als bei den inländischen Preisen. In einigen Wirtschaftszweigen war der Zusammenhang sogar stärker. Zum Teil spielen auch Sonderfaktoren eine Rolle. Dies gilt beispielsweise für den Einfluß nur im Inland wirksamer Verbrauchssteuererhöhungen, von denen die Wirtschaftszweige wie Tabakverarbeitung, Ernährungsgewerbe, Mineralölverarbeitung und Handel in ihrem inländischen Absatz betroffen sind. Bei den weit über dem Durchschnitt liegenden Preiserhöhungen bei der Ausfuhr der Kreditinstitute spielen auch die stark gestiegenen Preise der Goldmünzen eine Rolle. Sieht man von diesen Sonderfaktoren ab, so ist in der Mehrzahl der Wirtschaftszweige offensichtlich auch die Preisgestaltung im Auslandsgeschäft im wesentlichen kostenbestimmt.

Auch längerfristig ist nur bei wenigen Wirtschaftszweigen eine nennenswerte Preisdifferenzierung zwischen Inlandsmarkt und Auslandsmarkt - in D-Mark gerechnet - zu erkennen. Im Zeitraum zwischen 1973 und 1982 ist die D-Mark mit jahresdurchschnittlich 4,5 vH gegenüber den Währungen ihrer Handelspartner aufgewertet worden. Dies hat in keinem Wirtschaftszweig die Unternehmen veranlaßt, ihre Ausfuhrpreise in D-Mark in gleichem Umfang schwächer steigen zu lassen als die Inlandspreise. In den

Tabelle IV. 3.5/2

Stückkosten und Preise

	Jahresdurchschnittliche Veränderungen in vH							
	Periode 1962 bis 1973				Periode 1973 bis 1980			
	Stück-kosten 1)	Absatzpreise			Stück-kosten 1)	Absatzpreise		
		In-land 2)	Aus-land 3)	Insge-samt		In-land 2)	Aus-land 3)	Insge-samt
Landw., Forstw., Fischerei	1,0	1,7	2,7	1,8	4,9	2,7	2,9	2,7
Energie, Wasser, Bergbau	3,1	2,8	4,7	2,9	8,2	8,1	8,7	8,2
Energie, Wasserversorg.	2,1	1,5	1,8	1,5	7,7	7,3	5,7	7,3
Bergbau	2,8	3,6	4,2	3,7	9,7	10,9	8,8	10,5
Verarbeitendes Gewerbe	2,3	2,3	2,5	2,3	5,4	5,0	5,4	5,1
Chemische Industrie	0	0	- 0,5	- 0,1	6,8	5,7	6,2	5,9
Mineralölverarbeitung	2,4	1,8	3,3	2,0	13,8	12,8	21,1	13,3
Kunststoffwarenherstellung	0,2	0	0,1	0	6,6	5,6	5,1	5,5
Gummiverarbeitung	1,4	0,8	- 0,3	0,8	7,0	7,9	4,6	7,1
Steine und Erden	2,6	2,4	2,5	2,4	5,3	4,3	6,5	4,4
Feinkeramik	3,4	3,2	3,2	3,2	6,1	5,6	6,5	5,9
Glasgewerbe	3,2	3,0	2,6	3,0	4,7	4,6	3,7	4,5
Eisenschaffende Industrie	1,9	1,9	2,8	2,1	2,3	2,1	3,1	2,4
NE-Metallerzeugung	3,8	3,4	4,2	3,6	3,9	2,9	7,1	4,1
Gießereien	2,8	2,8	2,3	2,8	5,9	6,1	3,7	5,9
Ziehereien, Kaltw., Stahlv.	2,2	2,2	2,0	2,2	6,2	5,1	3,6	4,9
Stahl- und Leichtmetallbau	2,6	3,4	3,3	3,4	5,1	5,1	5,2	5,1
Maschinenbau	3,9	3,9	4,0	3,9	6,1	5,8	5,9	5,8
Büromaschinen, ADV-Geräte	- 0,9	- 0,6	- 1,0	- 0,7	- 0,6	- 1,4	- 0,4	- 1,0
Straßenfahrzeugbau	3,3	3,3	2,4	3,1	6,1	5,7	5,8	5,7
Schiffbau	1,5	2,3	2,3	2,3	6,4	3,8	4,6	4,0
Luft- und Raumfahrzeugbau	0,8	1,6	1,6	1,6	6,8	5,4	5,1	5,3
Elektrotechnik	1,3	1,4	1,4	1,4	3,2	3,0	3,4	3,1
Feinmechanik, Optik	2,5	3,0	3,1	3,1	5,4	4,7	4,5	4,7
EBM-Warenherstellung	2,7	2,7	2,6	2,7	6,6	5,8	7,1	6,1
Musikinstr., Spielw. u.a.	4,3	3,5	4,2	3,7	9,9	9,2	8,4	8,9
Holzbe- und -verarbeitung	1,9	3,0	2,7	3,0	6,0	5,8	6,3	5,8
Zellstoff, Papierverarb.	2,3	1,9	0,7	1,8	6,7	6,5	5,9	6,4
Druckerei, Vervielfält.	3,6	3,1	5,5	3,3	6,1	6,3	5,5	6,2
Ledergewerbe	4,4	4,2	2,8	4,1	4,9	5,5	5,3	5,4
Textilgewerbe	2,6	2,1	1,0	2,0	2,4	2,7	2,4	2,6
Bekleidungsgewerbe	2,5	2,5	2,5	2,5	4,1	4,0	4,3	4,0
Ernährungsgewerbe	2,1	2,0	2,7	2,1	3,0	3,1	4,1	3,2
Tabakverarbeitung	2,8	2,9	- 0,7	2,9	3,3	2,9	0,1	2,8
Baugewerbe	5,8	5,2	5,2	5,2	5,0	5,6	5,6	5,6
Bauhauptgewerbe	5,8	5,1	5,1	5,1	4,7	5,4	5,6	5,4
Ausbaugewerbe	5,9	5,6	5,6	5,6	5,8	6,0	6,1	6,0
Handel	2,4	2,3	2,6	2,3	4,9	4,9	4,7	4,9
Großhandel, Handelsver.	2,4	2,3	2,6	2,3	4,9	4,9	4,7	4,9
Einzelhandel	2,4	2,2	2,5	2,2	4,9	4,9	4,7	4,9
Verkehr, Nachrichtenüb.	3,7	3,7	4,2	3,8	3,5	3,4	4,8	3,6
Eisenbahnen	2,3	3,1	3,0	3,1	5,1	2,2	2,7	5,5
Schiffahrt, Häfen	5,9	5,0	6,6	5,2	5,0	5,6	5,4	5,5
Deutsche Bundespost	4,8	5,1	5,2	5,9	- 1,4	0	0,4	0
Übriger Verkehr	4,0	3,9	3,9	3,3	4,6	5,0	5,1	5,0
Kreditinstitute, Versicherungen	4,5	4,8	3,3	4,8	4,7	5,0	12,4	5,1
Kreditinstitute	4,6	5,1	3,4	5,1	4,3	4,6	15,2	4,8
Versicherungsunternehmen	4,3	4,3	3,3	4,2	5,7	5,9	4,7	5,9
Sonstige Dienstleistungen	4,9	5,9	5,4	5,9	5,6	6,4	5,5	6,3
Unternehmen ohne Wohnungsverm. dar.:	2,8	2,8	3,0	2,8	5,1	5,1	5,4	5,1
Produktionsunternehmen	2,8	2,8	3,0	2,8	5,2	5,1	5,4	5,1

1) Vorleistungen, Arbeitsentgelte, Produktionssteuern ./. Subventionen und Abschreibungen je Einheit Produktionswert zu Preisen von 1976.
2) Preisindex der im Inland abgesetzten Produktion.
3) Preisindex der Ausfuhr.

Quellen: Statistisches Bundesamt, Fachserie 18; Input-Output-Rechnungen des DIW.

Währungen unserer Handelspartner sind die Ausfuhrpreise somit stärker gestiegen als die Inlandspreise. Nennenswert schwächer steigende Ausfuhrpreise und damit relativ geringere Erlöse im Auslandsgeschäft gab es lediglich beim Bergbau, der Energiewirtschaft, bei den Gummiwaren, den Gießereien, den Ziehereien und Kaltwalzwerken, und bei den Versicherungen. In diesen Bereichen lag der Anstieg der Ausfuhrpreise in D-Mark um mehr als 1 vH unter dem Stückkostenanstieg. Die im Ausland erzielten Erlöse in D-Mark konnten also den Kostenanstieg nicht kompensieren. In den Wirtschafts zweigen Bergbau, Gummiwaren, Gießereien und Versicherungen konnten die Erlöseinbußen im Auslandsgeschäft allerdings durch Erlössteigerungen im Inland kompensiert werden, da hier der Preisanstieg im Durchschnitt über dem Stückkostenanstieg lag. In der Energiewirtschaft und bei den Versicherungen ist der Ausfuhranteil an der Produktion so unbedeutend, daß der geringe Anstieg der Ausfuhrpreise die Erlössituation insgesamt kaum beeinfluß hat, wie sich aus der Differenz zwischen dem Anstieg der Absatzpreise im Inland und im durchschnittlichen Preisanstieg der Bruttoproduktion erkennen läßt.

In den Wirtschaftsszweigen Mineralölverarbeitung, Steine und Erden, Feinkeramik, eisenschaffende Industrie, NE-Metallindustrie, EBM-Waren und Ernährungsgewerbe sind die DM-Ausfuhrpreise trotz der Aufwertung um mehr als einen Prozentpunkt schneller gestiegen als die Inlandspreise. Hier haben die Ausfuhrpreise durch ihre über dem Stückkostenanstieg liegenden Steigerungsraten die Erlössituation der Unternehmen für sich genommen verbessert.

Zwar hat sich gezeigt, daß der Zusammenhang zwischen Stückkostenanstieg und Preisentwicklung relativ eng ist, doch muß berücksichtigt werden, daß auch schon geringe Abweichungen zwischen Stückkostenentwicklung und Absatzpreisen den sich als Residuum ergebenden Anteil der Unternehmenseinkommen am Produktionswert und somit auch die Unternehmenseinkommen je Produkteinheit nachhaltig beeinflussen können. Die - gerechnet in D-Mark - geringe Preisdifferenzierung auf den Inlands- und Auslandsmärkten hat zu nachhaltigen Unterschieden in der Entwicklung der Stückgewinne auf den jeweiligen Märkten geführt.

Schaubild IV. 3.5/1

GEWINNENTWICKLUNG
AUF INLANDS – UND AUSLANDSMÄRKTEN
VERARBEITENDES GEWERBE

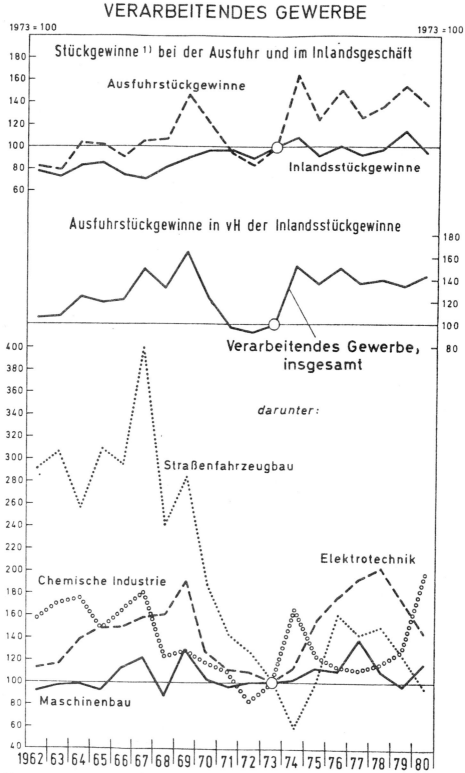

1) *Unternehmensgewinne auf den Märkten im Inland und Ausland bezogen auf die entsprechenden Absatzmengen. Der Unternehmensgewinn im Ausland wurde berechnet unter der Annahme gleicher Produktionskosten wie für den inländischen Absatz mit Ausnahme der beim Inlandsabsatz zu zahlenden Produktionssteuern.*

Quelle: Volkswirtschaftliche Gesamtrechnung des Statistischen Bundesamtes; DIW-Vermögensrechnung; eigene Berechnungen.

DIW 83

Nimmt man an, daß die branchenspezifischen Produktionsprozesse für Inlands- und Ausfuhrgüter die gleichen sind, so hängen die Stückgewinne nur noch von den Preisunterschieden auf beiden Märkten ab. Dabei sind allerdings die nur im Inland erhobenen Produktionssteuern zu berücksichtigen. Die Entwicklung der inländischen Stückgewinne verlief stetiger als die der im Ausland erzielten. An den gesamten Unternehmenseinkommen sind die im Ausland erzielten Gewinne nur mit 10 vH beteiligt, da der größte Teil der Unternehmensgewinne in den Dienstleistungsbereichen erzielt wird, die kaum selbst exportieren.

In den sechziger Jahren sind die Gewinne je Ausfuhreinheit beim gesamten verarbeitenden Gewerbe zunächst schneller gestiegen als die entsprechenden Werte im Inlandsgeschäft. Dies kehrte sich jedoch gegen Ende der sechziger Jahre um. Nach 1972 erreichte die Relation der Stückgewinne im Export, bezogen auf das Inlandsgeschäft, innerhalb von zwei Jahren wieder die Werte der sechziger Jahre; diese Relation veränderte sich bis zum Jahre 1982 nicht nennenswert. Der steigende Anteil der Ausfuhren an der Produktion des verarbeitenden Gewerbes hat den Anteil im Export erzielter Unternehmenseinkommen erhöht.

Die Entwicklung der Stückgewinne bei der Ausfuhr der großen Exportbranchen zeigt ein ähnliches Bild. Dabei haben die chemische Industrie und insbesondere der Straßenfahrzeugbau in den sechziger Jahren höhere Stückgewinne im Export im Verhältnis zum Inlandsabsatz erzielen können. Ebenso wie im Durchschnitt des verarbeitenden Gewerbes nahmen die Stückgewinne im Auslandsgeschäft bei der Elektrotechnik bis zum Jahre 1969 deutlich zu. Der gegen Ende der sechziger Jahre einsetzende Rückgang der Stückgewinne im Auslandsgeschäft traf den Straßenfahrzeugbau am nachhaltigsten. Er setzte hier bereits 1968 ein und erreichte seinen Tiefpunkt im Jahre 1974, während in den übrigen Zweigen des verarbeitenden Gewerbes sich die Relation der Stückgewinne im Durchschnitt in den Jahren 1972/73 zu Gunsten der Ausfuhren verbesserte. Dieser Erholungsprozeß verlief mit Ausnahme der Elektrotechnik allerdings verhalten. Der Anteil der Stückgewinne im Export in Relation zu den im Inland erzielten Stückgewinnen blieb in der chemischen Industrie, abgesehen von den Jahren 1974 und 1980, und besonders deutlich im Straßenfahrzeugbau hinter den Werten der sechziger Jahre zurück.

V. Auswirkungen des Strukturwandels: Zusammenfassung wichtiger Teilaspekte

1. Binnenwirtschaftlich wirksame Nachfrageentwicklung und deren Beschäftigungseffekte

Von Nachfrageverschiebungen ausgelöste Produktions- und Beschäftigungswirkungen lassen sich mit dem Instrument der Input-Output-Rechnung quantifizieren. Zur Aktualisierung und Erweiterung der bereits im Strukturbericht 1980 des DIW auf der Basis von 34-Sektor-Matrizen vorgenommenen Interdependenzanalysen sind in Abstimmung mit der revidierten Volkswirtschaftlichen Gesamtrechnung nach dem Nettokonzept (d. h. einer Erfassung der Transaktionen ohne Mehrwertsteuer) neue Input-Output-Tabellen mit 60 institutionell abgegrenzten Produktionssektoren für die Jahre 1976 und 1980 erstellt worden. Sie werden hier zu 55 Wirtschaftsbereichen zusammengefaßt.

1.1 Endnachfrageinduzierte Produktionseffekte

Der Endnachfrage-Quadrant einer Input-Output-Tabelle läßt erkennen, wieviel der Produktion eines Wirtschaftsbereichs unmittelbar für den privaten und öffentlichen Verbrauch, für Investitionszwecke und für die Ausfuhr bestimmt ist. Werden auch Lieferungen von Vorleistungsgütern diesen Endnachfragebereichen zugerechnet, läßt sich der Produktionsanteil der Wirtschaftsbereiche ermitteln, der indirekt - über Vorleistungsoutputs an andere Sektoren - von der Endnachfrage abhängig ist. Eine derartige Zurechnung der Bruttoproduktion zu den Endnachfragebereichen ist für die Wirtschaftszweige für die Jahre 1976 und 1980 vorgenommen worden.

Die Quoten der direkten und indirekten Abhängigkeit von den Endnachfragebereichen sind der nachstehenden Tabelle zu entnehmen. Sie machen deutlich, daß die im Strukturbericht 1980 für die Periode 1962/1976 festgestellte Tendenz einer kräftigen Zunahme der Exportabhängigkeit zu Lasten des privaten Verbrauchs auch für den Zeitraum 1976/1980 gilt,

Tabelle V. 1.1/1

Direkte und indirekte Abhängigkeit der Wirtschaftsbereiche von den Endnachfragebereichen 1976 und 1980

Der Endnachfrage zugerechnete Vorleistungs- und Endproduktion in vH der Bruttoproduktion zu jeweiligen Preisen

Wirtschaftsbereiche	Privater Verbrauch				Staatsverbrauch				Bruttoinvestitionen				Ausfuhr				Produktionswert[1]	
	1976		1980		1976		1980		1976		1980		1976		1980		1976	1980
	dir.	ind.	dir.	ind.	dir.	ind.	dir.	ind.	dir.	ind.	dir.	ind.	dir.	ind.	dir.	ind.	in Mill. DM	
Landw., Forstw., Fisch.	17,0	55,4	16,0	53,2	2,4	4,0	2,7	4,0	1,7	2,9	2,2	3,7	4,0	12,5	4,7	14,9	57520	64300
Energie-, Wasserversorg.[2]																		
Elektrizität, Fernw.	24,5	33,1	22,4	31,8	3,8	5,5	3,9	5,8	1,6	12,1	1,9	12,3	0,7	18,7	0,9	19,9	51449	69406
Gasversorgung	22,4	32,7	21,1	32,7	2,9	5,7	2,6	5,9	2,1	12,0	1,5	12,4	0,0	22,2	0,0	23,7	15333	29668
Wasserversorgung	2,5	71,0	2,5	71,1	4,6	2,4	4,9	2,2	4,2	5,5	4,8	5,4	0,3	9,5	0,3	8,8	5800	6898
Bergbau																		
Kohlenbergbau	6,4	25,3	5,3	25,9	1,0	4,5	1,0	5,0	0,8	11,5	2,9	13,7	19,9	30,5	15,1	31,2	21106	27145
Übriger Bergbau	2,3	34,2	2,7	24,8	1,2	6,4	0,8	4,5	2,4	10,1	1,9	7,5	17,9	25,9	38,1	19,7	3115	3486
Verarbeitendes Gewerbe																		
Chemische Industrie	8,1	17,3	7,8	14,8	6,4	5,1	6,5	4,6	1,7	10,6	1,5	10,9	30,2	20,6	34,5	19,4	112017	135237
Mineralölverarbeitung	30,9	24,7	28,7	23,8	3,1	4,8	2,6	4,7	0,7	11,0	1,9	11,0	6,2	18,7	8,2	19,1	58660	107251
Kunststoffwarenherst.	7,4	23,9	5,7	22,4	3,8	4,0	4,1	4,2	1,8	15,7	1,5	17,9	20,6	22,8	21,0	23,2	18772	28646
Gummiverarbeitung	7,3	23,0	8,1	20,7	2,7	3,7	3,0	3,8	1,1	12,5	1,7	13,6	23,4	26,3	23,4	25,7	10683	14201
Steine und Erden	7,1	11,1	8,4	9,4	0,6	3,5	0,6	3,1	1,3	55,3	3,0	56,4	8,3	12,8	8,4	10,7	30089	38060
Feinkeramik	21,2	11,6	13,6	11,6	4,9	2,6	5,8	2,6	0,6	14,2	0,3	18,8	35,9	19,0	37,9	9,4	3123	4037
Glasgewerbe	1,2	27,9	0,7	27,8	3,5	4,7	3,6	4,3	2,0	19,1	1,5	23,7	19,7	22,0	20,6	20,7	6957	9932
Eisenschaffende Ind.	0,3	12,8	0,4	11,5	0,1	2,1	0,1	2,1	2,2	17,8	2,0	18,3	30,3	34,3	34,8	30,9	46978	51505
NE-Metallerzeugung	0,5	14,3	0,5	10,1	0,5	2,8	0,4	2,1	2,9	18,7	6,3	16,7	27,2	33,1	36,6	27,2	16552	22679
Gießereien	0,7	15,7	0,6	14,1	0,0	2,4	0,0	2,4	10,5	24,3	9,7	28,2	7,9	38,5	7,3	37,7	9605	12512
Zieher-, Kaltw., Stahlv.	7,3	17,7	8,3	16,3	1,9	2,8	2,0	2,7	1,5	25,2	1,1	26,0	15,1	28,5	16,1	27,4	25730	31220
Stahl-, Leichtmetallb.	0,6	5,8	0,4	6,2	1,0	1,4	1,2	1,6	48,5	14,3	47,6	18,5	19,0	9,4	14,9	9,6	17656	26245
Maschinenbau	1,1	8,1	1,1	6,9	0,5	1,2	0,5	1,1	19,9	9,0	24,0	8,2	44,0	16,2	44,9	13,3	110679	130995
Büromasch., ADV-Geräte	2,4	17,8	1,8	14,0	4,5	3,8	4,2	3,4	15,3	5,9	22,2	5,5	39,2	11,1	39,2	9,2	10106	13590
Straßenfahrzeugbau	29,7	9,2	27,9	7,4	1,0	0,7	1,0	0,6	11,5	2,6	13,5	2,8	35,5	7,0	36,8	7,3	105392	142203
Schiffbau	1,3	1,9	2,3	3,2	5,2	0,6	11,4	1,5	29,6	-3,9	38,9	6,5	58,1	7,2	25,5	10,6	7212	7117
Luft- u. Raumfahrz.	0,6	1,7	0,7	1,6	40,7	2,3	42,8	3,4	9,6	1,3	12,8	1,9	38,8	5,0	31,7	5,2	3368	6787
Elektrotechnik	10,6	11,2	9,2	9,5	1,9	2,1	1,9	1,9	18,9	11,5	22,9	11,6	27,4	16,4	28,5	14,4	95462	123846
Feinmechanik, Optik	21,8	7,6	19,8	7,0	9,8	3,4	10,8	3,7	9,7	4,2	10,9	4,6	33,7	9,8	33,9	9,3	15494	21631
EBM-Warenherstellung	12,8	17,2	12,4	14,9	1,8	2,4	1,8	2,2	15,7	12,0	17,3	12,5	25,1	13,0	26,9	12,0	28673	37990
Musikinst.,Spielw., u.a.	52,0	2,6	45,5	4,8	1,7	0,4	3,8	0,8	3,5	0,6	3,6	1,4	37,5	1,7	36,4	3,6	5595	7658
Holzbearbeitung	10,6	26,1	8,7	24,1	1,0	3,4	1,1	3,4	1,3	31,3	1,5	36,0	10,6	15,8	9,6	15,5	7953	10330
Holzverarbeitung	37,2	17,2	36,2	15,4	1,9	2,1	2,0	2,0	12,5	12,1	14,3	12,9	8,3	8,8	8,8	8,3	28268	37088
Zellstoff,Papier, Pappe	1,5	35,0	1,4	29,8	3,4	7,5	3,3	6,7	1,0	8,6	2,6	10,2	21,6	21,4	25,4	20,5	8818	11667
Papier-, Pappeverarb.	20,5	31,0	18,8	29,1	4,3	4,4	4,7	4,4	1,0	10,8	1,2	11,7	10,4	17,6	11,9	18,1	11988	15789
Druckerei, Vervielfält.	23,4	29,8	24,1	26,8	9,4	5,9	9,6	5,7	0,5	8,9	0,3	9,1	9,9	12,2	12,2	12,1	17744	21761
Ledergewerbe	57,8	14,7	51,7	15,4	3,2	1,6	5,0	2,2	1,2	2,4	0,5	2,4	13,4	5,7	15,5	7,3	8199	9303
Textilgewerbe	27,3	24,5	27,0	21,0	1,3	2,0	1,4	1,9	1,3	4,2	1,3	4,8	26,8	12,7	30,3	12,4	31985	34610
Bekleidungsgewerbe	75,4	5,3	77,1	3,7	3,3	0,8	2,8	0,7	0,8	1,0	0,3	0,6	11,4	2,0	13,3	1,5	21466	24779
Ernährungsgewerbe o.G.	51,8	26,4	52,0	23,6	1,5	2,8	1,5	2,7	0,8	2,1	0,1	1,8	7,4	7,3	10,6	7,8	118580	143088
Getränkeherstellung	45,3	32,8	49,4	29,8	0,4	3,8	0,4	3,4	0,1	3,6	0,1	3,3	2,6	11,4	2,7	10,9	25389	28245
Tabakverarbeitung	76,6	10,7	75,4	9,4	0,1	1,1	0,1	1,0	0,2	2,5	2,0	2,3	3,3	5,5	4,7	5,1	13337	16298
Baugewerbe																		
Bauhauptgewerbe	0,5	2,5	0,4	2,2	2,8	0,4	2,6	0,4	85,2	3,9	86,3	3,9	3,4	1,3	3,0	1,2	87723	125831
Ausbaugewerbe	4,2	13,2	3,9	11,0	3,4	0,9	3,0	0,7	69,4	4,9	73,4	4,2	1,2	2,8	1,5	2,3	47050	69843
Handel[3]																		
Großhandel, Handelsv.	4,0	39,6	4,2	37,7	3,5	4,0	3,9	4,1	8,0	12,4	5,5	13,4	10,8	18,0	13,0	18,3	90976	113730
Einzelhandel	86,9	3,8	88,1	3,6	2,9	0,5	3,1	0,6	2,9	1,1	1,4	1,4	0,6	1,3	0,6	1,3	97510	125170
Verkehr, Nachrichtenüb.																		
Eisenbahnen	18,1	18,9	19,4	17,1	9,8	3,3	10,0	3,2	9,4	10,4	8,3	10,3	11,5	18,6	14,6	17,2	17596	20544
Schiffahrt	1,0	23,2	0,8	22,0	1,0	6,0	1,1	6,2	0,0	11,3	0,0	11,5	18,6	38,9	21,4	37,1	11009	13889
Deutsche Bundespost	37,6	23,8	37,4	21,7	8,0	6,1	8,5	6,0	4,1	7,7	6,2	7,9	0,7	11,9	0,7	11,6	29990	38613
Übriger Verkehr	10,4	24,3	9,7	23,7	3,1	4,8	3,5	4,9	1,7	14,5	1,9	15,5	20,0	21,3	19,5	21,4	58313	80300
Dienstleistungsunternehmen																		
Kreditinstitute	7,5	61,1	6,4	54,2	1,3	8,0	1,3	7,9	0,1	7,7	0,3	8,2	0,8	13,5	2,4	19,3	50856	70450
Versicherungsuntern.	58,9	21,3	58,0	21,0	1,7	3,0	1,9	3,1	0,0	6,0	0,0	6,5	1,0	8,1	1,2	8,2	20330	29060
Wohnungsvermietung	99,6	0,1	99,6	0,1	0,0	0,1	0,0	0,1	0,2	-0,1	0,1	0,1	0,1	0,0	0,1	0,0	81507	104424
Gastgewerbe, Heime	46,3	14,9	45,2	14,5	1,4	2,8	1,6	3,0	0,0	5,9	0,0	6,1	19,7	9,0	20,5	9,1	36537	48044
Bildung, Wissenschaft	42,9	24,1	43,5	22,3	9,2	5,5	9,9	5,5	0,3	6,4	0,1	7,2	1,3	10,3	1,4	10,1	28543	40262
Gesundheitswesen, Veter.	16,4	3,0	17,6	2,6	75,8	3,0	75,3	2,7	0,1	0,3	0,0	0,4	0,5	0,9	0,5	0,9	34817	46564
Übrige Dienstleistungen	15,0	36,5	13,1	36,6	2,8	6,4	3,2	6,9	6,0	12,7	5,3	14,6	3,6	17,0	2,8	18,0	94179	154919
Staat[4]	6,3	4,4	6,9	4,4	85,2	0,6	84,4	0,6	0,2	1,2	0,5	1,1	0,4	1,7	0,4	1,7	129670	172120
Private Haushalte, Organ.	43,4	0,0	41,7	0,0	56,6	0,0	58,3	0,0	0,0	0,0	0,0	0,0	0,0	0,0	0,0	0,0	28260	37960
Alle Wirtschaftsbereiche	24,6	18,7	23,8	17,5	9,6	2,9	9,8	2,9	9,9	8,3	11,0	8,7	13,7	12,3	14,1	12,1	2131719	2818926

1) Ohne Mehrwertsteuer, einschließlich Input-Vorratsveränderungen. - 2) Funktionelle Abgrenzung der Energiebereiche. - 3) Nur mit Transitfunktion. - 4) Nur mit dem Wert der Bruttowertschöpfung.

Quelle: Input-Output-Rechnung des DIW.

jedoch in abgeschwächter Form. Bei einer Vielzahl von Sektoren, insbesondere aus dem Grundstoff- und Produktionsgüterbereich (u. a. eisenschaffende Industrie, NE-Metallerzeugung, Chemische Industrie) ist die indirekte Exportabhängigkeit von 1976 bis 1980 gesunken, zum größten Teil als Folge des gebremsten Anstiegs der direkten Exportquote bei den Investitionsgüterindustrien. Diese Entwicklung kehrt sich aber bereits 1981 wieder um.

Auch bei den anderen Endnachfragebereichen hat sich das Gewicht der direkten und indirekten Produktionsbereitstellung teilweise verschoben. Das wird deutlich bei der sektoralen Abhängigkeit von den Bruttoinvestitionen, für deren Erstellung die Vorleistungen aus dem Energie-, Grundstoff-, Verbrauchsgüter- und außerindustriellen Bereich eine wesentliche Rolle spielen. Nur bei den Investitionsgüterproduzenten des verarbeitenden Gewerbes und beim Baugewerbe dominiert die direkte Abhängigkeit. Im Unterschied zu den Ergebnissen bis 1976 zeigt sich bei der Mehrzahl der Wirtschaftszweige für diesen Endnachfragebereich in der Zeit von 1976 bis 1980 ein Anstieg des gesamten (direkten und indirekten) Produktionsanteils, wenn auch in unterschiedlicher Zusammensetzung. Beim Maschinenbau und bei der Herstellung von Büromaschinen und ADV z. B. hat allein der direkte Produktionsanteil zugenommen, bei der Holzbearbeitung dagegen der indirekte Anteil. Die geringsten Anteilsverschiebungen haben sich bei der direkten und indirekten Produktionsbereitstellung für den öffentlichen Verbrauch ergeben.

1.2 Endnachfrageinduzierte Beschäftigungseffekte

Ebenso wie die Produktion läßt sich auch die Beschäftigung in Abhängigkeit von der Endnachfrage untersuchen. Das setzt eine Transformation der bereits vorgenommenen Zurechnung der Vorleistungs- und Endproduktion zu den Endnachfragebereichen in Erwerbstätigenzahlen voraus. Das Bindeglied sind sektorale Arbeitskoeffizienten, die angeben, wieviele Erwerbstätige in den Jahren 1976 und 1980 je Produktionseinheit in den Wirtschaftbereichen eingesetzt wurden.

Tabelle V. 1.2/1

Erwerbstätige nach Wirtschaftsbereichen und ihre Zurechnung zu den Endnachfragebereichen

Wirtschaftsbereiche	Mehr- bzw. Minderbedarf an Erwerbstätigen in 1000 im Jahre 1980 gegenüber 1976 zur Befriedigung der Endnachfragebereiche					Erwerbstätige im Inland nach Wirtschaftsbereichen in 1000	
	Privater Verbrauch	Staats-verbrauch	Brutto-investitionen	Ausfuhr	Endnachfrage insgesamt	1976	1980
Landw., Forstw., Fisch.	-223	-15	-15	3	-246	1682	1456
Energie-, Wasserversorg.	0	1	4	5	10	256	266
Elektrizität, Fernw.	-3	1	3	4	5	180	185
Gasversorgung	1	0	0	1	2	35	37
Wasserversorgung	2	0	1	0	3	41	44
Bergbau	-8	-1	7	-14	-16	251	235
Kohlenbergbau	-6	0	7	-16	-15	232	217
Übriger Bergbau	-2	-1	0	2	-1	19	18
Verarbeitendes Gewerbe	-173	10	192	61	90	8915	9005
Chemische Industrie	-18	-3	-1	17	-5	625	620
Mineralölverarbeitung	0	0	1	2	3	37	40
Kunststoffwarenherst.	4	4	10	18	36	193	229
Gummiverarbeitung	-2	1	2	0	1	120	121
Steine und Erden	-3	-1	1	-7	-10	248	258
Feinkeramik	-4	1	2	1	0	60	60
Glasgewerbe	-2	0	4	1	3	83	86
Eisenschaffende Ind.	-7	-1	-5	-14	-27	336	309
NE-Metallerzeugung	-4	-1	-1	-1	-7	84	77
Gießereien	-1	0	6	1	6	119	125
Zieher., Kaltw., Stahlv.	-1	0	3	0	2	287	289
Stahl-, Leichtmetallb.	2	1	18	-2	19	170	189
Maschinenbau	-17	-2	25	-49	-43	1151	1108
Büromasch., ADV-Geräte	-3	-1	5	-1	0	77	77
Straßenfahrzeugbau	17	1	38	72	128	842	970
Schiffbau	1	3	8	-26	-14	72	58
Luft- u. Raumfahrz.	0	7	3	1	11	44	55
Elektrotechnik	-33	-3	48	-8	4	1120	1124
Feinmechanik, Optik	0	6	7	8	21	220	241
EBM-Warenherstellung	-6	0	10	7	11	337	348
Musikinst.,Spielw., u.a.	-1	3	0	3	5	91	96
Holzbearbeitung	-3	0	2	-1	-2	62	60
Holzverarbeitung	3	1	16	4	24	351	375
Zellstoff,Papier, Pappe	-4	-1	2	1	-2	57	55
Papier-, Pappeverarb.	-3	1	1	4	3	129	132
Druckerei, Vervielfält.	-15	-3	-1	1	-18	236	218
Ledergewerbe	-15	2	-1	3	-11	135	124
Textilgewerbe	-35	-2	0	-6	-43	384	341
Bekleidungsgewerbe	-23	-3	-4	1	-29	354	325
Ernährungsgewerbe o.G.	14	1	-6	34	43	722	765
Getränkeherstellung	-13	-1	-1	-3	-18	142	124
Tabakverarbeitung	-1	0	0	0	-1	27	26
Baugewerbe	-10	-2	131	-4	115	1974	2089
Bauhauptgewerbe	-4	-1	44	-5	34	1274	1308
Ausbaugewerbe	-6	-1	87	1	81	700	781
Handel	95	17	-37	45	120	3365	3485
Großhandel, Handelsv.	-10	8	-13	42	27	1279	1306
Einzelhandel	105	9	-24	3	93	2086	2179
Verkehr, Nachrichtenüb.	-16	5	14	3	6	1462	1468
Eisenbahnen	-24	-7	-16	-11	-58	411	353
Schiffahrt	-3	0	0	-4	-7	86	79
Deutsche Bundespost	5	6	14	2	27	467	494
Übriger Verkehr	6	6	16	16	44	498	542
Dienstleistungsunternehmen	89	53	62	95	299	3266	3565
Kreditinstitute	-13	3	7	46	43	491	534
Versicherungsuntern.	4	1	2	1	8	198	206
Wohnungsvermietung	12	0	0	0	12	98	110
Gastgewerbe, Heime	11	5	3	18	37	758	795
Bildung, Wissenschaft	21	7	4	4	36	232	268
Gesundheitswesen, Veter.	6	10	0	0	16	355	371
Übrige Dienstleistungen	48	27	46	26	147	1154	1281
Unternehmen zusammen	-246	70	560	194	378	21171	21549
Staat	52	201	13	5	271	3635	3906
Private Haushalte, Organ.	18	54	0	0	72	724	796
Alle Wirtschaftsbereiche	-176	325	573	199	721	25550	26251

Quelle : Input-Output-Rechnung des DIW ; Statistisches Bundesamt, Fachserie 18, und eigene Schätzungen.

Die Ergebnisse einer derartigen sektoralen Zurechnung der insgesamt (direkt und indirekt) benötigten Erwerbstätigen zu den Endnachfragebereichen sind in der vorausgegangenen Tabelle zusammengestellt worden. Sie läßt erkennen, daß die Zahl der Erwerbstätigen von 1976 bis 1980 um gut 700 000 zunahm, getragen vor allem von der Nachfrage des Staates und der Investitionsnachfrage. Die Mehrbeschäftigung aufgrund der Ausfuhr wird etwa durch die abnehmende Zahl der Beschäftigten kompensiert, die dem privaten Verbrauch zugerechnet werden kann.

Die Wirtschaftsbereiche wurden von dieser Entwicklung in unterschiedlicher Weise tangiert. Von der Entwicklung des privaten Verbrauchs war die Zahl der Beschäftigten besonders im Sektor Landwirtschaft, in der Elektrotechnik, dem Textil- und Bekleidungsgewerbe sowie bei den Eisenbahnen negativ betroffen, während es auf der anderen Seite auch eine mit dem privaten Verbrauch verbundene positive Entwicklung der Beschäftigtenzahl gab (z. B. Einzelhandel, Bildung und Wissenschaft, übrige Dienstleistungen und Staat). Von den positiven Beschäftigungseffekten der Investitionsnachfrage profitierten besonders der Maschinenbau, der Straßenfahrzeugbau, die Elektrotechnik, die Holzverarbeitung, die übrigen Dienstleistungen, vor allem aber das Ausbaugewerbe und ebenfalls das Bauhauptgewerbe. Die mit der Ausfuhrentwicklung verbundenen Beschäftigungseffekte sind besonders uneinheitlich. Positiv sind hier die Sektoren Straßenfahrzeugbau, Ernährungsgewerbe, Kunststoffwarenherstellung, Großhandel, Kreditinstitute und die übrigen Dienstleistungen hervorzuheben; es gab aber auch Sektoren, in denen sich die Ausfuhrentwicklung von 1976 bis 1980 negativ auf die Zahl der Beschäftigten ausgewirkt hat (u. a. eisenschaffende Industrie, Textil- und Bekleidungsgewerbe), darunter auch exportwirksame Branchen, wie der Maschinenbau. Die Beschäftigtenrückgänge sind hier nicht auf die direkten Exporte dieser Branchen zurückzuführen, sondern auf die veränderten Vorleistungslieferungen für den Export anderer Branchen.

Tabelle V. 1.2/2

Erwerbstätige nach Bereichen der Endnachfrage 1976-1982

- in 1000 Personen -

Jahr	Privater Verbrauch	Staats- verbrauch	Bruttoinvestitionen Insgesamt	davon Bauten	Ausrüstungen	Inländ. Nachfrage	Ausfuhr	Erwerbs- tätige Insgesamt
1976	10 455	5 028	4 526	2 911	1 352	20 009	5 521	25 530
1977	10 451	4 996	4 511	2 880	1 401	19 958	5 532	25 490
1978	10 437	5 078	4 616	2 975	1 436	20 131	5 513	25 644
1979	10 290	5 250	4 911	3 092	1 507	20 451	5 535	25 986
1980	10 267	5 359	4 899	3 192	1 486	20 537	5 726	26 251
1981	10 115	5 371	4 458	3 076	1 382	19 944	6 126	26 070
1982	9 885	5 225	4 175	2 895	1 230	19 285	6 324	25 609
			Beschäftigtenäquivalente der Importe					
1976	3 190	410	810	.	.	4 410	1 290	5 700
1980	3 445	420	1 005	.	.	4 870	1 540	6 410
			Differenzen zum Vorjahr					
1977	-4	-32	-15	-31	+49	-51	+11	-40
1978	-14	+82	+105	+95	+35	+173	-19	+154
1979	-147	+172	+295	+117	+71	+320	+22	+342
1980	-23	+109	-12	+100	-21	+86	+191	+265
1980/76	-188	+331	+373	+281	+134	+528	+205	+721
1981	-152	+12	-441	-116	-104	-593	+400	-181
1982	-230	-146	-283	-181	-152	-659	+198	-461
1982/80	-382	-134	-724	-297	-256	-1 252	+598	-642
			Beschäftigungsäquivalente der Importe					
1980/76	+225	+10	+195	.	.	+460	+250	+710

Quelle: Input-Output-Rechnung des DIW; Statistisches Bundesamt, Fachserie 18.

Die Zusammensetzung der jährlichen Beschäftigungseffekte für alle Wirtschaftszweige von 1976 an ist der nachfolgenden Tabelle zu entnehmen. Sie macht deutlich, daß sich das Bild nach 1980 dramatisch ändert. Binnen zweier Jahre ging die Zahl der Erwerbstätigen für die inländische Nachfrage um mehr als 1,2 Mill. zurück - nach einem Plus von rund 500 000 in den vier Jahren zuvor. Im privaten Verbrauch ist die Nachfrageentwicklung so schwach, daß der dadurch ausgelöste Beschäftigtenabbau mehr als doppelt so hoch war wie in den vier vorangegangenen Jahren. Auch vom Staatsverbrauch gingen im Gegensatz zur vorhergehenden Periode keine positiven Beschäftigungswirkungen mehr aus. Besonders gravierend macht sich der Einbruch in der Investitionsnachfrage bemerkbar. Die Zahl der diesem Nachfragebereich zurechenbaren Beschäftigten ging fast um eine Dreiviertel Million zurück. Diesen Beschäftigtenrückgang vermochte auch die überaus positive Entwicklung bei der Ausfuhr nur zur Hälfte zu kompensieren, so daß 1982 per Saldo 650 000 Personen weniger beschäftigt waren als 1980.

1.3   Zur Frage der Beschäftigtenäquivalente der Importe

Bei der Bewertung der von der Nachfrageentwicklung ausgehenden Beschäftigungsimpulse muß beachtet werden, daß bisher nur die inlandswirksamen Effekte betrachtet worden sind. Unberücksichtigt bieb, daß die Importquote zunahm, d. h. daß ein immer größerer Teil der Nachfrage in das Ausland floß und dort die Beschäftigungseffekte auslöste.

Die internationale Arbeitsteilung ermöglicht es, länderspezifische komparative Vorteile durch den Austausch von Waren und Dienstleistungen zu realisieren. Dadurch erzielen - zumindest theoretisch betrachtet - alle am internationalen Handel Beteiligten Wohlfahrtsgewinne. In bezug auf den Arbeitsgehalt heißt dies, daß in der Regel in den importierten Gütern der Hochlohnländer mehr Arbeit enthalten ist als in vergleichbarer heimischer Produktion. Dieser Zusammenhang wird jedoch von einer Reihe von Effekten überlagert, so daß eine einfache Gegenrechnung von Importen und Exporten nicht möglich ist.

Dennoch soll in einer hypothetischen Rechnung gezeigt werden, welche Beschäftigungseffekte sich ergeben würden, wenn die gesamten Importe durch inländische Produktion ersetzt werden. Ausgegangen wird dabei von den Importmatrizen für die Jahre 1976 und 1980; zugrunde gelegt wird die in der Vorleistungsverflechtung zum Ausdruck kommende deutsche Produktionsstruktur, die es ermöglicht, die Zahl der hypothetisch benötigten Erwerbstätigen den Importen der einzelnen Endnachfragebereiche zuzurechnen.

Beurteilt man im Lichte dieser hypothetischen Rechnungen die Beschäftigungseffekte des Außenhandels, so zeigt sich, daß die Beschäftigtenäquivalente der Einfuhr nur geringfügig größer sind als die der Ausfuhr zurechenbaren inländischen Beschäftigten. Diese Differenz hat sich bis 1980 vergrößert. Dem positiven Außenbeitrag, gemessen in D-Mark, steht ein negativer Außenbeitrag, gemessen in Beschäftigtenzahlen, gegenüber. Wie nicht anders zu erwarten, zeigen die Ergebnisse, daß die Beschäftigtenäquivalente der Einfuhr in sämtlichen Nachfragebereichen zugenommen haben. Bezogen auf die gesamte inländische Nachfrage macht die Zunahme der Beschäftigtenäquivalente nur ein Drittel des Rückgangs an inländischer Beschäftigung aus.

2. Wettbewerbsfähigkeit im Außenhandel

Die vom Welthandel ausgehenden Impulse für die deutsche Wirtschaft werden in entscheidender Weise von der Entwicklung des Währungsgefüges überlagert. Mit der Freigabe der Wechselkurse im Jahre 1973 sind hier neue Rahmenbedingungen gesetzt worden, die sich unterschiedlich auf die Entwicklung der Ausfuhr- und Einfuhrströme ausgewirkt haben.

2.1 Außenhandel und Leistungsbilanz

Für die Ausfuhr ist bedeutsam, daß die D-Mark nominal nicht nur gegenüber dem Dollar, sondern auch gegenüber den wichtigsten Handelspartnern aufgewertet wurde. In realer Betrachtung, d. h. über die Inflationsdifferenzen hinaus, ergab sich allerdings nur für 1973, dem ersten Jahr der Kursfreigabe, ein kräftiger Aufwertungseffekt gegenüber den Handelspartnern. Bis 1976 wurde diese Aufwertung dann durch die nachfolgenden realen Abwertungen ausgeglichen. Die Phase realer Aufwertung in den Jahren 1977/78 wurde von einer Periode besonders starker realer Abwertungen bis 1981 abgelöst. Bezieht man auch die Aufwertung im Jahre 1982 in die Betrachtung ein, so ergibt sich für 1982 gegenüber 1972 bei einer nominalen Aufwertung von insgesamt 55 vH in realer Betrachtung eine Abwertung gegenüber den Handelspartnern von 9 vH. Für den Export von Industriewaren, auf den etwa 90 vH des Warenexports entfallen, hat die Entwicklung der Wechselkurse nach deren Freigabe somit längerfristig keine Verschlechterung der Position gebracht.

Auf die Einfuhr hätte sich die hier stärker ins Gewicht fallende D-Mark-Aufwertung gegenüber dem Dollar tendenziell verbilligend auswirken müssen. Daß dieser Effekt im ganzen gesehen nicht durchschlug, lag an der exorbitanten Verteuerung der Mineralöleinfuhren, die so groß war, daß auch die preisdämpfenden Effekte bei allen übrigen Einfuhren überkompensiert wurden.

Für die meisten Jahre nach 1973 ergab sich per Saldo eine Verschlechterung der Terms of Trade. In den Jahren 1975, 1978 und 1982 haben sich freilich die Terms of Trade verbessert, mitverursacht durch die in diesen

Tabelle V. 2.1/1

Indikatoren für die Preisentwicklung im Außenhandel

Veränderung gegenüber Vorjahr in vH

Jahr	Außenwert der DM-Mark, nominal, US-$	Außenwert der DM-Mark, nominal, gegenüber Währungen der Handelspartner 2)	Außenwert der DM-Mark, real 3)	Ausfuhr von Industriewaren 1)	Ausfuhr von Industriewaren, US-$	Ausfuhr von Industriewaren, D-Mark	Ausfuhr, mit	Einfuhr, mit	Einfuhr, ohne Erdöl 4)	Terms of Trade, mit	Terms of Trade, ohne
1970	7,5	8,6		10,8	8,8	2,0	1,8	-2,0	-1,5	3,7	3,5
1971	4,9	3,1	2,4	6,0	8,0	2,8	1,6	-1,1	-3,1	2,8	4,8
1972	9,1	2,2	1,3	2,5	8,3	0,3	1,0	-1,9	-1,2	2,9	2,2
1973	21,3	11,0	6,6	14,6	25,8	3,2	3,5	6,4	4,0	-2,7	-0,6
1974	2,5	5,6	-4,6	20,4	16,7	14,0	15,0	25,3	14,1	-8,3	0,2
1975	5,3	0,9	-0,9	9,0	13,4	8,0	7,2	-0,1	1,3	7,3	6,0
1976	-2,4	6,7	-0,5	9,0	0,0	2,2	2,0	3,5	2,8	-1,5	-0,9
1977	8,5	7,2	0,6	9,1	10,3	1,8	1,6	1,4	2,5	0,1	-0,8
1978	15,7	6,9	3,3	9,6	18,8	2,5	0,0	-3,5	-3,3	3,6	3,5
1979	9,5	4,2	-2,7	7,1	12,4	2,8	3,1	9,9	4,8	-6,1	-2,0
1980	0,9	-0,0	-5,3	5,3	6,1	5,3	7,0	14,3	8,5	-6,4	-1,9
1981	-19,4	-2,6	-8,0	3,0	-14,7	5,8	7,5	12,4	8,0	-4,3	-0,7
1982	-7,1	6,0	3,1	13,2	-0,7	6,8	5,4	1,2	1,7	4,2	3,7

Spaltengruppen: *Außenwert der DM-Mark* (nominal gegenüber, real gegenüber Währungen der Handelspartner); *Preisentwicklung der Ausfuhr von Industriewaren* (1), US-$); *Preisentwicklung im Außenhandel insgesamt*, D-Mark (Ausfuhr, Einfuhr mit / ohne Erdöl, Terms of Trade mit / ohne).

1) Export-Durchschnittswerte der Bundesrepublik Deutschland bei Industriewaren in D-Mark multipliziert mit dem Außenwert der D-Mark nominal gegenüber den Währungen der Handelspartner.- 2) Gewogener durchschnittlicher Außenwert der D-Mark gegenüber den Währungen von 10 anderen westlichen Industrieländern. Gewichtungsschema: Anteile dieser Länder am Industriewarenexport der Bundesrepublik Deutschland von 1973.-3) Berechnet unter Berücksichtigung des "Inflationsgefälles" der Bundesrepublik Deutschland gegenüber dem gewogenen Durchschnitt von 10 anderen westlichen Industrieländern. Gewichtungsschema: vgl. Fußnote 2. Berechnet auf der Basis der Entwicklung der Export-Durchschnittswerte in Landeswährung.- 4) Erdöl, Erdgas, bituminöses Gestein und Mineralölerzeugnisse.

Quellen: UN, Monthly Bulletin of Statistics; Statistisches Bundesamt, Fachserie 7, Reihe 1; Deutsche Bundesbank.

Jahren verhaltene Ölpreisentwicklung. 1978 kamen die Wirkungen der Aufwertung gegenüber dem Dollar hinzu, die mit 16 vH nur wenig geringer war als 1973 (21 vH). 1982 verbesserten sich die Terms of Trade sogar, obwohl die D-Mark gegenüber dem Dollar um 7 vH abwertete. Zustande kam diese Entwicklung durch rückläufige Mineralölpreise, die zu der geringen Verteuerung der Wareneinfuhren um wenig mehr als 1 vH beigetragen haben, vor allem aber durch die außerordentlich starken Preissteigerungen, die die deutschen Exporteure - gerechnet in den Währungen dieser Länder - auf ihren Absatzmärkten für Industriewaren durchsetzen konnten.

Für die Finanzierung der Wareneinfuhr, deren Entwicklung durch die Preissprünge im Mineralölbereich 1973/74 und 1979/80 geprägt war, haben die Ausfuhrerlöse stets ausgereicht. Sie übertrafen die Wareneinfuhr so stark, daß auch das Defizit der Dienstleistungs- und Übertragungsbilanz finanziert werden konnte. Engpässe, nämlich Defizite der Leistungsbilanz, gab es nur in den Jahren 1979 bis 1981. In den Jahren 1973/74 ist es sogar gelungen, die Verteuerung der Mineralöleinfuhren, die sich in der Zunahme der Handelsdefizite im Brennstoffbereich von 8 Mrd.DM auf 27 Mrd.DM widerspiegelt, nicht nur zu kompensieren, sondern gleichzeitig den Leistungsbilanzsaldo von 3 Mrd.DM auf 27 Mrd.DM auszuweiten. Bis 1978 haben sich weder die Salden im Industriewarenhandel noch im Brennstoffhandel merklich geändert.

In den zwei Jahren danach konnte die nochmalige Verdoppelung der Ölrechnung dagegen nur zu einem kleinen Teil durch eine Steigerung der Industriewarenexporte ausgeglichen werden. Der Überschuß im Außenhandel mit Industriewaren stieg nur von 107 Mrd.DM (1978) auf 115 Mrd.DM (1980) bei einer gleichzeitigen Verschlechterung der Nettoposition im Ölgeschäft von 30 Mrd.DM auf 63 Mrd.DM. Von der Verschlechterung der Leistungsbilanz von 1978 bis 1980 um insgesamt 47 Mrd.DM läßt sich somit reichlich die Hälfte auf die sich öffnende Schere zwischen der Entwicklung der Salden im Ölgeschäft und im Industriewarengeschäft zurückführen. 1981 hatte sich der negative Saldo der Leistungsbilanz gegenüber 1980 indes bereits halbiert. Maßgeblich dafür waren die um gut 20 vH auf knapp 140 Mrd.DM gestiegenen

Tabelle V. 2.1/2

Salden im Außenhandel der Bundesrepublik Deutschland
nach Warengruppen 1960 bis 1981

	Brenn-stoffe (SITC 3)	Industrie-waren (SITC 5-8)	Übrige Waren (SITC 0,1, 2,4,9)	Waren insgesamt	Nachrichtl. Saldo der Leistungs-bilanz
	in Mrd.DM zu jeweiligen Preisen				
1960	-0,4	24,8	-19,1	5,3	4,8
1965	-2,5	30,2	-26,4	1,3	-6,2
1970	-5,9	48,5	-26,9	15,7	3,2
1971	-8,2	52,3	-28,2	15,9	2,9
1972	-7,9	57,0	-28,8	20,3	2,6
1973	-11,8	75,6	-30,8	33,0	12,3
1974	-26,4	109,6	-32,4	50,8	26,6
1975	-25,4	95,1	-32,3	37,4	9,9
1976	-32,4	105,8	-38,9	34,5	9,9
1977	-33,1	109,0	-37,4	38,5	9,5
1978	-30,1	107,3	-36,0	41,2	18,1
1979	-46,0	108,1	-39,7	22,4	-11,2
1980	-63,0	114,9	-42,9	9,0	-28,5
1981	-73,7	139,4	-38,0	27,7	-14,7
1982	-72,3	163,6	-40,1	51,2	8,1
	Differenzen gegenüber dem Vorjahr in Mrd.DM				
1971	-2,3	3,8	-1,3	0,2	-0,3
1972	0,3	4,7	-0,6	4,4	-0,3
1973	-3,9	18,6	-2,0	12,7	9,7
1974	-14,6	34,0	-1,6	17,8	14,3
1975	1,0	-14,5	0,1	-13,4	-16,7
1976	-7,0	10,7	-6,6	-2,9	0,0
1977	-0,7	3,2	1,5	4,0	0,4
1978	3,0	-1,7	1,4	2,7	8,6
1979	-15,9	0,8	-3,7	-18,8	-29,3
1980	-17,0	6,8	-3,2	-13,4	-17,3
1981	-10,7	24,5	4,9	18,7	13,8
1982	1,4	24,2	-2,1	23,5	22,8

1) Einfuhrüberschuß: -; Ausfuhrüberschuß: ohne Vorzeichen.

Quellen: Eigene Berechnungen aufgrund von Daten des Statistischen Bundesamtes und der Deutschen Bundesbank.

Überschüsse bei den Industriewaren, denen nur eine Erhöhung des negativen Saldos bei den Brennstoffen um 10 Mrd. DM auf gut 70 Mrd. DM gegenüberstand. Diese Größenordnung blieb 1982 erhalten, wogegen sich der Überschuß bei den Industriewaren abermals um 24 Mrd. DM erhöhte. Aufs Ganze gesehen ist die Ausweitung der Ölrechnung von 1973 bis 1981 um 61 Mrd. DM durch die gleichzeitige Ausweitung des Überschusses im Industriewarenhandel um fast die Hälfte übertroffen worden.

Hauptursache der hohen Leistungsbilanzdefizite der Bundesrepublik in den Jahren 1979 bis 1981 war also nicht eine generell schlechte Wettbewerbsfähigkeit der deutschen Wirtschaft, sondern die abermalige außergewöhnliche Verteuerung der Erdölimporte.

2.2 Wettbewerbsfähigkeit und ihre Bestimmungsfaktoren

Für die Wettbewerbsfähigkeit wird die Lohnpolitik als entscheidende Größe angesehen. In einer mit dem Ausland stark verflochtenen Volkswirtschaft, wie der Bundesrepublik Deutschland, kann das aber nur bei festen Wechelkursen gelten. In einem System flexibler Wechselkurse, wie es seit 1973 existiert, sind die Zusammenhänge anders.

Flexible Wechselkurse sollen auch zum Ausgleich unterschiedlicher Inflationsraten konkurrierender Länder beitragen, so daß keine wechselkursbedingten Wettbewerbsverzerrungen auftreten. Da auf längere Sicht für die meisten Länder eine große Ähnlichkeit im Verlauf der Lohnstückkosten und der Entwicklung des gesamtwirtschaftlichen Preisanstiegs vorliegt, zielt das Argument auch auf Lohnstückkostenunterschiede. Der Inflationsausgleich durch flexible Wechselkurse führt dazu, daß die Lohnpolitik die Wettbewerbsfähigkeit einer Volkswirtschaft nicht entsprechend verändert.

Im Vergleich mit den wichtigsten konkurrierenden Ländern sind die Lohnstückkosten in Landeswährung in der Bundesrepublik seit 1972 relativ gering gestiegen. Schwächer als in der Bundesrepublik war der Anstieg nicht einmal in der Schweiz. Gegenüber den USA war der Anstieg um 20 vH und gegenüber Italien sogar um 60 vH geringer.

Werden die Lohnstückkosten-Relationen nicht in Landeswährung, sondern in einer internationalen Währung - z. B. in Sonderziehungsrechten - bewertet, zeigt sich, daß die Wechselkursveränderungen die Kostenvorteile, die sich in der Bundesrepublik durch eine im internationalen Vergleich zurückhaltende Lohnpolitik ergeben haben, weitgehend aufgehoben wurden. Gegenüber einigen Ländern (z. B. USA, Italien, Großbritannien) hat sich sogar eine Umkehr des Kostengefälles ergeben. Auch die starke Abwertung der D-Mark gegenüber dem US-Dollar in den letzten Jahren konnte die Überbewertung der D-Mark nicht vollständig abbauen, sondern nur erheblich reduzieren. Die Lohnzurückhaltung in der Bundesrepublik führte also seit 1972 nicht zu entsprechenden Kostenvorteilen im internationalen Wettbewerb.

Das Ziel der wirtschaftspolitischen Instanzen, mit einer geldpolitischen Restriktion zu einer Lösung nicht nur der außenwirtschaftlichen, sondern auch der binnenwirtschaftlichen Probleme beizutragen, die mit der Ölverteuerung von 1979 aufgeworfen waren, ist nicht erreicht worden.

Die Umschichtung der Produktion von inländischer zu ausländischer Verwendung in dieser Zeit kann nicht als strukturpolitisch erwünschter Vorgang bezeichnet werden. Denn sie vollzog sich nicht im Rahmen einer wachsenden Wirtschaft, sondern bei sinkender Produktion, rückläufigen Investitionen und steigender Arbeitslosigkeit. Das Wachstum des Produktionspotentials der Unternehmen schrumpfte von 2,8 und 3 vH in den Jahren 1979 und 1980 auf nur noch 1,5 vH im Jahre 1982. Überdies war die Auslastung des Potentials im Jahre 1982 um fünf Prozentpunkte niedriger als im Jahre 1979.

Keine Geldpolitik kommt um die Tatsache herum, daß eine Verschlechterung der Terms of Trade gleichbedeutend ist mit einer Realeinkommenseinbuße. Die Reibungsverluste, die mit der Anpassung der Volkswirtschaft an diese Entwicklung verbunden sind, hätten jedoch deutlich vermindert werden können, wenn die Geldpolitik zusammen mit der Finanzpolitik 1980 und 1981 einen am Wachstumspotential ausgerichteten Kurs verfolgt und den Wechselkurs stärker dem Markt überlassen hätte. Der Einwand, eine solche Politik hätte einen kumulativen Prozeß (Abwertung - Preiserhöhung - Lohnsteigerung - erneute Abwertung) ausgelöst und das Vertrauen des Auslandes in die D-Mark nachhaltig erschüttert, ist nicht zwingend:

-     Die Interventionen der Bundesbank an den Devisenmärkten in den Jahren 1979 und 1980 haben die "fällige" Abwertung nicht verhindert, sondern allenfalls verzögert. Ohne diese Interventionen wäre der Außenwert der D-Mark zwar rascher und vielleicht auch tiefer gesunken, er hätte sich voraussichtlich aber auch früher erholt. Ein kumulativer Prozeß hätte nur dann enstehen können, wenn die Notenbank ihn mit einer ausgesprochen expansiven Politik alimentiert hätte. Eine am Wachstumsspielraum orientierte Geldpolitik ist jedoch gerade dadurch gekennzeichnet, daß solche Prozesse bald an ihre finanziellen Grenzen stoßen.

-     Rezession ist gewiß kein sinnvoller Weg zu einer dauerhaften Lösung der außenwirtschaftlichen Anpassungsprobleme. Schwächung des Produktionspotentials und "Freisetzung" von Arbeitskräften tragen nichts zur binnen- und außenwirtschaftlich erforderlichen Umstellung der Volkswirtschaft bei. Eine Geld- und Finanzpolitik, die mehr Spielraum für Investitionen zugelassen hätte, wäre deshalb vermutlich eher geeignet gewesen, das Vertrauen des Auslands in die Leistungskraft und damit auch den Außenwert der D-Mark zu stärken.

Wettbewerbsfähigkeit im Außenhandel läßt sich genauer analysieren, indem die Entwicklung von Industriewarenexport und -import in Komponenten zerlegt wird, die Veränderungen von "Marktanteilen" erkennen lassen:
-     eine Wachstumskomponente (Entwicklung des Welthandels),
-     eine Strukturkomponente (Bedeutung der Umschichtungen in der Regional- und Warenstruktur des Welthandels für Export- und Importentwicklung) und
-     eine Wettbewerbskomponente (Veränderung der Anteile der deutschen Exporteure gegenüber anderen Exporteuren und der Importeure in den Regionen und nach Gütergruppen).

Schaubild V.2.2/1

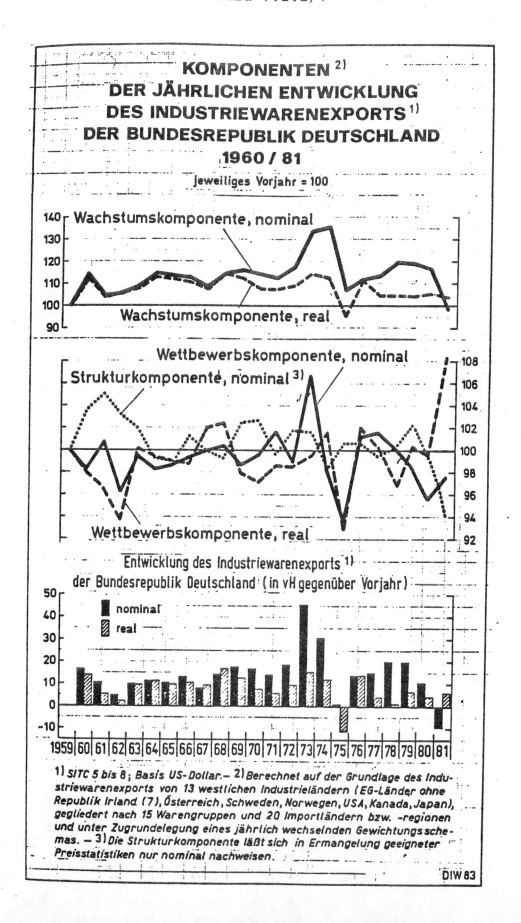

KOMPONENTEN [2]
DER JÄHRLICHEN ENTWICKLUNG
DES INDUSTRIEWARENEXPORTS [1]
DER BUNDESREPUBLIK DEUTSCHLAND
1960 / 81

Jeweiliges Vorjahr = 100

Wachstumskomponente, nominal

Wachstumskomponente, real

Wettbewerbskomponente, nominal

Strukturkomponente, nominal [3]

Wettbewerbskomponente, real

Entwicklung des Industriewarenexports [1]
der Bundesrepublik Deutschland (in vH gegenüber Vorjahr)

nominal

real

1) SITC 5 bis 8; Basis US-Dollar.— 2)Berechnet auf der Grundlage des Industriewarenexports von 13 westlichen Industrieländern (EG-Länder ohne
Republik Irland (7), Österreich, Schweden, Norwegen, USA, Kanada, Japan),
gegliedert nach 15 Warengruppen und 20 Importländern bzw. -regionen
und unter Zugrundelegung eines jährlich wechselnden Gewichtungsschemas. — 3)Die Strukturkomponente läßt sich in Ermangelung geeigneter
Preisstatistiken nur nominal nachweisen.

DIW 83

Der Exportanteil der Bundesrepublik am Welthandel ist in den siebziger Jahren bei günstiger Regional- und Warenstruktur des Exports weiter gestiegen. Allerdings waren diese strukturellen Impulse schwächer als in den sechziger Jahren.

Bei diesem zeitlichen Vergleich hat Gewicht, daß die Wettbewerbskomponente des Exports der Bundesrepublik im Durchschnitt der sechziger Jahre negativ war, während sich in den siebziger Jahren die Position der deutschen Exporteure im Verhältnis zu den Exporteuren aus anderen Industrieländern tendenziell - zu laufenden Preisen und Wechselkursen gerechnet - trotz der drängenden Konkurrenz Japans kaum veränderte, die Marktanteile also gehalten wurden. In realer Rechnung, nach Ausschaltung von Preis- und Wechselkursänderungen, ergaben sich Marktanteilseinbußen; sie erreichen eine Größenordnung wie in den sechziger Jahren. Erkennbar ist aber auch, daß die Schwellenländer in beiden Perioden an Boden gewannen (vgl. Tabelle 3.1.3/1.)

Die trotz der kräftigen DM-Aufwertung günstige Wettbewerbsposition der Bundesrepublik in den siebziger Jahren ist vor allem dem Spezialisierungsgrad der deutschen Industrie zuzuschreiben. Hohe Qualität des Angebots (Produktdifferenzierung, Finanzierungsbedingungen, Service) erlaubte es, aufwertungsbedingte Verteuerungen zu überwälzen. Die Industrie profitierte dabei trotz des Exportdrucks der Schwellenländer und Japans vor allem vom Präferenzhandel zwischen den westeuropäischen Industrieländern. Bei starken Aufwertungen haben die Exporteure aber auch Erlöseinbußen in Kauf genommen, um Marktanteile zu halten.

Die weltweite Rezession von 1975, von der besonders die Investitionsgüternachfrage betroffen war, wirkte sich allerdings ungünstig auf den deutschen Export aus, der real kräftiger schrumpfte als der Welthandel. Die nominalen Anteilsverluste der deutschen Exporteure in diesem Jahr entsprachen ziemlich genau den erheblichen nominalen Gewinnen im Jahre 1973.

Erneut negativ war die nominale Wettbewerbskomponente des Industriewarenexports in den Jahren 1980/81, als sich die D-Mark real kräftig abwertete. Obwohl sich die deutschen Exporte im Verhältnis zu denen der anderen Industrieländer relativ verbilligten, haben sie real nicht entsprechend kräftig expandiert, so daß nominal Marktanteile im Welthandel verloren gingen. Eine Rolle spielte hierbei freilich, daß die Preiselastizität der ausländischen Nachfrage nach deutschen Exportgütern, namentlich nach Investitionsgütern, recht gering ist, größere Bedeutung im internationalen Wettbewerb hier Spezialisierungsvorteilen zukommt. So waren denn auch die Marktanteilseinbußen in dieser Zeit bei Erzeugnissen des Maschinenbaus, der Elektrotechnik sowie bei feinmechanischen und optischen Erzeugnissen, aber auch bei chemischen Erzeugnissen besonders ausgeprägt. Schon 1982, als sich die D-Mark wieder aufwertete, konnten indes auch die nominalen Marktanteile wieder ausgeweitet werden, da der reale Export trotz der erneuten Verteuerung weiter zunahm.

Vom Gütersortiment und von der regionalen Ausrichtung auf die verschiedenen Absatzräume ist die sektorale Entwicklung des Exports der Bundesrepublik eher positiv beeinflußt worden. Die Exporteure haben auf Wandlungen in der Warenstruktur der Weltnachfrage elastisch reagiert und sich dabei auf solche regionalen Märkte hin orientiert, die besonders gute Absatzchancen boten. Diese Strategie war, wie die Wettbewerbskomponente des Industriewarenexports signalisiert, in den siebziger Jahren erfolgreicher als in den sechziger Jahren. So gab es in den siebziger Jahren deutliche regionale Exporterfolge. Überdurchschnittlich wurde der Industriewarenexport nach der ersten Ölpreiskrise in die OPEC-Länder, aber auch in die Staatshandelsländer ausgeweitet. Als einziges bedeutendes Industrieland erzielte die Bundesrepublik 1977 und 1978 - vor der zweiten Ölpreiskrise - gegenüber den OPEC-Ländern Exportüberschüsse; sie kompensierte insoweit unmittelbar die Auswirkungen des ersten Ölpreisschubs. Im Jahre 1982 wies die Handelsbilanz der Bundesrepublik nach drei Jahren mit Defiziten gegenüber diesen Ländern abermals einen Überschuß auf.

Für Veränderungen in der Warenstruktur des Exports waren neben den regionalen Einflüssen auch Umschichtungen im Gütersortiment des Welthandels entscheidend. Bedeutende Exportbranchen, die auf eine überdurchschnittlich expandierende internationale Nachfrage trafen und deshalb steigende Exportanteile aufwiesen (Straßenfahrzeuge, elektrotechnische Erzeugnisse, chemische Erzeugnisse), schnitten im Wettbewerb um Martkanteile dennoch schlechter ab als jene, deren Produkte weniger stark nachgefragt wurden (Textilien, NE-Metalle, Maschinenbauerzeugnisse). Strukturelle Wandlungen im Welthandel schlugen somit nicht voll auf die Güter- und Regionalstruktur des Exports der Bundesrepublik durch.

Die Entwicklung des Industriewarenexports der Bundesrepublik war im Zeitraum 1962 bis 1979, der statistisch detailliert belegt ist, mit recht deutlichen Umschichtungen in der Warenstruktur verbunden. Gleichwohl dominierten wenige wichtige Warengruppen Ende der siebziger Jahre ebenso wie Anfang der sechziger Jahre. Dies ist Ergebnis der Ausrichtung des Handels auf die westlichen Industrieländer, der durch intrasektorale Arbeitsteilung charakterisiert ist.

Auf zehn Warengruppen mit den höchsten Exportanteilen entfielen 1979 reichlich vier Fünftel des gesamten Industriewarenexports, auf die vier wichtigsten Bereiche (Maschinenbauerzeugnisse, Straßenfahrzeuge, chemische und elektrotechnische Erzeugnisse) nahezu zwei Drittel. Gestiegen ist gegenüber 1962 der Exportanteil in den Warengruppen Straßenfahrzeuge und elektrotechnische Erzeugnisse, wobei Marktanteilsverluste von einer überdurchschnittlich expandierenden Nachfrage auf den Auslandsmärkten verdeckt wurden. Ausgeprägt waren die Marktanteilsverluste im Export nach Nordamerika. Auf den wichtigsten Absatzmärkten in Westeuropa fielen sie dagegen, zumal in den siebziger Jahren, kaum ins Gewicht.

Bei chemischen Erzeugnissen, deren Exportanteil sich ebenfalls erhöhte, hat die internationale Nachfrage recht kräftig zugenommen; hinzu kamen günstige Regionaleffekte. Die Marktanteilsverluste waren insgesamt gering. Der Exportanteil von Maschinenbauerzeugnissen, die im internationalen Wettbewerb Spezialisierungsvorteile hatten, ist wegen ungünstiger Struktureffekte, insbesondere relativ schwach expandierender Importnachfrage in Westeuropa, gesunken.

Wettbewerbsschwäche kennzeichnete die Position des Exports von feinmechanischen und optischen Erzeugnissen, EBM-Waren sowie von Eisen und Stahl. In diesen Gruppen ist der Exportanteil gesunken, weil auf schwach expandierenden Märkten Marktanteile verloren gingen. Besonders deutlich wird dies beim Export von Eisen und Stahl, auf dessen Entwicklung sich auch der Substitutionswettbewerb negativ auswirkte.

Tabelle V. 2.2/1

Komponenten[2] der Export- und Importentwicklung[1] der Bundesrepublik Deutschland 1962/79

Basisjahr bzw. jeweiliges Vorjahr = 100

	1962/72 1962=100[3]	1972/79 1972=100[4]	1973	1974	1975	1976	1977	1978	1979	Zum Vergleich 10) 1962/72 1962=100	1972/79 1972=100
					jeweiliges Vorjahr = 100						
Export[9]											
Veränderung, nominal	353,6	362,8	145,3	130,9	100,8	114,0	115,0	120,2	120,0	353,6	362,8
Durchschnittswerte											
Basis: US-Dollar	132,5	245,2	125,8	116,7	113,4	100,0	110,3	118,8	112,4	132,5	245,2
D-Mark	107,0	139,3	103,2	114,0	108,0	102,2	101,8	102,5	102,9	107,0	139,3
Veränderung, real	266,9	147,8	115,5	112,2	88,9	114,0	104,3	101,2	106,8	266,9	147,8
Wachstumskomponente											
nominal	357,0	366,2	136,3	135,5	105,6	113,1	114,6	120,8	119,9	346,2	353,0
real	272,1	157,8	115,7	111,7	93,6	112,4	105,4	104,9	105,0	264,2	153,6
Strukturkomponente	110,0	101,3	100,4	98,5	101,8	99,8	99,3	99,9	101,8	107,3	102,9
Relativ -Preisindex 11)	101,0[12]	105,7	106,8	96,3	100,5	99,3	101,4	103,2	98,4	101,7	106,7
Wettbewerbskomponente											
nominal	90,1	97,7	106,2	98,2	93,8	100,9	101,1	99,6	98,4	95,3	99,8
real	89,2	92,5	99,4	102,0	93,3	101,6	99,7	96,5	100,0	94,0	93,7
Import											
Veränderung, nominal	455,9	368,5	129,4	118,9	110,9	116,4	116,4	126,4	126,1	457,0	347,2
Durchschnittswerte											
Basis: US-Dollar	130,5	236,4	118,4	121,9	114,5	99,2	109,0	114,7	115,3	129,8	233,2
D-Mark	105,3	134,2	97,4	118,6	109,2	101,3	100,6	99,0	105,4	104,7	132,4
Veränderung, real	349,3	156,0	109,3	97,5	96,9	117,3	106,8	110,2	109,4	352,1	148,9
Wachstumskomponente 5)											
nominal	365,9	359,9	133,3	134,4	107,3	113,0	114,3	121,6	119,2	413,0	319,0
real 6)	278,2	154,9	113,1	111,0	94,8	111,8	105,3	106,0	104,3	315,3	139,4
Strukturkomponente	97,0	103,1	100,7	98,1	98,9	100,5	100,5	101,1	103,3	97,5	107,4
Relativ -Preisindex 7)	99,2	101,8	100,5	100,8	101,0	98,3	100,4	100,0	100,8	99,1	101,9
Wettbewerbskomponente											
nominal	128,4	99,3	96,4	90,2	104,4	102,6	101,3	102,8	102,4	113,5	101,2
real 8)	129,5	97,7	96,0	89,5	103,4	104,4	100,9	102,8	101,6	114,5	99,3

1) Industriewaren SITC 5-8; Basis US-Dollar. Import berechnet auf Basis der Exporte der Partnerländer. Entsprechendes gilt für den Import-Durchschnittswert. - 2) Berechnung der Komponenten der Export- und Importentwicklung auf der Grundlage der Industriewarenexporte von 53 Ländern bzw. Regionen, gegliedert nach 43 Warengruppen und 29 Importländern bzw. -regionen. - 3) Berechnung der Struktur- und Wettbewerbskomponente unter Zugrundelegung konstanter Gewichte des Basisjahres 1962. - 4) Berechnung der Strukturund Wettbewerbskomponente unter Zugrundelegung eines jährlich wechselnden Gewichtungsschemas. - 5) Durchschnittliche Entwicklung des Imports aller erfaßten Länder, ohne Importe aus der Bundesrepublik Deutschland. - 6) Als Deflationierungsfaktor wurde der gewogene Import-Durchschnittswertindex von 15 Ländern verwendet (jeweils einschließlich Bundesrepublik Deutschland). Gewichtungsschema: Importanteil von 1973. - 7) Import-Durchschnittswertindex der Bundesrepublik Deutschland in vH des Durchschnittswertindex der Wachstumskomponente. - 8) Quotient aus nominaler Restgröße und Relativ-Preisindex. - 9) Siehe Fußnote 2). - 10) Berechnung der Export- und Importentwicklung auf der Grundlage der Industriewarenexporte von 13 Ländern (einschließlich Bundesrepublik Deutschland), gegliedert nach 15 Warengruppen und 20 Importregionen und unter Zugrundelegung eines jährlich wechselnden Gewichtungsschemas. Deflationierungsfaktor der Wachstumskomponente: Ausgangsdaten bilden die Export-Durchschnittswerte von 11 Ländern. - 11) Durchschnittswertindex der Bundesrepublik Deutschland in vH des gewogenen Durchschnittswertindex von 15 Ländern (einschließlich Bundesrepublik Deutschland). Als Gewichte wurden die Exportanteile von 1973 verwendet. - 12) Gemessen am gewogenen Durchschnittswertindex von 12 Ländern (einschließlich Bundesrepublik Deutschland). Als Gewichte wurden die Exportanteile von 1973 verwendet.

Quellen: UN, Commodity Trade Statistics, Series D, lfd. Jg.; UN, Monthly Bulletin of Statistics, lfd. Jg.; Berechnungen des DIW.

Tabelle V. 2.2/2

Komponenten[2] der nominalen Export- und Importentwicklung[1] der Bundesrepublik Deutschland nach Warengruppen 1962/79

	Exportanteil 3)				Export					Importanteil 3)				Import		
	1962	1972	1979	Veränderung	Veränderung 4)	insgesamt	Regionaleinfluß	Wareneinfluß	Wettbewerb	1962	1972	1979	Veränderung	Veränderung 4)	Struktur insgesamt	Wettbewerb
					1962 = 100									1962 = 100		
Warengruppen mit steigendem Exportanteil — Strukturkomponente ausschlaggebend																
Elektrotechn. Erz.	9,2	9,7	10,2	110	650	127,3	97,8	130,2	85,1	5,7	8,3	9,6	169	1 302	125,7	171,6
Straßenfahrzeuge	14,3	16,2	16,9	119	695	176,5	124,4	141,9	65,6	5,5	8,3	9,7	175	1 351	141,4	158,1
Chemische Erzeugn.	12,3	13,0	15,0	121	715	127,9	115,0	111,2	93,2	8,4	10,0	13,3	159	1 224	136,0	149,2
Büromaschinen/Datenverarbeitungsgeräte	1,4	2,4	1,9	133	782	184,9	107,3	172,4	70,5	2,8	3,0	3,4	124	951	162,3	97,0
Bekleidung	1,0	1,6	1,7	166	977	171,1	121,3	141,1	95,2	3,9	7,6	7,2	187	1 443	142,5	167,7
Papier u.Pappewaren	0,3	0,4	0,5	172	1 012	164,6	156,8	105,0	102,4	0,4	0,5	0,5	108	834	105,8	130,6
Holzwaren	0,5	1,2	1,5	273	1 608	237,4	127,2	186,7	112,9	1,2	1,7	2,2	185	1 423	181,4	129,9
Insgesamt	39,0	44,5	47,7	122	714	151,2	116,6	129,6	78,8	27,9	39,4	45,9	165	1 270	138,3	152,1
Warengruppen mit sinkendem Exportanteil — Strukturkomponente ausschlaggebend																
Maschinenbau	24,8	23,0	21,0	84	497	79,5	94,4	84,2	104,1	13,8	10,6	9,9	72	553	90,2	101,7
Eisen und Stahl	10,4	7,2	7,2	69	408	80,6	94,3	85,5	84,4	12,2	8,8	7,2	59	456	69,8	108,3
Glas u.Glaswaren	0,8	0,7	0,6	78	456	77,1	109,7	70,3	98,6	0,6	1,0	0,8	127	974	76,8	210,0
Schienenfahrzeuge	0,6	0,3	0,2	41	243	39,9	102,0	39,1	101,6	0,1	0,2	0,1	35	272	47,0	96,1
Insgesamt	36,6	31,2	29,0	79	470	78,8	95,0	82,9	99,4	26,7	20,6	18,0	67	518	80,6	106,5
Warengruppen mit steigendem Exportanteil — Wettbewerbskomponente ausschlaggebend																
Textilien	3,8	4,9	4,0	107	627	69,4	120,9	57,4	150,4	14,0	8,8	7,0	50	387	55,5	115,4
NE-Metalle und NE-Metallerzeugnisse	2,2	2,0	2,5	110	641	71,3	115,0	62,0	149,9	8,9	6,2	4,3	48	373	59,4	104,1
Steine und Erden	1,1	1,1	1,1	102	601	108,8	104,5	104,1	91,9	1,4	1,8	1,5	105	808	118,1	113,4
Kautschukwaren	0,9	0,9	1,0	117	685	118,8	123,5	96,2	96,0	1,0	1,2	1,4	141	1 085	104,2	172,6
Druckereierzeugn.	0,7	0,8	0,9	125	735	102,4	129,1	79,3	119,8	0,7	0,6	0,6	88	672	87,5	127,3
Bearb. Holz, Papier, Pappe	0,8	1,1	1,3	160	940	102,5	157,6	65,0	152,7	5,1	3,7	3,4	66	510	76,8	110,0
Luftfahrzeuge	0,1	0,3	1,2	1 413	8 314	143,3	84,0	170,5	966,7	2,2	1,6	1,7	76	580	113,3	84,8
Insgesamt	9,6	11,1	12,0	125	732	85,2	119,8	71,1	143,3	33,3	23,9	19,9	60	458	68,5	110,8
Warengruppen mit sinkendem Exportanteil — Wettbewerbskomponente ausschlaggebend																
Eisen-, Blech-Metallwaren	3,8	3,0	3,0	80	469	101,2	110,2	91,8	77,3	1,9	2,1	2,7	138	1 055	109,0	160,5
Feinm. u. opt. Erz.	3,5	3,2	2,8	79	463	100,7	101,3	99,4	76,6	2,6	3,0	3,1	120	919	111,8	136,2
Stahl- u.Leichtmetallbauerzeugnisse	1,0	0,7	0,9	98	576	131,8	122,4	107,7	72,8	0,5	0,9	0,6	125	961	147,1	108,2
Leder-u. Lederwaren; Schuhe	0,9	0,8	0,8	96	560	159,1	121,8	130,6	58,7	2,8	3,6	3,8	136	1 045	144,5	119,8
Musikinstr.,Spielw., Sportger., Schmuck u.ä.	2,0	1,6	1,4	72	424	157,9	90,4	174,7	44,7	2,3	3,0	3,1	134	1 031	153,4	111,4
Feinkeramische Erz.	0,4	0,3	0,2	60	348	86,5	120,3	71,9	67,2	0,1	0,2	0,3	175	1 344	94,2	236,5
Wasserfahrzeuge	1,8	1,8	0,4	23	136	55,5	76,0	73,0	40,9	0,4	1,4	0,4	92	709	86,0	136,5
Insgesamt	13,4	11,4	9,5	73	426	108,8	97,9	111,2	65,3	10,6	14,2	14,0	132	1 003	128,5	129,2
Industriewaren, insgesamt	100,0	100,0	100,0	100	588	111,4	106,5 7)	104,6 5)6)	88,0	100,0	100,0	100,0	100	769	99,8	127,6

1) Industriewaren SITC 5-8; jeweilige Preise. - 2) Berechnet auf der Grundlage des Industriewarenexports von 53 Ländern bzw. Regionen, gegliedert nach 43 Warengruppen und 29 Importländern und unter Zugrundelegung konstanter Gewichte des Basisjahres 1962 (für Zeitraum bis 1972) bzw. jährlich wechselnder Gewichte (für Zeitraum 1972 bis 1979). - 3) Gemessen am gesamten Industriewarenexport bzw. -import der Bundesrepublik Deutschland. - 4) DM-Basis. - 5) Summe der warenspezifischen Indizes, zusammengewichtet mit der Exportstruktur 1962 (für Zeitraum 1972) bzw. mit der Exportstruktur des jeweiligen Vorjahres (für Zeitraum 1972 bis 1979). - 6) Wareneinfluß: Quotient aus warenspezifischer Entwicklung des Welthandels und Wachstumskomponente des Exports der Bundesrepublik Deutschland. Wachstumskomponente: Durchschnittliche Entwicklung des Exports aller erfaßten Länder, ohne Importe der Bundesrepublik Deutschland aus diesen Ländern. - 7) Quotient aus Strukturkomponente und Wareneinfluß.

Quellen: UN, Commodity Trade Statistics, Series D, lfd. Jg.; Berechnungen des DIW.

Insgesamt gesehen waren Martanteilsverluste im Ausland bei einem Zehntel des Industriewarenexports entscheidend dafür, daß die Exportanteile von 1962 bis 1979 zurückgingen (EBM-Waren, feinmechanische und optische Erzeugnisse, Stahl- und Leichtmetallbauerzeugnisse, Musikinstrumente, Spiel- und Sportwaren; Leder, Lederwaren und Schuhe; feinkeramische Erzeugnisse).

Marktanteilsgewinne, teils auch - im Verhältnis zum Gesamtexport - unterdurchschnittliche Verluste waren bei einem weiteren Zehntel des Exports ausschlaggebend für eine Zunahme der Exportanteile (NE-Metalle, Textilien, Druckereierzeugnisse, bearbeitetes Holz, Papier und Pappe; Kautschukwaren). NE-Metalle haben in der Zeit nach 1972 ihre Marktanteile im Ausland - insbesondere in Westeuropa - verstärkt ausgeweitet, während der Export von Eisen und Stahl - nach den zuvor deutlichen Verlusten - nun leichte Vorteile im Wettbewerb hatte. Die Marktanteile bei Eisen und Stahl konnten in Westeuropa - dort bei anhaltend schwach expandierender Importnachfrage -, in den Staatshandelsländern und den Entwicklungsländern gesteigert werden. Erhebliche Wettbewerbsverluste erlitten in den siebziger Jahren auf allen wichtigen Märkten Büromaschinen und ADV, deren Anteil am Export zurückging. Textilien, die zuvor erhebliche Wettbewerbsvorteile hatten und ganz überwiegend in Westeuropa, vor allem in der EG, abgesetzt wurden, haben ihre Marktanteile dort nicht mehr ausgeweitet und fielen in der Exportstruktur ebenfalls zurück.

Ähnlich ausgeprägt wie in der Warenstruktur ist die Konzentration in der Regionalstruktur. Auf die westlichen Industrieländer entfielen 1979 fast drei Viertel des Industriewarenexports der Bundesrepublik (EG 46, EFTA 16, außereuropäische Industrieländer 11 vH).

Bis 1972 hat sich der Industrieländeranteil am Export der Bundesrepublik vergrößert; nach der ersten Ölpreiskrise sank er wegen der Anpassungsschwierigkeiten in den westlichen Industrieländern und der kräftigen Ausweitung des Exports vor allem in die OPEC-Länder, stabilisierte sich in den letzten Jahren der vergangenen Dekade aber wieder. Dabei hat sich der Anteil der außereuropäischen Industrieländer infolge erheblicher Abschwächung der Expansion der Importnachfrage, namentlich in Nordamerika, stärker verringert als der der EFTA-Länder, die schon in den sechziger Jahren im Zuge der EG-Integration der Bundesrepublik im Export zurückgefallen waren.

Die Verflechtung der Bundesrepublik mit den übrigen EG-Ländern ist nach einer Unterbrechung durch den ersten Ölpreisschock weiter gestiegen. Die sektorale Entwicklung des Exports in die EG deutet darauf hin, daß die "Integrationsimpulse" für den deutschen Export in den sechziger Jahren, nach Gründung der EG, größer waren als nach ihrer Erweiterung Anfang der siebziger Jahre. Offenbar war es in den sechziger Jahren in Westeuropa auch zu Handelsumlenkungen gekommen. So waren bei durchweg sinkendem Anteil der EFTA-Länder am Export auch die Lieferanteile der Bundesrepublik in der EFTA (gemessen am Import dieser Länder) gefallen. Demgegenüber wurden bei steigendem Anteil der EG am Export die sektoralen Lieferanteile im Handel mit den EG-Ländern zumeist gehalten, teilweise kräftig gesteigert.

In den siebziger Jahren hat sich die Entwicklung bei den Exportanteilen tendenziell fortgesetzt. Die Lieferanteile des Exports in die EFTA entwickelten sich dagegen mit dem Zollabbau zwischen EG und EFTA wieder günstiger, die des Exports in die EG überwiegend ungünstiger.

Überdurchschnittlich hoch war 1979 der auf der EG enfallende Anteil am Export von NE-Metallen, Textilien, Büromaschinen und ADV, EBM-Waren und Straßenfahrzeugen, unterdurchschnittlich dagegen - und geringer als Anfang der sechziger Jahre - war dieser Anteil bei Eisen und Stahl sowie Maschinenbauerzeugnissen. Beide Warengruppen dominierten beim Export in die Staatshandelsländer - Maschinenbauerzeugnisse und elektrotechnische Erzeugnisse beim Export in die Entwicklungsländer.

Während in den siebziger Jahren die OPEC-Länder, und in geringerem Umfang die Staatshandelsländer, im Industriewarenexport der Bundesrepublik an Bedeutung gewannen, haben die Schwellenländer und die übrigen Entwicklungsländer ihren Anteil am Export etwa gehalten. Zurückgefallen in der regionalen Exportstruktur ist Lateinamerika, wo auch die Lieferanteile des Exports sanken.

Kräftig ausgeweitet haben in dieser Zeit die OPEC-Länder ihren Import von Maschinenbauerzeugnissen und elektrotechnischen Erzeugnissen, an dem sich die deutschen Exporteure steigende Lieferanteile sicherten. Nicht ganz gehalten wurden die Lieferanteile beim Export von Straßenfahrzeugen und chemischen Erzeugnissen.

Beim Industriewarenimport der Bundesrepublik ist die Konzentration auf Warengruppen nicht so stark ausgeprägt wie beim Export. Die Umschichtungen in der Warenstruktur waren wegen der ausländischen Konkurrenz, vornehmlich aus Japan und den Schwellenländern, freilich stärker als beim Export. Für die Entwicklung der Wettbewerbskomponente des Imports, Indikator für die Entwicklung der Marktanteile der Importeure auf den Weltmärkten und nicht zu verwechseln mit der Importkonkurrenz auf heimischen Märkten, war die Produktionsentwicklung in der Bundesrepublik entscheidend. Dies zeigt die Abschwächung dieser Komponente in den siebziger Jahren nach ihrem deutlichen Anstieg in den sechziger Jahren.

Mit der Entwicklung der Wettbewerbskomponente des Imports ist zugleich die Richtung angedeutet, in der sich die Importanteile der Warengruppen veränderten. Entscheidend auch für den Wandel der Güterstruktur der Importe waren aber zumeist die güterspezifischen Struktureffekte, in denen sich die sektoralen Unterschiede im Grad der internationalen Arbeitsteilung widerspiegeln. Die internationale Arbeitsteilung ist bei hochprotektionierten Warengruppen wie Textilien und NE-Metallen weniger ausgeprägt als etwa bei Straßenfahrzeugen und elektrotechnischen Erzeugnissen, deren internationaler Güteraustausch kräftig expandierte.

Der Industriewarenimport der Bundesrepublik nahm in den siebziger Jahren real kaum noch rascher zu als der Export. Von der Rezession Mitte der siebziger Jahre wegen des zeitigeren konjunkturellen Abschwungs der deutschen Wirtschaft stärker als der Export betroffen - die Wettbewerbskomponente des Imports war schon in den Jahren 1973 und 1974 negativ -, expandierte der Import in den siebziger Jahren erheblich schwächer als in den sechziger Jahren. Die Umschichtungen in der Warenstruktur setzten sich dabei, wenn auch verlangsamt, fort.

2.3 Außenwirtschaftliche Bedeutung der Dienstleistungen [1]

Bei den Dienstleistungen sind der Beurteilung der Wettbewerbsposition enge Grenzen dadurch gezogen, daß auf der internationalen Ebene (IMF, EG) bisher nur wenige Datensätze existieren, die systematische Querschnittsanalysen zulassen; sie beschränken sich auf folgende Dienstleistungskategorien (nach IMF):

- Frachten (einschl. Frachtversicherung)
- sonstige Transportleistungen
- Reiseverkehr
- Kapitaleinkommen
  dar. reinvestierte Erträge aus Direktinvestitionen
      andere Erträge aus Direktinvestitionen
      sonstige Kapitalerträge
- andere öffentliche Leistungen
- andere private Leistungen

Abgesehen von den Kapitalerträgen - der mit Abstand bedeutendsten und dynamischsten Kategorie des internationalen Dienstleistungsverkehrs - hat sich die globale Struktur des internationalen Dienstleistungsaustausches nach den Kategorien Frachten, sonstige Transporte, Reiseverkehr, "andere öffentliche" sowie "andere private Dienstleistungen" zwischen 1970 und 1981 kaum verändert. Dabei haben die beiden zuletzt genannten, in sich sehr heterogenen Gruppen mit rd. 8 bzw. 33 vH das geringste bzw. höchste Gewicht unter den nicht-kapitalbezogenen Dienstleistungseinnahmen.

Fast durchgängig ist eine Gewichtsverlagerung zugunsten der Entwicklungsländer (auch der Ölexportländer) zu beobachten, so daß die wirtschaftlich fortgeschrittenen Länder die internationalen Dienstleistungsmärkte nicht mehr in dem Ausmaß dominieren wie noch zu Beginn der siebziger Jahre; gleichwohl erzielten sie 1981 immer noch 82 vH aller Dienstleistungseinnahmen und bestritten 73 vH aller Ausgaben (gegenüber 89 bzw. 79 vH im Jahre 1970).

Die Bundesrepublik Deutschland hat ihre Dienstleistungseinnahmen insgesamt und auch in fast allen Teilbereichen zwischen 1970 und 1980 im Rhythmus des internationalen Durchschnittswachstums gesteigert; ihre Marktanteile sind meist unverändert geblieben. In einem Bereich gewann allerdings auch die Bundesrepublik stark an Gewicht: Bei der Sammelkategorie "andere private Dienstleistungen" wurde sie zum bedeutendsten Exporteur vor den USA, Großbritannien, Frankreich und Italien; als Importeur hatte die Bundesrepublik hier schon seit längerem die Spitzenstellung inne.

Im übrigen fällt die Bundesrepublik (gemeinsam mit Japan) mit dem geringen Gewicht ihrer Dienstleistungen an den Gesamteinnahmen aus dem Waren- und Dienstleistungshandel nach "unten" aus dem Rahmen. Auffällig ist dabei die stark defizitäre Bilanz des deutschen Dienstleistungsverkehrs in fast allen Leistungsarten - mit Ausnahme der Kapitalertragsbilanz, die sich aktiviert hat, und der "anderen öffentlichen Dienstleistungen", wo die Bundesrepublik infolge ihrer Sonderposition im Rahmen des westlichen Bündnissystems traditionell hohe, wenn auch inzwischen verminderte Einnahmenüberschüsse erzielt.

Im internationalen Vergleich erwecken das relativ geringe Gewicht der Dienstleistungen im Rahmen der deutschen Leistungsbilanz sowie das chronische Defizit in der Dienstleistungsbilanz den Eindruck eines gewissen Rückstandes der Bundesrepublik.
Eine detaillierte Analyse auf der Basis der tiefer gegliederten nationalen Statistik vermag diesen Eindruck allerdings erheblich zu entkräften:

-    Zu einem Teil ist die relativ geringe Quote der Dienstleistungen am gesamten Außenhandel mit Waren und Dienstleistungen lediglich der rechnerische Reflex einer im internationalen Vergleich weit überdurchschnittlichen Exportleistung der Bundesrepublik im Warenbereich.

-    Zudem resultiert das chronische Gesamtdefizit der Dienstleistungsbilanz in erster Linie und in zunehmendem Ausmaß aus der besonders hohen Auslandsreisefreudigkeit der deutschen Bevölkerung.

- Mit der Betrachtung der direkten Dienstleistungsausfuhr wird außerdem die außenwirtschaftliche Bedeutung des Dienstleistungssektors bei weitem nicht erfaßt. So entsteht durch die Warenausfuhr auch Beschäftigung im Dienstleistungsbereich: In der Produktion von Exportgütern wird zu gut 12 vH auf Vorleistungen aus dem Dienstleistungssektor zurückgegriffen. Nimmt man den Dienstleistungsgehalt von Waren- und Dienstleistungsexporten zusammen, waren 1981 fast 1,6 Millionen Erwerbstätige im Dienstleistungssektor direkt oder indirekt für die Ausfuhr beschäftigt: 0,9 Mill. indirekt für die Warenausfuhr und fast 0,7 Mill. direkt oder indirekt für die Dienstleistungsausfuhr.

- Im Bruttoproduktionswert der Warenexporte sind - über die Bezüge aus dem Dienstleistungssektor hinaus - weitere gut 10 vH an intermediären Dienstleistungen enthalten. Die Warenexporte konzentrieren sich auf solche Wirtschaftszweige, die einen besonders hohen Bedarf an Dienstleistungsberufen haben (Chemie, Maschinenbau, Elektrotechnik). Dies gilt vor allem für verwaltende und planende Berufe - darunter z.B. Ingenieure, Techniker und Naturwissenschaftler; drei Viertel der für die Warenexporte benötigten Personen mit Dienstleistungsberufen fallen unter diese Kategorie.

- Insgesamt dürften 1981 schätzungsweise 2,5 Millionen Erwerbstätige direkt oder indirekt in Dienstleistungsberufen für die Ausfuhr gearbeitet haben, und zwar 1,9 Millionen für die Warenausfuhr und 0,6 Millionen für die Dienstleistungsausfuhr. Die in den deutschen Warenexporten indirekt enthaltenen Dienstleistungen sind für die Beschäftigung in der Bundesrepublik Deutschland also weit wichtiger als die Dienstleistungsexporte selbst.

Fußnote

1) Vgl.: Die internationale Verflechtung des Dienstleistungssektors. Gutachten des DIW im Auftrage des Bundesministers für Wirtschaft. Als Manuskript vervielfältigt. Berlin 1983.

3.   **Schwerpunktthema "Energieverteuerung und internationale Energiepreisdifferenzen" (Kurzfassung)**

Im Rahmen der Schwerpunktstudie "Gesamtwirtschaftliche und strukturelle Auswirkungen der Energieverteuerung und internationaler Energiepreisdifferenzen" werden die Entwicklung der Energiepreisdifferenzen zwischen ausgewählten Industrieländern nach Verbrauchergruppen, die Entwicklung der Faktorpreisrelationen, die Entwicklung des spezifischen Energieverbrauchs des verarbeitenden Gewerbes und der Energiekosten sowie die strukturellen Auswirkungen der Energieverteuerung auf die Produktion und die Endnachfrage untersucht. In der folgenden Zusammenfassung werden die internationalen Energiepreisdifferenzen insbesondere bei energieintensiven Industriezweigen sowie ihre Auswirkungen auf den spezifischen Energieverbrauch dargestellt. Außerdem wird auf die Auswirkungen der Energieverteuerung auf die internationale Wettbewerbsfähigkeit energieintensiver Sektoren des verarbeitenden Gewerbes eingegangen.

In Kanada und den USA sind die meisten Energieträger deutlich billiger als in den Ländern der Europäischen Gemeinschaft und in Japan. Ende der siebziger Jahre betrugen die Verbraucherpreise für Strom, Gas und Benzin in Kanada nur etwa ein Drittel des Preisniveaus dieser Produkte in der Bundesrepublik. Die entsprechenden Relationen zu den USA liegen bei 40 bis 60 vH. Neben der Verfügbarkeit eigener Ressourcen haben niedrige Steuersätze und Preiskontrollen für im Inland gewonnenes Erdöl und Erdgas zu diesen Preisvorteilen beigetragen. Insbesondere bei Kraftstoffen schlagen sich unterschiedliche Steuerlastquoten in internationalen Preisdifferenzen nieder. Ein Zusammenhang zwischen der Verfügbarkeit eigener Energieressourcen und dem Preis für leichtes Heizöl ist insofern zu erkennen, als das fast völlig von Energieeinfuhren abhängige Japan besonders hohe Heizölpreise aufweist, während leichtes Heizöl in Kanada seit 1974 besonders preisgünstig angeboten wird. Wohl aufgrund ihrer relativ liberalen Ölpolitik weist die Bundesrepublik im internationalen Vergleich relativ niedrige Preise für leichtes Heizöl auf. Die Kontingentierung von Steinkohleimporten hat demgegenüber dazu beigetragen, daß die Verbraucher in der Bundesrepublik besonders hohe Steinkohlepreise bezahlen müssen.

Die internationalen Preisdifferenzen bei den leitungsgebundenen Energieträgern Strom und teilweise auch bei Gas stehen in einem relativ engen Zusammenhang mit der Verfügbarkeit preiswerter Wasserkraft bzw. Erdgasreserven. So lag das Strompreisniveau für typische Haushalte bzw. Industrieverbraucher in Kanada 1981 nicht einmal ein Drittel so hoch wie in der Bundesrepublik. Auch in Norwegen und in den USA sind die Strompreise für typische Abnehmer um 30 bis 40 vH niedriger als in der Bundesrepublik. Im Vergleich zu den europäischen Nachbarn zahlen die deutschen Stromverbraucher in der Regel ebenfalls einen hohen Preis. Wegen der starken Abhängikeit der japanischen Stromerzeugung vom Mineralöl haben sich Anfang der achtziger Jahre aber immerhin die Preisrelationen gegenüber Japan zugunsten der Bundesrepublik umgekehrt. Da die geringen Möglichkeiten zur Nutzung von Wasserkräften in der Bundesrepublik zum Teil durch die Verfügbarkeit preiswerter Braunkohle ausgeglichen werden, kann die ungünstige Strompreisposition der Bundesrepublik nur zum Teil auf eine ungünstige Ressourcenausstattung zurückgeführt werden. Vermutlich sind dafür hauptsächlich die auch durch erhebliche Subventionen nicht völlig ausgeglichenen Mehrkosten des Einsatzes inländischer Steinkohle verantwortlich.

Tabelle V. 3/1

Anteil energieintensiver Industriesektoren[1] am Endenergieverbrauch und am Bruttoinlandprodukt des verarbeitenden Gewerbes

in vH

	1970	1971	1972	1973	1974	1975	1976	1977	1978	1979	1980	1981
Anteil am Energieverbrauch												
Bundesrepublik	.	76,5	75,9	77,6	78,5	76,6	76,5	75,4	71,9	74,5	73,0	73,2
Belgien	.	75,7	77,3	75,5	78,2	76,6	76,0	76,2	75,9	81,1	81,1	78,9
Frankreich	.	65,2	69,6	72,6	73,1	72,2	71,9	72,2	61,7	69,5	67,1	67,0
Großbritannien	.	66,3	65,2	68,5	65,2	64,0	64,4	63,4	65,0	64,5	60,5	67,7
Italien	.	77,1	76,7	78,9	80,3	78,6	78,7	79,1	79,2	77,7	75,9	67,6
Niederlande	.	78,8	80,1	80,3	83,2	81,3	79,5	82,6	83,4	84,3	80,4	81,6
Japan	.	67,8	68,0	68,2	76,0	78,5	75,5	74,3	73,6	74,5	77,8	61,6
Kanada	.	54,7	51,5	56,4	55,9	59,1	54,5	54,5	52,9	56,7	49,2	50,3
Norwegen	.	58,7	60,0	61,6	63,3	61,3	69,1	61,5	82,4	72,2	72,4	72,2
USA	.	41,1	40,1	44,2	44,5	46,2	45,9	47,1	49,2	48,6	60,4	60,4
Anteil am Bruttoinlandprodukt												
Bundesrepublik	31,2	31,4	32,0	32,4	32,4	31,3	31,8	31,6	31,7	32,4[2]	31,4[2]	
Belgien	20,7	20,4	21,5	21,8	21,3	19,1	21,2	21,6	22,1	22,2	21,7	..
Frankreich	31,0	30,0	30,0	31,2	31,0	28,4	29,6	29,3	29,3	29,7	29,8	..
Großbritannien												
Italien	24,2	24,4	25,2	25,6	25,7	25,9	26,0	25,8	26,3	26,1	25,9	.
Niederlande												
Japan	25,0	26,6	28,0	27,0	25,2	26,6	26,0	25,6	26,2	24,7	23,5	
Kanada	23,0	22,9	22,6	22,9	23,0	22,6	22,0	22,5	22,6	22,9	22,5	
Norwegen	22,4	23,8	23,8	24,8	25,1	24,6	24,9	24,0	23,9	25,5	25,1	
USA	26,0	26,2	25,7	26,3	26,7	25,2	24,2	24,3	24,5	24,7	.	

1) Basis-Metalle (Eisen, Stahl, NE-Metalle), Nichtmetallische Mineralien (Keramik, Glas, Steine u. Erden), Chemie (einschl. Mineralölverarbeitung und Kunststoffproduktion).

2) Geschätzt.

Quellen: OECD: National Accounts, Volume II, Detailed Tables 1963-1980, Paris 1982; IEA: Energy Balances of OECD Countries 1971-1981, Paris 1983.

Da die Strompreise in der Bundesrepublik bei hohen Abnahmemengen relativ niedrig sind, ist die Strompreisposition industrieller Großverbraucher in der Bundesrepublik im Vergleich mit Konkurrenten innerhalb der Europäischen Gemeinschaft teilweise wesentlich günstiger als die von Industrieunternehmen mit durchschnittlichem Stromverbrauch. Dies gilt insbesondere für Großunternehmen der eisenschaffenden Industrie, der NE-Metallindustrie sowie der Chemie, die Prozeßwärmestrom im Rahmen von Sonderverträgen beziehen. Da diese Verträge in den achtziger Jahren teilweise auslaufen und die Stromwirtschaft die Strompreise dieser Abnehmergruppe nach einer Übergangszeit von fünf Jahren zumindest an die Durchschnittskosten der Versorgung heranführen will, dürfte sich in den kommenden Jahren die Strompreisposition dieser Abnehmergruppe in der Bundesrepublik verschlechtern.

Die Preisdifferenzen beim Erdgas innerhalb der Europäischen Gemeinschaft sind nicht eindeutig auf die unterschiedlichen eigenen Erdgasressourcen der einzelnen Länder zurückzuführen. So sind die Erdgaspreise in den Niederlanden - dem wichtigsten Erdgasexporteur der Europäischen Gemeinschaft - nicht die niedrigsten in Westeuropa. Die Bundesrepublik hat trotz einer erheblichen Produktion von Erdgas mit die höchsten Gaspreise in der Europäischen Gemeinschaft.

Große Energiepreisdifferenzen, wie sie zwischen den meisten Ländern Westeuropas und Japans einerseits, den USA, Kanada und Norwegen andererseits festzustellen sind, dürften dazu beigetragen haben, daß Verbrauchs- und Produktionsstrukturen mit unterschiedlicher Energieintensität aufgebaut worden sind.

So weist im Jahr 1980 je 100 DM Bruttowertschöpfung das verarbeitende Gewerbe in Kanada mit 94 kg SKE, in Norwegen mit 67 kg SKE und in den USA mit 57 kg SKE einen erheblich höheren Energieverbrauch auf als das verarbeitende Gewerbe der Länder der Europäischen Gemeinschaft. Einen besonders niedrigen spezifischen Energieverbrauch hat das verarbeitende Gewerbe in der Bundesrepublik. Mit 27 kg SKE je 100 DM Bruttowertschöpfung war er im Jahr 1981 nicht einmal halb so groß wie in den USA. Auch die Stromintensität des verarbeitenden Gewerbes ist in der Bundesrepublik am niedrigsten. Eine außerordentlich hohe Stromintensität weist mit 31 kg SKE je 100 DM Bruttowertschöpfung das verarbeitende Gewerbe in Norwegen auf. Auch die Basis-Metallerzeugung (eisenschaffende Industrie, NE-Metalle) und die Chemie (einschl. Mineralölverarbeitung und Herstellung von Kunststoffwaren) arbeiten in Ländern mit niedrigem Energiepreisniveau besonders energieintensiv.

Seit 1971 ist der spezifische Energieverbrauch des verarbeitenden Gewerbes in den meisten OECD-Ländern gesunken. Am stärksten sank er in Japan. Bemerkenswert ist auch, daß die Senkung des spezifischen Energieverbrauchs des verarbeitenden Gewerbes in den USA größer war als in der Bundesrepublik. In Kanada und in Norwegen dagegen ist in der zweiten Hälfte der siebziger Jahre sogar ein Anstieg des spezifischen Energieverbrauchs im verarbeitenden Gewerbe festzustellen.

In der Basis-Metallerzeugung wurde der spezifische Energieverbrauch in allen aufgeführten OECD-Ländern gesenkt. Die größten Energiesparerfolge hat in diesem Sektor Japan aufzuweisen, und zwar sowohl beim Strom als auch bei

Tabelle V. 3/2

Spezifischer Energieverbrauch in kg SKE je 1oo DM Beitrag zum Bruttoinlandsprodukt in Preisen und Wechselkursen von 1975

	Verarbeitendes Gewerbe insgesamt			Basis-Metallerzeugung[1]			Chemie, Mineralölverarbeitung u.Kunststofferzeugung			Nichtmetallische Mineralien[2]		
	1971	1975	1980	1971	1975	1980	1971	1975	1980	1971	1975	1980
Alle Energieträger												
Bundesrepublik	33,0	30,4	26,7	111,6	1o3,5	80,2[3]	66,7	62,0	59,4[3]	74,4	63,6	4o,9[3]
Belgien	63,6	49,0	48,3	344,8	326,0	269,5	232,0	171,4	152,2	79,7	80,7	13o,1
Frankreich	43,5	33,3	32,9	120,1	110,8	86,8	77,6	68,8	78,8	113,7	100,6	24,9
Italien	55,1	53,7	39,1	155,5	139,4	114,0	221,4	206,5	128,8	124,8	111,1	91,8
Japan	61,4	57,1	38,7	193,4	173,4	1o6,2	185,7	2o1,8	75,9	9,2	68,9	11o,5
Kanada	82,7	8o,1	93,8	214,3	229,7	2o1,2	2o2,7	223,7	2o1,4	148,8	131,7	176,8
Norwegen	60,3	61,1	67,3	303,3	252,0	29o,9[4]	114,5	123,7	155,3[4]	12,4	17,8	91,9[4]
USA	73,0	66,6	56,5	149,8	147,3	134,7	116,9	132,4	142,7[4]	11,2	12,2	28,0
Strom												
Bundesrepublik	3,9	4,3	4,3	1o,9	12,6	13,6[3]	7,6	8,4	5,5[3]	5,5	5,9	5,4[3]
Belgien	6,0	5,8	6,0	25,8	29,0	26,7	21,6	22,2	18,4	11,6	8,4	8,2
Frankreich	4,8	4,7	5,1	16,3	15,9	15,8	8,2	7,6	6,7	8,8	6,4	8,4
Italien	6,7	7,0	6,3	25,7	27,7	28,4	16,9	14,5	13,1	8,9	9,3	8,8
Japan	9,7	9,4	7,0	29,9	28,5	19,5	18,4	16,1	11,8	9,2	9,8	12,3
Kanada	15,8	15,2	17,5	61,0	63,9	59,2	24,1	18,2	25,5	15,6	14,6	19,5
Norwegen	29,1	30,0	31,3	237,0	189,4	2o3,2[4]	44,7	44,5	43,5[4]	12,4	14,8	12,2[4]
USA	1o,2	1o,0	9,3	27,9	3o,6	29,7[4]	18,0	19,0	15,7	11,2	12,2	1o,9
Obrige Energieträger												
Bundesrepublik	29,1	26,1	22,4	100,7	90,8	66,6[3]	59,2	53,7	53,9[3]	69,2	57,7	35,5[3]
Belgien	57,6	43,2	42,3	319,0	297,1	242,8	21o,4	149,4	133,9	68,2	72,7	121,9
Frankreich	38,7	28,6	27,8	1o3,8	94,9	71,0	69,6	61,2	72,0	1o5,0	94,1	16,6
Italien	48,4	46,7	32,8	129,8	111,6	85,6	2o4,5	19o,0	115,7	115,3	1o1,8	82,9
Japan	51,7	47,7	31,7	163,5	114,8	86,7	167,5	185,7	64,3		59,1	1o4,3
Kanada	66,9	64,9	76,3	153,3	165,8	142,0	178,6	2o5,7	175,9	133,2	117,1	157,3
Norwegen	31,2	31,1	36,0	66,3	62,6	87,7[4]	69,8	79,2	112,0[4]	0	2,9	79,6[4]
USA	62,8	56,6	47,2	121,9	116,6	1o5,0	99,2	113,7	126,9[4]	0	0	17,1

1) Eisenschaffende Industrie und NE-Metalle. - 2) Keramik u. Glas, Steine u. Erden.- 3) Geschätzt.- 4) Werte von 1979.

Quellen: OECD: National Accounts, Volume II, Detailed Tables 1963-1980, Paris 1982; IEA: Energy Balances of OECD Countries 1971-1981, Paris 1983; eigene Berechnungen.

den übrigen Energieträgern. Der spezifische Stromverbrauch der Metallerzeugung wurde von 1971 bis 1980 nach Japan am stärksten in der Bundesrepublik reduziert. In Belgien, Italien und den USA ist der spezifische
Stromverbrauch in diesem Wirtschaftszweig von 1971 bis 1980 gestiegen.

Trotz zweier Ölpreiskrisen und der Energieverteuerung seit 1973 ist der
spezifische Energieverbrauch des verarbeitenden Gewerbes der Bundesrepublik in den siebziger Jahren langsamer gesunken als im vorangegangenen
Jahrzehnt. Seit 1973 hat sich aber immerhin der Rückgang im Vergleich zum
Zeitraum von 1960 bis 1973 etwas beschleunigt. Die Unterschiede in der
Entwicklung des spezifischen Energieverbrauchs der einzelnen Sektoren des
verarbeitenden Gewerbes lasen sich nicht vorrangig auf Energiekostenunterschiede zurückführen. Sektoren mit hohen Energiekosten haben nämlich
sowohl besonders starke Senkungen (Chemie) als auch Steigerungen des spezifischen Energieverbrauchs (NE-Metalle) vorzuweisen.

Von entscheidender Bedeutung für die Entwicklung des spezifischen Energieverbrauchs ist der technologische Fortschritt, der im Rahmen der Investitionstätigkeit der Unternehmen in den Produktionsapparat inkorporiert wird.
Außerdem werden in energieintensiven Industriezweigen Energieeinsparungen
ausgelöst, wenn über einen längeren Zeitraum hinweg die Preise für die
Produkte dieser Sektoren schwächer angehoben werden können, als die Preise
für die eingesetzten Energieträger steigen. Kurzfristig wirken sich auch
Veränderungen in der Kapazitätsauslastung auf den spezifischen Energieverbrauch aus. Der Zusammenhang zwischen Veränderungen der Preisrelationen von Arbeit und Kapital sowie der Entwicklung des spezifischen
Energieverbrauchs im verarbeitenden Gewerbe ist demgegenüber statistisch
nicht signifikant.

Die Bundesrepublik Deutschland hat sich der nach 1973 durch die Ölverteue-
rung ausgelösten internationalen Einkommensumverteilung zunächst durch
Steigerung des Außenwertes der D-Mark und der Ausfuhrpreise teilweise
entziehen können. Die Entwicklung des Außenhandels nach 1973 bestätigt die
These nicht, wonach energieintensive Industriezweige in Ländern mit eigenem
Energievorkommen und niedrigen Energiepreisen durch die Energieverteue-
rung begünstigt werden. So ist der Anteil der Exporte von energieintensiven
Grundstoffindustrien - mit Ausnahme der Glaserzeugung - am Gesamtexport
der Bundesrepublik in den Jahren 1972 bis 1979 sogar gestiegen. Die Branchen
Eisen und Stahl, Ne-Metalle und NE-Metallerzeugung, Holzbearbeitung,
Papier, Pappe sowie Glas und Glaswaren konnten sogar ihre Weltmarktanteile
steigern.

Auch die Entwicklung des Außenhandels einiger OECD-Länder mit der OPEC
läßt keinen entscheidenden Einfluß der Verfügbarkeit von Energieressourcen
bzw. des Energiepreisniveaus erkennen. Zwar haben die USA erhebliche
Marktanteile beim Export öl- und energieintensiver Produkte in die OPEC
gewonnen. Andererseits hat Japan - ein Land, das fast ausschließlich auf
Energieimporte angewiesen ist - nach wie vor den bei weitem größten Anteil
(40 vH) am Export der OECD-Länder in die OPEC.

Weltweite Verteuerungen von Energieträgern beeinflussen den Außenhandel
von Ländern mit starker Abhängigkeit von Energieimporten wesentlich anders
als den von Ländern, die ihren Energiebedarf überwiegend aus eigenen
Quellen decken können. Soweit es Länder, die ihren Energiebedarf zum

Tabelle V. 3/3

Nettoimporte bzw. -exporte[1] von Rohöl und Mineralölprodukten in vH des gesamten Primärenergieverbrauchs in ausgewählten OECD-Ländern

	1971	1972	1973	1974	1975	1976	1977	1978	1979	1980	1981
Bundesrepublik Deutschland	52,9	53,7	54,4	50,7	50,1	52,6	52,2	51,3	51,2	48,5	42,2
Belgien	68,8	65,0	66,1	63,5	61,2	58,2	59,7	58,6	59,6	55,2	48,6
Frankreich	65,4	68,9	71,2	71,3	61,4	67,8	62,7	58,6	61,6	57,3	48,1
Großbritannien	49,1	49,4	49,6	51,0	42,1	40,0	25,4	19,9	8,7	0,9	- 9,5
Italien	78,1	76,3	78,7	76,3	70,4	71,4	68,8	69,1	69,2	67,8	66,1
Luxemburg	32,4	33,0	35,5	31,0	33,8	35,1	36,6	33,9	33,2	29,4	31,2
Niederlande	68,3	65,9	64,9	58,8	53,4	58,6	57,0	57,8	60,7	58,1	51,3
Japan	74,9	77,0	80,5	78,6	76,0	75,7	77,4	74,8	74,1	69,5	65,0
Kanada	2,9	- 3,1	- 4,9	- 2,0	0,7	4,4	6,3	5,0	3,7	3,8	4,0
Norwegen	43,3	36,7	35,7	33,4	- 8,1	-25,0	-20,1	-35,2	-38,9	-61,7	-64,0
USA	12,2	14,0	17,8	17,2	18,7	21,2	24,6	22,5	22,2	18,6	21,9

1) Nettoexporte sind durch negative Vorzeichen kenntlich gemacht.

Quelle: International Energy Agency (IEA): Energy balances of OECD-Countries 1971/1981, Paris 1983.

Großteil durch Importe decken, nicht im vollen Umfang gelingt, die durch die Energieverteuerung bewirkten zusätzlichen Ausgaben für Energieimporte durch Verteuerung der eigenen Exportwaren zu kompensieren, müssen sie - zumindest langfristig - zusätzliche reale Leistungen ins Ausland transferieren. Unter Umständen, vermittelt durch Druck auf die Wechselkurse der Währungen dieser Länder, kann sich dies in steigenden Weltmarktanteilen der Exporteure dieser Länder niederschlagen. Umgekehrt kann die Wettbewerbsfähigkeit des verarbeitenden Gewerbes in Industrieländern, die Energieträger im erheblichen Umfang produzieren und exportieren, durch die Energieverteuerung verschlechtert werden, weil die Währungen dieser Länder einem Aufwertungsdruck unterliegen können. Eine empirische Absicherung dieser Hypothese ist kaum möglich, da die Wettbewerbsfähigkeit von Volkswirtschaften und Branchen von einer Fülle sich teilweise kompensierender Faktoren beeinflußt wird. Immerhin wird diese These jedoch durch das verfügbare Datenmaterial gestützt. Werden die Nettoimporte bzw. -exporte von Rohöl und Mineralölprodukten in Relation zum gesamten Primärenergieverbrauch eines Landes gesetzt, so zeigt sich, daß Japan und Italien die größte Abhängigkeit von Mineralölimporten - bezogen auf den Primärenergieverbrauch - aufweisen. Stellt man diesen Daten die Entwicklung der Wettbewerbsfähigkeit gegenüber, so spricht der Anstieg der Wettbewerbsfähigkeit Japans und Italiens einerseits und der Verlust von Weltmarktanteilen Großbritanniens andererseits für den vermuteten Zusammenhang von Energieimportabhängigkeit und Wettbewerbsfähigkeit bei steigenden Energiepreisen.

4. Schwerpunktthema "Arbeitsmarkt" (Kurzfassung)

Im Schwerpunktthema "Arbeitsmarkt" (Auswirkungen des Strukturwandels auf den Arbeitsmarkt, Anforderungen des Strukturwandels an das Beschäftigungssystem - insbesondere Arbeitsmarktpolitik und Verhalten der Marktteilnehmer) werden fünf Themenbereiche behandelt: Strukturwandel und Beschäftigungssystem, Identifikation struktureller Ungleichgewichte auf dem Arbeitsmarkt, Löhne und Lohnstruktur, Verhalten der Marktteilnehmer, Arbeitsmarktpolitik im Strukturwandel. Von diesen Themenbereichen sollen - mit Ausnahme der bereits beschriebenen Arbeitsmarktpolitik - die wichtigsten Untersuchungsziele sowie ausgewählte Ergebnisse wiedergegeben werden.

Im Rahmen der ersten beiden Themenbereiche werden die Auswirkungen des Strukturwandels auf die Qualifikationsstruktur des Arbeitskräfteeinsatzes untersucht. Darauf haben die Entwicklung von Niveau und Struktur der Güternachfrage, die Produktionstechnik und -organisation, die Bereitstellung von Dienstleistungen im öffentlichen Sektor sowie die Verfügbarkeit von Arbeitskräften auf den einzelnen beruflichen Teilarbeitsmärkten Einfluß. Die Qualifikationsstruktur wird durch die ausgeübten Berufe der Erwerbstätigen beschrieben. Dazu dienen einmal die Berechnung der Konzentration der Berufe in den Branchen sowie deren Entwicklung, zum anderen eine Komponentenzerlegung, in der die Veränderung der Branchenstruktur und der Qualifikationsstruktur des Arbeitskräfteeinsatzes analytisch getrennt werden.

In den meisten Wirtschaftszweigen ist der größte Teil der Erwerbstätigen auf wenige Berufe konzentriert. Die größten drei Berufsgruppen innerhalb eines Wirtschaftsbereichs vereinigen jeweils zwischen 30 und 90 vH der Erwerbstätigen auf sich. Diese Konzentration ist Ausdruck der weitreichenden Spezialisierung auf bestimmte Tätigkeiten, die durch die Güter- bzw. Dienstleistungserstellung in der Branche bestimmt wird. Daraus resultiert für die Arbeitnehmer in diesen branchentypischen Berufen nicht nur ein hohes konjunkturelles, sondern auch ein strukturelles Beschäftigungsrisiko. Verringert sich in einer Branche die Zahl der Beschäftigten im Konjunkturabschwung, so werden zwar oft diejenigen mit Fachqualifikation in branchenspezifischen Berufen als "Stammbelegschaft" gehalten, sofern ihre Wiedereinstellung im Konjunkturaufschwung mit hohen Kosten für das Unternehmen verbunden ist, aber bei länger andauernden Beschäftigungskrisen kann sich die Branchenbindung auch für Fachkräfte als Risiko erweisen. Dies trifft vor allem dann zu, wenn im Zuge des Strukturwandels in Branchen Tätigkeiten an Bedeutung verlieren, für die es an anderer Stelle keine Kompensationsmöglichkeit gibt. Beispiele für solche Entwicklungen sind der Textilbereich, der Schiffbau, die Stahlerzeugung und das Baugewerbe.

Nicht nur die Veränderung der Branchenstruktur, sondern auch der Tätigkeitsstrukturen innerhalb der Branchen beeinflußten die Qualifikationsstruktur des Arbeitskräfteeinsatzes und damit die Beschäftigungsaussichten für bestimmte Berufe. Zu solchen Umschichtungen kommt es z. B. beim Einsatz neuer Arbeitstechniken und -mittel, durch die bestehende Berufe durch neue oder andere ersetzt, der Bedarf reduziert oder die Anforderungen verändert werden können. Im Zusammenwirken mit technischen Änderungen sind auch arbeitsorganisatorische Maßnahmen, durch die der Ablauf der Produktion und die Zuweisung von Aufgaben zu einzelnen Arbeitsplätzen gestaltet werden, Ursache für veränderte Qualifikationsanforderungen.

Die Untersuchungen haben ergeben, daß sich die Qualifikationsstruktur des Arbeitskräfteeinsatzes aus den erwähnten Gründen im Verlauf der 70er Jahre stark verändert hat. Zur Quantifizierung werden die Arbeitsmarktpositionen von Berufen herangezogen. Sie erfassen sowohl die Verschiebungen in der Beschäftigungssituation, ausgedrückt durch das Berufsgewicht, als auch in den Angebots-Nachfrage-Relationen, wiedergegeben durch Arbeitslosigkeit und offene Stellen am Arbeitsmarkt.

Es zeigt sich, daß im Jahre 1980 mehr als ein Drittel aller Arbeitsplätze Berufen mit günstiger Arbeitsmarktposition zuzurechnen waren; die größte Gruppe bildeten die Bürofach- und Bürohilfskräfte, die von der Zunahme der Arbeitslosigkeit im Jahre 1981 auch nur unterdurchschnittlich betroffen waren. Auffällig ist die bisher stark unterdurchschnittliche Arbeitslosigkeit der Akademikerberufe (Ingenieure, Rechtsanwälte, Ärzte, Apotheker und Lehrer). Da aus den geburtenstarken Jahrgängen in wenigen Jahren aber eine verstärkte Nachfrage nach Studienplätzen und anschließend nach Akademikerpositionen resultieren wird, ist in den Bereichen, in denen Akademiker durch Status- und Einkommensverzicht einen Arbeitsplatz besetzen können, künftig mit einem Verdrängungswettbewerb zu Lasten der weniger Qualifizierten zu rechnen.

In den Berufen mit hohem Angebotsdruck hat - bei insgesamt steigender Arbeitsplatzzahl gegenüber 1973 - die Zahl der Bewerber so stark zugenommen, daß die Arbeitslosenquote - z. T. beträchtlich - über dem Durchschnitt lag. Dies trifft vor allem auf die sozialpflegerischen Berufe (Sozialarbeiter und Pädagogen sowie Kindergärtnerinnen), Dienst- und Wachberufe und Köche sowie die nicht-akademischen Gesundheitsdienstberufe zu. Die Berufe mit kritischer Arbeitsmarktposition umfassen mit 6,3 Millionen im Jahre 1980 etwa jeden vierten Arbeitsplatz; das ist eine Million weniger als 1973. Die Zuordnung zu dieser Kategorie ist z. T. mit Unsicherheiten behaftet; die Grenzen zur Gruppe "ohne Zuordnung" sind nicht scharf zu ziehen. Eine Sonderstellung nehmen die Berufe des Bauhaupt- und Baunebengewerbes ein, die aus einer relativ günstigen Ausgangsposition heraus einen dramatischen Anstieg der Arbeitslosigkeit hinnehmen mußten. Bei den Berufen mit ungünstiger Arbeitsmarktposition überwiegen solche mit geringem Ausbildungsniveau (Lager- und Transportarbeiter, Warenprüfer und Versandfertigmacher, Montierer, Bauhilfsarbeiter, Reinigungsberufe); sie hatten z. T. eine weit überdurchschnittliche Arbeitslosenquote.

Aus der Analyse der Arbeitsmarktpositionen wird deutlich, daß Engpässe im Beschäftigungssystem sich im Verlauf der 70er Jahre fast ausschließlich als Mangel an Arbeitsplätzen entwickelt haben. Für die einzelnen Berufsbereiche ist das Ausmaß des Ungleichgewichts allerdings stark unterschiedlich. Von Vollbeschäftigung - definiert als Fluktuationsarbeitslosigkeit bei gleichzeitigem Überhang an offenen Stellen - kann schon 1980 nur für wenige Berufe gesprochen werden. Bei der Untersuchung struktureller Ungleichgewichte auf dem Arbeitsmarkt wurde auch die Frage des Facharbeitermangels behandelt.

Tabelle V. 4/1

ARBEITSMARKTPOSITION VON BERUFEN

NR.	BERUF	ARBEITSPLAETZE 1) 1980 .1000	ARBEITSPLAETZE 1) 73/80 1000	BERUFSGEWICHT 2) 1980 VH	BERUFSGEWICHT 2) 73/80 4) VH	ARBEITSLOSE 1980 1000	ARBEITSLOSE 1980 VH 5)	ARBEITSLOSE 80/81 1000	ARBEITSLOSE 80/81 VH 6)	ANSPANNUNG 3) 1980	ANSPANNUNG 3) 1981
		GUENSTIGE ARBEITSMARKTPOSITION									
78	BUEROFACH-,BUEROHILFSKRAEFTE	3.608	379	14,3	1,8	97	-0,5	37	-15,1	0,2	0,1
62	TECHNIKER	765	60	3,0	0,3	10	-1,7	5	0,6	0,6	0,3
80	SICHERHEITSWAHRER	760	43	3,0	0,2	1	-2,8	0	-33,0	0,2	0,1
87	LEHRER	720	177	2,9	0,7	11	-1,5	6	-0,8	0,1	0,1
75	UNTERNEHMER,ORGANISAT.,WI.PRUEFER	583	25	2,3	0,1	6	-1,9	2	-22,5	0,3	0,2
31	ELEKTRIKER	558	30	2,2	0,2	11	-1,4	9	25,6	0,8	0,3
60	INGENIEURE	469	40	1,9	0,2	8	-1,4	4	-5,2	1,4	0,7
28	MECHANIKER	464	41	1,8	0,2	13	-0,9	11	31,2	0,4	0,1
69	BANK-,VERSICHERUNGSKAUFLEUTE	448	17	1,8	0,1	8	-1,3	3	-20,2	0,5	0,3
84	AERZTE,APOTHEKER	201	23	0,8	0,1	2	-1,9	1	-21,6	0,7	0,6
70	ANDERE DIENSTLEISTUNGSKAUFL. U.A.	162	32	0,6	0,1	4	-0,9	2	-2,8	0,4	0,2
81	RECHTSWAHRER,-BERATER	101	21	0,4	0,1	1	-1,9	1	-1,7	0,4	0,2
29	WERKZEUGMACHER	101	12	0,4	0,1	1	-2,1	1	37,8	1,4	0,4
30	METALLFEINBAUER U.ZUGEORD. BERUFE	78	23	0,3	0,1	2	-0,5	1	-4,6	0,5	0,2
82	PUBLIZISTEN,DOLMETSCHER,BIBLIOTHEK	77	19	0,3	0,1	2	-0,1	1	-21,0	0,2	0,1
	SUMME	9.095	941	36,1	4,4	178	-	82	-	-	-
		HOHER ANGEBOTSDRUCK									
85	UEBRIGE GESUNDHEITSDIENSTBERUFE	738	193	2,9	0,8	25	0,1	8	-19,9	0,5	0,3
77	RECHNUNGSKAUFLEUTE,EDV-FACHLEUTE	480	-11	1,9	0,0	17	0,4	6	-18,5	0,4	0,2
86	SOZIALPFLEGERISCHE BERUFE	293	125	1,2	0,5	21	3,8	6	-23,8	0,2	0,1
41	SPEISENBEREITER	256	43	1,0	0,2	15	2,1	8	1,2	0,7	0,3
79	DIENST-,WACHBERUFE	233	10	0,9	0,1	15	2,9	4	-27,1	0,2	0,1
63	TECHNISCHE SONDERFACHKRAEFTE	161	11	0,6	0,1	7	0,4	3	-4,7	0,6	0,3
83	KUENSTLER U. ZUGEORDNETE BERUFE	139	9	0,6	0,0	9	2,8	2	-25,4	0,1	0,1
12	KERAMIKER	33	0	0,1	0,0	1	1,2	1	10,8	0,3	0,1
36	TEXTILVEREDLER	21	1	0,1	0,0	1	0,3	1	48,2	0,4	0,1
	SUMME	2.355	382	9,4	1,7	111	-	40	-	-	-
		KRITISCHE ARBEITSMARKTPOSITION									
71	BERUFE DES LANDVERKEHRS	915	-55	3,6	-0,1	15	-1,4	15	49,8	0,5	0,1
27	SCHLOSSER	714	-105	2,8	-0,3	13	-1,5	11	37,0	1,0	0,3
01	LANDWIRTE	612	-185	2,4	-0,7	1	-2,9	0	7,4	0,6	0,5
04	LANDW. ARBEITSKRAEFTE,TIERPFLEGER	577	-340	2,3	-1,3	2	-2,6	1	6,0	0,6	0,3
44	MAURER,BETONBAUER	429	-98	1,7	-0,3	6	-1,8	10	116,6	1,7	0,3
54	MASCHINISTEN U. ZUGEHOERIGE BERUFE	348	-8	1,4	0,0	5	-1,7	3	20,7	0,5	0,2
50	TISCHLER,MODELLBAUER	264	-29	1,0	-0,1	5	-1,3	7	77,1	1,2	0,2
22	METALLVERFORMER (SPANEND)	249	-52	1,0	-0,2	5	-1,0	4	17,8	1,0	0,3
51	MALER,LACKIERER U.A.	240	-46	1,0	-0,2	6	-0,9	5	37,9	0,9	0,3
26	FEINBLECHNER,INSTALLATEURE	212	-27	0,8	-0,1	5	-1,4	5	65,7	1,5	0,4
45	ZIMMERER,DACHDECKER,GERUESTBAUER	156	-15	0,6	0,0	3	-1,4	4	82,0	1,7	0,4
05	GARTENBAUER	155	6	0,6	0,0	7	0,7	6	29,2	0,5	0,2
24	METALLVERBINDER	149	-6	0,6	0,0	4	-0,2	3	26,8	0,7	0,2
17	DRUCKER	147	-16	0,6	0,0	4	-0,4	3	22,7	0,7	0,2
48	BAUAUSSTATTER	127	-10	0,5	0,0	3	-1,1	3	75,6	1,5	0,4
40	FLEISCH-,FISCHVERARBEITER	110	-15	0,4	0,0	4	-0,3	3	19,4	0,9	0,2
07	BERGLEUTE	97	-42	0,4	-0,2	3	-0,3	2	1,3	0,6	0,1
39	BACK-,KONDITORWARENHERSTELLER	95	-12	0,4	0,0	3	-0,5	2	18,0	0,7	0,2
19	METALLERZEUGER,WALZER	69	-5	0,3	0,0	2	-0,2	1	-4,6	0,2	0,1
06	FORST-,JAGDBERUFE	53	0	0,2	0,0	1	-1,8	0	17,5	1,4	0,6
25	SCHMIEDE	27	-15	0,1	-0,1	1	-1,0	0	6,1	0,4	0,1
10	STEINBEARBEITER	21	-6	0,1	0,0	0	-1,2	0	29,8	1,2	0,4
	SUMME	5.767	-1.082	22,9	-3,7	96	-	91	-	-	-
		UNGUENSTIGE ARBEITSMARKTPOSITION									
68	WARENKAUFLEUTE	1.789	-93	7,1	-0,2	76	0,6	29	-13,9	0,3	0,1
93	REINIGUNGSBERUFE	662	-39	2,6	-0,1	29	1,4	12	-11,4	0,4	0,1
74	LAGERVERWALT.,LAGER-,TRANSPORTARB.	496	-18	2,0	0,0	44	5,2	23	-1,4	0,2	0,0
52	WARENPRUEFER,VERSANDFERTIGMACHER	373	-51	1,5	-0,2	34	5,3	14	-12,4	0,1	0,0
91	GAESTEBETREUER	341	-17	1,4	0,0	14	0,8	6	-9,3	0,6	0,3
35	TEXTILVERARBEITER	331	-118	1,3	-0,4	21	2,7	10	-3,0	0,2	0,1
32	MONTIERER U. METALLBERUFE, A.N.G.	306	-48	1,2	-0,2	51	11,3	27	-0,1	0,1	0,0
14	CHEMIEARBEITER	210	-25	0,8	-0,1	7	0,2	3	-6,4	0,1	0,0
92	HAUSWIRTSCHAFTLICHE BERUFE	153	-56	0,6	-0,2	15	5,3	6	-15,2	0,5	0,2
47	BAUHILFSARBEITER	147	-73	0,6	-0,3	10	3,6	13	68,8	0,3	0,1
37	LEDERHERST.,LEDER-U.FELLVERARBEIT.	106	-36	0,4	-0,1	5	1,6	3	3,1	0,4	0,1
46	STRASSEN-,TIEFBAUER	99	-11	0,4	0,0	5	2,1	8	87,8	0,6	0,1
21	METALLVERFORMER(SPANLOS)	66	-17	0,3	-0,1	3	1,8	2	1,3	0,2	0,0
18	HOLZAUFBEREITER,-WARENFERTIGER U.A	62	-7	0,2	0,0	4	3,1	4	38,0	0,3	0,1
16	PAPIERHERSTELLER,-VERARBEITER	55	-20	0,2	-0,1	4	4,1	3	6,5	0,3	0,1
34	TEXTILHERSTELLER	51	-32	0,2	-0,1	3	1,7	2	-27,8	0,3	0,1
20	FORMER,FORMGIESSER	42	-21	0,2	-0,1	2	1,1	2	43,5	0,5	0,1
49	RAUMAUSSTATTER,POLSTERER	40	-9	0,2	0,0	2	0,4	2	40,3	0,7	0,2
15	KUNSTSTOFFVERARBEITER	39	-16	0,2	-0,1	7	10,8	4	10,4	0,2	0,1
33	SPINNBERUFE	36	-28	0,1	-0,1	3	4,1	2	15,4	0,1	0,0
13	GLASMACHER	33	-8	0,1	0,0	2	1,3	1	-0,7	0,3	0,1
42	GETRAENKE-,GENUSSMITTELHERSTELLER	26	-9	0,1	0,0	1	0,4	0	-7,2	0,2	0,1
43	UEBRIGE ERNAEHRUNGSBERUFE	23	-13	0,1	0,0	2	4,7	1	1,2	0,5	0,2
11	BAUSTOFFHERSTELLER	17	-17	0,1	-0,1	1	1,7	1	54,1	0,6	0,1
03	FACHKRAEFTE IN D.LANDW.U.TIERZUCHT	12	-1	0,0	0,0	1	1,8	0	-0,3	0,2	0,1
	SUMME	5.496	-782	21,8	-2,6	345	-	176	-	-	-
		OHNE ZUORDNUNG									
53	HILFSARBEITER O. NAEHERE ANGABE	1.164	-17	4,6	0,0	31	-0,4	11	-15,5	0,1	0,0
73	BERUFE DES NACHRICHTENVERKEHRS	176	-23	0,7	-0,1	5	-0,3	2	-10,9	0,2	0,1
90	KOERPERPFLEGER	156	-10	0,6	0,0	8	0,4	4	3,7	0,3	0,2
88	GEISTES-U.NATURWISS. BERUFE,A.N.G.	84	39	0,3	0,2	8	4,0	3	-11,4	0,2	0,1
89	SEELSORGER	55	-4	0,2	0,0	0	-2,6	0	-17,6	0,0	0,1
61	CHEMIKER,PHYSIKER,MATHEMATIKER	52	7	0,2	0,0	2	0,0	1	-17,6	0,5	0,3
23	METALLOBERFLAECHENBEARBEITER	40	-12	0,2	0,0	1	0,3	1	9,3	0,4	0,1
72	BERUFE DES WASSER- U. LUFTVERKEHRS	38	-5	0,2	0,0	1	0,1	1	13,6	0,9	0,3
	SUMME	1.765	-25	7,0	0,1	57	-	26	-	-	-

BERECHNUNGEN AUS UNGERUNDETEN ZAHLEN ; ABWEICHUNGEN DURCH RUNDUNG . KLASSIFIZIERUNG DER BERUFE , AUSGABE 1975,
STATISTISCHES BUNDESAMT. ES WURDEN NUR BERUFE MIT EINER ARBEITSPLATZZAHL VON MINDESTENS 10 000 (1980) BERUECKSICHTIGT.
LEHRLINGE (JAHRESENDE), ERWERBSTAETIGE (MAI), OFFENE STELLEN UND ARBEITSLOSE (SEPTEMBER)
1) ERWERBSTAETIGE (MIKROZENSUS), OHNE LEHRLINGE 2) ANTEIL DER ARBEITSPLAETZE IN EINEM BERUF AN ALLEN ARBEITSPLAETZEN IN
VH. 3) RELATION OFFENE STELLEN PRO ARBEITSLOSEN 4) DIFFERENZ ZWISCHEN DEM BERUFSGEWICHT 1973 UND 1980 5) RELATIVE
ARBEITSLOSIGKEIT, D.I. DIE DIFFERENZ ZWISCHEN DEM BERUFSSPEZIFISCHEN UND DEM DURCHSCHNITTLICHEN ARBEITSLOSENANTEIL 6)
DIFFERENZ ZWISCHEN DURCHSCHNITTLICHEM UND BERUFSSPEZIFISCHEM ANSTIEG (VH)
QUELLEN : STATISTISCHES BUNDESAMT, BUNDESANSTALT FUER ARBEIT, BERECHNUNGEN DES D I W.

Ein Vergleich der Schwerpunkte der Lehrlingsausbildung mit den Arbeitsmarktpositionen von Fachkräften zeigt, daß durch die Richtung von
Ausbildungsströmen der Berufswechsel vieler Fachkräfte bereits pro-
grammiert ist. Dieser Wechsel führt angesichts verschlechterter Arbeits-
marktbedingungen für eine erhebliche Anzahl von jungen Arbeitskräften
- besonders für unqualifizierte - zu schweren Problemen beim Übergang
in die Beschäftigung.

Die langanhaltende Arbeitslosigkeit hat bisher nicht zu einer Verdrängung
von Ausländern aus "ihren" spezifischen Tätigkeiten geführt. Der Rückgang der Ausländerbeschäftigung ist mehr auf die strukturelle Komponente des Branchenstrukturwandels als auf eine Substitution zurückzuführen. Allerdings sind Ausländer in der "Randbelegschaft" überrepräsentiert und damit auch von konjunkturellen Beschäftigungsschwankungen
überdurchschnittlich betroffen. Langfristig ergibt sich aus dem möglicher-
weise verstärkten Wettbewerb von Deutschen und Ausländern um knap-
pere und auch attraktivere Arbeitsplätze ein Integrationsdilemma.

Arbeitslosigkeit als längerfristiges wirtschaftliches und soziales Faktum
wird zunehmend zu einem Problem gesellschaftlicher (Um)Verteilung von
Lebens- und Erwerbschancen. Sowohl bei der Entlassung als auch bei der
Einstellung wirken Selektionsmechanismen, durch die bestimmte Gruppen
von Erwerbspersonen deutlich benachteiligt werden. Die Selektionsvor-
gänge spiegeln sich in der Struktur der registrierten Arbeitslosen wieder.
Die Schwerpunkte der Arbeitslosigkeit sind relativ stabil. Der Anteil der
Arbeitslosen ohne Berufsausbildung liegt bei 52 bis 54 vH; Arbeitslose, die
eine Lehre abgeschlossen haben, machen ein gutes Drittel aus. Je 5 vH
haben eine Fachschule oder Fachhochschul- bzw. Hochschulausbildung
abgeschlossen. Der zeitliche Vergleich zeigt, daß im Beschäftigungsauf-
schwung auch die Zahl der unqualifizierten Arbeitslosen abgenommen hat,
während von dem erheblichen Anstieg der Arbeitslosigkeit Erwerbstätige
mit abgeschlossener Lehre und Hochqualifizierte ebenfalls getroffen wurden.

Strukturwandel am Arbeitsmarkt und im Beschäftigungssystem wird einerseits durch das Angebotspotential von Qualifikationen mitbestimmt, wirkt
andererseits aber als Signal auf die Ausbildungsstrukturen, die das Neu-
angebot an qualifizierten Arbeitskräften prägen. Die enorme Expansion
der Studenten- und Lehrlingszahlen, die vor allem durch die geburtenstarken Jahrgänge und die steigende Bildungsbeteiligung ausgelöst
wurde, hat sich vorrangig auf die herkömmlichen Ausbildungsberufe und
Fachrichtungen konzentriert. Dabei ist allenfalls ein relativer und kurz-
zeitiger Rückgang von Fachrichtungen zu verzeichnen, denen für die
Technikentwicklung ein hoher Stellenwert zugeschrieben wird (z. B. Ingenieure). Absorptionsprobleme zeichnen sich allerdings bei den Lehrlingen
erst in Anfängen ab.

Innerhalb des Themenbereichs Löhne und Lohnstruktur werden vorrangig
die Verdienste der abhängig Beschäftigten auf gesamtwirtschaftlichem
Niveau und in der Gliederung nach sektoralen, qualifikatorischen, ge-
schlechts- sowie sozialgruppenspezifischen Merkmalen empirisch untersucht. Zugrunde gelegt wird der Zeitraum von 1970 bis 1980 (1981), bei
ausgewählten Eckwerten wird auf die Zeit davor zurückgegriffen. Zusätzlich werden auf jeweils konsistentem Aggregationsniveau die Zusammen-

Tabelle V. 4/2

STRUKTUR DER ARBEITSLOSIGKEIT
- ausgewählte Merkmale -

| | ARBEITS-LOSE INSGESAMT | ARBEITS-LOSE AUSLAENDER | A U S B I L D U N G | | | | E R W E R B S S T A T U S | | | | | | |
			ARBEITS-LOSE MIT LEHRE	ARBEITS-LOSE MIT FACHSCHUL-ABSCHLUSS	ARBEITS-LOSE MIT HOCHSCHUL ABSCHLUSS	ARBEITS-LOSE OHNE AUSBILDUNG	ARBEITS-LOSE VORHER AB-HAENGIG BESCHAEFTIGT	ARBEITS-LOSE FACH-ARBEITER	RELATION FACHARB. ZU VORHER ABH. BESCH	BETRIEB-LICHE AUSBIL-DUNG	SONSTIGE 1) ERWERBS-TAETIG-KEIT	ERWERBS TAETIG-KEIT UN-TERBROCHEN	VORHER OHNE ERWERBSTAE-TIGKEIT
1974	557	69	184	19	20	334							32
1975	1006	135	350	41	30	585	820				20		46
1976	899	79	342	50	36	471	780	119	15.26		13	53	53
1977	911	84	336	50	40	485	712	117	16.43	31	14	75	79
1978	865	90	310	49	35	471	650	114	17.54	28	11	109	67
1979	737	77	263	44	37	393	573	94	16.40	11	9	90	54
1980	823	101	291	46	42	444	632	109	17.25	16	11	105	59
1981	1256	181	447	61	60	688	962	182	18.92	33	17	140	104
1982	1819	253	702	92	83	942	1356	318	23.45	68	34	211	151

ANTEIL AN ALLEN ARBEITSLOSEN IN VH

1974	100.00	12.39	33.03	3.41	3.59	59.96							5.75
1975	100.00	13.42	34.79	4.08	2.98	58.15	81.51				1.99		4.57
1976	100.00	8.79	38.04	5.56	4.00	52.39	86.76	13.24	-		1.45	5.90	5.90
1977	100.00	9.22	36.88	5.49	4.39	53.24	78.16	12.84	-	3.40	1.54	8.23	8.67
1978	100.00	10.40	35.84	5.66	4.05	54.45	75.14	13.18	-	3.24	1.27	12.60	7.75
1979	100.00	10.45	35.69	5.97	5.02	53.32	77.75	12.75	-	1.49	1.22	12.21	7.33
1980	100.00	12.27	35.36	5.59	5.10	53.95	76.79	13.24	-	1.94	1.34	12.76	7.17
1981	100.00	14.41	35.59	4.86	4.78	54.78	76.59	14.49	-	2.63	1.35	11.15	8.28
1982	100.00	13.91	38.59	5.06	4.56	51.79	74.55	17.48	-	3.74	1.87	11.60	8.30

JAEHRLICHE AENDERUNG IN 1000

1975	449	66	166	22	10	251	820	0	-	0	20	0	14
1976	-107	-56	-8	9	6	-114	-40	119	-	0	-7	53	7
1977	12	5	-6	0	4	14	-68	-2	-	31	1	22	26
1978	-46	6	-26	-1	-5	-14	-62	-3	-	-3	-3	34	-12
1979	-128	-13	-47	-5	2	-78	-77	-20	-	-17	-2	-19	-13
1980	86	24	28	2	5	51	59	15	-	5	2	15	5
1981	433	80	156	15	18	244	330	73	-	17	6	35	45
1982	563	72	255	31	23	254	394	136	-	35	17	71	47

JAEHRLICHE AENDERUNG IN VH

1975	80.61	95.65	90.22	115.79	50.00	75.15							43.75
1976	-10.64	-41.48	-2.29	21.95	20.00	-19.49	-4.88				-35.00		15.22
1977	1.33	6.33	-1.75	0.00	11.11	2.97	-8.72	-1.68	-		7.69	41.51	49.06
1978	-5.05	7.14	-7.74	-2.00	-12.50	-2.89	-8.71	-2.56	-	-9.68	-21.43	45.33	-15.19
1979	-14.80	-14.44	-15.16	-10.20	5.71	-16.50	-11.85	-17.54	-	-60.71	-18.18	-17.43	-19.40
1980	11.67	31.17	10.65	4.55	13.51	12.98	10.30	15.96	-	45.45	22.22	16.67	9.26
1981	52.61	79.21	53.61	32.61	42.86	54.95	52.22	66.97	-	106.25	54.55	33.33	76.27
1982	44.82	39.78	57.05	50.82	38.33	36.92	40.96	74.73	-	106.06	100.00	50.71	45.19

JEWEILS SEPTEMBER

1) Z.B. Selbständige, Mithelfende Familienangehörige, Soldaten
Quelle: Bundesanstalt für Arbeit, Berechnungen des DIW.

hänge zwischen Lohn und Beschäftigung nach Wirtschaftszweigen analysiert, insbesondere wird die These der Nivellierung überprüft, die unterstellt, daß eine verhältnismäßig starke Anhebung der Entlohnung in den unteren Lohngruppen stattgefunden hat.

Insgesamt nehmen die Arbeiterlöhne fast im Gleichschritt zu, während die Entwicklung der Angestellten- und Beamtengehälter stärker streut. Bereits auf diesem Aggregationsniveau ist deutlich eine geschlechtsspezifische Nivellierung bei einer sozialgruppenbezogen Differenzierung zu erkennen.

Die intersektorale Lohnstruktur, differenziert nach 47 Wirtschaftsbereichen anhand des Indikators Bruttoeinkommen aus unselbständiger Arbeit je beschäftigtem Arbeitnehmer (Jahreslohn) hat sich im Zeitraum 1970 bis 1980 kaum geändert. Die Streuung nahm marginal nur zu, während die Rangfolge unverändert blieb. Nachweisbar ist eine im großen und ganzen gleichmäßige Lohnentwicklung, die sich in einem breiten Mittelkorridor bewegt bei extrem streuender Beschäftigungsveränderung.

Die der jährlichen Verdiensterhebung entnommenen Bruttoverdienste der Arbeiter und der Angestellten in der Industrie verdeutlichen - in der Disaggregation nach maximal 40 Sektoren - die sozialgruppenbezogene Differenzierung und die geschlechtsspezifische Nivellierung im Zeitraum von 1971 bis 1981: Die Entwicklung der Löhne, besonders die der männlichen Arbeiter, liegt dichter beieinander als diejenige der Gehälter der Angestellten. Diese weisen ein höheres Veränderungspotential auf, das durch die Einbeziehung der Leistungsgruppe I (Angestellte mit voller Dispositionsbefugnis) in die Daten noch verstärkt werden würde. Auf niedrigerem Niveau gleichen sich die Löhne der Arbeiterinnen stärker an als die Gehälter der angestellten Frauen.

Die Analyse der vierteljährlichen Verdiensterhebung bestätigt den Prozeß der Nivellierung zwischen den Verdiensten der Männer und Frauen; nicht so ausgeprägt ist das Verlaufsmuster dagegen bei einer geschlechtsspezifischen Differenzierung nach Löhnen und Gehältern.

Auch im Zusammenhang mit den Löhnen und der Lohnstruktur werden die Qualifikationsstrukturen untersucht. Sie lassen den strukturellen Wandel mit der Tendenz einer Höherqualifizierung bei größeren Beschäftigungsverlusten auf den unteren Qualifikationsstufen erkennen.

Im Themenbereich Verhalten der Marktteilnehmer werden sowohl neuere mikroökonomische Ansätze zur Darstellung des Arbeitsmarktverhaltens (Suchtheorie, Kontrakttheorie) als auch Flexibilitätsstrategien diskutiert. Bei der Untersuchung der Fluktuation auf dem Arbeitsmarkt werden einerseits Arbeitskräftewanderungen nach den Ergebnissen der Mikrozensen zugrunde gelegt, andererseits Zu- und Abgänge beschäftigter Arbeitnehmer in die und aus der Arbeitslosigkeit, nach Wirtschaftsbereichen unterteilt, herangezogen. Die Ergebnisse verdeutlichen, daß die Fluktuation auf dem Arbeitsmarkt und im Beschäftigungssystem insgesamt sehr hoch ist. Sie nimmt allerdings bei Verschlechterung der Arbeitsmarktlage ab, was auch durch Absicherungs- und Bewahrungsstrategien von Arbeitsplatzinhabern verursacht wird. Dadurch werden die Einstiegschancen für Erstbewerber zusätzlich gemindert.

Sachwortverzeichnis

Verzeichnis der Mitarbeiter

Bearbeiter :   Bernd Bartholmai, Klaus-Dietrich Bedau, Jürgen Blazejczak, Ulrich Brasche, Georg Erber, Renate Filip-Köhn, Bernd Görzig, Klaus Henkner, Manfred Horn, Wolfgang Jescheck, Wolfgang Kirner, Herbert Lahmann, Volker Meinhardt, Reinhard Pohl, Jochen Schmidt, Horst Seidler, Reiner Stäglin, Frank Stille, Dieter Teichmann, Manfred Teschner, Dieter Vesper, Jörg-Peter Weiß, Hans Wessels

Redaktionsstab :   Bernd Görzig, Wolfgang Kirner, Hans-Jürgen Krupp, Horst Seidler, Reiner Stäglin, Frank Stille

Koordination :   Reiner Stäglin, Frank Stille